PHILIPP VON ZESEN, SÄMTLICHE WERKE IX

AUSGABEN DEUTSCHER LITERATUR
DES XV. BIS XVIII. JAHRHUNDERTS

unter Mitwirkung von Käthe Kahlenberg
herausgegeben von Hans-Gert Roloff

PHILIPP VON ZESEN
SÄMTLICHE WERKE

WALTER DE GRUYTER · BERLIN · NEW YORK
1971

PHILIPP VON ZESEN
SÄMTLICHE WERKE

unter Mitwirkung von
ULRICH MACHÉ UND VOLKER MEID

herausgegeben von
FERDINAND VAN INGEN

NEUNTER BAND
DEUTSCHER HELICON (1641)

bearbeitet von
ULRICH MACHÉ

WALTER DE GRUYTER · BERLIN · NEW YORK
1971

ISBN 3 11 003598 7

Copyright 1971 by Walter de Gruyter & Co., vormals G. J. Göschen'sche Verlagshandlung J. Guttentag, Verlagsbuchhandlung — Georg Reimer — Karl J. Trübner — Veit & Comp. Printed in Germany — Alle Rechte des Nachdrucks, einschließlich des Rechtes der Herstellung von Photokopien — auch auszugsweise — vorbehalten.
Satz und Druck: Walter de Gruyter, Berlin

PHILIPPI CÆSII
Deutsches Helicons
Erster und Ander Theil/
Oder
Unterricht/ wie ein Deutscher Vers und Getichte auf mancherley Art ohne fehler recht zierlich zu schreiben.

Bey welchem zu bässerm fortgang unserer Poesie
Ein
Richtiger Anzeiger
Der Deutschen gleichlautenden einstimmigen Weiblichen und Männlichen Wörter (nach dem a b c. Reim-weise gesetzt) zu finden.
Itzo wieder vermehret und zum andern mahl herraus gegeben.

※※※※※※※※※※※※※※※※※※※※※

Wittenberg/
Gedruckt bey Johann Röhnern/
Im Jahr M DC XLI.

PHILIPPI CÆSII
DEUTSCHES HELICONS
ERSTER UND ANDER THEIL /
ODER
UNTERRICHT / WIE EIN DEUTSCHER VERS
UND GETICHTE AUF MANCHERLEY ART OHNE FEH=
LER RECHT ZIERLICH ZU SCHREIBEN.

BEY WELCHEM ZU BÅSSERM FORTGANG
UNSERER POESIE
EIN
RICHTIGER ANZEIGER

DER DEUTSCHEN GLEICHLAUTENDEN EIN=
STIMMIGEN WEIBLICHEN UND MÅNNLICHEN WÖR=
TER (NACH DEM A B C. REIM=WEISE GESETZT)
ZU FINDEN.

ITZO WIEDER VERMEHRET UND ZUM ANDERN
MAHL HERRAUS GEGEBEN.

WITTENBERG /
GEDRUCKT BEY JOHANN RÖHNERN /
IM JAHR MDCXLI.

⟨A2ʳ⟩ Serenissimi ac potentissimi
principis ac domini,
domini

Johannis Georgii,

Sacri Romani Imperij Archimarschalli
atque Septem Viri Electoris etc.

Illustrissimæ ac maximæ Spei

Filio

Dn. Mauritio,

Duci Saxoniæ, Juliæ, Cliviæ ac Bergiæ:

Landgravio Thuringiæ, Marchioni Misniæ
Superioris itemque inferioris Lusatiæ:
Comiti in Marca & Ravensburg:
Domino in Ravenstein
etc.

Principi ac Domino meo Clemen-
tissimo,

humillima mente

d. d. d.
M. Philippus Cæsius.

⟨*A 2ᵛ*⟩ MAgnanimi Proles Patris, Illustrissime Princeps,
  Mauriti, Clariæ nobilis Altor aquæ;
Delicium Patriæ, teneros qui dotibus annos
  Virtutum superas, Ingeniique sale;
Quæ Tibi dant nostræ levidensia munera Musæ, 5
  Vix possunt ulli rite placere Viro.
Namque solent cassos augusto includere torno
  Rythmos, sublimes non animare sonos:
Nullus Apollo favet nobis, non Teutona Siren
  Sessitat in labris, nec liquor ullus adest. 10
Attamen atque animum male-natum exponere fœtum
  Addidit insignis Gratia vestra mihi.
Namque quod Auctori fastoso displicet; illud
  Insimul ac aliis sæpe placere solet.
Pauca fero. Divos etenim quoque talia placant, 15
  Placarunt salsæ sæpe molæque Jovem.

⟨*A 3ʳ*⟩ NIm hin / o Fûrste / nim und schaue dis Getichte /
Du Hoffnung unser zeit / mit freundlichem gesichte
und gnaden⹀augen an; Denn uns ist wohl bewust
Die freundliche Natur / Du edle Vater⹀Lust: 20
Sonst hett' Ich nicht getraut ein Solches Dier zu schicken /
Da weder Kunst noch Zier des Lesers Geist entzûcken.
Und weil Ich weiß / daß Dier die Musen jederzeit
Sehr lieb gewesen seyn: So hatt mich allbereit
Die Hoffnung schon beredt / Es werde Dier gefallen / 25
In dem Dein junger Geist sich stets bemûht vor allen /
⟨*A 3ᵛ*⟩ Den Kûnsten hold zu seyn. Die edle Wissenschafft
Kômmt noch den Jahren vor / der Geist wird hingerafft
und ûbersteiget auch die krafft der hohen Sinnen;
Die Tugend ist bemûht das Alter zu gewinnen / 30

Das Glücke steht Dier bey. Aus Fürstlichem Geblůth
Aus Königlichem Stamm erhebt sich Dein Gemůth
und fångt die Flammen auff; Es hatt uns stracks verrathen /
(Was kůnfftig) die Geburth; daß großen Potentaten
5 Du soltest werden gleich. Das edle Vaterland
Hatt seine Lieb' auff Dich / O großer Fůrst / gewandt /
Wie Du dann wůrdig bist. Was aber wil ich weisen
⟨*A 4ʳ*⟩ Das allzu hohe Lob und deine Tugend preisen?
Die Tugend lobt sich selbst: mein Vers ist viel zu schlecht /
10 Die wort gebråchen uns und růhmen Dich nicht recht /
Du Auszug aller Zier. Ein ander mag sich schwingen
Biß an den Himmel nauff und Dich / o Fůrste / singen:
Mein Sinn und meine Kunst erstreckt sich nicht so weit /
Ich kann mich reissen nicht von dieser Sterbligkeit /
15 Wie Andre / derer Geist mehr in den lůfften schwebet
Durch Deutsche Poesie / als an der Erden klebet:
In dessen thu ich doch / was mier der Himmel gönnt /
Weil ja der schwache sinn denselben kaum erkennt.

⟨*A 4ᵛ*⟩ Die Gaben seyn zwar schlecht. Doch / wie ich mich
20   erbiete /
So geb' ich Dier / O Fůrst / ein hertzliches Gemůthe
                      Op⟨*itz*⟩ bl. 122.
Welchs wird von Sterblichen und auch von Gott geliebt /
und thut weit mehr als der / so viel und fålschlich giebt. ⟨*A 5ʳ*⟩

25   IN
HELICONEM
TEUTONICUM
PHILIPPI CÆSII

Epigrammata quædam.

30   I.

QUam tibi condideras normam, qua patria verba
   Exigeres, variis si qua liganda modis,

MITTERE TE IN VULGUS, CÆSI, LAUDOQUE PROBOQUE,
NE SIT CLAUSA ALIIS QUÆ TIBI APERTA VIA EST.
HÆC RATIO EST AC FORMA BONI; COMMUNIA NEMPE
UT FACIAS, FUERINT QUÆ TIBI PARTA BONA.
AUGUSTUS BUCHNERUS.

II.

ξὺν τῇ τοῦ θεοῦ παλάμῃ

ANAGRAMMATISMUS.

PHILIPPUS CÆSIUS.

litera E pro U posita,
φίλε, SIS PIUS PACE.
O φίλε, QUI PIUS EST, PRUDENS, IN PACEQUE VIVIT;
PERFICIT INCEPTUM, PROSPERA DANTE DEO. ⟨A 5ᵛ⟩
HINC QUONDAM, PIE CHRISTE, TUUS BENE-FIDUS
ACHATES
PAULUS DULCISONO SIC AIT ORE SUO:
SIS PIUS, ET CONSTANS; AD CUNCTA NEGOTIA CERTE
CONDUCIT PIETAS, MONSTRAT AD ASTRA VIAM.
PACE NIHIL MELIUS; FULVO PRETIOSIOR AURO
EST PAX CUM SOCIO ATQUE INTEMERATUS AMOR.
HIC HABITAT DEUS; O TE TERQUE QUATERQUE BEATUM!
SI PACEM OPTATAM CUM PIETATE COLIS.
PERGE, UT CŒPISTI, SACRIS TE INVOLVERE MUSIS,
TUNC JOVÆ ACCEPTUS, CHARUS ERISQUE PATRI
OPTO TIBI VITAM LONGÆVAM, EXOPTO VALENTES
INGENIJ VIRES; PACEQUE CUNCTA BONA.
SÆPIUS OMEN INEST VOTIS; O FAXIT, UT INSIT,
FAXIT ADORANDA HÆC, CEU ROGO MENTE, τριάς!

AD LECTOREM.

LECTOR AMICE, MODIS (CEU PAR EST,) OMNIBUS ORO,
UT SCRIPTA AUTORIS AUREA SEMPER AMES;

Sunt etenim, (mihi crede) gravi dignissima Cedro,
Sunt instar sapidi mixta lepore salis.
Scribebam αὐτοσχεδιαστί.
24. Aug. Anno 1640.
M. Johannes Riccius Ec-
clesiæ Bitterfeldensis Pastor ejusdemque Diœce-
seωs Superintendens. ⟨A 6ʳ⟩

III.

UNica CÆSIADUM Generis spes, Unice Fili,
Qui solatiolum solus es, alme, mihi,
Perge polire decus, maternæ munera linguæ,
Sicque DEO et Patriæ charus amicus eris!
ita vovet
Parens
Philippus Cæsius Pastor in
Prirau etc. Diœceseosque
Bitterfeld. Senior.

IV.

So soll nun Wittenberg auch mit gelehrten Sinnen
Noch überlegen seyn den Deutschen Castalinnen?
  Hier fångt Herr Buchner an (der mehr als Opitz ist)
  Ein neues Musen werck / das man mit freuden list;
  Herr Caesius folgt nach / beginnt herfûr zu bråchen /
Er baut den Helicon / die Deutsche Zier zu rechen / ⟨A 6ᵛ⟩
Biß in das wolcken=feld; viel Arten weiset Er
In unser Poesie / und setzet sie hieher
  In Seinen Helicon. Wohl dem / der also singet
  und seinen rest der zeit mit solcher Lust zubringet!
  Den lobet jederman / der krieget zum gewin
  Den immer=grůnen Preiß / reisst von der Welt sich hin!
M. Christian Trentzsch /
der Philosophischen Facul=
tåt Assessor.

V.
A.   S.

HIer werden sich spiegelln die låster=Poeten /
  Die sonsten mit ihrem geflochtenen zwang /
  Was rühmlich den Teutzschen / gehauen zur banck /
Die Sylben / und Reimen / und Wörter nur tödten:
Hier werden Sie spöttlich und sichtlich erröthen ⟨*A 7ʳ*⟩
  Bekennen auch wieder selbst ihrigen danck
  Daß alles ihr dichten gleich wie mit eim stranck
Die Sachen und Wörter unkömmlich zu nöthen.
  Hier Caesius hatt nun die Feder verschnitzt /
  Die warde von vielen unzeitig gespitzt:
Diß alles befördert der Teutzschen auffnehmen:
  Er selbsten erwürbet unsterblichen Lohn
  und jene die müssen verstummen nun schon /
Denn die es nicht können / sich werden ja schämen.

    Seines Freundes erster Bitte
    zur gewehr / warde dieses
    eylends auffgesetzt von
    C. Brehmen.

VI.

וכן תתפר לך בגדי כבודים
ליד זה מ‾ עשה חשב נצחים
ידיד נפשי אשר דרך חרוזים
בפי אמךּ תלמד ה‾ נערים
תהלת היא פרש מתן אלהים
ולא טמן לבדךּ לךּ עתודים
יקנא גם לך שני רשעים
אבל אל תתחר נא ב‾מרעים

ואל תשפוך חמתך על- נלוזים
וחן תמצא בעיני ה חכמים
כשנאמר במש' שלמה
אגר בקיץ בן משכיל
נרדם בקציר בן מביש

AMICO SUO PERDILECTO
F.
M. ADAMUS SPENGLER /
NEUKIRCHO=VAR.

    QUOD FORTASSE GERMANICE ITA REDDITUR.
UNd so wird Ihm das Lob sein eignes Kunst=werck mehren /
und legen an das Kleid der selbst=erworbnen Ehren /
O ewig=trauter Freund / den meine Seele liebt /
Der itzt uns einen Weg eröfnet zeigt und giebt
Zur Deutschen Poesie. Wie soll mann ihn dann preisen /
Weil sonder mißgunst Er uns wollen diß auch weisen /
Was ihm der Himmel gab / was er durch vielen fleiß /
Durch große mûh erlangt und nun zu zeigen weiß
Was sonst der Neid verbûrgt? Es wird es zwar mißgônnen
Der zahn der Mißgunst Ihm / so alles wil zertrennen;
Allein Er laß es doch Ihm ja befremden nicht
noch kommen zum verdruß wenn grimmig auf ihn sticht
Der blaue Neid und Haß: dieweil Er wird dagegen
Bey Hoch=Gelehrten Huld' und wohlmuth ihm erregen /
aus derer augen=licht die sûße gnaden=saat /
Die milde gunst entspringt und sich zu Ihme naht.

Philippi Cæsii

Deutsches Helicons
Erster Theil/

Bey welchem
Ein Richtiger Anzeiger
Der Deutschen gleichlautenden und
einstimmigen Weiblichen Wörter (nach dem
a b c. Reim=weise gesetzt / und wieder ver=
mehret) etc. zu finden.

⟨*A 8ᵛ*⟩ Horatius ad Pisones:
Descriptas servare vices, operumque colores,
Cur ego, si nequeo, ignoroque, Poeta salutor?
Cur nescire, pudens prave, quam discere malo?

⟨B 1ʳ⟩ VIRIS

EXCELLENTISS. REVERENDO, PRÆCLA-
RISSIMIS ET DOCTISSIMIS,

DN. AUGUSTO BUCHNERO

POËTICES ET ELOQUENTIÆ IN ACADEMIA
WITTEBERG. PROFESSORI PUBLICO FAMIGE-
RATISSIMO NEC NON SENIORI DEVE-
NERANDO.

DN. M. JOHANNI RICCIO,
ECCLESIÆ BITTERFELD. PASTORI EJUSDEMQUE
DIŒCES. SUPERATTEND. DIGNISSI-
MO.

UT ET
AMPLISSIMO SENATUI
BITTERFELDENSI,

DNN. PRÆCEPTORI, MECŒNATIBUS,
PATRONIS, PROMOTORIBUS SUIS ÆTERNUM HO-
NORANDIS

S. P. D.

⟨B 1ᵛ⟩ EJA COHORS VENERANDA VIRUM, VOS MAGNA
SENATUS
LUMINA, TEUTONICUM QUEIS HELICONA DICO,
CARPITE (SED FACILES) TENEROS JO CARPITE FRUCTUS,
CARPITE PRIMITIAS (MUNERA PARVA) MEAS.
ACCIPE PROGENIES QUOQUE TU GERMANA LIBELLUM,
OPITIOMASTIX LIVOR ET OMNIS ABI,
TEUTONICIQUE TUI PARTES IMPLETO POETÆ:
ADJUTRIX ASTAT PAGINA NOSTRA TIBI.
TERNIO PINDIADUM TRIPLEX ANADEMATA PANGET!
LAURI DE THALLIS FRONS TUA CINCTA CLUET!

PHILIPPUS CÆSIUS
QUI SUBJICIT

Dactylisch Sonnet

an den
Edlen und Weltberühmten Herrn

August Buchnern /

über die Erfindung der Dactylischen und
Anapästischen Verse.

Höret die Lieder wie artlich sie klingen /
   Welche Herr Buchner erfindet und übt /
   Echo sich selbsten in ihnen verliebt /
   Wolte sie gerne mit freuden nachsingen /
   übet sich stetig die Stimme zu schwingen /

⟨B 2ʳ⟩ Aber in dem sie noch hefftig betrûbt /
Nicht mehr als halbe gebrochne wort giebt;
Wålder und Felder dem toone nachspringen.
Buchner / so långsten unsterblich gemacht /
Itzo mann åhnlich den Gôttern Ihn acht /
Weil er Dactylisch zu singen erfunden:
Phôbus verwundert sich selbsten ob Ihn /
Orpheus muß anders die Seiten aufzihn /
Cicero schweiget und lieget gebunden.

PAX CLA-
DEM SE-
QUITUR.
⟨B 2ᵛ⟩

Getichte
Auff den Deutschen Helicon.

I.

Herr Caesi / werther Freund / wohl? daß ihr euch entschlaget
Von dem / was niedrig ist / und eure sinnen traget
  Ins hochgestirnte hauß / zur klugen Wissenschafft:
Ein Geist der Feuer fühlt / des Sinn wird weggerafft
Von allem niedrigen; Ihr schencket uns nun wieder
Des Opitz zierligkeit; und die verborgnen Lieder /
  Die Buchner uns verehrt / die gebet Ihr ans licht

In Eurem Helicon; der zierlich zugericht. ⟨B 3ʳ⟩
Doch wenn Ihr etwas schreibt / so dencket diß dar-
    neben /
Je mehr uns die Natur geschickligkeit gegeben /
  Je mehr und båsser soll man seyn auff diß bedacht /
Was sonst den Sterblichen unsterblich hat gemacht.
                    M. Bartholomaeus Heinsius.

                    II.
              Lob=Getichte
                   Als
            H. M. Philipp Caesius /
          mein insonders vielgůnstiger Herr
          und sehr werther Freund seinen
              Deutschen Helicon
          zum andern mahl herrauß gegeben.

Hatt Orpheus durch sein spiel vorzeiten kônnen zwingen
Der grimmen Thiere schaar und durch verliebtes singen ⟨B 3ᵛ⟩
  Die flůsse selbst gehemmt / daß sie den schnellen lauff
  So gar auch eingestellt und stets gemercket auff /
Sein mehr als menschliches geticht und lied zu hôren /
Das Euch / Ihr Wålder / zwang mit tantzen Ihn zu ehren.
  Wohl an! verfûgt Euch her / ihr wålder / eylt geschwind
  Dem Andern Opitz nach. Es schåtzet sich ein Kind
und ungelehrt zu seyn der Orpheus / weil er hôret
Wie nun Herr Caesius Opitzens werck vermehret
  Durch seinen hohen fleiß; Er gibt uns recht hervor
  Die Edle Buchners=art und schwinget sich empor.
Der Orpheus ist verstummt wil diesem gerne weichen /
Weil er die Musen siht Ihm schône krântze reichen
  An stat des Lorbeerlaubs / das heupt ist schon bekråntzt /
  Ein gûldner palmen=zweig in seinen hånden glåntzt: ⟨B 4ʳ⟩

Ja was der Helicon / ja was Parnassus fûhret
und was Bellerophons begrûnten brunnen zieret /
Der schônen Nimphen Chor ist nun Ihm anvertraut /
Bald ist Uranie / bald Clio seine Braut.
5 Sein' Adelheit Sophie hat sich mit Ihm vermåhlet /
Daß Ihm an zierligkeit und kûnsten fast nichts fehlet.
Das stoltze Franckreich liegt: Ein solcher unterscheid
als zwischen leid mag seyn und sûßer frôligkeit /
Ist zwischen Ihm und uns. Ob Opitz gleich gestorben /
10 Hatt seine feder doch unsterbligkeit erworben /
Mein Caesius soll auch unsterblich seyn geacht /
Weil Er nach diesem strebt / das Ihn unsterblich macht.

       schreibt es

      Julius Augustus Tucker=
15   man von Wolffenbûttel.

III.
ANACREONTICON.

NIL ARDUUM CREAVIT
SUBLIME NIL LOCAVIT ⟨B 4ᵛ⟩
20 NATURA PULCHRA RERUM,
RERUM POTENS CREATRIX
RERUM SAGAX NOVATRIX
QUO VERA PULCHRA VIRTUS
USU POLITA LONGO
25 NULLO LABORE FESSA
NON POSSIT EVOLARE,
NON PERVENIRE POSSIT.
HELICONIS ALTITUDO
INSUETA SOLITUDO
30 LONGISSIMUS RECESSUS
QUOT HACTENUS FUGAVIT?
QUOT QUÆSO, TERRITAVIT?
VIÆ REMOTIORES

LABORIOSIORES
PERICULOSIORES
IN INCLITAM MIGRARE
BŒOTIAM VETABANT.
MULTOSQUE DETINEBANT. 5
E MILLE (PROH!) POËTIS
GERMANICI POPELLI
VIX UNUS IMA LABRA
EX FONTE PEGASEIO
QUI LAVERAT, DABATUR. 10
NUNC ERUDITE CÆSI,
TUO LABORE PRIMO
ET NAVITATE MIRA ⟨B 5ʳ⟩
SAGACITATE NAVA
QUID GRANDE PRÆSTITISTI? 15
ALTERNA AMANT CAMŒNÆ.
HELICON VETUS RELIQUIT
ARVUM (BONA NOVA MIRA!)
SESEQUE WITTEBERGAM
CONFERRE FLAGITAVIT, 20
O ERUDITE CÆSI,
CACUMEN ABSCIDISTI
DORSUMQUE SUSTULISTI
INDUSTRIO LABORE
SUDORE DILIGENTI, 25
O ERUDITE CÆSI,
HIC CERNITUR, QUOD ANTE
BŒOTIÆ CAMÆNÆ
CACUMEN INCOLEBANT.
NEC ALTITUDO VASTA 30
NEC CELSITAS OPACA
APPARET ULLA, NULLA
OBSTANT PRÆALTA SAXA.
SIT MOLLICELLUS INFANS
SILICERNIUMVE NUTANS, 35

ÆQUALITER CACUMEN
SCANDUNT AD USQUE SUMMUM.
SED ERUDITE CÆSI,
QUID INDE QUID REPORTAS?
QUID COMMODI REDUNDAT ⟨B 5ᵛ⟩
AD TE, ERUDITE CÆSI,
PRÆDIVITES AVARI
LAUDARE JAM DISERTOS
DIDICERE, EOSQUE TANTUM
MIRANTUR, UT TENELLI
JUVENCULI SUPERBUM
JUNONIAM VOLUCREM.
PERMULTA POLLICENTUR,
PERSÆPE GRATULANTUR,
SED INDE QUID JUVATUR
MUSIS VACANS JUVENTA.
SUMPTUS TUO LABORI
DEBENTUR ATQUE GRATES,
DEBENTUR. AT QUIS USQUAM
SATISFACIT LABORI.
O ERUDITE CÆSI,
HOC PERGE PERGE SCRIPTUM
OMNES BONI PROBABUNT
MAGNIQUE FIET ILLIS.
UT RITE FIAT ILLUD
BENEDICTIONE JOVÆ
SOSPES VIGESCE, CRESCE
VIGESCE! CRESCE SOSPES!

WITTEBERGÆ
F.

JOH. GRUBELIUS SS. TH. STUD.

⟨1.⟩ Vorrede.

NAch dem ich vor etlichen Jahren mir nebenst meinem Hauptstudieren auch die Deutsche Poesie belieben laßen / wozu ich denn mein Gemûthe dermaßen gewidmet / daß ich doch am meisten / auff Anhalten guter Freunde / ein Bûchlein gleichlautender Worte / nicht mit geringer mûhe zusammen getragen / denenselben / so hierinnen noch ungeûbt / die hand zu bieten / weil eben der mangel solcher Worte mehr nachsinnens und zeit / so wohl in Deutschen als Hebråischen Reimen erfodert / welche in diesem fall ein ander fast åhnlich scheinen; wiewohl die Hebråer dreyerley Reimworte haben / als erstlich die ein-⟨2.⟩fachen / חָצֵר עֹבֵר und nennen ein Gedichte von solchen Reimen שִׁיר עֹבֵר CARMEN TRANSIENS, TOLERABILE, dergleichen Reim⸗wort haben wir Deutschen auch / und nennen sie Månnliche / weil sie zu den Månnlichen Versen gebraucht werden / und bey uns den ACCENT und Reim auff der letzten Sylben des Worts haben / als begéht / steht / untergéht. Zum andern die zweyfache / als: פָּקַד שָׁקַד diß wird שִׁיר רָאוּי CARMEN CONVENIENS, APTUM, DIGNUM, bey uns aber ein Weiblichs (weil es im Deutschen den ACCENT auff der letzten ohne eine hat / als lében / schwében /) genennt. Zum dritten haben sie auch dreyfache Reim/als סְפָרִים דְּבָרִים / diß wird שִׁיר מְשֻׁבָּח CARMEN LAUDABILE genennet / wird bey ihnen gar selten / bey uns aber gar nicht gebraucht. Wiewohl mans auch haben kônte / nemlich also: ⟨3.⟩

      Ein neues Licht war aufgegangen /
      Da er den Nahmenstag begangen.

Oder welches im deutschen båsser:

> In dieser unser **Flůchtigkeit**
> Bedarff es nicht der **Wichtigkeit**.
> Nichts ist es als **Unachtsamkeit**
> und lauter **Unbedachtsamkeit**.

Bey uns Deutschen aber / kan es nicht wohl stehen / sonderlich das erste exempel / wie aus nachfolgenden zu ersehen. Solch obgemeltes Bůchlein nun hab ich anjtzt wieder zur hand genommen / und in zwey unterschiedliche Alphabeth getheilet / also daß im ersten die einfachen / das ist die månnlichen / (welches jetzt dem Andern theil angehångt) im andern aber die zweyfachen Reim=wort zu finden; muß nun auch solches auf vieler anhalten an die strafsůchtige Luft gelangen laßen / da es fast wider meinen Willen geschiht. Weil ichs aber denen nicht abschlagen wollen noch sollen / so wil ich nun dem geneigten Leser selbiges mit vorgesetzter Erklå-⟨4.⟩rung etlicher Arten / Gesetze und Zierligkeiten der Deutschen Verse ausantworten / nicht etwan / als wenn ich willens eine gantze Prosodie herfůr zu geben / sondern nur etliche stůcke derselben / der edlen Poesie noch weiter auff die beine zu helffen / mit welcher ohne diß der Edle und Sinnreiche Opitz / so zum hôchsten Lob und Preis uns Deutschen gebohren / sich selbsten aus dem staube der Nidrigkeit / fast in das gestirne hinauff zu schwingen / unterwunden / welches Er auch durch seinen mehr als menschlichen Verstandt so glůcklich verrichtet / daß Ihm schon allbereit der hôchste Grad der unsterbligkeit zuerkant / und es fast unmôglich Ihme den Palmen aus der hand zu reissen / oder zum wenigsten Ihm selbiges nachzuthun. Welches schöne Schrifften schon in jedermanns hånden / und durch die ⟨5.⟩ gantze Welt ausgebreitet / darumb ich es unnôtig erachtet / weitleufftigern Bericht davon zu thun / oder seine schöne Gedichte / Sonnet und Oden zu Exempeln anzuziehen / weil sie ein jeder gantz aus Ihm als dem Brunnenquell selbsten überflůßig schôpffen kan: daß ich mich

aber bißweilen meiner eignen Exempel gebraucht / habe ichs
aus mangel anderer thun müssen / als in den Dactylischen /
Trochäischen und Echonischen Sonnetten / und andern mehr /
welche meines Behalts / ich bey andern / ja auch in unsers
Poeten Schrifften noch nicht gesehen. Weren auch etwa Fehler
mit untergelauffen / so wird der verständige Leser seiner hohen
Bescheidenheit nach mit meiner annoch frischen Jugend nicht
so strenge verfahren / sondern unterdeß mich in seine beharrliche Gunst und Schutz ein-⟨6.⟩schließen / biß Ihm dermalen
eins meine geringe Wenigkeit / wo uns der Himmel das Leben
fristet / was höhers und båsseres übergeben wird / in erwegung /
daß wie der Weitzen niemahls so rein entsprossen / da nicht
etwan das unkraut sich mit untergemischt / also kein Werck
so vollkommen / daran die scharffsüchtige Verbässerung niemahls Fehler und Gebrechen ersehen könte. Sonsten verhoffe
ich / es werde / wie schlecht und klein es auch ist / den un-
geübten nicht wenig zur steuer kommen / weil ich sonderlich
darauff gesehen / wie ich meinem Vaterlande zu ehren die
Deutsche Poesie wieder erneuern und weiter fortpflantzen
möchte. Welche / wiewohl sie zwar vor diesem sehr hoch gestiegen / und fast von jederman sehr lieb und werth geacht /
jedoch aber jetzt durch die Jåmmer-⟨7.⟩lichen Vers-verderber
großen Schiffbruch leidet / und in die höchste verachtung zu
kommen scheinet / ja so sehr / daß sich auch mancher / der in
dieser Kunst doch hochberühmt und erfahren / schämen muß /
einen Deutschen Vers zu schreiben / in dem der Pöbel / ja
auch offt gelehrte Leute (wo sie dißfals gelehrt zu achten) Ihm
andere Lotterbuben und unzeitige Wort-verstimpler vorziehen /
derer Schutzherr vielmehr der hinckende / lahme Vulcan / als
der Musen-Vater Apollo seyn soll / weil auch ihre Verse der
Vulcanischen Natur so ähnlich seyn / daß mann fast in die
Gedancken gerathen dürfte / als hette sie Vulcan ihnen als
seinen Erben selbst hinterlaßen: wie dann H⟨err⟩ Ristius offt-
mals hefftig darüber eyfert / sonderlich in der Vorrede seines
Poetischen Lustgartens / da er unter andern auch eine ⟨8.⟩

Prosodie herfûr zu geben / verheissen / und solcher auffgeblasenen Carmen-schmiede / (weil ihre Vers gleichsam mit gewalt in einander geschmiedet / also genennet) eigne Verse anziehen und probieren wolte / wie Er denn in seiner Deutschen
5 Muse einen / so er den Sonneten-schmidt nennet / heftig / wie dann auch billich / durchziehet / darum / daß er ein Sonnet von 136. Versen aus allerley alten Scarteken zusammen geraspelt / und solches noch dazu dem vortråfflichen Manne dem Heinsius zugeeignet / als wenn Er es zuvorn in Hollån-
10 discher Sprache geschrieben / und er derselbe Sonneten-schmidt es jetzo verdeutschen wolte / wie weitleufftiger bey Ihm zu lesen: Daraus denn folget / daß unsere Edle Sprache zugleich mit der deutschen Poesie / wie hoch sie bißher gestiegen / so sehr auch fallen werde: Die Fran-⟨9.⟩tzosen auch / und anderer
15 frembden Sprachen Vôlcker wûrden darûber jubaliren und frolocken / daß ich hernach nicht mehr / wie vormahls / sagen dôrffte.

Nun môcht ihr klugen Griechen
und ihr aus Latien euch ingesambt verkriechen /
20   Es geht euch allen vor die deutsche Nachtigall /
Die nun so lieblich singt / daß auch ihr sûßer schall
Die andern ûbertrift: Sie sitzet auff den Rosen /
und modulirt mit macht: Die pråchtigen Frantzosen
  Vermeinten gantz und gar / und sagten ohne scheu
25   Daß keine Zierligkeit in deutscher Sprache sey
Zur edlen Poesie: biß endlich sie gerochen
Opitz der edlen Ruhm / und ihr die bahn gebrochen
  Durch Gôttlichen Verstandt: daß sie in kurtzer zeit
  Die andern ûbertraff an Zier und Liebligkeit etc.
30   Dieses nun in etwas zu verhûten / wil ich alle jetzt ûbliche arten der Deutschen Verse anher setzen / und dabey kûrtzlich die vornehmsten Fehler / auch hergegen die Zierde derselben entwerffen / und zwar in folgender Ordnung. ⟨10.⟩

Die Erste Abtheilung.

Von art / maß und zugehör der Deutschen Verse.

MAnn hat sich bißanhero fürnemlich der Jambischen und Trochäischen arten in deutschen Versen beflissen / biß endlich auch die Dactylische hinzu kommen / welche alle aus dem toone zu erkennen / ob eine sylbe lang oder kurtz soll gesetzt werden / denn wie eine sylbe ausgesprochen wird / so bleibet sie / es mögen gedoppelte buchstaben oder wie viel und wie sie seyn / folgen. Die einsylbigen wörter anbelangend / so seyn dieselben meistentheils gemeines lautes / das ist / zugleich lang oder kurtz / wie man sie brauchen wil / ausgenommen dieselben / welche vor dem endbuchstaben einen doppellautenden haben / als viel / leer / heer / haar / schön / und andere mehr; Solche wörter werden gleichsam als mit einem circumflex ausgeredt / darumb sie von Natur lang seyn / und nicht wohl kurtz gesetzt werden können; Also auch das PRONOMEN DEMONSTRATIVUM, der / ist lang: der articul aber / der mensch / ist kurtz. Wie denn auch das / FŒMININUM die und das NEUTRUM das / muß man auch wohl in acht nehmen / daß sie den verß nicht unanmuthig machen / denn ⟨11.⟩ ich wolte nicht gerne setzen:

> ist das buch meine lust / und die kunst meine freude?
> Soll der krieg mir nichts thun noch geben — — —

Sintemahl sie sonsten kurtz seyn und geschwinde von der zungen lauffen / hier werden sie aber mit gewalt in die höhe gedöhnet und lang gesetzt / welchs man balde also verbessern kan:

> das Buch ist meine Lust / die kunst ist meine freude /
> drümb soll mir nichts der Krieg — — — — —

Diese und dergleichen soll man / wo es immer müglich / ver-

meiden / und allezeit (weil man es nicht wohl alsbald in gewisse
regeln alles fassen kan) genau den klang in acht nehmen; denn
ich doch bald hôren kan / daß es gleichfals auch nicht klinget /
wenn ich sage:

⁵ Der fast erblasste Mond
Tag und Nacht ûmb die Welt pflegt rings
herrûmb zu lauffen.
und:
Die Ihr weit von den streiten.

¹⁰ Denn es klingt stracks besser wenn ich sage:
Ihr / die ihr weit von streiten.
und:
So tag und nacht die Welt ETC.

Die zweysylbigen wôrter nun haben einen gewissen toon /
¹⁵ und seyn die meisten TROCHÆI oder weibliche wôrter / das
ist / die den accent auff der ersten sylben haben / welche lang
ausgesprochen wird / als líeben / lében / Jésus / ⟨12.⟩
púrpur: Ausgenommen die frembden Wôrter (wo sie nicht
eigne nahmen / als / Dávid) und da was vom ende genom-
²⁰ men / wie auch andere mehr / so aus der aussprache leicht zu
erkennen / die seyn JAMBI, da der toon auff der letzten sylben /
als / Pallást / Persón / entléhnt. Hier ist auch zu mercken /
daß etliche wôrter bald JAMBI bald TROCHÆI seyn kônnen: als
itzúnd / dennóch / darúmb / alsó / weistú / hastú;
²⁵ dann also kan ich einen TROCHÆUM aus itzund machen:

Itzund gehn die Sternen auff /
und einen JAMBUM:

Itzund geht auff der Sternen licht.

Welche scheinen als wenn sie aus zweyen einsylbigen zusammen gesetzt / wes wegen sie frey zugebrauchen.

Die drey und mehrsylbigen betreffend / so seyn sie gleicher gestalt zu erkennen / denn ich gewiß aus der ausrede mercken kann / daß in verdécket / entléibet / die erste sylbe kurtz / weil sie geschwinde von der zungen leufft / und wie das SCHEVA bey den Hebråern gelesen wird; die ander aber lang / weil sie erhoben wird / die dritte wider kurtz: welches wohl in acht zu nehmen / ⟨13.⟩ und sonderlich in den Dactylischen / da die erste lang / die letzten beyden kurtz; als éwiger / édlester / lébendig / aúffenthalt / aúfferstehn / únverstandt; Hie hindern die mittlautenden keines weges / daß ich sie nicht in den Dactylischen kurtz setzen kônte / denn solte ich sprechen unvérstandt / liebéster / so würde mich auch ein kind auslachen / weil ich die natur der deutschen sprache so nårrisch verånderte: Doch kan / vornemblich aber in etlichen Weiblichen Nahmen / als Gôttinnen / Heldinnen / Seyfartin / die mittelste sylbe auch bißweilen lang gebraucht werden / denn ich in den Dactylischen Versen so wohl setzen kan / álle Gôt | tínnen / als / kómmet Ihr | Góttinnen | kómmet zum | tántze.

Besser ists zwar wenn ich sie kurtz brauche / sonderlich in Seyfartin / ob schon viel mitlautende hier zusammen kommen / klingt sie doch nicht so wohl wenn ich sie lang setze: wie auch Opitz in einem Verse das wort Gôttinnen kurtz gebraucht am 22. blate.

Allein / Ihr Gôttinnen / die ihr noch seyd betrûbt / ûmb des Narcissus fall / in welchen Ihr verliebt:

Hier sehe ich / daß es falsch / wenn man vor-⟨14.⟩gibt / daß die Buchstaben allein in Versen eine sylbe lang oder kurtz machen / sintemahl der toon und aussprache es alleine thut: Es werden viel gefunden / so aus ihrem groben gehirne mit solchen Versen einherpraßlen / da weder toon noch sonsten etwas in acht genommen; als zum exempel:

> Títan | schéinet | sehr héll / |

nun môcht ich einen wohl fragen / ob es ein jambisch= oder Trochâischer Vers sey / in dem der erste und andre PES TROCHÆI, der dritte ein JAMBUS. Wem es nicht besser als so
5 von statten geht / der mag mit seiner unzeitigen gebuhrt wol zu hause bleiben / denn eben solcher macht einen guten mit ihm zugleich veracht: wiewol es die Alten in den gesången nicht so gnau in acht genommen / doch unwissend / darumb sie wohl zu entschuldigen / und hetten sie so viel gewust von
10 dem accent als wir uns anjetzt durch hûlffe des nunmehr unsterblichen Opitzens / nechst Gott bewust befinden / sie wûrden ihre ohne dis geistreiche lieder noch anmuthiger und geistreicher gemacht haben / und nicht TROCHÆOS und JAMBOS vor einerley gehalten / daß mann nicht singen dôrffte:

15 > Wie schôn leûchtet der Morgenstern. ⟨*15.*⟩

Welcher Vers doch bald also verbessert wird:

> Wie schôn leucht doch der Morgenstern.

Oder: Wie schôn leucht uns der Morgenstern.

Hierinnen irren auch die Componisten sehr offt / und setzen
20 den Singe=toon (ACCENTUM MELICUM) auff die sylbe / da der verß=accent (ACCENTUS METRICUS) nicht steht / da doch beyde gleich fallen sollen; also / welche sylbe im reden lang ausgesprochen und erhoben wird / die soll auch hernach in versen und singen erhoben und lang gebraucht werden; ists
25 also unrecht / wie in den alten Liedern sehr offt vorgeht / da zwar in der ersten strophe des Lieds der Vers recht Jambisch und eine rechte melodey (da der sing= und vers=accent auf gleiche sylben fallen) bekômpt / die andern strophen schon bißweilen Trochâos mit untergemischet haben / da sich denn
30 die melodey des accents halben nicht schicket; In diesem fall ist dem Componisten nicht die schuld beyzumessen / sondern dem Verßmacher / der den accent und toon der wort nicht

Deutsches Helicons Erster Theil 27

in acht genommen; Derhalben ist die Deutsche Poesie den
Capellmeistern und Componisten auch hoch von nôthen / daß
sie hernach nicht den Sing-accent anders setzen als die Natur
des Verses und der toon der worte er-⟨16.⟩fodert: muß also
ein trochâischer Vers auff lautern reinen Trochâis / und ein
Jambischer auff lautern reinen Jambis bestehen / welches die
Componisten auch wissen und in acht nehmen sollen. Doch
ist es nicht also gemeinet / als wenn sonst keine andere PEDES
mit untergemischt werden kônten / da doch die spondaischen
und Dactylischen auch bißweilen statt haben / sintemahl das
Dactylische Wort in dieser art Versen durch die SCANSION
zertheilet wird / sich mit andern Worten gesellet und gar
fûglich in dieselbe art bequemet / wie in der vierden Abtheilung
soll erinnert werden.

Alle wôrter nun so wohl ein- als vielsylbige (zuforderst aber
die einsylbigen / denn zu den Dactylischen / schicken sich dieselben nicht so wohl) kônnen zum fûglichsten in Trochâische
und Jambische zusammensetzung gebracht werden / denn alle
zweysylbige Wôrter / wie auch die ersten beyden der viel/
sylbigen / geben entweder einen TROCHÆUM oder JAMBUM:
einen TROCHÆUM geben diese: álles | líeben | éitel- | keit /
méister- | stŭcke | einen JAMBUM aber folgende / als:
| entstéht | entsté | het/ verwún | derúng. ⟨17.⟩

Weil nun die Trochâischen und Jambischen am breuchlichsten / so wollen wir sie (indem beyder geschlechte ohn-
gefehr in 12. Arten sich erstrecken kônnen / weil immer ein
Vers mehr sylben als der ander hat) kûrtzlich entwerffen /
und nach der ordnung anher setzen / die Dactylischen aber
wollen wir der andern Abtheilung vorbehalten.

    I. MONOMETER BRACHYCATALECTUS,
        ein zweysylbiger Vers:

JAMBICUS:	TROCHAICUS:
itzúnd /	lébet /
entstúnd /	schwébet /

II. MONOMETER CATALECTUS,
ein dreysylbiger.

JAMBIC:
wier schwé | ben
im lé | ben.

TROCH:
álles | ist
trúg und | list.

III. MONOMETER ACATALECTUS,
von vier sylben.

JAMB:
Herr Jé | su Chríst |
Mein trost | du bist. |

TROCH:
álle | réichen |
mŭssen | weichen. | ⟨*18.*⟩

IV. MONOMETER HYPERCATALECTUS:
von 5. sylben.

JAMB:
Die mén | schen lŭ | gen /
Gott kan | nicht trŭ | gen.

TROCH:
Góttes | Wórt ist | war /
lauter / | rein und | klar.

V. DIMETER BRACHYCATALECTUS:
ein sechssylbiger.

JAMB:
Mein glŭ | cke stéht | bey Gótt |

TROCH:
ách wier | ármen | kínder. |

VI. DIMETER CATALECTUS sieben sylbig.

JAMB:
Ach Gótt | laß díchs | erbár | men.

TROCH:
Góttes | gnáde | stéht bey | mier.

VII. Dimeter Acatalectus von 8. sylben.

Jamb:
Erhált | uns Hérr | bey déi | nem Wórt. |

Troch:
Méine | Séel' er | hébt den | Hérren. |

Oder also / daß er nach der 3. sylbe einen abschritt habe /
und månnlich ausgehe / auff eine neue und sonderliche Art /
und kann mit dem nachfolgenden Trocháischen sich wohl
schicken / denn jenes der weibliche / dis aber der månnliche /
als: ⟨19.⟩
álles | geht)(nách der | tóllen | Welt.

VIII. Dimeter hypercatalectus,
neunsylbig.

Jamb:
Wer Gótt | alléin | mit érnst | vertráu | et.

Troch:
Jésus | ists/)(dér mich | álso | líebet |
Jesus ists / der den Himmel giebet /

Oder ohne Abschnitt auff eine neue manier:
Wírd es | nícht ein | schátten | álles | seyn?

IX. Trimeter brachycatalectus,
von 10. sylben.

Jamb:
Gott íst | mein tróst)(in trûb | saal ángst | und nóth. |
oder auff eine andere manier:
Gott íst | mein bé | ster Tróst)(in ángst | und nóth. |

Troch:
álles | álles | geht)(núr den | krébes= | gang /
Was wir fahen an diesen Sommer lang.

Oder ohne Abschnitt / also:
óhne | Géist zu | léichter | áschen | wérden. |

X. Trimeter catalectus, von 11. sylben.

Jamb.
Gott íst | mein schíld)(an méi | nem létz | ten én | de.

Oder auff eine neue Art/da der Abschnitt nach der 6. sylbe.⟨20.⟩
Gott íst | mein bé | ster tróst)(in ál | len léiden.

Troch:
Méine | sǔnden= | schuld)(íst mier | schón ver | gében. |

XI. Trimeter Acatalectus,
von 12. sylben.

Jamb:
Gott / schíck' | uns wí | derúmb)(den éd | len Fríe | den zú. |

Troch:
Ó mein | Lébens | Áuffent | halt)(ním mich | áuff zu | dier.

XII. Trimeter hypercatalectus,
von 13. sylben.

Jamb.
Bistú | gerécht | o Góttt)(so hǎlt | stu récht | gerích | te.

Troch:
Dúrch viel | élend | ángst und | nóth)(kómmen |
wíer zum | lében. |

Besihe hievon weiter das 254. bladt im CLAJO, wie er sie abgemessen hat.

Hierbey ist zu mercken / daß die ersten Verse / eigendlich keine Verse seyn / sondern nur vollkömliche PEDES und Anfänge der Verse / aus welchen die andern alle entspringen / weil von rechtswegen ein Vers (wenn wir den Lateinern nachwollen) zum wenigsten drey sylben haben ⟨*21.*⟩ soll / aber weil er in den Deutschen Oden üblich und davor gerechnet wird / halten wir ihn auch billich vor einen Vers.

Darnach darff mann sich nicht verwundern / daß wier unter die Jambischen Verse / auch die 9. 10. 11. und 12. Art deroselben Verse / rechnen / da doch die achte Art sonst billich die höchste ist / denn die Jambischen Verse von 3. sylben bis auff 9. (die neunde mit eingeschlossen) gehen; Weil aber auch diese auff reinen JAMBIS eben so wohl als jene / bestehen müssen / rechnen wier sie billich auch mit darunter / wiewohl auch sonst die 9. und 10. die gemeine art / die 11. und 12. die Alexandrinische und Heroische (vielleicht weil die Thaten des Großen Alexanders erstlich darinnen beschrieben seyn sollen) genennet wird.

Ja mann hat auch noch andre neue Trochäische Verse / derer beydes weibliche und männliche funfzehn=sylbig / so aus der 6. und 7. Art zusammen gesetzt / da die weiblichen den Abschnitt nach der siebenden sylbe des Verses / die männlichen aber nach der achten sylbe haben; Wobey auch zu mercken / daß der Abschnitt in den männlichen weiblich sich endet / welches sonst in keinem Verse geschiehet; ⟨*22.*⟩ Dergleichen verse weiblicher art seyn zween in Opitzens Schäferey von der Nimphen Hercinie am 51. blate zufinden. Beyderley Arten aber hatt Er in Seiner Judith etlich mahl mit unter gemischet / woraus wir nachfolgende zum exempel setzen:

als männliche:

Eben dieser den du lobest / Judith / will aufs nachtmahl hier /
viel des volckes edle Helden bey sich wissen neben dir /

komm/ denn dein und sein begehren stimmet gåntzlich überein /
wündschestu ihn stets zu sehen / so gefållstu ihm allein.

und weibliche:

Sehet wie der Holofern sein beschwertes Heupt låsst sincken /
und die Helden stehen auf / satt von essen / lass von trincken.

Fast auff diese art kan mann auch neue Jambische verse
haben / derer weibliche funftzehen sylben / und aus der 7. und
6. art zusammen gesetzt / die månnlichen aber 14. aus der 7.
und 5. art / welche auch den Alexandrinischen fast gleich seyn /
ohne daß jene (die Alexandrinischen) nach der 6. sylbe den
Abschnitt / diese aber (die neuen) nach der 8. und also auch
2. sylben mehr als jene haben / auff solche manier:

Mann gé | het nách | dem Nár | renspíel)(bald hélt | man Gá |
steréy | en /
bald hôrt man seiner lauten zu / bald wil mann wieder freyen /
Bald fåht mann an den glåserkrieg und spricht der Jungfer zu /
Bald nimt man dis bald jenes für / bald legt man sich zur
ruh. ETC. ⟨23.⟩

Es ist aber die Caesur und Abschnitt eine Athemholung / so
im mittel der langen Verse gebraucht wird / welche mann
nicht in einem athem hinlesen kann / wie die kurtzen / denn es
so wohl den Ohren als der Zungen beschwerlich vorkommen
solte / wo der Abschnitt übergangen würde / und sonderlich
in den langen fast ungewôhnlichen Versen / welche nur lust
halben zugebrauchen / weil sie nicht so bekant wie die Alexandrinischen und andere.

Der Abschnitt aber muß allzeit månnlicher endung seyn /
das ist / es muß die letzte sylbe des Abschnitts mit einem einsylbigen oder dergleichen worte / (die 15=sylbigen Trochåischen
Verse månnlicher Art ausgenommen) das den toon auff der
letzten sylbe hat / geschlossen werden / also daß sie das wort
nicht zertheile / wie vor diesem wohl eh geschehen: Es sey
denn daß mann bißweilen etwas durch eine sonderliche

Emphasin desto deutlicher ausdrücken wolte / sonderlich in
den Wörtern die mann ohne dis theilen kan / und als wenn
sie aus zweyen zusammen gesetzet scheinen: Ein solches hab
ich in der schrifftlichen Entwerffung der schönen Adelheit
versuchen wollen / da der Vers gleichsam zusammen ge- ⟨24.⟩
knüpft / und keinen Abschnitt zu haben scheinet / ohn gefehr
also:

Wie sehr der Jaßpis prangt / wie sehr Sapphier pravieret /
Wenn er mit gold' ist ein=gefasset und gezieret.

und:

Die Schue seyn brauner sammt / sehr artlich ausgestückt.
und mit gallaunen ein=gefasset und geschmückt.

Also auch:

— — — Dis ist derselbe Mann /
Der seinen Vers so schimpff=und ernstlich machen kan.

und:

Sie matten=ängstigen= und martern sich nur ab.

Fast auff diese weise kann mann auch in den männlichen am
ende des Verses das wort zertheilen / der sache davon mann
redet einen sonderlichen Nachdruck zu geben / also daß der
eine theil des worts am ende des ersten / der ander theil im
anfange des andern Verses sey / als:

Wie hat so bald der Todt des Lebens=faden ab=
geschnitten/ dier ô Freund! daß du ins kalte grab
So balde von uns weichst? — — — ⟨25.⟩

Wie nun Seel und Leib in unserm letzten Abschiede sich
durch den Todt von einander sondern / also wird auch dieses
wort gleichsam gesondert und zerrissen.

Es ist hiebey auch wohl in acht zu nehmen / daß der Abschnitt sich mit dem ende seines eignen Verses nicht reime /

weil es sehr übel klingt / wenn ein reim gemacht wird / wo er nicht seyn soll / als:
Ein gut Gewissen fragt nach bösen Meulern nicht /
Wann seiner Tugend=licht so klar herrein her bricht.

Ja es klinget auch nicht wann gleich in einem Worte noch ein oder der ander buchstabe dazu kömmt / als wenn ich sage:
O Adler / meine nicht / daß die verachtung mich etc.
und:
Dein Mund ist Honigseim / und gehet lieblich ein / etc.

Schließlich so wird der Abschnitt gebraucht in der neuen 7. und 8. Trochäischen / wie auch in der 9. 10. 11. und 12. Art beydes Geschlechts / und letzlich in der neuen Jambischen Art / wie aus der vorhergehenden entwerffung da sie mit einem)(angedeutet wird / zu sehen. ⟨26.⟩

Hierneben ist zu mercken / daß ich nicht deßhalben die langen Trochäischen Verse anher gesetzt / als wenn sie allzeit zu gebrauchen / will es aber einer thun / so stehets ihm frey / sonderlich in Tragödien können sie wohl stehen: von mier ists nur lust halben geschehen / wie denn auch Opitz sich mit den langen zween männlichen 15=sylbigen auch ohn zweiffel in seiner Hercinie nur lustieren wollen / doch wenn sie recht bekannt gemacht würden / möchten sie auch noch wohl angenehm seyn; nur im anfange kommen sie uns etwas seltzam vor.

Die Andere Abtheilung.
Von den Dactylischen / Anapästischen und Sapphischen arten.

ES ist männiglichen vor augen und bewust / daß in keiner Sprache mehr Dactylische Wörter / als in der Deutschen / die Trochäischen auch / wenn auff sie ein JAMBUS oder ein=sylbig wort folget / leichtlich einen DACTYLUM geben / wie der Hochgelehrte und Sinnreiche Herr Buchner in seiner noch zur zeit fast verborgenen / doch vortrefflichen edlen Prosodie ⟨27.⟩ erinnert / bey welchem ich das erste von Dactylischen versen gelesen; Nun wunderts mich nicht wenig / daß sich niemand unterwindet / dieser Art Verse weiter auszuarbeiten / in dem sie nicht weniger Anmuth mit ihrer so flûchtigen liebligkeit den Ohren erwecken als etwan andere / wo sie nur recht ausgemacht und zu rechter zeit gebraucht werden / denn bey Begråbnûssen haben sie schon solche anmuth nicht / als bey Hochzeiten und andern frôlichen dingen / es sey denn sache / daß ich des Verstorbenen Freunde trôsten und die ûbergroße Lust der Himlischen Bûrgerschafft / dahin er durch den zeitlichen Todt versetzt / ihnen vorbilden und beschreiben wolte / so kônten sie etlicher maßen vergônnet werden. Die Dactylischen Verse seyn aber alle entweder Catalectische oder Brachycatalectische / denn sie haben immer eine oder mehr sylben zu wenig / und gehen niemals gleich auff / wie unter den Jambischen die månnlichen / und unter den Trochåischen die weiblichen / da keine sylbe ûberbleibt; sondern der Månnliche bey ihnen hat zwo sylben zu wenig / der Weibliche aber eine / und erstrecken sich fûrnemlich in folgende 6. arten. ⟨28.⟩

1. blumen und gras / (BRACHYCATALECTUS)
2. ob es sich gleichet (CATALECTUS)
3. vôllig dem schônsten Topas /
4. Balde doch gåntzlich verbleichet;
5. Also vergehet und schwindet auch das /
6. welches vor schônheit und Ehre wier achten.

Viel wollen die Dactylischen Verse nicht zulaßen / geben fûr / sie weren gantz falsch / und hetten keine rechte DACTYLOS in sich / weil die POSITION und doppellautende bald lang bald kurtz gesetzt wûrden / und wolte mann rechte DACTYLOS machen / so mûste mann den Griechen und Lateinern in der quantität nachfolgen / und gleichwohl machen eben sie Jambische und Trocháische / und nehmens darinnen selbst nicht in acht / als wenn jene nicht so wohl Verse weren als diese / und diese mehr erfoderten als jene. Wolte mann aber Johann Clajens neue Prosodie (wie er Sie nennet) wider vornehmen und verbåssern / daß alle Verse und nicht nur die Dactylischen / wie bißher begehrt / der Lateinischen quantität nåher kåmen / (damit die Lûsternen Vers=macher die hôrner ein wenig verlieffen / und es also / weil selbe vor sie ein wenig zu schwer / mûsten bleiben laßen /) wûrde wohl einem und ⟨29.⟩ dem andern auch belieben / daß / wer nur die bahne breche / wûrde bald andere nachfolger bekommen. Es wird aber schwer hergehen und eine geraume zeit dazu gehören / sintemahl sehr viel wort in deutscher sprache zu finden / in welchen nach dem accent und toon die sylben kurtz und doch der position halber in den Versen mûsten lang gesetzt werden / wenn man anders den Lateinern (bey welchen sie nicht so heuffig) nachfolgen wolte; Sie wûrden auch den versen keine sondere Anmuth geben / weil mann sie so geschwinde überhin lesen mûste / und schiene als wenn im Verse eine oder mehr sylben zu wenig. Denn es hatt die Deutsche mit der Hebråischen / wie auch alle andre Sprachen gar eine andre beschaffenheit in Versen als die Griechische und Lateinische / welche beyde allein hierinnen was sonderlichs haben / wie Scaliger erinnert / kann also die Deutsche denen beyden nicht verglichen werden.

Dieses / weils droben im anfange schon etwas erörtert / schreiten wier zur zierde der Dactylischen Verse / welche sonderlich wohl in acht zu nehmen; Denn vors erste / klinget es lieblich / wenn sich die wort im Verse reimen / als in diesem:

Sie —. ⟨30.⟩ låchlet und wincket und blincket Ihm nach:

und:

Singet und klinget und springet Ihr Brûder;

Vors andre / sollen die einsylbigen Worte / wo es
nur müglich / und sonderlich im anfange des DACTYLI,
vermieden werden: Denn es klingt sehr widerwertig /
wenn ich den Verß also mache:
Das ihm viel lust macht / und freude gebühret.

Zierlich stehets aber / wenn ich den anfang des Verses mit
einem Dactylischen Worte mache / noch zierlicher / wenn ein
Trochäisches den DACTYLUM anfängt und ein JAMBUS oder einsylbig Wort folget / daß der gantze Vers gleichsam wie in
gelencken aneinander hänget: als im folgenden Gesätze;

Hertze des Himmels und auge der Sterne /
Welches erleuchtet und zieret das Feld /
Kertze der Erden und Fackel der Welt;
Zeige doch deine geschminckte Laterne /
Zeige den güldnen Mund voller Rubien /
Grüße die Erde mit deinem Gesichte /
Mache das trauren mit freude zu nichte:
Freude soll heute vor trauren einziehn. ⟨*31.*⟩

Aus den Dactylischen Versen können wir gar hübsch
Anapästische machen / wie auch der Weitberühmte und Sinnreiche Herr Buchner erinnert / welche eine sonderliche ver-
wandschafft mit ihnen haben / wenn im anfange eine sylbe
hinzukömpt / also daß den ersten platz ein SPONDÆUS inne hat
und ein ûmbgekehrter DACTYLUS oder ANAPÆSTUS drauff folgt /
denn dieser wird hierinnen gebraucht: Wenn nun der dactylische Vers hieße;

Ménschliche | húlffe ver | schwíndet /

so setze ich forne eine sylbe hinzu / alsdenn wird ein Anapä-
stischer Vers also:

Die mén | schliche húlf | fe verschwín | det.

Diese werden nun gar fein in den Dactylischen Oden mit
untergemischet / nemllich also:

>Kommet / Herr Breutigam / kommet und gehet /
Eure Geliebte die ruffet gemach!
Sehet und schauet wie artlich sie stehet /
Låchlet und wincket und blincket Euch nach.
Sie saget vor freude /
Wier wollen nun beyde
Anfangen den Tantz;
Wier wollen uns quicken / ⟨32.⟩
Die hånde fein drůcken /
Werthester Breutigam / liebester glantz.

Die Anapåstischen Verse seyn etwas leichter zu machen als die Dactylischen / weil mann sie mit einsylbigen worten anfangen kann; welches in jenen nicht allzeit geduldet werden kann; wie ich denn das Hohe Lied Salomons fast in lauter Anapåstische Verse gebracht / darinn nur das erste Lied in etwas Dactylisch / wie der Gůnstige Leser selbsten sehen kann / deshalben ich unnôtig erachtet / mehr Excmpel allhier anzuzihen.

Dieses nun sey von den Dactylischen und Anapåstischen: Nun folgen die Sapphischen / welche bey uns gar seltzam / und sollen / wie Martin Opitz mit dem Ronsart vermeinet / in Deutscher Sprache gar keine anmuth haben / wo sie nicht mit lebendigen stimmen in liebliche Musicalische Instrument / welche die Seele der Poesie / eingesungen wůrden; denn Sappho die erfinderin dieser Oden hette ihnen eine sonderliche anmuth gegeben / wenn sie diese Verse gantz entzůckt mit uneingeflochtenen fliegenden haaren / mit lieblichen Anblicken der verbuhleten Augen und anmuthiger Stimme in ihre Cither oder was es gewesen / gesungen. Nichts desto weni-⟨33.⟩ger haben sich etliche unterstanden / solchs in unser Sprachen zu versuchen; unter denen Clajus ohne zweiffel der erste / welcher eine strophe mit an seine Deutsche Prosodie gehefft / welche wier zum Exempel anher setzen;

Lóbe | mít Cim | béln der ob | állen | hímmeln |
Dich mit heil zieret / benedeyt / regieret
Noch gesund sparet / wieder angst bewahret.
  Lóbe den | Hérren.

Dem ist gefolget Doctor Schleupner / welcher das AUFFER IMMENSAM DEUS verdeutschet / doch auff eine andre manier / nemlich also:

Wende | die pla | ge Vater | lieber | Herre |
Die heut zu tage drúcket uns so schwere /
Wollst in kein' wage unser sûnd' einlegen /
  noch gnau abwâgen /etc.

Welche zwar ein wenig hart klinget / doch kann sie in etwas verbåssert werden / nemlich also:

Wende | die pla | ge lieber | Gott aus | gnaden. |
Die heut zu tage drückt uns arme Maden /
Nicht mit der Wage / Sûnden=schuld abwâge /
  sondern ausfâge. ⟨34.⟩

Hernach hat sich auch aufs neue M⟨agister⟩ Joh⟨ann⟩ Plavius dran gemacht / und eine solche Ode / doch auff eine andere manier / etwan von 18 strophen unter seine deutsche Getichte gesetzt / derer etliche strophen ich auch anher setzen wil.

Lusti | ge Sap | pho / laß die | seiten | klingen / | |
Edele Musen / fanget an zu singen /
Liebliche Nimpfen / schicket euch zu springen /
  tantzen und schertzen.

    Ferner:

Seyn das nicht schwencke / seyn mir das nicht possen /
Seyn das nicht rencke / jener wird geschossen
Mitten ins Hertze / bleibt doch unverdrossen /
  Sich zu verwunden.

und:

| Flaccus | Home | rus | Gelli | us / Cra | tinus / |
Maro / Plutarchus / Plinius / Justinus /
Livius / Florus / Seneca / Solinus /
Bias und Plato / etc.

Hier kann ihm nun einer die beste manier erwehlen / sintemahl immer eine unter diesen 3. anders als die ander; M⟨agister⟩ Plavius zwar und D⟨octor⟩ Schleupner haben sie auff einerley art gemacht / nur daß sie in schrenckung der reime nicht übereinstimmen; hette Plavius das letzte Adonische Verßlein sich mit den dreyen fördersten ⟨35.⟩ reimen laßen / so würde es vielleicht anmuthiger klingen.

Zum Beschluß dieser Abtheilung wollen wir auch derselben Verse gedencken / in welchen bald Jambische / bald Trochâische / bald Dactylische pedes mit untergemischet werden / wie dann die Sapphischen / wenn wier selbige im Abmessen recht betrachten / auch nur vermischte Verse seyn. Nach welchen mann allerley / bald lângere / bald kůrtzere / gar leichtlich machen kann / als zum Exempel setzen wir diese weiblichen / welche im anfange 3. sylben weniger haben alß die Sapphischen / und zu den Gesângen sich gar wohl schicken / als:

O heiliger Gott mein Leben
Sey deiner gewalt ergeben.

Welche mann also kann abmessen:

| O | heiliger | Gott mein | Leben |
| Sey | deiner ge | walt er | geben. |

Oder auch also / daß im ersten 2. sylben bleiben / nach Anapâstischer manier:

| O hei | liger Gott | mein Le | ben
| Sey dei | ner gewalt | erge | ben.

Also kann mann auch die månnlichen machen:
Der | grimmige | schwartze | todt.

Oder also: ⟨*36.*⟩

| Der grim | mige schwar | tze Todt |
| bringt un | sere Freund | in noth |
Solcher Arten kann mann noch mehr haben / und schicken
sich zu den Deutschen Oden gar artlich / wann dergleichen
Verse mit untergemischet werden; wie wier dann zu Ende des
Vierden Buchs unsers Andern Theils / zween Gesåtze mit
dergleichen Versen vermischt / zu Exempeln angezogen /
Andere dadurch zu erwecken / damit dergleichen Arten desto
båsser bekannt wůrden. Sie geben auch der sache bißweilen
einen sonderlichen Nachdruck / bevoraus in den Liedern / als:
| Eyle mit | weile / | Schône | licht /
| tantze / doch | langsam / | eyle | nicht. etc.

Die Dritte Abtheilung.
Von der End- und Reimung der Verse.

DIe End- und Reimung der Verse geschiht zwischen zweyen
und mehr Månnlichen oder Weiblichen Versen / doch also /
daß die Månnlichen nicht mit den Weiblichen gereimet werden: und ist also ein Reim bey uns Deutschen zweyerley /
månnlich oder weiblich; Mann kônte zwar nach der Hebråer
⟨*37.*⟩ art noch einen Reim haben / weil er aber nicht gebreuchlich auch schwer zu machen und sonsten wieder die Regeln
lauffen wolte / wird er billich von uns übergangen / wie in der
Vorrede erinnert worden.

Ein weiblicher ist / welcher auff ein zwey- oder mehr-sylbig
Wort / das den ACCENT auff der letzten sylben ohne eine hat /
ausgeht:

als { bleiben / ver | bleiben / über | bleiben
     treiben / aus | treiben / förder | treiben

Doch kann mann bißweilen auch mit einsylbigen den weiblichen schließen / wie H⟨err⟩ Lundius gethan / auff solche
5 manier:

Ja Elßgen ist verblåndt / weil sie an vorrath reich ist /
Siht sich nach keinem ûmb / es sey denn der Ihr gleich ist.

Der Månnliche aber geht aus auff ein einsylbig oder dergleichen Wort / da der ACCENT auff der letzten sylben / als
10 liebt / beliebt / untergiebt / hat auch in aller art Versen eine sylbe weniger als der Weibliche; In den Jambischen seyn alle Månnliche acatalectische / das ist / anzahl der sylben gerade / und die Weiblichen catalectisch oder überflüßig; In den ⟨38.⟩ Trochåischen aber find sich das Wiederspiel / da
15 alle Weibliche acatalectisch / und die Månnlichen catalectisch; Also ist dis ein Jambischer Vers Månnlicher art / gerade an sylben:

Wenn wir in höchsten Nöthen seyn.

Dieser aber Weiblicher art ungerade:

20 Wohl dem der weit von hohen dingen.

Die Trochåischen aber schon anders /
Der Weibliche acatalectisch oder gerade:

Höchster Gott / und HErr der Himmel.

Der Månnliche catalectisch oder ungerade:

25 Mitten wir im Leben sind.

Weil es nun nicht so wohl klingt / wenn lauter Månnliche oder lauter Weibliche / in ein Getichte gesetzt würden / denn dieses allzuzart= und weichlich / jenes allzuhart und scharff / so pflegt mann sie meistentheils mit einander zu vermischen /
30 daß also das rechte mittel getroffen werde.

Hierbey soll mann vor allen die letzte sylbe in den Månnlichen und letzten zwey in den Weiblichen wohl in acht nehmen / daß der laut in einem Verse nicht scharff / im andern gelinder ausgesprochen werde / denn ich kann glaß und vaß / nach und bach / mit einander nicht ⟨*39.*⟩ wohl reimen / weil in jenem das (a) gedoppelt / gar langsam und gelinde ausgesprochen wird / in diesem aber hergegen scharf und geschwinde. Also kann ich auch diese drey / hassen / laßen / rasen / mit nichten zusammen reimen / weil ein jedes sonderlich ausgesprochen wird / denn hassen wird mit zwey langen ss / laßen mit einem langen und kurtzen | ß | rasen mit einem einfachen langen | s | geschrieben und ausgesprochen: kann also hassen mit gassen / laßen mit aßen / rasen mit blasen gereimet werden: Auff gleiche weise verhålt sichs auch mit entgegen und pflegen / sehen und stehen / leben und bôben / stehlen und quålen / wenn es das VERBUM ist: Wie ich denn auch im folgenden Bůchlein solche ungleich= lautende Wôrter nicht vermischt / ob sie schon mit einerley buchstaben geschrieben werden / sondern jedes zu seines gleichen geordnet.

Allhier ist auch zu mercken / daß etliche / sonderlich frembde wôrter oder auch eigne Nahmen auf zweyerley art kônnen ausgesprochen werden / alß / Topaß kann lang und weichlich außgesprochen und mit graß gereimet werden; dann auch kurtz und hart / wie es einem beliebet / da es denn mit vaß einen reim machen kann. ⟨*40.*⟩

Wie nun viel Wôrter / die auff einerley buchstaben ausgehen / ungleiches lauts seyn / also seyn hergegen auch viel in welchen zwar nicht einerley buchstaben / doch dem laut nach gleich ausgesprochen werden / welche gar wohl in den Reimen statt haben; kann ich derhalben hôren mit lehren / gethôn mit stehn / sůnden mit finden / bad mit saat / gans und krantz / der weltz und fels / dier und dafůr / Mayn und seyn gar wohl reimen / ob gleich in einem ein doppel=lautender / im andern ein selblautender und in einem ein s im andern ein tz steht. Gleiche beschaffenheit hatt es mit wirst und knirschst / dem wanste und er schantzte.

In den Selb= und doppellautenden å / ô / ee / e / ist der grôste streit; Das (å) weil es von dem (a) entspringt / solte billich und allzeit von demselben einen halben laut / wenn das (e) hinzu kåhme / behalten; als / wenn das wurtzel=wort hieße / land / davon hernach anlånden / länder / also / hand / hånde / einhåndigen / schall / die schålle / glaß / glåser / etc. entspringen; wie dann solche wôrter allzeit mit dem doppellautenden (å) und nicht mit einem schlechten (e) sollen geschrieben werden / weil sie in ihren wurtzel=⟨*41.*⟩wôrtern das (a) haben / welches hernach in (å) verändert wird / als / hand / in PLURALI hånde; Es sey dann daß das (a) im wurtzel=worte noch einen selblautenden neben sich habe / und mit demselben einen doppellautenden mache / als glauben / raub etc. So kann ich nicht setzen glåuben / råuber / mit einem (å) sondern mit einem schlechten (e) dann es were falsch wenn ich einen doppellautenden mit drey selblautenden schreiben wolte / welche (a / e / u) seyn; ja etliche schreiben wohl dergleichen wort auch mit einem (û) glåûben / da dann vier vocalen (a / e / u / e) einen doppellautenden machen / welchs gantz falsch; Denn ein Diphthongus oder doppellautender darf nur mit zweyen selblautenden geschrieben werden. Ingleichen irren auch die / welche den doppellautenden (eu) mit eû und au mit aw / alß leûte / Deûtsch / frawe vor fraue / leute / Deutsch etc. schreiben / weil im (eû) eben auch drey selblautende (eue) wie auch in (aw) und (ew) denn (w) ist so viel als (uu) zusehen seyn. In obgedachten wôrtern / als hånde / länder / einhåndigen / ist die Aussprache recht; Daß mann aber das schlechte (e) als im worte / enden / gewesen etc. dem (å) gleich aus-⟨*42.*⟩ spricht / und also / hånden mit enden reimen soll / ist der gewohnheit schuld / welche nun so sehr eingerissen / daß sie nicht kann geåndert werden; Sonderlich im worte / måsten / welches ich mit einem (å) schreiben muß / weil es vom worte mast / also gåste / weil es von gast / entspringet / da es doch wie ein (ô) ausgesprochen wird / welchs nicht weniger alß jenes / wenn mann es wohl bedencket / unrecht und falsch / und des allgemeinen gebrauchs wegen nicht geåndert werden kann / wovon ein andermahl ausführlich soll gehandelt werden.

Hier ist nun zu mercken / daß H⟨err⟩ Opitz in seiner Prosodie erinnert / es kônte ehren mit nehren nicht gereimet werden / weil im Worte ehren das e wie ein griechisch ε, in nehren aber wie ein η ausgesprochen werde / verstehe aber in der Schlesien / dann hier in Meissen oder Sachsen haben sie beyde einen laut / und kônnen bey uns wohl gereimet werden: Hat sich derhalben Herr Opitz nach seiner sprachen Mund=art richten wollen / wie vielmahl in seinen Getichten geschehen; denn wer einen guten Reim wil machen / der muß vor allen dingen die Mundart dessen Landes / wo er ist / in acht neh-⟨43.⟩ men: Ist er in Meissen / so braucht er die Meißnische / ist er in der Schlesie / so braucht er die Schlesische Mundart / doch geht die Meißnische / welche die rechte Hochdeutsche / allen andern vor / und wird in andern Landen ohne bedencken gebraucht / welchs andere nicht thun.

Es hat auch unser Opitz offt ungleiche oder verwante selblautende mit einander gereimet / als / brunnen mit sonnen / hoffen / ruffen / must / kost / kônnen / sinnen / kômmt / nimmt / wie auch tôdten und ausrotten; Solches aber hat er bißweilen / erstlich / nach seiner Sprache Mundart gethan / darnach auch aus mangel anderer Wôrter; so ists auch mehrertheils in den Sonneten geschehen / da denn sich allzeit 4. Verse auff einander gleich reimen müssen: Wier sollens aber nicht nachthun / wo es nicht die hôchste noth in den Sonneten oder sonsten erfodert / und sonderlich in denen / wo das o und u die Reim=buchstaben seyn / da kann ich die ersten beyde gleiche Vers in den Sonneten / nemlich den 1. und 4. in der ordnung / und wiederûmb den 5. und 8. wie im Sonnet gebreuchlich / mit solchen verwanten wörtern reimen / also / daß die ersten beyde das o / die andern beyde ⟨44.⟩ das u im Reime behalten / wie zu ersehen aus folgendem

Sonnet.

5 Nun bin ich vogel=frey / der süßen angst entkommen /
Ich lebe nun nicht mehr in schnöder Liebes=hafft /
Ich hab' all' Eitelkeit und Hochmuth abgeschafft /
Ich weiß nicht was die Lieb' und böse Lust soll frommen?
Sie macht beredt und lässt doch manchen gar verstummen /
10 Sie ist ein Freuden=krieg / ein gallen=süßer=safft /
Ein angenehme gifft und halbe Todes=krafft;
Ein Feuer ohne gluth dabey mann muß verklummen /

Ein Joch doch nicht ein Joch / ein selbst begehrter Todt /
Ein unbehertztes Hertz und angenehme Noth:
15 Drûmb bin ich hertzlich froh / daß ich dasselbe meiden
und willig laßen kann / wie froh! wie froh bin ich!
Daß ich der Geistligkeit kann unterwerffen mich /
Nun liebe / wer da will / ich will die Liebe meiden!

Es kann auch ferner dieses nicht stehen / wie schon droben
20 etwas ist angedeutet worden / wenn im Weiblichen Reime die letzte sylbe oh-⟨45.⟩ne eine des ersten Verses einen einfachen mitlautenden buchstaben / und im andern Verse einen zweyfachen in sich hat / als wenn der eine Vers auff Herren / der ander auff ehren / der eine auff hatten / der ander auff
25 thaten ausgienge: Also auch in den männlichen / plan / und kann / han und mann / aas und paß / noth und Gott; welches zwar Herr Opitz offtmahls gebraucht / weil uns aber unsere Mundart ein anders weiset / sollen wir solche Reim / wo es nur müglich / sonderlich wenn es zu hart klinget /
30 (als in Gott und Todt) billich meiden.

Also lässt mann auch dieses in den Weiblichen nicht passieren / wenn die letzte sylbe im ersten Verse sich mit einem d oder b / und die im andern Verse mit einem t oder p anfångt / weil das t und p hårter als d und b klingen: und ist also falsch / wenn Lobwasser reimet:

Auff einer grůnen Auen er mich weidet /
Zum schônen frischen Wasser er mich leitet.

In den månnlichen aber kann mann / leid und zeit / ge- muth und lied wohl zusammen reimen. ⟨46.⟩

Mann kônte hier zwar einwerfen / daß diese und dergleichen Wort keinen reim zusammen machten / weil sie in den weiblichen reimen unterschiedlich klingen / denn ich kann leiden mit zeiten und dem liede mit gemůthe nicht reimen / weil das eine weich und zart / das ander hart klinget / wie itzo nur erinnert worden: weil sie aber / wenn die letzte sylbe / so sie weiblich macht / weg kômt / hårter klingt; so kann mann leid und zeit / gar wohl und ohn bedencken / zusammen reimen / aber hergegen freud' und zeit nicht / wie auch / gereist und geist / weil das eine weichlich das ander hart klingt; Denn ich kann nicht wohl reimen:

— — — Der Seelen hoher Geist
Ist von dem Kôrper abgereist:

Ferner kann ich auch erkiest / mit gegrůßt nicht wohl reimen / ist aber und erkiest gar nicht.

Es låsst sich auch dieses nicht entschuldigen / (wiewohl bey den Frantzosen nichts gebreuchlicher) wenn mann zween Verse mit solchen worten (ob sie auch schon unterschiedener bedeutung) welche durchaus gleich an buchstaben seyn / schließen wolte: als in den Weiblichen: ⟨47.⟩

er stehet auff der | seiten /
und růhrt die gůldnen | seiten.

Bartas im Frantzôsischen:

BEAUTÉ, GRANDEUR, RICHESSE, ARTIFICE, QUI | BOUCHE
DES HOMMES-CHIENS SANS DIEU, LA BLASPHEMANTE | BOUCHE.

und Petrarcha im Italiånischen Sonnet:

— — — — é da più bei capelli,
Che facean l' Oro, e' Sol parer men belli;
und Senza moversi haurian qua i più rebelli etc.

und in den Månnlichen:

5 — — — er setzet auff den | huth
Vor großer Sonnen=hitz / und helt die Herd in | huth.

Ob auch gleich im andern Verse noch eine sylbe mehr dazu
kåme / als wenn ich wolte reimen zeigen und erzeigen: und
im Månnlichen /
10 Die glåser seyn gefüllt / seyd lustig / nun wohl= | an!
Ey last den åltesten zum ersten fahen | an!
Der Månnliche kann hier noch eher stehn / doch soll mann
sich dessen auch / wo müglich / enthalten. ⟨48.⟩
Hieher gehören auch die viel=sylbigen månnlichen wörter /
15 derer letzte sylben vor ihrem reimvocal einerley mitlautende
haben / als abend | mahl / allzu | mahl / einig | keit / frölig= |
keit / götte | lein / hünde | lein / Nåte | rin / Båcke | rin /
welche ich nicht zusammen reimen kan / auch ohne diß
nicht wohl klingen / sonderlich die auff (lein) ausgehen / ist
20 derhalben falsch / wenn ich setze:

Das blinde Götte | lein /
Schoss in das Hertze | lein.

Wolte ich aber zween weibliche Verse mit schertzen und
hertzen / rauchen und brauchen oder dergleichen Wörter
25 schließen / könte es noch wohl stehen / weil in einem Wort
mehr selblautende / nemlich (sc) vor und zu den reimsylben /
(welche seyn hertzen oder rauchen) hinzu kommen / und
also denselben einen andern laut machen.

Also ists auch mit den månnlichen / laß und blaß / rotz
30 und trotz / loß und bloß / hafft und schafft.

In diesen allen nun / muß mann wohl zu sehen / daß der
Vers nicht unanmutig werde / sintemahl es mit allen Wörtern

nicht angeht / ⟨49.⟩ denn ich wolte finden und empfinden nicht leicht mit einander reimen / weil der laut fast nicht verändert wird / ob schon in einem das p hinzukömmt: Seyn derhalben dieses die besten Reime / wenn der Reim=vocal (welcher in lieben | ie | und in laß | a | ist) vor ihm immer einen andern mitlautenden der zu ihm sonst gehört / und mit ihm eine sylbe macht / haben kann / als da ist; loben und toben / lohn und toon / welche allzeit im ersten worte vor dem Reim=vocal (welcher hier | o | ist) das | l | im andern worte aber das | t | haben. Oder auch diese / wann in einem Verse vor dem Reim=vocal ein mitlautender / im andern aber gar keiner steht / als / in oben und kloben etc.

Die Vierde Abtheilung.
Von zierde und reinligkeit der Verse.

WEr nun einen Vers recht rein=und zierlich ausmachen will / daß er nicht hart und wiederwertig klinge; der nehme erstlich den natürlichen klang der Worte in acht / daß er unverändert bleibe / wie in der ersten Abtheilung schon erinnert worden; dar-⟨50.⟩nach enthalte er sich auch unartiger oder fremder Sprachen worte / wie auch aller flick=wörter; unter welchen das vornehmste das wort thut / welches vor diesem fast in alle Verse mit eingeflickt ward / nemlich also:

Der Morgen thete kommen / vor der Morgen kam.

und:

Wann nun der Sternen=schaar / die finstre Nacht thut bringen /

Welchs mann also verändern kann:

Wann nun der Sternen=schaar die Nacht beginnt zu bringen.

Oder:

Wenn nun der sternen=schaar die nächte pflegt zu bringen.

Endlich enthalte mann sich auch der unzeitigen Aussenlaßung der Vocalen / welche vornemlich dreyerley: Erstlich geschicht dieselbe im anfange / darnach im mittel / und dann im ende des Worts. Mann muß aber wohl achtung geben / in waßerley Worten sie zugelaßen / und ob bey guten Rednern sie üblich oder nicht; befindet mann / daß es in ungebundener rede breuchlich / so kann mans auch in gebundener ohne beden-⟨*51.*⟩cken wohl dulden / weil es zu zeiten breuchlicher und auch zierlicher lautet / wenn ein Vocal aussenbleibt / und das Wort nicht so lang / wie vor. Denn ich kann wohl sagen / glid / gnau / grade / drüber / gnug / drauff / drinnen / glück / drein / vor gelid / genau / gerade / darüber / gelück / etc. Es ist aber gemach damit ûmbzugehen / daß der Vocal nicht muthwillig in denen aussengelaßen werde / da er sonst in ungebundener Rede nicht aussengelaßen wird / kann ich derhalben nicht setzen: g'schenckt / g'mahl / g'stanck / vor geschenckt / etc. weil der Vers zum höchsten verhårtet und verderbet würde; wie Herr Buchner weitleuftiger hiervon handelt. Im mittel des Worts wird sonderlich das e außgelaßen / weils gelinder klingt als andere Vocalen / wie aus edeler zu ersehen / welches ich gar geschwinde ausspreche / lediger aber nicht also / weil das i in der mitten schon schårffer klingt. Am sichersten wird es in den Weiblichen Nenn=wörtern und ADJECTIVIS ausgelaßen / als in nåtrin / schneidrin / sûndrin / tunckler / liebster / güldner: Etwas hårter klingts / wenn ein (r) drauff folgt / als saubrer / unsrer; doch kanns bißweilen auch stehn / sonderlich wenn ⟨*52.*⟩ das letzte (r) wegkömmt / und mann sagt: saubre. Das a kann in der mitten nicht leicht aussengelaßen werden / als nur in den eignen Nahmen / wie Opitz vor Pharaons Pharons im Hohen Liede gesetzt:

Wie vor andern Wagen=pferden
König Pharons seine Schlacht. etc.

Auch das (i) kann bißweilen in den DIMINUTIVIS aussengelaßen werden / als in liebchen / pfånchen / vor liebichen / pfånnichen / also auch / Aennchen / Kåtchen / Ließchen / Margråtchen / Hånßchen / Christinchen / vor Aennichen / Kåtichen / Hånsichen / etc. Aber wenn ich wolte sagen Marchen / vor Marichen / were es falsch / also kann ich auch nicht sagen / erlustgen / sterblchen / vor erlustigen / sterblichen / weil viel mitlautende zusammen lauffen: wie Opitz fast auff diesen schlag heilges vor heiliges setzt; welchs nicht unrecht / weils in ungebundner rede auch also gebraucht wird: So sage ich auch der Hellsche Bösewicht / etc.

Hiernebens ist zu mercken / daß solche DIMINUTIVA in Versen / auch wohl sonst / nicht wohl ⟨53.⟩ können gebraucht werden / weil die Rede gantz unannehmlich und kindisch dardurch gemacht wird / sonderlich aber die / so auff (ein) ausgehen / wo es nicht lust halben oder aus mangel anderer worte geschiehet.

Von der Aussenlaßung aber der Selblautenden am Ende des worts seyn unterschiedliche Regeln in acht zunehmen: Erstlich geschiehet sie / wenn ein Mitlautender dasselbe schliest / als in gehn / stehn / lebt / schaut / graust / siht / vor ⟨gehen/⟩ stehen / lebet / schauet / etc. sonderlich in den ADJECTIVIS und GENITIVIS so auff ein (s) ausgehen / wenn nicht vor dem (e) ein sch steht / denn ich mag wohl sagen / lieblichs / des ungehorsams / aber nicht des fleischs / rauschs. Hieher gehören / feur / heur / theur / eur / vor feuer / heuer / etc. welche weil sie vollkömlich båsser klingen / soll mann die aussenlassung des (e) billich meiden.

Wenn nun aber das wort bloß auff ein (e) ausgehet und keinen mitlautenden nach sich hat / müssen folgende Regeln in acht genommen werden. ⟨54.⟩

I. Wenn sich ein Wort auff ein (e) endet / und folgendes fangt sich wieder von einem e oder andern selblautenden an / so kann das e am ende nicht stehen bleiben / es sey in wasserley Versen es wolle / sondern wird weggeworffen / und an seine statt ein solches (') zeichen gesetzt; wie aus diesen Versen / da es drey mahl weggeworffen wird / zu sehen:

> So lang' ein kůner Hirsch wird meiden busch und graß /
> So lang' ich diese Nimf' auch — — —

Denn es klinget hefftig ûbel / wenn ich den HIATUM gebrauche / also:

> Ich liebe alle armen.

Hier leufft zwey mahl das e und a zusammen /
Es kann aber so heissen:

> Ich lieb' all' arme Leute.

Wiewohl dieses auch sehr hart klinget / drůmb soll mann sich wohl in acht nehmen.

Hievon werden außgeschlossen / erstlich / die eignen Namen und dann die einsylbigen oder dergleichen männliche wörter / so den ACCENT auff ⟨55.⟩ der letzten sylben haben / als Helene / Euphrosyne / See / Klee / Schnee / die / wie / armeé / Adé / denn ich kann wohl sagen:

> Der schönen Helene ist lieb der Klee alleine.

Also auch:

> Ey nun ade / ich will nun scheiden.

und wie ich in einer Tragödie gesetzt.

> und ihre Schiff=armee ins Meeres grund zu wehen.

Doch steht mirs in etlichen eigenen Nahmen auch frey das (e) / wie auch die andern Selblautenden stehn zulaßen oder wegzuwerffen / wenn ein wort folgt / so sich auff einen selblautenden oder (h) anfångt / als:

Was Euphrosyn' erlangt und Barbar' hat bekommen.

Hie wird in Euphrosyne das e und in Barbara das a weggeworffen.

Sonderlich aber in denen / so sich auf (ea) enden / wie Dorothea / Leucothea / Galatea / da kann ich das (a) am ende wegnehmen oder stehen laßen / es gilt alles gleich / es mag ein mit= oder selblautender folgen / und kann das (e) zwey= oder einfach geschrieben werden / wie es einem beliebt / doch schreib ichs lieber zweyfach / ⟨56.⟩ also: Galatee / etliche setzen auch Galatey / die ursach ist mir unbewust / ich bleibe ⟨bey⟩ meinem Galatee / und sage:

Du schônste Dorothee mit ihren Galateen.

Hier ist das (a) in Dorothea weggeworffen / ob gleich ein consonans folget.

Stehen bleibets aber wenn ich sage:
Die Dorothea auch — —

Wiewohl jenes båsser klingt / weil hier gleichsam ein hiatus wird / und nicht wohl von der zungen wil / weil die beyden vocalen (a) und (a) zusammen stoßen / welchs in andern gemeinen wôrtern auch in acht zu nehmen.

Noch eins ist hierbey zu erinnern / daß nemlich das (e) auch noch wohl am ende des worts / doch selten stehen kann / wenn gleich das folgende sich von einem selblautenden anfienge / aber nur alleine in den Heroischen getichten / wenn mann sein gemûthe klårlicher erôffnen will / sonst aber gantz nicht / wie etliche mit dem griechischen aufgezogen kommen / und ihre phantasey dadurch bemånteln wollen / wenn sie in dergleichen verstoßen / was hat aber das griechische mit dem deutschen zu thun. Wenn ich nun etwa einen Berg / der sich auffgethan / beschriebe / kônte ich ⟨57.⟩ im deutschen auch /

wie Virgilius im Lateinischen den hiatum wohl gebrauchen /
damit ich der Natur desselben desto nåher kåme / als:

Es thåten sich mit macht die großen Berge auf.

Oder:

Es hatte schon vorlångst den ungeheuren rachen die Helle
auffgesperrt. — —

II. **Wenn sich ein wort auff ein (e) endet / und das
folgende fånget sich von einem (h) an / so kann das
(e) stehen bleiben und auch weggeworffen werden.**

Stehen bleibt es / wenn ich sage:

Du hergegen ô mein Licht /
Die ich lobe hôrst es nicht.

Weggeworffen wird es also:

Du hergegen O mein Liecht /
Die ich lob' hôrstu dann nicht?

Doch muß mann mit diesen gemach ůmbgehen und wohl
in acht nehmen / was den Ohren angenehm oder nicht / dieweil
es offt auch hart klingt / wenn gleich das (h) darzwischen
stehet / darumb wolt ich beydes / wo ichs meiden und es nur
immer můglich seyn kônte / selten oder gar nicht gebrauchen. ⟨58.⟩

III. **Das (e) am ende des Verses kann auch wohl
bißweilen stehen bleiben oder weggethan werden /
wenn sich folgender Vers von einem selblautenden
anfångt.**

Stehen bleibt es / wenn ich sage:

— — — — Die Vogel und die Fische
erquicken alles Volck.

Wiewohl dieses auch nicht wohl klingt / darůmb soll mann es
billich (wo nur andre worte vorhanden) ändern / denn es
klingt schon bässer und anmuthiger / wenn ich sage:

— — —Die Vogel und die Fische
Seyn unsre beste kost — — —
Aussen aber bleibt es / wenn ich setze:
— — — —Die Vogel und die Fisch'
Erquicken alles Volck und zieren unsern Tisch.

Doch muß mann hierinnen auch gnau achtung geben / daß die aussenlaßung des (e) weils sonderlich am Ende des Verses steht / nicht unanmutig laute / und mit dem andern Verse einen richtigen reim mache; denn es lautet sehr übel / wenn nicht etwan vor dem (e) ein (r) oder andere ⟨59.⟩ mehr hartklingende consonantes stehn / sonderlich wenn es der ABLATIVUS ist / als:

— — — — — er kam von einem Berg'
und legte sich zur ruh ins grüne Kreuter=werck.

IV. Das (e) am ende des worts / wenn ein wort / welches sich mit einem mitlautenden anfängt / folget / kann gar nicht weggeworffen werden; Dann ich kann nicht sagen: Rot' Rößlein wolt' ich brächen: vor / rote Röselin.

Merck aber auch / daß nicht allein die vocales / sondern auch gantze sylben / sonderlich in den eignen Nahmen aussengelaßen / ja durch dieselbe aussenlaßung auch zwey oder mehr wörter zusammen gezogen werden / also kann ich sprechen / ein köstlich Hauß / vor ein köstliches / Libans vor Libanons / Stesichor / Mercur / maßen / gierig / brauch / vor Stesichorus / Mercurius / inmaßen / begierig / gebrauch: Also auch / ich habs / vor ich habe es / beliebts vor beliebet es / vom vor von dem / solts vor solt es / ins vor in das / zum vor zu dem / und andre mehr. Wenn auch zween wörter beysammen stehen / die sich ⟨60.⟩ auff ein (es) enden / kann mann das (es) bey dem ersten bißweilen wegwerffen oder behalten: weggeworffen wird es:

O wie manch' edles Blut.

Nicht weggeworffen wirds:

Manches edles liebes Kind.

Welchs auch bißweilen in denen geschiht / so sich auff ein (es) oder (en) enden / als: wie manchen edlen Held. und wie mancher edler Held. Da ich auch sagen kann/ manch guter edler Held. Mann muß aber wohl achtung geben / ob diese und dergleichen aussenlaßung bey guten Rednern gebreuchlich. Denn unrecht ists / wenn ich in den Vers lan / schlan / han / vor laßen / schlagen und haben setzen wolte / ob es schon bey dem gemeinen Manne sehr offt gebraucht wird.

Wie nun die unnôtige Aussenlaßung der buchstaben oder gantzer sylben nicht stehen kan / also kan auch der zusatz derselben bißweilen auch nicht / wenn er sonst ungebreuchlich / statt finden: Denn ich sage nicht: Der edle Sohne / vor der Sohn / ein wolerfahrner Helde / vor Held; im DATIVO und ABLATIVO aber ge-⟨61.⟩hets an: dem Sohne / dem Stande / dem Helden / etc. Doch ists in Versen zugelaßen / daß ich setzen mag / der Ehemann / Weyherauch / Nůssewald / Herbest / ferren / Eichenwald / vor der Ehman / Weyhrauch / Nußwald / Herbst. Also sage ich auch: Monde / Creutze / annoch / besondern / vor Mond / Creutz / noch / sondern.

Also kann ich auch bißweilen die wôrter trennen / und sagen: Du solt nun mercken auff / vor / Du solt auffmercken. Die bůsche schallen wider / vor / widerschallen: Herr Opitz sagt auch: der Drommel in den Rohren / vor Rohrdrommel. Also kann ich auch setzen: Die Klôpper in dem Busche / der Kônig auff dem Zaune / der Reuber auff der Straßen / die Schreiber der getichte / vor Buschklôpper / Zaunkônig / Strassenreuber / Getichtschreiber.

Hiernebens soll mann Herrn Buchners / wer sie haben kan / wie auch Herrn Opitius Prosodie sonderlich das 6. Capitel zur hůlffe nehmen / weil ich nicht alles berůhren wollen / was schon vorlångst von Ihnen beschehen: Doch weil ich ⟨*62.*⟩ droben der Dactylischen worte gedacht / und verheissen / von denselben (weil sie nicht gar außzumustern / sondern in allerhand Versen auch bißweilen zu gebrauchen) außführlich in dieser Abtheilung zu handeln; wil ich also folgenden bericht anher setzen.

Es gedencket zwar Herr Opitz auch in angezogenem Bůchlein solcher Dactylischen worte / doch nicht mehr als mit diesen worten: daß der Dactylus auch wohl geduldet werden kônne: Nun so finden sich viel / die sagen / er kônne anders nicht als in dactylischen Versen gebraucht werden / etliche / so ihn in Jambischen und Trochåischen zulaßen / meinen / er sey nur in den eignen nahmen der Vôlcker / Lånder / Ståtte und dergleichen vergônnet / weil selbiger Nahmen nothwendigkeit solches erforderte. Ein anders aber zeigen uns vieler Poeten wohl ausgearbeitete Getichte / in welchen wir befinden / daß dergleichen dactylische wort in aller art Versen nicht allein vor / oder nach dem Abschnitt der Alexandrinischen und anderer dergleichen Verse / sondern auch in derselben / ja selbst am ende des månnlichen gebraucht werden / wie der Hochverståndige Herr Buchner selbsten etliche Exempel aus dem Opitz anzieht. ⟨*63.*⟩

Vor dem Abschnitte gebrauchet ihn H⟨*err*⟩ Haneman also:

Entgeisterung und furcht vermehrten seinen lauff.

In und nach dem Abschnitte setzt den Dactylum zweymal in einem Verse / Eben derselbe also:

Aus Heros einem aug verjüngten wie mich deucht /
Sich hundert Gratien mit flinckerndem gelåchter.

Am ende des Verses also:

Itzt kommt die Nacht / die Sorgen=wånderin.

und in den kurtzen:

> Ich liebe meine Schåferin.

Es kann nun ja niemand diese Verse tadeln / und Ich selbst wolte mier kein bedencken nehmen / dieselben in allerhand Versen zugebrauchen; wiewohl etliche doch wenig dergleichen wörter zu finden / welche gar in keinen Vers zubringen / als da ist lébendig / welches zwar wol zugebrauchen / aber so ich daraus mache lebendiger — ◡ ◡ ◡ / so gehets in keinen Verß; drůmb ist es falsch / wann Lobwasser setzt:

> O lé | bendí | ger Gótt. |

Sintemahl die letzte ohne eine kurtz ist. ⟨*64.*⟩
Also ist diß auch falsch:

> In Jungfreulicher schaam.

Bißweilen geben die Dactyli eine sonderliche anmuth und nachdruck der sache / von welcher wir reden / wie Opitzius im Klagliede bey dem Creutze Christi gethan / da er anfångt /

> Ihr armen sterblichen — — — — —

Hier fållt gleichsam der erste theil des Verses mit dem Abschnitt gantz darnieder / und wird gantz krafft=und leb=loß / wie das Menschliche Leben; wie Virgilius solcher gestalt auch etliche Verse im buche vom Aeneas mit untergemischt.

Hier ist auch ferner in acht zunehmen / daß das EPITHETON oder ADJECTIVUM nicht soll alleine vor dem Abschnitte stehen und sein SUBSTANTIVUM dazu es gehöret / nach dem Abschnitte gesetzt werden / doch wird es zu weilen auch geduldet; als zum Exempel sagt Opitz am 219. blate.

> Zum spiegel weiblicher vollkommenheit gebohren.

und Paul Flemming in seinem Klag=gedichte vom Leiden und sterben Christi:

> Da nichts als flůchtige Narcissen gegend sind. ⟨*65.*⟩

Die fünffte Abtheilung.

Von der Zusammen-ordnung der Verse.

WIr haben nunmehr den edlen Berg fast erstiegen / da die lieblichen Musen ihre hertzerquickende Lieder durch die sanffte lufft erschallen laßen / nur eins hält uns zurůck / worinnen wir noch der Lehre bedůrffen / nemlich / wie die Verse in rechte ordnung sollen gebracht werden: Welchs wir kůrtzlich verrichten und also mit den Heliconischen Stimmen die unsern vermåhlen. Es stehet aber die zusammen-ordnung der Verse allein bey dem Tichter / welcher sie nach seiner beliebung ordnen mag / doch also / daß er der ersten Strophe schrenck= und ordnung in andern strophen nachkomme: Die Strophe aber ist ein gesåtz von etlichen Versen / in welcher lauter månnliche oder lauter weibliche und welchs båsser / beyde zugleich mit einander geschrenckt werden / nach welcher sich hernach alle desselben Liedes oder Getichtes folgende Strophen richten sollen. ⟨66.⟩

Denn wann die andern folgenden Strophen der ersten nicht gleich / so kőnte das Lied auf keine rechte melodey gebracht werden / sondern můste ein jeder Verß eine sonderliche bekommen; ja wenn auch in der einen Strophe nur ein wort oder Verß jambisch were / und in der andern Trochåisch / so were die melodey schon unrecht und falsch / weil der Verß= accent in dieser anders als in jener; wie in der Ersten Abtheilung weitleufftiger gehandelt worden.

In den gemeinen Oden muß in die strophe eine vollkommene meinung gebracht werden / so / daß dieselbe nicht in die andere strophe sich erstrecke / wie aus folgender Jambischen Ode zuersehen.

1.
ER küsse mich und laße spüren
Den angenehmen Lippen=tau /
Er laße mich den Mund berühren
Auf den ich gäntzlich hoff' und bau:
Wo mir das widerfåhret nicht
Das Hertze mir ⟨vor⟩ angst zubricht.

2.
Nim mich zu dir in deinen Garten /
O mein Rubien! ô mein Topaß!
Da soll / ô schônster auf dich warten
Der Rosenkrantz ohn' unterlaß: ⟨67.⟩
Wo mir das wiederfåhret nicht
Das Hertze mir vor angst zubricht.

3.
Ach! ach! wie kranck bin ich vor Liebe /
O lieber Buhle komm doch bald /
und mich nicht långer so betrübe /
O meines Lebens Auffenthalt!
Wo mir das wiederfåhret nicht
Das Hertze mir vor angst zubricht.

4.
Ach komm zu hülffe meinem Hertzen /
Ach! ach! wie bistu mir so gram /
Ach lindre meine Leibes=schmertzen!
O Jesu! schônster Breutigam.
Wo mir das wiederfåhret nicht
Das Hertze mir vor angst zubricht.

5.
Ach laß mich hôren deine Stimme /
O Jesu! Jesu / liebster Schatz /
Du weist wie ich vor Liebe glimme /
Ach sey mir doch ein freuden=platz /

Wo mir das wiederfähret nicht
Das Hertze mir vor angst zubricht.

6.

Ach liebster Schatz / die süßen schmertzen /
Die Du mir zugefüget hast /
Die laß Dir gehen doch zu hertzen /
und lindre meine Liebes=last. ⟨68.⟩
Wo mir das wiederfähret nicht
Das Hertze mir vor angst zubricht.

7.

Ach! ach! wie bleibstu doch so lange /
Du allerschönstes Fürstenbluth /
Ach! meiner Seelen wird gar bange /
ûmbringt mit einer großen fluth:
Das Hertze mir vor angst zubricht
Wo du mich wirst besuchen nicht.

In den Pindarischen Oden aber ists anders beschaffen / da allein strophe und Antistrophe / das erste und andre gesåtze (oder wie manns sonst nennen kann) Satz und Gegensatz einander gleich / das dritte aber so EPODUS oder Abgesang genennet wird / ist gantz anders beschaffen / wie aus folgender zuersehen / welche ich auff das Frûzeitige doch Selige Absterben meines lieben Vettern Philipp Caesij geschrieben im 1637. Jahre.

Στροφὴ α.

Der 1. Satz.

IHr die Ihr den Jungen Jahren /
Gar zu sehr ergeben seyd /
Kommet / schauet an dis Leid /
Kommet / sehet auff der Bahren
Lieget eine Frühlings=blum /
Die der Pierinnen Ruhm; ⟨69.⟩

Den die Musen nicht gehasset /
Ist nun gantz und gar verblasset /
Ach! beweinet dieses Leid /
Laßet vollend ûberlauffen
Euren Augen=bach mit hauffen /
Wer nur kann / nun ist es zeit.

'Αντίστρ⟨οφος⟩ α.
Gegensatz.

O Ihr Gôtter und Gôttinnen /
Weinet itzund bitterlich /
Phôbe / nun verhûlle dich /
und Ihr zarten Castalinnen /
Folget seiner Leiche nach /
Saget allzeit weh und ach!
Die Ihr finget an ein klagen /
Da Ihr seinen Leib saht tragen /
Weinet ûmb Ihn bitterlich.
Ich auch fûhle großen schmertzen /
und gedenck' in meinem Hertzen /
Lieber Vetter / stets an dich.

'Επῳδὸς α.
Nachsatz.

O Todt! wie hastu mir ein solches Leid gegeben /
  Das mir schaden thut
und benimbt den Muth?
Ja das mir naget ab allhier mein gantzes Leben;
Was hilffts! der Todt reisst hin durch seinen scharfen Zahn!⟨70.⟩
Arm und Reiche /
So Ihm gleiche /
Er nimmet sie zu sich auf seine bahn.

Dis weren also die drey gesåtze / so vor ein gesåtze gleichsam gerechnet werden: Wer nun gedencket die Ode långer zu machen / der muß eben diese ordnung in acht nehmen / und mit dem Epodo schließen / wie vor: kann ich derhalben vorgesetzte Ode also erlångern.

Στροφὴ β.

O Du zier der schônen Jugend /
Die von uns gewichen nun /
und gesegnet unser Thun /
Wiltu nun der schônen Tugend /
Die der Himmel giebet dir /
Dich befleissen fůr und fůr?
Ey so wil ich noch erschwingen
Meine Stimm' und letzlich singen
Dir ein traurigs Grabe=lied /
und den letzten dienst beweisen /
Weil von uns Du wollen reisen /
O du Seeliges gemůth.

'Ἀντίστροφος β.

EY Ihr Menschen kommt und grabet
Ihm ein sanfftes Ruhe=bett
und verwahret solche stett
Mit dem Balsam den Ihr habet / ⟨71.⟩
Der da giebet allezeit
uns die unverweßligkeit;
und mit Blumen ziert die Bahre /
Die geblůht in diesem Jahre:
Nehmet weissen Marmelstein /
Laßt Ihn diese Grabschrifft haben /
In sich zierlich ausgegraben /
Wie es mûglich auch mag seyn.

'Ἐπῳδ⟨ὸς⟩ β.

HIer ligt in dieser Gruft ein zweig der schônen Jugend /
    Ein sehr from gemůth /
    und des Frůhlings=blůth /

Der Eltern Ruhm und Zier / das Eigenthum der Tugend;
Bey Gott befindet sich der Seelen hoher Geist /
Tantzt und springet /
lieblich singet /
In dem Er stets den Himmels=tau geneist.

Etliche wollen / mann solle diese drey wort / STROPHAM, ANTISTROPHAM und EPODUM deutsch geben / weil es sich aber nicht wohl schicken will / können sie nur behalten werden. Die Strophe kônte man zwar einen Satz / Drehgedichte / Wende=lied / oder Rückwende nennen / weil sie bey den Alten gebraucht worden / wenn sie sich im lesen derselben zur lincken ⟨72.⟩ wendeten / damit die bewegung der Welt vom Auffgang biß zum Niedergange anzudeuten / denn die rechte seite nennet Homerus den Auffgang / die lincke den Niedergang: die Antistrophen kônte mann einen Gegensatz/ Gegenwende / Gegenlied / (so auf die Stropham sehen / und ihr gleichen soll) welche die Tântzer / wenn sie sich zur rechten wendeten / den lauf der Planeten vom niedergang zum auffgange anzudeuten / gebraucht; den EPODUM aber einen Nachsatz / Ab=gesang / Drûber=gesang / Zugabe / Nachlied / Nachspiel / Nachklang / welchen sie gesungen / wenn sie auff einem orte stille gestanden / die unbeweglikeit der Erden anzuzeigen.

In andern Getichten aber / sonderlich in den Heroischen oder Alexandrinischen / wenn sie nicht Oden seyn sollen / in welchen allezeit zwey mânnliche und zwey weibliche / so sich miteinander reimen / zusammen gesetzt werden / welche eine Strophe machen / nicht aber als wenn die meinung sich mit der Strophe enden mûste / denn es stehet viel zierlicher / wenn sie mit dem Abschnitt / das ist / mit dem halben Verse der fol-⟨73.⟩genden strophe sich schleust: als wenn ich sage aus der Historien Susannens

— — — — — — — 1. Dieselbe war ein bild /
da Tugend einlosiert und schônheit fûhrt das schild /

der Mund war rother sammt: 2. die Lippen ausgeätzet
mit Rosen und Rubin; mit Liljen untersåtzet /
Narcissen=weiß der hals: ⟨3.⟩ die Finger waren schnee /
die någel Perlen gleich / 4. das haar wie gold und klee
wenn er zum gelbsten ist: 5. sie zog mit lust zurücke
den überbliebnen sinn durch ihrer augen blicke /
gleich wie Magnet das stahl: —————————

Doch muß mann sich hûten / daß sie sich nicht mit dem ersten
gantzen Verse folgender strophe ende: denn es klinget sehr
widerwertig / wenn ich des Hugons ⟨*Pia*⟩ DESIDER⟨*ia*⟩ also
verdolmetsche:

Vieleicht ist das die schuld / weil ich befleckt mit sünden
daß ich dein Angesicht nicht kan zu hause finden /
dein lieblichs Angesicht / das sonst nicht strenge war
noch herbe gegen mich? vieleicht gedenckstu gar /
Als wenn aus mir auff dich die Basilißken hauchten.
Ach komm zuvor und hilff. —————————

Es gilt aber in diesem Getichte gleich / mann fahe von den
månn= oder weiblichen an / doch ist dieses breuchlicher; hat
mann nun mit den weiblichen angefangen / so wird das Getichte mit månnlichen geendet; were aber mit diesen ⟨74.⟩
der anfang gemacht / so wirds mit jenen geschlossen / also:

Ist dis das edle Bild? bistu es Barbara?
Wo aber ist dein Hertz? ach! môcht es auch allda
Schnurrecht entworffen seyn! wo seyn die frommen Sinnen?
Wie! oder deucht mich so / als hôrt ich noch hierinnen
Die keuschen worte gehn? wie keusch / wie keusch warstu /
Da man dich martern ließ / und schrieest jmmerzu;
Nur dieses schmertzet mich / sonst fiel ich keine schmertzen /
Nur daß ich bin entblôßt / das kråncket mich von hertzen.

Das Sonnet zu machen / wird schon bewust seyn / aus unsers
Poeten Prosodie / doch wollen wir zum überfluß diesen
kurtzen Bericht anher setzen. Es heist aber das Sonnet (damit

wir erstlich seinen ursprung erklåren) eigentlich ein Kling=
getichte / weil bey den Frantzosen / wie auch Italiånern SONNET
ein Klingel und schålle heisst / und SONNET klingen oder widerschallen / die Hollånder nennens auch in ihrer Sprache ein
Kling=getichte / darûmb kônte mann dis wort bey uns auch
behalten. Etliche wollen / es sey ein deutsch wort / von
zweyen zusammen ge-⟨75.⟩setzt / und hieße so viel / als ein
saubres und nettes getichte / (alß wenn ich spreche so nett)
von dem Deutschen worte nett / das so viel ist als hûbsch
und sauber; oder vom Lateinischen worte SONUS ein klang
und deutschen nett / so viel als ein netter klang / und also
fort. Ein jeglich Sonnet aber hat nur 14. Verse / darunter
sich der 1. 4. 5. und 8. dann auch wiederumb der 2. 3. 6. und 7.
mit einander reimen müssen; es gilt aber gleich / mann fahe mit
månnlicher oder weiblicher endung an / die letzten 6. Verse
mag mann zwar schråncken / wie mann will / doch ists am
breuchlichsten / daß der 9. und 10. sich månnlich / der 11.
und 14. weiblich / der 12. und 13. wider månnlich reimen / wie
zuersehen aus nachfolgendem

Dactylischen Sonnet.

Heilige Hertzen und heilige Sinnen /
   Schmåcket und sehet die geistliche Lust /
   Welche soll Ihnen seyn billich bewust;
Salomons Geistlichen Heliconinnen
Låßet das heilige Brünnelein rinnen
   Nectar / und labet die durstige brust:
   Reichlich ergießet sich selbiger must:
Laßet uns Diesen mit Liebe gewinnen
   Welchen uns Salomon artlich beschreibt /
   Welcher uns schmertzen im hertzen vertreibt: ⟨76.⟩
Denket doch aber und mercket darneben /
   Daß Ihn entzûndet der Heilige Geist /
   Solche geheimnûß kein Mensche beweist /
Daß er ergrûnde das Gôttliche Leben.

Diese Art Sonneten möchte jemand gefallen / darumb ich denn eins anher setzen wollen / weil es bässer klingt als ein jambisch Sonnet / und könte bässer und billicher ein Klinggetichte genennet werden / als selbiges / weil alles darinnen klinget und springet / auch flüchtiger von der zungen leufft / als das Jambische:

Ein Jambisch Echonisch Sonnet.

Ach könt ich doch den busch erreichen! E⟨cho:⟩ eichen.
Da wo mein Liebster innen sitzt! Ech. itzt.
Mein hertz vor lieb' ist aufgeritzt. Ech. ritzt.
und wil vor angst fast gar verbleichen. E. leichen.
Ich ruff euch an Ihr schönsten Eichen /
Die Ihr die Wälder zieret itzt.
Doch hör' ich nichts als wie da blitzt. Ech. itzt.
Der Wider=ruff auff mich mit keichen.
Ich komme zu den klüften auch. E. lüften auch.
und schrey nach meinem alten brauch /
Da ist auch gäntzlich nichts zu hoffen / Ech. zu hoffen /
Als nur der bloße widerschall / Ech. hall /
der sich ereiget überall;
Mein mund steht mir ohn ablaß offen. Ech. laß hoffen. ⟨77.⟩

Hier bey diesem Sonnete werden wir des widerruffs oder Echo erinnert / welches ein solch Getichte ist / so im anfange / ende und mittel des Verses die eine / zwey / oder drey letzten sylben des worts widerholet / und gleichsam nachredet / und bißweilen die vorhergehende meinung bässer erkläret / also:

Ach wem! ach wem kan ich doch wohlgefallen? Ech⟨o:⟩ allen.
Wer trauret doch ümb mich? Ech. ich.
und
Adelheit bistu mein leben? Ech. eben /
Bistu nicht mein? Ech. nein.

Ach soll ich nun einsam schweben?
Ech. weben / und im elend seyn?
Ach wo bistu? Ech. du? Ich âchtze /
nur nicht etwas / Schatz / Ech. was schadts.
5 Fort fûr fort ich lâchtze / Ech. lâchtze.
Wo du mir versagst den schmatz. Ech. Matz.

Trochâisch Sonnet.

Seyn die Spiegel / seyn die Bûgel /
Adelheit / nicht lauter gold?
10 Adelheit / der Ich bin hold /
und verbleibe biß der Schniegel
Werden wird zum schwartzen Iegel /
Biß der raue Trunckenbold
geben wird der Tugend sold / ⟨78.⟩
15 Biß der klare Jungfer≈spiegel
Seinen wiederschein nicht mehr
Zeige diesem Jungfer≈heer:
Seyn die bûgel zu dem Krantze
Nicht aus gold? was wiltu dann
20 Ihn von mir nicht nehmen an /
und Ihn tragen bey dem tantze?

Die Elegien werden entweder aus Alexandrinischen oder
gemeinen Versen gemacht / und wird allzeit der mânnliche
und weibliche Vers abgewechselt / und môgen sich weiblich
25 oder mânnlich anfangen / doch ist das erste bâsser; weil auch
die Hebrâer den ersten vers דָּלֶת OSTIUM, INTROITUM SEU
INGRESSUM METRI, und den andern so hier der mânnliche
סָגוּר oder wie es Buxdorf: p. 582. schreibt סֹגֵר HOC EST,
CLAUSURAM nennen / und der weibliche an statt des Hexame-
30 ters der mânnliche an statt des Pentameters stehen soll / also:

Kom Adelheit Sophie / die Sonne kômt gegangen /
Ihr rosen≈farbes kind die Tochter geht voran /

der bald die mutter folgt mit gantz vergüldten wangen /
Es fehlet nur an dir / hier ist die güldne bahn /
Tritt vor mein edles Bild und führe bey den hånden
Mich deinen Liebsten fort: wenn du nicht bey mir bist /
Du meine Sonn' und zier / muß ich zu rücke wenden /   5
mein ziel in schneller eyl / weil sonst es dunckel ist. etc.

ENDE. ⟨G 5ʳ⟩

Register.

A.

ABriß der Jambischen und Trochâischen Arten / bl. 27. 28. 29. 30
Abschnitt / was er sey / 32
Abschnitts merckzeichen / 33. 34
Abschnitt so weiblich sich endet / 31
Abschnitt soll sich mit dem ende des Verses nicht reimen / 33. 34
Abschnitt soll das wort im mittel des Verses nicht zertheilen / 32
Abschnitt so das wort zertrennt / 33
Accent / 26
ACCENTUS MELICUS 26
ACCENTUS METRICUS 26
Adonische Verse / 40
Alexandrinische Art / 31
Alten haben den accent in Versen nicht in acht genommen / 26
Anapâstische Verse / 37. 38
Anapâstische Verse seyn leichter als die Dactylischen / 38
Artickul (der) ist kurtz / 23 ⟨G 5ᵛ⟩
Aussenlaßung der vocaln im anfang des worts / 50
    im mittel des worts / 50
    am ende / 51. 52. 53. 54. 55 ctc.

B.

BArtas / 47
Buchners Prosodie / 35
Buchner die Dactylischen Verse erfunden / 35

C.

CApellmeister / 27
Côsur oder Abschnitt was er sey? 32

Cäsur wobey sie zuerkennen /   33. 34
Cäsur soll sich mit dem ende des Verses nicht reimen /   33
Clajus /   31. 38
Clajens neue Prosodie /   36
Componisten /   27

D.

DActylische wort /   25
Dactylische Verse /   34
Dactylische wort in Jambischen und andern Versen /   27
Dactylische Art /   34. 35. 36
Dactylischer Art sechserley Verse /   35
Dactylischer Verse zierde /   36. 37
DIMINUTIVA machen den Vers kindisch /   51
Doppellautender darff nur mit zween selblautenden ge-
  schrieben werden /   44 ⟨G 6ʳ⟩
Doppellautende (å / ö / ee/) und das schlechte (e)
 wie sie ausgesprochen werden /   43. 44
Dreyerley Reim der Hebräer /   19. 41
Drey und mehr sylbige wort /   24

E.

(E) wird im anfang / mittel und ende der wort ausgelaßen /
            50. 51 etc.
Echo /   67. 68
Ehren und mehren kann mann nach Schlesischer Mundart
 nicht / nach der Meißnischen aber wohl reimen /   45
Eigne Nahmen /   52
Einsylbige wort /   23
Elegie /   68. 69
End und reimung der Verse /   41

F.

FLick=wörter /   49. 56
Frantzosen verstoßen in den reimen /   47
Flemming /   58

G.

Göttinnen die mittelste lang und kurtz /	25
Griechische und Lateinische quantität in Versen /	36

H.

HAnemann /	57
Hercinie /	31
Heinsius /	22 ⟨G6ᵛ⟩

J.

JAmbischer Arten entwerffung /	27. 28. 29. 30
Jambische 14= und 15=sylbige Verse /	32
Johann Plavius /	39
Judith /	31

L.

LObwasser /	47
Lundius /	42

M.

Männlicher Reim /	42
Mund=art der Meißner und Schlesier /	45

O.

ODen wie sie zu machen /	59
Opitzens Prosodie /	45
Opitzens Hercinie /	31

P.

PEtrarcha /	47
Pindarische Oden zu machen /	61. 62. 63
Pindarische Oden wie sie die Alten gesungen /	64
Plavius /	40

R.

REimung der Verse /	41
Reime der Hebrâer dreyerley /	18. 41
Reime der Deutschen zweyerley /	41
Reime von verwanten selblautenden /	45
Reim=vocal am ende des worts /	49
Reinligkeit der Verse /	49. 50 etc. ⟨G 7ʳ⟩
Ristius /	21
Ronsart /	38

S.

SAppho die Erfinderin der Sapphischen Verse /	38
Sapphische Art /	38. 39. 40
Scaliger /	36
Scheva der Hebrâer /	25
Schleupner / D⟨*octor Christoph*⟩	39
Sonnet wovon es den Nahmen /	65. 66
Sonnet wie es zu machen /	65. 66. 67
Sonnet von 136. Versen /	22
Spondaische wôrter /	27
Strophe was sie sey /	59

T.

TOpaß / die letzte lang und kurtz /	43
Trochâus /	24
Trochâischer Arten entwerffung /	27. 28. 29. 30
Trochâische 15=sylbige Verse /	31. 32

V.

VErse von zwo sylben /	31
Verse darinnen Dactylische pedes mit andern vermischt werden /	40
Vocaln Außlaßung im anfange des worts /	50
im mittel /	50
am ende des worts /	51. 52. 53. 54 etc.

W.

WEibliche wörter /	24
Weibliche Reim /	41 ⟨G 7ᵛ⟩
Weiblicher reim so sich mit einsylbigen schließet /	42
Weibliche Nahmen /	25
Wie schön leuchtet der Morgenstern / unrecht /	26
Wörter so zugleich Jambisch und Trochäisch können gebraucht werden /	24

Z.

ZIerde der Verse /	49. 50
Zusammenzihung zweyer wörter /	55. 56
Zusammen=ordnung der Verse /	59. 60 etc.
Zweysylbige wörter /	24
Zweysylbige Verse /	31
Zweyerley Reime der Deutschen /	41

ENDE. ⟨G 8ʳ⟩

PHILIPPI CÆSII

Richtiger Anzeiger/

Der Deutschen gleichlautenden und
einstimmigen Weiblichen Wôrter /
nach dem a b c Reimweise gese=
tzet und wider vermehret.

⟨G 8ᵛ⟩ **abe**	**abe ebe**	**ebe**
CORVUS der Rabe	farbe	die pfebe
buchstabe	karbe	Phŏbe
INSECTUM die schabe	narbe	Thebe
ich schabe	ich darbe	stŏbe
ich labe	Schafgarbe	ich bŏbe
ich habe	larbe	ich erhebe
⟨modiolus⟩ die nabe	garbe	ein tachschŏbe
die gabe	er starbe	kubebe
die trabe	ich scharbe	der Lŏwe
zu grabe	erwarbe	
vom stabe	Meer=barbe	Elbe
der Schwabe		gewŏlbe
die Habe	die rebe	ich wŏlbe
trabe	lebe	
SCULPO grabe	schwebe	dieselbe
vergrabe	webe	gelbe
	ûmbgebe	
labbe	gebe	herbe
grabbe	begebe	erwerbe
krabbe	ûbergebe	ich werbe
	strebe	PASSIVE verderbe
die halbe	klebe	die kerbe
Schwalbe	die stȧbe	sterbe
ich salbe	gewebe	ich fȧrbe
die salbe	ergebe	gerbe
vom kalbe	spinnewebe	
	herfûrgebe	das erbe

⟨H 1ʳ⟩ **ebe ibe**　　　　　**ibe obe**　　　　**ube**

der Scherbe	ableibe	
ACTIVE ich verderbe	einverleibe	der bube
ererbe	dem leibe	grube
mörbe	verbleibe	die stube
die körbe	beweibe	5
schantzkörbe	schreibe	ich raube
	scheibe	vom raube
HERBA maßliebe	vertreibe	ich schraube
im Siebe	entleibe	Weintraube
schriebe	bleibe	verschraube 10
liebe	dem weibe	ich schaube
diebe	zeit=vertreibe	die schaube
RAPA riebe		Sommerlaube
griebe	sylbe	schnaube
verschiebe	die milbe	die schraube 15
beliebe		straube
er triebe	lobe	SURDUS der taube
stiebe	tobe	COLUMBA die taube
schniebe	klobe	zusammenklaube
verbliebe	im stobe	dem laube 20
bekliebe	Saukobe	ich glaube
zerriebe	schnobe	der glaube
rûbe	erhobe	erlaube
ûbe		die haube
betrûbe	kolbe	behaube 25
	narrren=kolbe	beuhrlaube
		im staube
	vom korbe	
treibe	verdorbe	die lade
reibe		belade 30

	⟨*H 1ᵛ*⟩ ade	ade ede	ede
	gnade		vom gelde
	ich schade	spickenarde	
	ich bade	Corigarde	helde
	die made	Leoparde	sie geht gelde
5	aus dem bade	guarde	
	überlade	EXOSTRA petarde	hembde
	die gerade		fremde
	(gleich) gerade		befremde
	vom rade	rede	
10	SURA wade	schede	ende
	ich lade	ôde	sende
	dem pfade	blôde	verschwende
	Osterflade	fede	ich wende
	am gestade	(viehfutter) Sede	die wânde
15	schwade	der Schwede	spende
		die Schwede	anlânde
	im walde	afterrede	bewende
	gar balde	die einôde	hânde
		schnôde	entwende
20	im lande	verôde	ich blânde
	die stande	ûberrede	behende
	am strande		schânde
	im stande	egde	stânde
	dem brande	legde	ich pfânde
25	die schande	gehâgde	Rânde
	am bande	mâgde	
	verschwande		
	am rande	die melde	erde
	dem pfande	im felde	werde
30		HERBA die melde	ich geberde

⟨H2ʳ⟩ **ede** **ide**   **ide**   **ide**

ede	ide	ide
pferde	geschmeide	einbilde
gefåhrde	seide	
die Herde	beyde	
vom herde	meide	gesinde
	ich weide	die binde 5
beschwerde	SALIX weide	ich binde
	die kreide	die pfrinde
jede	neide	finde
siede	ich scheide	gelinde
ich schmiede	VAGINA scheide	rinde 10
die schmiede	schneide	vom grinde
vom liede	(weich) schmeide	geschwinde
vom gliede	reude	die linde
der friede	wegscheide	entbinde
mûde	die weide	der blinde 15
Jûde	abscheide	ich erblinde
im abschiede	eingeweide	dem kinde
im augenliede	gebeude	ich schinde
vermiede		VENTI Winde
		ich einspûnde 20
vom eide		CONVOLVULUS die
vor leide	EQUUS die wilde	winde
vereide	sehr wilde	ich ûmbwindc
ich leide	vom bilde	ûberwinde
ETHNICUS Heide	milde	entspinde 25
vom kleide	verwilde	die sturmwinde
ich kleide	vom schilde	unterwinde
die heyde	gefilde	empfinde
freude	ûbergûlde	die hinde
getreyde	ich bilde	entzûnde 30

ide ode	ode ude	ude ee
entstůnde	besolde	im munde
gestůnde	UMBELLA dolde	bestunde
vom rinde	die unholde	die wunde
ergrůnde		vom pfunde
verschwinde	Monde	empfunde
Zimmetrinde		im schlunde
sůnde	orde	vom Runde
	ermorde	aus dem grunde
anfeinde		vom reißbunde
die feinde	die bude	verwunde
freunde	schwude	entstunde
befreunde		
	staude	ich såe
ins gevierde	raude	gehe
die zierde	brombeerstaude	hintergehe
begierde		die flôhe
	hulde	stehe
er wůrde	die mulde	drehe
die bůrde	verschulde	wehe
schaaf=hůrde	ich dulde	entstehe
die wůrde		bestehe
		ehe
die ode	dem hunde	erhôhe
ich rode	die kunde	
zu tode	gesunde	hafe
	die schrunde	ein sclave
	HORA stunde	
vom golde	er gestunde	graaffe
holde	PACTUM vom bunde	ich schlaaffe

⟨H3ʳ⟩ **affe**

	afe efe	efe
die schaaffe	ich stampfe	
ich straaffe		kåmpfe
die straaffe	die harfe	dåmpfe
traaffe	larve	
im schlaaffe	die scharffe	entwerffe 5
beschlaaffe		werffe
	treffe	schårffe
ich schaffe	åffe	mit der schårffe
der affe	widerbåffe	
maulaffe		maulwôrffe 10
gaffe	helfe	ich schårffe
junger laffe	behelffe	bedôrffe
kaffe		
pfaffe	elffe	ich schiffe
klaffe	zwôlffe	pfiffe 15
ich raffe		ergriffe
kuntschaffe	vom senffe	hûffe
widerschaffe		zu schiffe
	tôpffe	
halffe	Zôpffe	ich brûfe 20
	ich kôpffe	die brieffe
hanffe	ich schôpfe	
	das geschôpfe	lieffe
zapffe	die krôpfe	trieffe
fußstapfe	die kôpfe	rieffe 25
im napfe	ich stôpfe	schlieffe
	schlôpfe	olieve
	knôpfe	vertieffe
im kampfe	schrepffe	
dampfe		RORE vom reiffe 30

6*

⟨H3v⟩ **ife** **ife ofe** **ofe ufe**

(sprûgel) der reiffe	tripfe	im kopfe
ich schleiffe	hûpfe	stopfe
ich greiffe	knûpfe	im kropfe
MATURESCO ich reiffe	stipffe	stropfe
5 ich teuffe		ropfe
dem schweiffe	(pfropffe) impfe	im topffe
ûmbschweiffe	ich schimpfe	pfropffe
ich pfeiffe	im glimpfe	vom zopffe
SMEGMA Seiffe	krimpfe	
10 erseuffe	die strûmpfe	im dorffe
vom greiffe	(stichle) ich stimpfe	am schorffe
herûmschleiffe	rimpfe	
ich steiffe	die sûmpffe	Ackerhufe
ich streiffe	im schimpfe	
15 die weiffe		Bierkuffe
ich weiffe		stuffe
die pfeiffe	hoffe	beruffe
(schelte) ich keuffe	soffe	Roßhuffe
kneuffe	troffe	
20 heuffe		ich kuffe
(zause) ich reuffe	zu hofe	der muffe
	zofe	puffe
im schilffe	dem Wolffe	kauffe
die hûlffe	holffe	trauffe
25 der gehûlffe		lauffe
zu hûlffe	der tropfe	schlauffe
	LUPULUS hopffe	ich rauffe
	klopfe	hauffe

⟨H4ʳ⟩ **ufe age**   **age**   **age**

ersauffe	frage	am klange
tauffe	ertrage	ich prange
zuhaufe	trockschrage	ich hange
viehrauffe	ich schlage	im gange
	URBS Prage	gelange 5
zupfe	ich tage	SUS dorff=range
hupfe	vom tauben=	die wange
rupfe	schlage	fange
	am tage	unterfange
im sumpfe	niderlage	empfange 10
stumpfe	erfrage	am hange
strumpfe		sprange
vom rumpfe	ich balge	belange
	im talge	vom strange
wurfe	vom kalge	schlange 15
schurfe	vom balge	die zange
		im zwange
ich zage		vogel=stange
trage	DIU lange	bange
klage	im schwange	20
nage	ich lange	karge
TENTO wage	verlange	verbarge
behage	(angst)bange	im sarge
FAMA die sage	Range	erkarge
LIBRA die wage	Sange	dem zwarge 25
die plage	im gesange	
ich plage	stange	
ich sage	fahnen=stange	auferlege
vertrage	im schwange	lege
jage	mit trange	errege 30

⟨H4ᵛ⟩ **ege**

  gehege
  geprege
  die tröge
  erlege
5 möge

  erlege
PONDERO ich wåge
  im stege
10 erwege
  sege
  bewege
  im wege
  ich pflege
15 fege
  zåge
  trege
  schlåge
  ich verpflege
20 ABSIS die felge
  ich schwelge

  die bålge
25 blasebålge
  katzenbålge

  die menge
  ANGUSTUS ånge

ege

die långe
geprenge
trånge
sprenge
ich senge
vermenge
gestrenge
(herbe) strenge
hånge
erlånge
gesånge
getrånge
långe
verhånge
die strånge
zwånge
die gånge
geb' und genge
anstrenge
in der ånge
einzwånge

die berge
verberge
Latwerge
ferge
die zwårge

ich wörge

ege ige

die börge
die Störge
ich zörge

zufüge
verfüge
versiege
schmiege
verschwiege
VOLO flüge
JACEO liege
ich siege
MUSCA fliege
BELLO kriege
die wiege
büge
belüge
er stiege
die ziege
pflüge
betrüge
die feldzüge
die stiege
die krüge
ich tüge
ADIPISCOR ich kriege
vermüge
genüge

⟨H5ʳ⟩ **ige**	**ige**	**oge uge**
zusammenfûge	klinge	der boge
MENTIOR lûge	schlinge	fischroge
schliege	dem ringe	im troge
	ich ringe	fidelboge
schweige	gelinge	ellenboge 5
ereige	springe	flitzboge
MONSTRO ich zeige	pfifferlinge	floge
bezeige	ûmbringe	erzoge
feige	verbringe	Regenboge
ohrfeige	spillinge	wasserwoge 10
beuge	zwillinge	Schwibboge
die neige	ûmbbringe	
treige	schwinge	folge
steige	abdinge	
seuge	ich tûnge	borge 15
zweige	hienge	sorge
geige	dem dinge	storge
PROPAGO zeuge	Degen≠klinge	versorge
ich neige	geringe	
	Leibgedinge	die fuge 20
tilge		im fluge
wilge	VIOLA FLAVA kirge	im zuge
billge	schirge	truge
Petersilge	ein bûrge	vom betruge
	wûrge	der kluge 25
winge	das gebûrge	im kruge
singe		mit gutem fuge
dringe	zoge	
bringe	loge	lauge

⟨H5ᵛ⟩ **uge**	**ahe**	**ahe**
sauge	der schwache	wasche
auge	die sache	die lasche
tauge	DRACO Drache	ich pasche
Neunauge	der rache	die flasche
	die wache	satteltasche
zunge	bauerhache	schotentasche
PULMO lunge	ich krache	
bezwunge	mache	schmaasche
schwunge	die rache	draasche
gelunge	erwache	
er runge	im fache	mansche
sunge	wallache	bansche
klunge		
ich junge	kranche	die karsche
der junge	manche	harsche
hundes=zunge		
	ARCA Arche	klatsche
fahe	ich schnarche	patsche
besahe	Monarche	platsche
geschahe	Patriarche	
CAPIO ich fahe	Plutarche	ratsche
ich anfahe	Scholarche	tzchatsche
sehr nahe		
	die asche	vom pantsche
stache	im asche	
die braache	tasche	sehe
	erhasche	geschehe
RIDEO ich lache	ich nasche	in der nåhe
LACUNA die lache	überrasche	ausspåhe

⟨H6ʳ⟩ ehe	ehe	ehe ihe	
begehe	flachsbreche	drôsche	
stehe	ich radebreche		
das Rehe	ich spreche	welsche	
drehe	die bâche	delsche	
gestehe			5
aufgehe	er ist gespreche	mensche	
gehe	das gespreche	die bânsche	
ich flehe	ich schmôche	AVIS dem gânsche	
hintergehe			
ich wehe	welche	ich herrsche	10
entstehe	im kelche	der stôrrsche	
ich schmâhe	dem helche		
erhôhe		quetsche	
ich blôhe	die lerche	in der metsche	
die flôhe	ich hôrche		15
das gestrôhe	pfôrche	sihe	
ANIMAL das fehe	die stôrche	zihe	
in der hôhe		die kûhe	
ich sâe	ARBOR die esche	bemûhe	
	ich lesche	ich brûhe	20
PUNGO steche	ich gesche	suppen=brûhe	
zeche	ich desche	ich sprûhe	
reche	laubfrôsche	kniehe	
COMMUTO steche		blûhe	
im peche	dresche	vollziehe	25
die freche	die wâsche	entziehe	
zerbrâche	die âsche		
ich schwâche			
FRANGIBULUM die		entweyhe	
breche	krôsche	einweyhe	30

	ihe	ihe	ihe
	befreyhe	das gebeue	streiche
	AVIS weihe		CEDO weiche
	ich weyhe	ich piche	FUNUS leiche
	verspeye	wiche	vergleiche
5	PISCIS der schleihe	er verbliche	der reiche
	Kirchweyhe	die striche	im Reiche
	ich scheue	er schliche	erreiche
	leihe	vergliche	LUES seuche
	verleyhe	DICTA sprüche	verbleiche
10	dreye	ORACULA ausspruche	uberreiche
	LIBERTA die freye		im teiche
	ich freye	ich sieche	RADIUS ROTAE speiche
	FURFUR kleye	der Grieche	blindschleiche
	schreye	ich rieche	die gebreuche
15	benedeye	die brüche	ich schleiche
	ein Leye	verkrieche	POLITURA die bleiche
	kasteye	die flûche	
	schalmeye	ARBOR die buche	ich milche
	Lackeye	das gebrûche	
20	Sodomitereye	N. P. die Psyche	die Münche
	das geschreye		ich tûnche
	im breye		
	LEO ein leue	QUERCUS eiche	Kirche
	treue	ich keiche	zirche
25	schneye	preiche	pfirche
	streue	erweiche	
	freue	durchstreiche	
	die Seue	schleiche	
	bedreue	EMOLLIO erweiche	fische

⟨H7r⟩ ihe   ihe ohe   ohe uhe

tische
gische
zische   pritzsche   den frosche
erfrische   titsche   ich rosche
erwische   die hitzsche   drosche
abwische   er bitzsche   brosche   5
zu tische   der grosche
mische   Beitzsche   die gosche
federbůsche   deutsche
NEMORA bůsche   verdeutsche   dem klotsche   10
flederwische   lohe   ruhe
dem blische   flohe   schuhe
                    vom strohe   thue
ich heische   hohe
dem fleische   ich schlauhe   15
zerfleische   woche   zauhe
das gereusche   kroche   taue
die keusche   poche   rauhe
ich teusche   knoche   schaue
ich kreusche   PISCIS Roche   baue   20
                    ich koche   traue
wůndsche   maue
verwůndsche   solche   hauc
blindsche   dem tolche   saue
                    dem molche   braue   25
kirsche   blaue
knirsche   horche   genaue
die hirsche   storche   straue
die můrrsche   die forche   kraue
                    gehorche   die klaue   30

⟨H7ᵛ⟩ uhe	uhe	ake
fraue	(suppe) die gauche	im sacke
pfaue	im rauche	hacke
graue		CERVIX der nacke
zerkaue		ich backe
Jungfraue	furche	ich blacke
schlaue		MALA die backe
beerenklaue	haarhusche	ich zwacke
	vertusche	RAMUS zacke
ich fluche	im busche	ich packe
ich suche		schlacke
ich buche	lausche	knacke
im tuche	rausche	die gacke
im bruche	brausche	vom blacke
versuche	tausche	
dem fluche		der balcke
der kuche	die bursche	vom talcke
	mursche	dem schalcke
im spruche		Menalcke
vor dem bruche	die kutsche	ich walcke
	ich hutsche	der falcke
	(sauge) nutzsche	vom kalcke
hauche		
im bauche	im gelake	im schrancke
tauche	der hake	bedancke
brauche	zaunstake	der krancke
glauche	SÆPE vake	ich wancke
schmauche	CULEX schnake	schwancke
ich rauche	PROPOLA Hake	ich zancke
das rauche		die zancke

⟨H8ʳ⟩ ake eke
bramrancke
im trancke
der Francke
der plancke
der zancke

die marcke
ich schnarcke
der starcke
die harcke

keke
die teke

bleeke
keeke

die ecke
butterwecke
hecke
decke
ich trecke
erwecke
erstrecke
bedecke
ich stecke
erschrecke
ich recke
strecke

eke
die stôcke
rôcke
bôcke
die rôcke
die pflôcke
verstecke
verpflôcke

ich flecke
die zwecke
schmâcke
die schnecke
EQUUS die schecke
ich zecke
im drecke

ich melcke
verwelcke
schâlcke
die nelcke

ich bôlcke
die kôlcke

die schencke
gelencke
versencke
verrencke
ich lencke

eke
gedencke
ich hencke
die schrâncke
ich schwâncke
bedencke 5
ich trâncke
ich lencke
die bâncke
ich krâncke
verrencke 10
Weinschâncke
kohlstrâncke
gestâncke
das gehencke
ich schrâncke 15
die schwâncke
apotheker=trânke
der schencke
ich schencke
geschencke 20
ich wencke

zu wercke
HERBA die mercke
ich mercke 25
ist im wercke
vom wercke

Stârcke

⟨H8ᵗʳ⟩ **ike**
AMYLUM stercke
die wicke
die vicke
ich schicke
kricke
erquicke
ersticke
erblicke
das genicke
zuricke
ich ricke
licke
klicke
flicke
pflicke
micke
trûcke
ich nicke
bestrûcke
strûcke
drûcke
knicke
zwicke
glûcke
der rûcke
entzûcke
bûcke
verrûcke

ike
zurûcke
meisterstûcke
jûcke
stûcke
grasemûcke
PISCIS Prûcke
DENSUS dicke
FLECTO dûcke
FRAUS tûcke
die brûcke

kriecke
quiecke
spiecke
wiecke

ich trincke
wincke
fincke
stincke
die klincke
die lincke
der zincke
der schincke
sincke
ich blincke
ich hincke
schmincke
die strûncke

oke
der rincke
flincke
bedûncke

BETULA bircke
ich wûrcke
TURCA Tûrcke
abzircke

glocke
flocke
haarlocke
vom bocke
die brocke
verstocke
vom schocke
die socke
vom stocke

wolcke
vom volcke
die kolcke
der Holcke

(rinde) die borcke

kuke
in der luke

⟨*I1ʳ*⟩ **uke**   **ale**   **ale**
die glucke   PINGO mahle   bitter galle
der schnucke   ich prahle   kralle
ich schlucke   åpfel-schale   lalle
ich gucke   im Saale   leichhalle
die mucke   Confectschale   URBS Halle 5
ich zucke   die krahle   ich stalle
hucke   bezahle   über alle
im schmucke   kahle   ich gefalle
                    ich strahle   Coralle
(brey) die maucke   AVIS Thale   im stalle 10
die paucke   am pfale   mausefalle
                    fahle
der uncke   stahle   ich grable
auf dem bruncke   ich thale   strable
die tuncke   zum andern mahle   ich stable 15
ich kruncke   kable
suncke   zable
stuncke
die funcke   alle   ich adle
brod-runcke   falle   tadle 20
                    pralle
gurcke   knalle   samle
von kurcke   schalle   stamle
                    schnalle   ramle
kalte schale   vom balle   versamle 25
schmale   ich walle
zahle   auff dem walle
vom aale   schneeballe   ich fehle
MOLO mahle   die galle   handquele
im thale   anfalle   ich schmele 30

⟨I1v⟩ ele	ele	ele ile
GUTTUR kehle	die stelle	wedle
vermåhle	ich fålle	trôdle
PISCES die åhle	geselle	
fehle	einstelle	
stehle	abbelle	tåfle
ich strehle	die hôlle	
die pfåle	bestelle	keckle
verpfåle	ehren=stelle	jeckle
befehle		
schuster=åhle	Morelle	ALNUS erle
abkehle	LUCIDUS helle	querle
	ich schwelle	stôrle
Seele	ich belle	
schwele	gelle	schmerle
die schmele	brunelle	perle
ich schåle	die welle	
erwehle	die schålle	betle
ich quele	maulschelle	
scheindehle	schnelle	biele
ich zåhle	krelle	ziele
die hôle	ich quelle	federkiele
aushôle	die stålle	ich wiele
	VALLI die wålle	im stiele
	die fålle	ich fûhle
die elle	AXIS ROTÆ wålle	ich spiele
kelle		gefiele
ich schålle	ich rôchle	die diele
ich schnelle		die schmiele
thûr=schwelle		ich schiele
ich prelle	edle	dem pfiele

⟨I2ʳ⟩ **ile**　　　　　　　**ile**　　　　　　　**ole**

ile	ile	ole
die mühle	ich eile	ich hole
gar kühle	die Eule	schu=sole
ich wühle	die seile	Dole
ausspüle	pfeile	viole 5
die stüle	die meile	der Pohle
	die zeile	vom kohle
der wille	die feile	die kohle
die spille	ich feile	SALSUGO Soole
pille	ich feule	die bohle 10
grille	dem beile	
die tylle	die geile	LANA die Wolle
Telesille	ich theile	er wolle
Margarille	die keule	solle
Marille	mittheile	bett=stolle 15
Sionille	verweile	ich zolle
Parnassille	übereile	ich schmolle
Charitille	SANO heile	schwolle
Kamille	EJULO heule	dem grolle
die hülle		tolle 20
ich stille	grüble	volle
die fülle	krible	trolle
ich bin stille		die kolle
feld=grille	stichle	die rolle
die brille		PASSER die scholle 25
ich brülle	heichle	eiß=scholle
verhülle	schmeichle	
erfülle		im pfule
das kind stille	stimmle	ich buhle
	himmle	

⟨I2ᵛ⟩

ule ame	ame	eme
die schule	der nahme	vom harme
zu stuhle	der hame	dem darme
federspule	nachahme	erwarme
spinspule	besaame	
Thule		nach deme
der buhle	die amme	zåhme
	ich lamme	ich nehme
der bulle	am stamme	ich schåme
die schulle	dem kamme	vernehme
	die flamme	die bråme
ich faule	schwamme	verlåhme
die tzschaule	die wamme	beschåme
dem gaule	vom Tamme	verbråhme
die kaule	ich flamme	der Rehme
vom knaule	dem weberkamme	ich råhme
dem maule	verdamme	die kråme
ich maule		benehme
	Palme	gråhme
ich hudle	Psalme	bequeme
rudle	zermalme	der scheme
besudle	strohalme	
		er keme
Dame	der arme	Sôme
kame	am arme	strôme
verlahme	erbarme	zôme
saame	alarme	bekeme
zahme	warme	
im krahme	verarme	ich hemme
ich dame	PISCIS ein barme	ståmme

⟨13ʳ⟩ eme ime
SPONGIÆ die
schwåmme
die kåmme
ich klemme
kåmme
verschlemme
pferde=schwemme
verschwemme
überschwemme

vom helme

die schelme

dårme
lårme
ich herme

schwerme
erwårme
stôrme
thôrme

ihme
die strieme
der rieme
der dieme
gezieme
die pfrieme

ime
ich rûhme
verblûhme
ich krûme
auskûhme
ungethûme

APIS imme
die stimme
die krûmme
glimme
schwimme
ergrimme
verstimme

RYTHMI reime
im schleime
ich leime
ich seume
keime
scheume
die zeume
ich leime
ich reume
verseume
honigseume
daheime
die treume
beume

ime ome
die Ilme
beschirme
wûrme
stûrme 5
thûrme

AVUNCULUS der ohme
am strome
im Soome 10

komme
somme
schwomme
ich fromme 15
der fromme
bekomme

die forme
im torme 20
verforme
zu storme

die krume
mume 25
blume
vom Ruhme
im Thume

7*

	ume	ane	ene
		dem Schwane	ausdône
	pflaume	vom spane	gethône
	am baume	ich mahne	beschône
	daume	ermahne	entlehne
5	gaume	Partisane	die Seene
	dem raume	die fahne	schône
	dem saume	vom hane	belehne
	vom schaume	am zaane	gewôhne
	am zaume	dem wahne	Alcumene
10	im traume	im fischtrahne	Magdalene
		MUCOR vom kahne	jene
	erstumme	ich saffrane	krône
	erklumme		ich frône
	brumme	Anne	verhône
15	summe	banne	Sôhne
	der stumme	kanne	ich lôhne
	butter=bumme	pfanne	versôhne
		ABIES danne	
	im sturme	VANNUS wanne	thrâne
20	vom thurme	spanne	kâhne
	vom wurme	übermanne	erwâhne
			die hâne
	der ahne	ich warne	ich gâne
	plane	im karne	ich stâne
25	vermahne	ich harne	die Schwâne
	ich bahne	im garne	
	die bahne		
	im kahne		scheun=denne
	porcellane		gluck=henne
30	FLOS LACTIS die Saane	NERVUS Sehne	gône
			nenne

Richtiger Anzeiger I

⟨I4ʳ⟩ **ene**   **ene ine**   **ine**

ene	ene ine	ine	
kenne	ich zörne	Castalinne	
renne	dörne	rinne	
brenne	INESCO ich körne	die finne	
trenne	anspörne	beginne	
die schenne		die pfinne	5
bekenne	die Biene	gewinne	
er könne	erschiene	drinne	
	diene	besinne	
das enne	kühne	die spinne	
ich pfånne	die Thüne	göttinne	10
	versühne	zu sinne	
auf der ebne	grüne	zerrinne	
die ergebne	rosine	susanninne	
	erkühne CANTHUS	Radeschinne	
begegne	Katharine	ich spinne	15
segne	verdiene	verginne	
regne			
gelegne	inne		
verwegne	zinne	eine	
	Königinne	seine	20
entferne	Heroinne	ich meine	
gerne	entrinne	kleine	
ferne	ich sinne	keine	
die sterne	dinne	MEA meine	
lerne	Pierinne	reine	25
kerne	Charitinne	steine	
laterne	Parnassinne	haine	
die Scherne	Heliconinne	weine	
die Cisterne	lieb gewinne	die schweine	

⟨I4ᵛ⟩ **ine one**   **one**   **one une ape**

im schreine	vom mone	forne
beine	bohne	im borne
verneine	ich wohne	im korne
die gemeine	zu hohne	im zorne
erscheine	Wallone	im dorne
sehr gemeine	ich schone	
die scheine	entwohne	die buhne
ich scheine	im throne	
feine	die Done	allaune
greine	krone	die laune
die breune	Bellone	ich raune
ûmbzeune	ich frone	die gallaune
von Helffenbeine	Melone	im zaune
die zeune	FLUVIUS die Sohne	die Schallaune
	gewohne	verbraune
leugne		erstaune
	donne	Cappaune
stirne	Sonne	Posaune
dirne	wonne	
birne	sponne	Pape
gestirne		schrape
gehirne	der gebohrne	
zwirne	erkohrne	die schlappe
	verschworne	der knappe
	beschorne	EQUUS Rappe
ohne	der verlohrne	lappe
lohne		ich schnappe
belohne		kappe
dem Sohne	am horne	zappe

⟨15r⟩ ape

klappe
bienkappe
AVIS der trappe
die trappe
die mappe
ich pappe
schwappe
benappe
die schnappe
die pappe

lampe
stampe
plampe
krampe
pampe

karpe
scharpe
schnarpe

der haspe
raspe
LAPIS Jaspe

schleppe
treppe
geschleppe
der Schôppe

epe ipe

peppe
leppe
kåsenåppe

espe
gôspe
wespe

drespe

schippe
schlippe
schrippe
rippe
lippe
klippe
stippe
kippe
wippe
gerippe
knippe
schiele=wippe
schnippe
krippe
FALX hippe

die klûmpe
krimpe

ope upe

schoppe
kloppe

die knospe 5

die schupe

suppe
puppe 10
licht=schnuppe
zuppe
der schnuppe

raupe 15
staupe
die graupe

die grumpe
klumpe 20
die plumpe
die bier=humpe

schnurpe
die purpe 25
ich schurpe

die haare
klare
spare 30

⟨*I5ᵛ*⟩ are   are ere   ere

	are	are ere	ere
	die ahre	erstarre	die lehre
	bahre	ein farre	empôre
	schaare	schnarre	beere
	offenbahre	quarre	die Pôre
5	leichen≈bahre		hôre
	ich paare	hadre	ich stôre
	von Jahre zu jahre	schnadre	wasserrôhre
	ich erfahre		sich beschwere
	die Maare	die andre	beschwôre
10	ich gahre	wandre	die fåhre
	bewahre		rôhre
	die Staare	ich lagre	môre
	pflugschaare	die hagre	bethôre
	die Wahre		lufft≈rôhre
15	verfahre	verheere	erhôre
		GLADIUS wehre	
		er were	gebåhre
	MORBUS Darre	ehre	måhre
	maltz≈darre	flôre	dem beere
20	knarre	ich wehre	ich håre
	karre	verehre	die quere
	narre	ûmbkehre	åhre
	harre	abkehre	gåhre
	ich scharre	vermehre	begehre
25	zarre	verseere	erklåhre
	schmarre	das leere	DURO wåhre
	plarre	LARGIOR beschere	gewehre
	der Pfarre	ernehre	entbåhre
	verscharre	ich zehre	FORFEX Schere

⟨16ʳ⟩ ere ire   ire   ire ore

ere ire	ire	ire ore	
TONDEO beschere	spatziere	důrre	
	pindarisiere	wagen=geschirre	
nårre	odarisiere	trinck=geschirre	
Herre	quinteliere	anschirre	
Schnerre	solsemiere	myrrhe	5
holtzscherre	vexiere	in der irre	
fleischscherre	zu biere	Silber=geschirre	
geplårre	gebiere		
	dupliere	feyre	
gewerre	die thiere	leyre	10
zerre	Stiere	verseure	
einsperre	restiere	gemeure	
	sich zu schliere	ich scheure	
Kedre	studiere	ich seure	
	hofiere	erneure	15
ziere	stoltziere	beteure	
schniere	jubaliere		
moduliere	beschmiere	Cohre	
tireliere	verfůhre	bohre	
grobianisiere	spůre	der thore	20
Rôltzeliere	thůre	im thore	
tôlpeliere	berůhre	der More	
flegeliere	nachspůre	N. P. Debore	
pengeliere		N. P. Leonore	
schwengeliere	irre	erfrore	25
verliere	girre	die Thore	
schmiere	verirre	dem flore	
lustiere	verwirre	im Rohre	
die niere	kirre	zu Cohre	

⟨16ᵛ⟩ ore ure   ase   ase ese
                       ich rase
   der knorre   hase   die achse
   verdorre   im glase   lachse
   erstorre   die Base   dem Dachse
5   die fase   Sachse
   schnure   verblase   Stachse
   hure   ich blase   ich wachse
   die fuhre   wagen=achse
   glasure   straße   CERA im wachse
10 figure   laße
   auff der spure   anmaße   ich halse
                       die maße   salse
   murre   vergaße   am halse
   knurre   Jacobs=straße
15 schnurre   verlaße   verbanse
                                          granse
   maure   fasse
   betaure   hasse   lese
   ich laure   aufpasse   kåse
20 versaure   gasse   genese
   vermaure   verprasse   blåse
   traure   ich nasse
                       verblasse   lôse
   CESPES der rase   EQUUS die blasse   bôse
25 dem Aase   im vasse   zôse
   die nase   im passe   erlôse
   mase   N. P. Manasse   gekrôse
   er lase   ûbel zu basse   ungenôse
   grase   ich vasse
30 VESICA blase   er eße

⟨17ʳ⟩ ese	ese ise	ise
entblöße	sense	büße
klöße	gånse	ergieße
stöße		entsprieße
flöße	verse	versůße
ich böße	CALX ferse	beflisse 5
gefåße	perse	gewisse
geseße	die vehrse	zerrisse
seße	bliese	schmisse
die Esse	N. P. Liese	bisse 10
ich esse	Riese	wisse
HERBA kresse	diese	vermisse
die messe	die wiese	anspisse
nåsse	erwiese	můsse
vergesse	zugemůse	ich kůsse 15
fresse	erkiese	die flůsse
vermesse	drůse	melisse
Cypresse		haselnůsse
ich messe	genieße	LENDES die nůsse
	grůße	die gůsse 20
Låchse	fließe	
Dåchse	sůße	dem eise
	ließe	greise
gewåchse	blůße	ich reise
kröchse	die spieße	die Feise 25
	verdrůße	die weise
die emse	schließe	die weyse
gemse	fůße	(sachte) leise
	er hieße	die leuse

⟨17ᵛ⟩ **ise**   **ise ose**   **ose use**

	ise	ise ose	ose use
	meuse		schloße
	preise	ich wichse	boße
	speise	lůchse	der große
	ich weise	die fůchse	bloße
5	NASSA reuse	bůchse	im schoße
	glockenspeise		flachsboße
	unterweise	die hilse	ich stoße
		die bilse	
	ich weisse		glosse
10	reisse	zinse	trosse
	schmeisse	linse	im schlosse
	die Pleisse	klinse	schosse
	schweisse	binse	vom rosse
	ausschweisse	krinse	verschlosse
15	heisse		ich bosse
	schleisse	die hirse	ein posse
	befleisse		die gosse
	mit fleisse	lose	
	wagenleisse	hose	ochse
20	ich beisse	butterhose	
	gleisse	ich kose	die Muse
	die geysse	rose	im muse
	Plateisse	mit moose	die buse
	beschmeisse	N. P. Mose	
25	Omeisse	HERBA zeitlose	ich fuße
	Reusse	heillose	buße
	Preusse	MORBUS Rose	mit guter muße
	die Neisse	liebkose	am fuße
	zerschmeisse		
30		kloße	

⟨*18ʳ*⟩ **use ate**　　　　　　ate　　　　　　　　ate

zum verdrusse	am blate	schaffte
dem kusse	rahte	klaffte
flusse	brahte	dem haffte
	am drate	er verschaffte
die krause	RETE die wate	zusammenraffte 5
lause	muscate	
sause	berathe	sanffte
brause	halt zu rathe	ranffte
mause		
grause	Sommerlatte	sagte 10
hause	hatte	jagte
pause	glatte	behagte
zause	abmatte	beklagte
schmause	beschatte	verzagte
	ratte	verklagte 15
vom luchse	latte	es tagte
vom fuchse	Ehegatte	plagte
	bestatte	herfürragte
kluckse	erstatte	betagte
muckse		wagte 20
	er schabte	
	trabte	
Oblate	er labte	sachte
baate	begabte	er lachte
tauffpaate		er machte 25
ich gerate	er salbte	ich trachte
der spate	kalbte	betrachte
zu spate		ich achte
ich wate	vom saffte	verachte
schwate	ich haffte	krachte 30

	ate	ate	ate
	OCTO achte	praalte	bekante
	erwachte	bestrahlte	spannte
	schlachte	er mahlte	verwante
	ûbermachte	bezahlte	trabante
5	gedachte		zertrante
	vermachte	alte	verbannte
		das kalte	anspannte
	plackte	veralte	
	sackte	verwalte	karte
10	hackte	es schallte	artc
	knackte	die falte	schwarte
	das gedackte	behalte	die scharte
	verstackte	spalte	die barte
	zwackte	sich stallte	sich paarte
15		lallte	spaarte
	walckte	ich erkalte	dem barte
	bekalckte	es wallte	der garte
		zurûckprallte	offenbahrte
	bedanckte	schnallte	
20	wanckte		harte
	schanckte	verdammte	N. P. Marte
	zanckte	der beampte	ich warte
	schwanckte	flammte	erwarte
			weberkarte
25	marckte	erbarmte	helleparte
	schnarckte	verarmte	knarrte
	harckte		zarrte
		sante	ich erharrte
	er thalte	entbrante	er harrte

⟨K1r⟩ **ate**

ate	ate	ete
erstarrte	satzte	nåte
schnarrte	schwatzte	schuh=dråte
scharrte	kratzte	Kåthe
SPECULA die warte	schatzte	die dråte
	ûbersatzte	5
verhasste	schmatzte	Poete
ich raste	ersatzte	errôthe
maste		flôte
zu gaste	versaltzte	tôdte
kaste	waltzte	spåte 10
taste		krôte
ich faste	rantzte	die lamprete
erblasste	verschantzte	dem garten=bete
vom baste	tantzte	morgenrôthe
fantaste	pflantzte	Abendrôthe 15
er hasste	vom wanste	Stådte
		lôte
vom wanste	untertrete	
verschantzte	bete	errette
tantzte	knåte	ich wette 20
pflantzte	SEMPER stete	kette
rantzte	vertrete	zu bette
	gerehte	ûmb die wette
verbanste	brete	håtte
granste	Råthe	ich bette 25
	trete	
vom karste	ich jåte	Silberglåtte
barste	Stådte	ich glåtte
	gråte	klette

⟨K1v⟩ ete	ete	ete
	verpflegte	treckte
webte		erschreckte
klebte	sengte	heckte
strebte	trångte	erstreckte
lebte	sprengte	streckte
schwebte	vermengte	versteckte
	erlångte	verpflöckte
bôbte	einzwångte
stöbte		schenckte
	zu rechte	krånckte
das gehôffte	verblechte	versånckte
die heffte	geschwåchte	verrenckte
geschåffte	geschlechte	henckte
ich heffte	schlechte	schwenckte
	gerechte	trånckte
kråffte	knechte	wenckte
såffte	hechte
stiefelschåffte	gemåchte	merckte
	bråchte	stårckte
die helffte	verfechte
die elffte	die påchte	ich gelte
die zwôlffte	die nåchte	schelte
		er bellte
legte	leckte	ermelte
erregte	fleckte	vergelte
unterlegte	zeckte	entgelte

bewegte
pflegte | bedeckte | stellte
ausfegte | erweckte | gezelte

Richtiger Anzeiger I 113

⟨K2ʳ⟩ ete	ete	ete
gesellte	schwingte	
die gelte	ûmbringte	gelehrte
kålte		verehrte
erkålte	wûrgte	vermehrte
	schirgte	versehrte 5
fehlte		verkehrte
vermåhlte	die ente	verhôrte
	gerente	ehrte
erwehlte	sich wendte	ernåhrte
quålte	blåndte	beschwehrte 10
erzehlte	pfånnte	bethôrte
geschålte	verschwendte	erhôrte
beseelte		wehrte
aushôhlte	nennte	bescherte
	kennte	zerstôrte 15
bezåhmte	kônte	
sich gråhmte	trennte	begehrte
beschåmte	gônnte	vom schwerte
verlåhmte	rennte	gefårte
verbråhmte	brennte	die bårte 20
bequemte		bier=måhrte
	entlehnte	sich erklåhrte
klemmte	krônte	aufklåhrte
verschwemmte	versôhnte	
	frôhnte	die hårte 25
schwermte	beschônte	schnårrte
stôrmte	verhôhnte	verhårte
	gewôhnte	die gårte
	ausdôhnte	
ringte		die gôrte 30

Zesen, Helicon 8

ete	ete	ite
zerrte	wånste	stortzte
versperrte		
	erste	biete
allerbeste	die worste	N. P. Griete
feste	die borste	geriete
peste		verbiete
gåste	gerste	fliete
ich måste	ich berste	niete
die koste		VERMIS miete
der grosste	setzte	erbiete
	zu letzte	kåse=miethe
am feste	netzte	Chrysolite
åste	ergotzte	riete
im reste	lotzte	RUNCO wiete
im neste	bletzte	brûte
vom weste	hetzte	gûte
	verhetzte	ich miethe
die roste	verletzte	wûthe
troste	wetzte	ich hûte
erloste	ausetzte	die hûte
	übersetzte	geblûthe
das grobste		behûte
der Apfelgrobste	weltzte	gemûthe
	schmeltzte	apfel=blûte
dem hengste		
ich ångste	fuchsschwåntzte	sitte
der långste	ergåntzte	quitte
		schlitte
gespånste	auffschortzte	schûtte

⟨K3ʳ⟩ ite   ite   ite

er ritte	beerenheute	impfte
splitte	auf die freyte	
schritte		siegte
bitte	liebte	fûgte
zerrûtte	ûbte	tûgte 5
hûtte	beliebte	pflûgte
schmidte	geliebte	schmiegte
zerschnitte	betrûbte	kriegte
		wiegte
reite	entleibte	vergnûgte 10
seite	beweibte	
ich schreite		erzeigte
die breite	dem giffte	beugte
weite	hûffte	neigte
ich leite	vergiffte	geigte 15
die heute	schiffte	zeugte
ich leute	stiffte	
die leute	dem stiffte	angesichte
geleite		unterrichte
streite	er reiffte	schlichte 20
ich breite	abstreifte	zu gesichte
verleite	teuffte	berichte
bereite	heufte	geschichte
begleite	kriegesleuffte	getichte
arbeite	bûchsenleufte	FERCULUM gerûchte 25
die beute	zerschleuffte	er krichte
HODIE heite	verkeuffte	es ist lichte
CUCULLUS deite		pichte
ich deute	schimpfte	richte

⟨K3v⟩ ite	ite	ite
vernichte		spielte
verpichte	ich fûrchte	wûhlte
zunichte	pfûrchte	fûhlte
verpflichte		schielte
5 FAMA gerûchte	erblickte	kûhlte
gewichte	schickte	ausspielte
bôsewichte	erstickte	
PINUS die fichte	stûckte	er stillte
ADVERB. dichte	rûckte	brûllte
10 ich tichte	geschickte	verhûllte
	erquickte	erfûllte
leichte	klickte	das kind stillte
preichte	pflickte	
scheuchte	glûckte	eilte
15 feuchte	flickte	feilte
schmeichte	entzûckte	mittheilte
die beichte	trûckte	heilte
ADV. seichte	knickte	zertheilte
erreichte	bestrûckte	verweilte
20 erweichte	jûckte	übereilte
befeuchte	bûckte	er heulte
keichte		
die leuchte	winckte	bestimmte
erbleichte	blinckte	ergrimmte
25 erleuchte	hinckte	verstimmte
vergleichte	sich schminckte	glimmte
vielleichte	mich dûnckte	krûmmte
anfeuchte		
	zielte	

⟨K4r⟩ ite	ite	ite
	myrte	im miste
verblůhmte	kirte	mit liste
růhmte	es girte	Asiniste
sich geziemte	ich gůrte	die kiste
er krůhmte	verirrte	Alchimiste 5
	důrrte	ich růste
reimte		die brůste
ausreumte	regierte	Prophetiste
verseumte	schmierte	Evangeliste
zeumte	schnierte	Papiste 10
leimte	triumphierte	Momiste
die heimte	fůhrte	vermisste
treumte	zierte	sich brůste
	verfůhrte	kůsste
beschirmte	lustierte	entrůste 15
stůrmte	berůhrte	ein holtzgerůste
	vexierte	wollůste
dinte	spůrte	
die spinte	studierte	bůßte
verzinnte	tirelierte	wůßte 20
anzůndte	stoltzierte	versůßte
verginnte		erkieste
		grůßte
er meinte	niste	verwůßte
weinte	wiste	25
verneinte	Calviniste	
greinte	Christe	
ůmbzeunte	gelůste	
	Juriste	ich leiste
hirte	Cithariste	(frisch) dreiste 30

⟨K4ᵛ⟩ ite

ite	ite	ote
feiste	blitzte	ich schrote
die leiste	ritzte	zote
	nützte	der Rohte
preiste	schlitzte	vom brodte
speiste	beschmützte	
unterweiste	schnitzte	die rotte
	spitzte	Schotte
der geringste	spritzte	motte
	unterstitzte	ausrotte
die wülste	schützte	ich zotte
der berühmste	reitzte	lobte
verblühmste	geitzte	tobte
am gewinste	würtzte	hoffte
gespinste	stürtzte	
künste	irtzte	stopfte
dünste	schürtzte	ropfte
günste	verkürtzte	klopfte
der reinste	Bote	borgte
	schote	versorgte
bürste	die todte	
würste	knodte	kochte
ich dürste	pfote	pochte
knürschste	die schrote	vermochte
	lothe	fochte
schwitzte	die note	
hitzte	dem soote	horchte

⟨K5ʳ⟩ **ote**　　　　　**ote ute**　　　　　**ute**

forchte	verdorrte	Mûnchs=kutte
gehorchte	gorte	hambutte
wolte	koste	hell und laute
solte	roste	die Laute
es golte	pfoste	raute 5
rollte	bosste	ich laute
drollte	es schosste	baute
	dem moste	sich blaute
bohlte	verroste	es taute
hohlte		er schaute 10
	borste	straute
konte	auf dem horste	kraute
begonte		zerkaute
	dem muthe	vertraute
belohnte	fluthe	er schlaute 15
wohnte	ruthe	
verschohnte	mit guthe	erlaubte
entwohnte	die studte	behaubte
gewohnte	ich blute	schraubte
	vom blute	verschnaubte 20
am orte	im hute	glaubte
worte	zu gute	klaubte
pforte	minute	beuhrlaubte
die horte	vogel=ruthe	
dem Horte	zu muthe	kuffte 25
antworte		puffte
verworte	butte	
kåse=horte	mutte	ruffte

	ute	ute	aue
		tunckte	ruste
	kauffte	brunckte	
	tauffte	dem punckte	im wuste
	rauffte	kruncte	ich buste
5		funckte	auf dem ruste
	rupfte		
	zupfte	im bulte	knauste
		sich trullte	bauste
	erjungte		grauste
10		maulte	sauste
	suchte	faulte	lauste
	fluchte		schmauste
	versuchte	erstummte	
		brummte	thue
15	hauchte		ruhe
	brauchte	kunte	die schuhe
	rauchte	begunte	
	tauchte	die lunte	
	schmauchte	bunte	baue
20		die klunte	traue
	lauschte	vergunte	taue
	rauschte		haue
	tauschte	knurrte	schaue
		schnurrte	saue
25	es juckte	murrte	braue
	buckte		zaue
	zuckte		blaue
	huckte	er muste	straue
	verschluckte	huste	kraue
30		er wuste	klaue

⟨K6r⟩ aue

fraue
pfaue
graue
Jungfraue
schlaue
geraue
genaue
maue
zerkaue
beerrenklaue
ich schlauhe
rauhe

leue
treue
streue
freue
Seue
bedreue
scheue
gebeue
entweyhe
einweyhe
benedeye
kasteye
LIBERTA die freyhe
Schalmeye
ich freye
dreye

ye atze

befreyhe
verleihe
Sodomitereye
ein Leye
Kirchenweyhe
Specereye
leihe
im breye
FURFUR kleye
PISCIS schleyhe
AVIS die weyhe

katze
patze
natze
glatze
hand=tatze
dem schatze
dem latze
die ratze
fratze
vom übersatze
kratze
schmatze
dem matze
schwatze

waltze
saltze

atze

dem maltze
schmaltze
ich pfaltze
die Pfaltze   5
rantze
lantze
schantze
tantze
schwantze   10
im krantze
im glantze
vinantze
die frantze
pflantze   15
quitantze
Pomerantze

wartze
die parce   20
schwartze

etze
setze
hetze   25
wetze
ergötze
im netze
ich letze

⟨K6ᵛ⟩ **etze**   **etze**   **itze**

etze	etze	itze
verletze	weltze	im ertze
aussetze	die steltze	schôrtze
ausfretze	schmeltze	
verhetze	AVIS bachsteltze	hitze
ich hetze	dem beltze	sitze
ausetze	ZEA speltze	schmûtze
ich netze	ich beltze	ritze
geschwåtze		schnitze
	bechkråntze	mitze
korn=metze	lentze	die schlitze
die schåtze	grentze	schwitze
kråtze	faullentze	spitze
die låtze	ich rentze	stiegelitze
ich schåtze	tåntze	spritze
schmåtze	bekråntze	stitze
båtze	ergåntze	lacritze
die måtze	die schwåntze	blitze
Steinmetze	fuchsschwåntze	im sitze
plåtze	glåntze	gritze
	kråntze	witze
die lefftze		aufschlitze
widerbefftze	schmertze	beschmûtze
	ausmertze	pfûtze
åchtze	das hertze	schûtze
låchtze	schertze	geschûtze
	ich hertze	nûtze
krôchtze		CALVITIUM glitze
kôchtze	kertze	
	stôrtze	beitze

⟨K7r⟩ **itze**   otze utze   utze idig
    reitze   im blotze
    heitze   zu trotze
    geitze   ich trotze
                     ich schmarotze
    seifftze   strotze   5
                                           dem schurtze
    siltze   der boltze   zu kurtze
    die bůltze   stoltze
    miltze   im holtze   ledig
    ich filtze   zerschmoltze   10
    dem filtze   reidig
                     butze   mitleidig
    stintze   lutze   meineidig
    blintze   zu trutze   getreydig
    MONETA mûntze   aufmutze   freudig   15
    MENTA mûntze   vermutze
                     zu nutze   schuldig
    ich irtze   im schutze   geduldig
    OPERCULUM die stůrtze ich tutze
    wůrtze   stutze   leutseelig   20
    in der kůrtze   beschmutze
    die schůrtze   gefållig
    verkůrtze   schnautze   gesellig
    ich stůrtze   kautze   vôllig
    ich schůrtze   bauerhautze   25
                                           willig
                     schultze
    rotze   zerschmultze   heilig
    am klotze   zertheilig

⟨K7v⟩ **ig**   **ig**   **tig**
                            zehen=fûßig   geschâfftig
       grimmig   ûberdrûßig   krâfftig
       einstimmig
                            fleissig   fârtig
       kônig   beissig   gewertig
       zu wenig
                            schamhafftig   barmhertzig
       wennig   warhafftig
       pfennig   boßhafftig   niedrig
                                                  wiedrig
       einig   gutthâtig
       schleinig   unflâtig   gûtig
                            ståtig   kleinmûtig
       seumig   ehrerbietig
                            Ethick   Politick
       mittelmåßig   nôthig
       nachlåßig   nichtig
       vielfråßig   rettig   flûchtig
       måßig   erbôttig   untûchtig
                                                  richtig
       bôßig   verâchtig   wassersûchtig
       gefrôßig   hundert=fâchtig   wichtig
                            mitternâchtig
       essig   schmâchtig   gûltig
       nachlâssig   verdâchtig   gedûltig
                            vielfâchtig
       gehåßig   prâchtig   bluthrinstig
                                                  gûnstig
       schließig   inbrûnstig
       mûßig   hâfftig

⟨K8ʳ⟩ **ing**

saltzig
schmaltzig

aussetzig
nåtzig

aberwitzig
spitzig
hitzig
fůrwitzig

geduldig
unschuldig

aussprößling
ausschößling

Zwilling
spilling
schilling

neuling

HERBA schůrling
vierling

hering

Zeising

ung

ůbung
beliebung
betrůbung

verbindung
unterwindung

verfluchung
versuchung

befreyung
gedeyung
entweihung
verzeihung
verleihung
bereůung
benedeyung

bezahlung

einöhlung
zehlung
erwehlung
erzehlung

vermåhlung
verhelung

theilung

ung

übereilung

erbarmung

warnung 5

lehnung
versöhnung
entwehnung
kröhnung 10
beschönung
verhönung

trennung
nennung 15

die innung

meinung
erscheinung 20

belohnung
verschonung
wohnung
25
verstörung
entböhrung
zehrung
verehrung
bethörung 30

⟨K8v⟩ **ung**	**elich**	**elich ilich**
versehrung	frôlich	vergeßlich
	unzehlich	
verwirrung	schmeelich	etlich
verirrung		spôttlich
	gefållich	gôttlich
teurung		
erneurung	unstråflich	tôdtlich
		rôtlich
erlaßung	hôflich	
	zôflich	letzlich
erlôsung		plôtzlich
	beweglich	
entblôßung	tåglich	willich
	klåglich	billich
unterweisung	unerträglich	
		freylich
rettung	jåhrlich	erfreulich
	gefåhrlich	heilich
quittung	offenbåhrlich	treulich
erbittung		abscheulich
	ehrlich	
zeitung	beschwårlich	ûblich
ausbreitung	thôrlich	lieblich
zubereitung		
	herrlich	fûglich
satzung		mûglich
besatzung	heßlich	klûglich
	greßlich	
ehlich		verbûndlich

⟨L1r⟩ ilich	ich	bel
stündlich		stabel
kindlich	honich	Constabel
mündlich	Onich	
gründlich	thonich	kabbel
		gegrabbel 5
zimlich	HERBA eppich	gekrabbel
	teppich	
heimlich		sebel
	attich	schwebel
zierlich	lattich	Feldwebel 10
figürlich	glattich	
gebührlich	schattich	nebel
		knebel
gewißlich	rettich	der Thöbel
müßlich	ruhmrettich	höbel 15
		göbel
süßlich	erbötich	
ersprießlich	zötich	schörbel
heußlich	zotich	griebel
weißlich	kotich	viebel 20
preißlich		biebel
scheußlich	der bottich	kübel
		giebel
sittlich	Abel	stiebel
	Fabel	übel 25
kanich	nabel	zwiebel
tanich	tabel	
	schnabel	Zimbel
	gabel	

	⟨*L1v*⟩ obel	edel idel	fel
	Sonnenwirbel	gemôddel	apfel
	gekûrbel	wendel	schwefel
		URBS Stendel	frevel
5	der hobel	HERBA lavendel	
	ANIMAL zobel	quendel	scheffel
	Rosenobel	getendel	leffel
			die flachsreffel
	traubel	die siedel	
10	straubel	fiedel	stiefel
	adel	reidel	griffel
	nadel		miffel
	tadel	schindel	BUBALUS Bûffel
		windel	
15	praddel	SARCINA bindel	zweifel
		zindel	Teuffel
	das mandel	spindel	
	die mandel	schwindel	wirffel
	handel		
20	wandel	model	Pantoffel
	Edel	ein rudel	zagel
	fliegenwedel	hudel	hagel
	SCRUTA trôdel	ein gesudel	nagel
	ein getrôdel		
25		tafel	
	zeddel		fisch=angel
	prôddel	staffel	thûr=angel
	aschen=brôddel		mangel

⟨L2r⟩ **gel**	**gel**	**chel**
Triangel	striegel	der knôchel
	prûgel	ein gerôchel
schlågel	schniegel	
lågel	hûgel	fenchel
någel	tachziegel	
Zågel	spriegel	FALX die sichel
	flûgel	N. P. Michel
egel	zûgel	
flegel		speichel
regel	ringel	eichel
kegel	wingel	geschmeichel
Segel	klingel	geheichel
	schlingel	
Engel	schwingel	getzschischel
schwångel		bûschel
brunnenschwångel	vogel	
pengel		muschel
stengel	Orgel	
gedrångel		spectakel
	kugel	makel
		pakel
Iegel	achel	tabernakel
riegel	hachel	gekakel
spiegel	stachel	Tenackel
tiegel	kachel	
Siegel	N. P. Rachel	fackel
bûgel		gewackel
stiegel	die hechel	
steigbûgel	ein gelåchel	eckel

⟨L2ᵛ⟩ ekel	mel	pel sel
gekekel	hammel	Rhordummel
ein rôckel	stammel	
	Neidhammel	HERBA pappel
seckel	ein gerammel	geschwappel
5 liebstôckel		
	Carmel	zippel
senckel		gippel
schenkel	schemmel	wippel
der einenkel	semmel	knippel
10 henckel	gebemmel	trippel
gewickel	ermel	ein wispel
zwickel		die mispel
bickel	himmel	lispel
	getümmel	
15 (korn) dinckel	limmel	klôppel
lasdûnckel	MUCOR schimmel	kôppel
winckel	gewimmel	
	gestimmel	Basel
Sonnenzirckel	der fimmel	fasel
20 der zirckel	CUMINUM kûmmel	
	EQUUS der schimmel	URBS Cassel
UMBILICUS die buckel		
	Trommel	achsel
kunckel	Rhordrommel	
25 dunckel		Tempel
Karfunckel		stempel
funckel	tummel	
	hummel	esel

⟨*L3ʳ*⟩ **sel**
PISTILLUM stôßel
nôßel
fessel
kessel
wechsel

das wiesel
riesel
dreisel
kreisel
gekreisel

der meissel
die geissel

schissel
schlûssel
himmel≈schlûssel

die Insel
der pinsel
gewinsel

FLUVIUS Mosel

drossel
die boßel

tel
dattel
Sattel
die wachtel
dachtel
die schachtel

bettel

vettel

rôtel
geschnôtel

tittel
drittel
mittel
gerittel
kittel
knittel
spittel
bûttel
Furmannskittel

eitel
beutel
scheitel

tel
VERTICULUS wirtel
gûrtel
virtel
5
distel
fistel

fuchtel

ein grauel 10
waschblauel
GLOMUS knauel

greuel
kreuel 15

atzel
spatzel

Kantzel 20

ein setzel
alte fetzel

râtzel 25
brezel

rentzel
wenzel

9*

	tzel	aben	eben
			kleben
	geschnitzel	schwalben	darneben
	schützel	meinet halben	sich ergeben
	kützel	unsert halben	fersengeld geben
5	scharmützel	kalben	ann tag geben
	gekritzel	salben	
			PEPONES pfeben
	runtzel	farben	Phöben
	schruntzel	garben	stöben
10		narben	URBS Theben
	wurtzel	darben	böben
	knurtzel	schafgarben	erheben
		nach der larben	tachschöben
	der graben	starben	Kubeben
15	vergraben	scharben	Erdböben
	die Raben	karben	den Löwen
	buchstaben	sie erwarben	
	die schaben	Meerbarben	die Elben
	laben		wölben
20	haben	eben	
	die gaben	das leben	denselben
	sie gaben	reben	den gelben
	begraben	streben	
	erhaben	schweben	
25	traben	weben	erwerben
	Schwaben	ûmbgeben	werben
	das vorhaben	geben	kerben
		begeben	sterben
	der labben	übergeben	PASS. verderben
30	krabben	den ståben	fårben

iben	iben oben	uben
gerben	reiben	
	einschreiben	Orben
ACTIVE verderben	einverleiben	verdorben
schôrben	ableiben	erworben
ererben	verbleiben	gestorben 5
die erben	sich beweiben	
den kôrben	scheiben	den stuben
	vertreiben	buben
maßlieben	entleiben	gruben
schieben	schertz treiben	10
lieben	zeit vertreiben	glauben
schnieben		rauben
SEPTEM sieben	sylben	einschrauben
aussieben	ACARI die milben	Weintrauben
den dieben		schnauben 15
URBS Thûben	gestoben	schauben
die grieben	verloben	erlauben
gerieben	von oben	tauben
getricben	loben	strauben
verschieben	toben	Sommerlauben 20
belieben	kloben	klauben
stieben	überhoben	hauben
verblieben	verschoben	beuhrlauben
beklieben	Saukoben	behauben
ûben	geschnoben	zusammenklauben 25
rûben	erhoben	die schrauben
betrûben	droben	
geschrieben		laden
	kolben	baden
	narrenkolben	faden 30
treiben		die waden

(L4r) at left of first line.

⟨L4v⟩ aden	eden	eden iden
schwaden	die schweden	anlånden
N. P. Staden	das Schweden	hånden
schaden	scheden	blånden
beladen	veröden	schånden
maden	blöden	auspfånden
gnaden	auf den böden	Rånden
der Raden	überreden	die lenden
Osterfladen		braten wenden
Buch=laden	egden	
büchsenladen	mågden	erden
zu gaste laden	legden	werden
		sich gebehrden
in landen	melden	pferden
gestanden		herden
in banden	Helden	gefåhrden
zu schanden		
ob handen	hemden	beschwerden
vorhanden	fremden	
verschwanden	befremden	schmieden
	(binsen) semden	jeden
Leoparden		sieden
narden		frieden
gnarden	enden	die müden
Korigarden	senden	Jüden
EX OSTRA Petarden	verschwenden	ermüden
	an den wenden	abgeschieden
	ümbwenden	vermieden
	VANDALI ⟨!⟩ die	hienieden
Eden	Wenden	zu frieden
reden	ausspenden	

⟨L5ʳ⟩ **iden**   **iden**   **oden uden**
das leiden   pfrinden   CRATES hůrden
auf der heyden   finden
kleiden   rinden   boden
freuden   schinden   oden
schneiden   verschwinden   roden 5
von seiden   den linden   zu boden
beyden   einspinden
meiden   den winden   besolden
die weiden   das winden   die unholden
vieh=weiden   überwinden   10
neiden   unterwinden   orden
kreiden   von sůnden   norden
abscheiden   empfinden   morden
mitleiden   den hinden   worden
fein bescheiden   entzůnden   15
hasen ausweyden   entstůnden   aus Suden
                     blinden   die buden
abbilden   von hinden   luden
verwilden   die schwinden   auf buden
das gůlden   in den grůnden   20
wilden   zimmetrinden   stauden
milden   rauden
den schilden   anfeinden
übergůlden   den feinden   verschulden
einbilden   freunden   mulden 25
                     befreunden   dulden

                                       runden
VINCIRE binden   Ehrwůrden   hunden
den binden   bůrden   erkunden

	uden	afen	efen
	gesunden	flehen	
	die schrunden	entstehen	halffen
	die stunden	erhöhen	
	entbunden	hintergehen	zapfen
5	bestunden	sich drehen	fußstapfen
	wunden	aufgehen	
	empfunden	wort verdrehen	harfen
	geschunden		entwarfen
	gefunden	zu schaffen	larven
10	bewunden	gaffen	scharfen
	unterwunden	schaffen	
	ûmbunden	Maulaffen	der steffen
	widerstunden	laffen	treffen
	ûberwunden	pfaffen	åffen
15	entstunden	klaffen	wider båffen
		raffen	
	wurden	kundschaffen	Weinhefen
		zuschaffen	
		die waffen	sich behelffen
20	Galateen		helffen
	Leucotheen	schlaaffen	
	Dorotheen	straaffen	schrepfen
	Galeen	sclaven	köpffen
	såen	traaffen	zöpfen
25	schmåhen	schaaffen	töpfen
	gehen	beschlaaffen	knöpfen
	sich flöhen		schöpfen
	begehen	hafen	erschöpfen
	den Rehen	Grafen	kröpfen
25	wehen		schlöpfen

⟨L6ʳ⟩ **efen ifen**

	ifen	**ifen ofen**
	ergreiffen	
dåmpfen	dem greiffen	impfen
kåmpfen	pfeiffen	schimpfen
	die pfeiffen	strůmpfen
entwerfen	ROR. reiffen	rimpfen 5
werfen	teuffen	krůmpfen
die nerven	treuffen	sůmpfen
	MATUR. reiffen	glimpfen
schårfen	den Schweiffen	stimpfen
bedörfen	ůmbschweiffen	10
von den maulwörffen	Seiffen	offen
	erseuffen	sie soffen
schiffen	herummschleiffen	hoffen
gepfiffen	aufsteiffen	troffen
ergriffen	abstreiffen	angetroffen 15
ungeschliffen	keuffen	
	kneuffen	Hofen
sich brůfen	heuffen	die zooffen
von den briefen	ausstreiffen	
	die Stad schleiffen	geholffen 20
trieffen	sich reuffen	
rieffen		tropfen
schlieffen	den gehůlffen	hopfen
Oliven		klopfen
kieffen	hůpfen	stopfen 25
lieffen	tripfen	kropffen
	knůpfen	ropfen
der reiffen	stipfen	pfropffen
schleiffen		
weiffen		verworfen 30

Richtiger Anzeiger I

⟨L6ᵛ⟩ **ufen**   **agen**   **agen**

		URSA MAJOR der wagen	talgen
	hufen	kragen	balgen
	stuffen	sie lagen	
	kuffen	vorragen	erlangen
5	beruffen	den Anlagen	verlangen
		tagen	die rangen
	kuffen	behagen	sangen
	muffen	zagen	stangen
	puffen	tragen	prangen
10		klagen	gehangen
	hauffen	sagen	gegangen
	kauffen	es wagen	vergangen
	sauffen	betagen	die wangen
	tauffen	pantzer=kragen	fangen
15	schlauffen	plagen	zangen
	lauffen	nagen	unterfangen
	trauffen	vertragen	empfangen
	rauffen	jagen	sie sprangen
	ersauffen	erjagen	belangen
20		fragen	die schlangen
	zupfen	schlagen	zwangen
	rupfen	auf der wagen	angefangen
	Schupfen	ertragen	vogelstangen
	hupfen	trock=schragen	sie verschlangen
25		der schragen	
	verstumpfen	lautenkragen	erkargen
		geldschlagen	HERBA spargen
	verwurffen	nachschlagen	verbargen
		nachsagen	
30	der magen		
	der wagen		zugegen

⟨L7r⟩ **egen**   **egen**   **igen**

egen		wôrgen
hegen	felgen	bôrgen
erlegen	schwelgen	stôrgen
môgen		
erregen	blasebâlgen	den krûgen 5
Buch=verlegen	den katzenbâlgen	ADIPISCI kriegen
in den trôgen		versiegen
dagegen	sengen	Siegen
auferlegen	lengen	BELLARE kriegen
	hângen	vermûgen 10
degen	trângen	zufûgen
pflegen	mângen	verfûgen
der Segen	sprengen	schmiegen
schlâgen	vermengen	fliegen
fegen	den gesângen	verschwiegen 15
todtschlâgen	den strângen	verstiegen
von wegen	gestrângen	liegen
bewegen	einzwângen	belûgen
holtz=segen	in den gângen	wiegen
(alt) verlegen	anstrângen	bûgen 20
erwâgen	verhângen	die stiegen
unterwegen		gestiegen
wâgen	bergen	obliegen
gelegen	zwârgen	ziegen
platzregen	verbergen	pflûgen 25
deinet wegen	den bergen	schlûgen
(tollkûhn) verwâgen	Latwergen	feld=zûgen
		betrûgen
	zôrgen	tûgen

⟨L7ᵛ⟩ **igen** **igen** **ogen**

genûgen	bringen	flogen
in den letzten zûgen	ringen	bogen
zusammenfûgen	klingen	gelogen
vergnûgen	schlingen	regenbogen
5	hingen	fischrogen
schweigen	ûmbringen	betrogen
feigen	von den dingen	fidelbogen
steigen	abdingen	ellenbogen
erzeigen	gelingen	flitzbogen
10 den weg zeigen	springen	gepflogen
bezeigen	zwingen	erzogen
Ohrfeigen	(tôdten) ûmbbringen	Schwibbogen
beugen	verbringen	wasserwogen
neigen	schwingen	wohlgewogen
15 abtreugen	STERCORARE dûngen	gesogen
seugen	EFFICERE durch-	bewogen
zweigen	bringen	entzogen
geigen	GRÆCARI durch-	erlogen
leibeigen	bringen	ausgesogen
20 kinder⸗zeugen		vorgezogen
tillgen	die kirgen	folgen
willgen	schirgen	
billgen	bûrgen	borgen
	wûrgen	storgen
25	gebûrgen	sorgen
wingen		morgen
singen		verborgen
dringen	zogen	versorgen

⟨L8ʳ⟩ **ugen**

die fugen
trugen
klugen
wugen
schlugen
überschlugen
sich vertrugen

augen
laugen
saugen
taugen
die neunaugen

zungen
jungen
gezwungen
gewungen
gerungen
gesungen
der lungen
geschwungen
gelungen
errungen
gedrungen
geklungen
mißlungen
bachbungen
verschlungen

ahen

sahen
bejahen
geschahen
fahen
anfahen
sich nahen

SULCARE braachen
staachen

lachen
den Drachen
den schwachen
den sachen

rachen
wachen
bauerhachen
krachen
machen
wallachen
muth machen
friede machen

manchen
kranchen

archen
schnarchen
Monarchen

ahen
Patriarchen
Plutarchen
Scholarchen
der Parchen

der aschen
naschen
der taschen
haschen
überraschen
waschen
die laschen
paschen
den flaschen
schoten=taschen

schmaaschen
draaschen

manschen
banschen

karschen
marschen

klatschen
patschen
platschen

⟨L8ᵛ⟩ ehen ehen ehen
 raatschen pförchen
 tzschaatschen zechen ARBORES den eschen
 rechen feuer leschen
5 sehen stechen göschen
 geschehen frechen deschen
 ausspåhen trost zusprechen laubfröschen
 sprechen
 begehen pechen dråschen
10 den flöhen zubråchen den åschen
 flehen schwåchen
 stehen es wil gebråchen dröschen
 drehen in den båchen kröschen
 nehen RASTRUM der Råchen
15 aufgehen MORBUS der gebrechen welschen
 gehen den muth brechen delschen
 wehen
 hintergehen schmöchen Menschen
 entstehen in den gespråchen bånschen
20 schmåhen
 erhöhen kelchen herrschen
 auf blöhen helchen den störrschen
 gestehen welchen
 zeen perschen
25 Galateen ferschen
 Galeen verschen
 såen die Lerchen
 Dorotheen hörchen
 die schleen den störchen quetschen

⟨M1r⟩ **ihen**　　　　　**ihen**　　　　　**ihen**

metschen	freyhen	die eichen
hut≠abziehen	sich freuen	darreichen
wegziehen	schreyen	keichen
den kůhen	verzeihen	wimmerleichen
blůhen	streuen	die reichen 5
bemůhen	den Seuen	erreichen
brůhen	gedeyen	preichen
sprůhen	bedreuen	zeichen
verziehen	Lackeyen	erweichen
		schleichen 10
in den kniehen	pichen	streichen
vollenziehen	wichen	weichen
von leder ziehen	verblichen	leichen
	strichen	vergleichen
einweyhen	geschlichen	seuchen 15
befreyhen	verglichen	verbleichen
den gebeuen	eingeschlichen	überreichen
benedeyen	den sprůchen	schmeichen
verleyhen		den teichen
den Leuen	die ziechen	die speichen 20
schalmeyen	die Griechen	blindschleichen
freyen	siechen	gebreuchen
den Leyen	riechen	scheuchen
FURFUR kleyen	bůchen	
Sodomitereyen	den gebrůchen	tinchen 25
Schleihen	flůchen	den München
schneyen	verkriechen	
sich scheuen		
kasteyen		der Kirchen
treuen	ingleichen	zirchen 30

ichen	ichen ochen	uhen
pfirchen		den storchen
	pritzschen	die forchen
fischen	titzschen	gehorchen
tischen	hitzschen	
gischen	gebitzschen	verloschen
zischen		den froschen
erfrischen	beitzschen	roschen
einmischen	deutschen	gedroschen
erwischen	verdeutschen	der groschen
abwischen		broschen
mischen	hohen	mit der goschen
federbûschen	lohen	
in den bûschen	entflohen	beruhen
		ruhen
heischen	wochen	schuhen
zerfleischen	pochen	truhen
teuschen	gekrochen	
keuschen	den rochen	
kreuschen	gestochen	schlauhen
	knochen	bauen
wûndschen	kochen	trauen
verwûndschen	zerbrochen	gerauen
blintschen	gerochen	schauen
		sich zauhen
die kirschen	solchen	tauen
knirschen	tolchen	sauen
den hirschen	molchen	brauen
den mûrrschen		krauen
Jûdenkirschen	horchen	strauen
	TUBERA die morchen	blauen

⟨M2ʳ⟩ **uchen**   **aken**   **aken**

der pfauen		
grauen	den burschen	balcken
schlauen	den murschen	Menalcken
zerkauen		walcken
Jungfrauen	hutschen	die falcken 5
beerenklauen	den kutschen	sie malcken
kuchen	tischlaken	schrancken
fluchen	der haken	bedancken
suchen	zaunstaken	krancken
ARBOR buchen	die schnaken	wancken 10
versuchen	erschraken	schwancken
ersuchen	doppelhaken	sich zancken
verfluchen	in den gelaken	bramrancken
		die Francken
hauchen	sacken	sie trancken 15
brauchen	hacken	plancken
rauchen	knacken	gedancken
tauchen	zacken	sancken
schmauchen	die backen	die zancken
	der nacken	20
haarhuschen	blacken	harcken
vertuschen	zwacken	starcken
	brodbacken	geld marcken
rauschen	sich packen	quarcken
lauschen	jacken	schnarcken 25
brauschen	RECREMENTA die	
tauschen	schlacken	keken
	kinnbacken	teken
		bleken

Zesen, Helicon

⟨*M2v*⟩ **eken**	**eken**	**eken iken**
bleeken	schnecken	weinschencken
keeken	zwecken	beschencken
	schecken	kohlstrångcken
ecken	sich zecken	kreutertråncken
bedecken	SCIPIO ein stecken	
das becken	ein flecken	mercken
butterwecken		den wercken
die hecken	melcken	
den sto̊cken	verwelcken	Stårcken
aushecken	schålcken	
decken	die nelcken	Wieken
trecken		quieken
erwecken	bo̊lcken	krieken
stecken	den ko̊lcken	spieken
recken		
verstecken	schencken	wicken
ausstrecken	wencken	vicken
erstrecken	den gelencken	schicken
erschrecken	geschencken	spicken
strecken	gedencken	die kricken
den ro̊cken	verrencken	erquicken
pflo̊cken	versencken	ersticken
den bo̊cken	lencken	erblicken
von den pflo̊cken	hencken	wegrůcken
	schråncken	die licken
lecken	schwåncken	der růcken
drecken	tråncken	dicken
schmåcken	båncken	klicken
beflecken	kråncken	flicken

⟨M3ʳ⟩ **iken**
pflicken
die micken
zůcken
trůcken
nicken
den strůcken
bestrůcken
PISCES die průcken
mit tůcken
die stůcken
drůcken
knicken
zwicken
glůcken
entzůcken
sich bůcken
jůcken
zurůcken
in stůcken
grasemůcken
zerstůcken
auf der brůcken

trincken
bincken
versincken
stincken
der klincken

iken
der schincken
wincken
mit der lincken
zincken
hincken
blincken
schmincken
den strůncken
bedůncken
der rincken
hinnuntersincken

die bircken
wůrcken
die Tůrcken
abzircken

glocken
flocken
haarlocken
MORBUS bocken
brocken
verstocken
den schocken
trocken
der wocken
die socken
erschrocken
artischocken

oken nken
unerschrocken

wolcken
gemolcken   5
die borcken

gucken
die glucken
schlucken 10
das jucken
die mucken
hucken
entzucken
SICCUS trucken 15
PREMERE drucken

paucken
der maucken   20

uncken
eintuncken
truncken
kruncken
versuncken 25
gestuncken
aufbruncken
brodruncken
die funcken

10*

⟨M3ᵛ⟩ alen	alen	elen
runcken	schallen	handquelen
ertruncken	schnallen	fehlen
nach geduncken	ein hallen	schmehlen
VERB. funcken	wallen	vermåhlen
	schneeballen	den kehlen
gurcken	sich ballen	den åhlen
	gallen	stehlen
zahlen	bittergallen	stråhlen
strahlen	gefallen	pfålen
abmahlen	runterfallen	abkehlen
Reinfahlen	mißfallen	verpfåhlen
den fahlen	krallen	verfehlen
Nachtigalen	lallen	befehlen
Nußschalen	leichhallen	
Confectschalen	sich stallen	Seelen
pralen	vasallen	schwelen
befahlen	niderfallen	tage wåhlen
åpfelschalen	mausefallen	abschålen
die krahlen		erzåhlen
bezahlen	grablen	erwåhlen
Thalen	strablen	sich quålen
qualen	kablen	Scheindelen
sie stahlen	zablen	einôhlen
Westphalen	stablen	zåhlen
		in den hôlen
Korallen	samlen	aushôlen
vor allen	stamlen	
fallen	ramlen	
prallen	sich versamlen	drey ellen
knallen		kellen

⟨M4ʳ⟩ **elen**
die schellen
schnellen
in der hôllen
thierschwellen
prôllen
stellen
geld zellen
gesellen
netze stellen
niderfållen
einstellen
nachstellen
bestellen

hellen
bellen
marschellen
den stållen
vergållen
auffschwellen
brunellen
den schållen
maulschellen
wasserquellen
schnellen
den wållen
gellen
krellen
die wellen

elen
Morellen

rôchlen

Edlen
wedlen
trôdlen

råflen

jeklen
keklen

ALNUS die erlen
querlen
stôrlen

den perlen
PISCES schmerlen
kuchenherlen

betlen

federkielen
bielen
wůlen
den stielen
fielen
gefielen

ilen
pfielen
zielen
spielen
dielen
schmielen 5
schielen
mühlen
fühlen
auskühlen
ELUERE ausspůlen 10
den stůhlen

der willen
Thyllen
den spillen 15
die grillen
Telesillen
Margarillen
Marillen
Sionillen 20
Parnassillen
Charitillen
die Camillen
stillen
brůllen 25
unwillen
nim vorwillen
kind stillen
zu willen

⟨M4ᵛ⟩ **ilen**	**olen**	**ulen**
verhüllen	schmeichlen	trollen
erfüllen		die kollen
(tuch) wüllen	himlen	erschollen
	zerstimlen	gequollen
eilen		gebollen
die Eulen	holen	die schollen
den seilen	die solen	
meilen	die dolen	dem buhlen
pfeilen	Pohlen	die schulen
mit der feilen	kohlen	federspulen
abfeilen	violen	
den geilen	fußsolen	den kaulen
den beilen	widerholen	faulen
den theilen	Phiolen	gaulen
keulen	gestolen	den tzschaulen
SANARE heilen	unverholen	
EJUL. heulen	die bohlen	dem bullen
mittheilen		die schullen
übereilen	wollen	
verweilen	sollen	sich hudlen
zertheilen	bettstollen	besudlen
	den stollen	rudlen
kriblen	zollen	
grüblen	eißschollen	Damen
	geschwollen	sie namen
stichlen	schmollen	verlahmen
den sichlen	grollen	der Saamen
	rollen	vernamen
heichlen	tollen	kamen

⟨M5r⟩ **amen**
der hamen
kraamen
den nahmen
den zahmen
nachahmen
sich besaamen

den ammen
verdammen
lammen
flammen
die wammen
tammen
zusammen
feuerflammen

strohalmen
palmen
Psalmen
zumalmen

dem armen
alarmen
erbarmen
erwarmen
PISCIS der barmen
Carmen
in den armen
verarmen

emen
VERB. karmen
(verlangen)

benehmen
sich bequemen
nehmen
der schemen
sich schåmen
zåhmen
ASTRUM bråhmen
verlåhmen
beschåmen
verbråmen
maulbråmen
der Rehmen
sich råmen
sich gråmen
vernehmen
hut abnehmen

kemen
strômen
zôhmen
besômen
bekemen

hemmen
den ståmmen
den schwåmmen

emen
den kåmmen

verschlemmen
einklemmen
verschwemmen 5
sich kåmmen

verschelmen

sich hermen 10
der lermen
den dårmen

schwårmen
thôrmen 15
stôrmen
erwårmen

die striemen
der riemen 20
sich rûhmen
auskûhmen
korndiemen
verblûhmen
geziemen 25
krûmen
den pfriemen

APES die immen

⟨M5ᵛ⟩ **imen**	**omen**	**umen**
stimmen	thûrmen	
N. P. Simmen	stûrmen	geschwummen
glimmen		bummen
krûmmen	ohmen	erstummen
5 schwimmen		erklummen
ergrimmen	kommen	brummen
bauchgrimmen	frommen	summen
verstimmen	vernommen	den Stummen
zusammenstimmen	entkommen	
10	entnommen	die ahnen
den reimen	geschwommen	OMINARI ahnen
schleimen	genommen	ID. schwanen
der leimen	bekommen	den Schwanen
seumen	ûberkommen	vermahnen
15 scheumen	vorgenommen	einmahnen
zeumen	zu frommen	anmahnen
bûcher leimen	ankommen	bahnen
ausreumen		zugethanen
auskeimen	formen	planen
20 die heimen	verformen	porcellanen
verschleumen		partisanen
treumen	blumen	N. P. Ruffianen
den beumen	die krumen	die fahnen
	der Mumen	hanen
25 ARBOR ilmen		N. P. Salanen
	pflaumen	unterthanen
	den daumen	Phasanen
	gaumen	saffranen
beschirmen	schaumen	
30 den wûrmen		N. P. Annen

Richtiger Anzeiger I 153

⟨M6ʳ⟩ **anen enen**

kannen
von dannen
ARB. die dannen
die wannen
spannen
von wannen
bannen
ûbermannen
den pfannen

harnen
warnen

ausdônen
entlehnen
beschônen
den Seenen
gewôhnen
Alcumenen
Magdalenen
Saracenen
jenen
krôhnen
sich sehnen
ABLACTO entwôhnen
verwôhnen
frôhnen
Sôhnen
verhônen

enen

versôhnen
N. P. Cyrenen
belehnen

die thrånen
erwåhnen
jåhnen
den hånen
stånen
den schwånen

auspfånnen
von dånnen

nennen
gônnen
bekennen
kennen
POSSE kônnen
rennen
brennen
trennen
tachrennen
fortrennen
schennen

segnen
begegnen
regnen

enen

den verwegnen

kernen
sternen
entfernen 5
lernen
laternen
Cisternen
Schernen
 10
zôrnen
dôrnen
ankôrnen
anspôrnen

 15
bienen
dienen
jhnen
grûnen
erschienen 20
erkûhnen
versûhnen
N. P. Dienen
der Thûnen
Katharinen 25
Cherubinen
Seraphinen
Rubinen
Rosinen
 30

⟨M6ᵛ⟩ **inen**	**inen**	**onen**
verdienen	guth meinen	
wozu dienen	seinen	belohnen
	den zeunen	wohnen
innen	den meinen	bonen
5 zinnen	helle scheinen	N. P. Wallonen
von hinnen	in den scheinen	gewohnen
von der zinnen	kleinen	fronen
binnen	keinen	N. P. der Bellonen
rinnen	Gemeinen	der ballonen
10 Kőniginnen	reinen	die melonen
Heroinnen	ûmbzeunen	die anemonen
entrinnen	den steinen	schonen
sinnen	hainen	krohnen
besinnen	schweinen	thronen
15 beginnen	schreinen	Donen
pfinnen	vermeinen	N. P. Coridonen
gewinnen	den beinen	
drinnen	erscheinen	den donnen
spinnen	greinen	an der Sonnen
20 gőttinnen	weinen	gewonnen
zerrinnen	verneinen	gesponnen
N. P. Pierinnen		geronnen
Charitinnen	leugnen	entbronnen
Heliconinnen		besonnen
25 Parnassinnen	stirnen	liebgewonnen
GRANDINES finnen	dirnen	entronnen
POPULI Finnen	birnen	entsponnen
	zůrnen	
einen	zwirnen	gebohrnen

⟨*M7r*⟩ **onen unen**
erkohrnen
verschwornen
beschornen
verlohrnen

fornen
dornen

buhnen

brunnen
entrunnen

in der launen
die gallaunen
Schallaunen
verbraunen
raunen
schlaunen
erstaunen
Kappaunen
Posaunen
die Faunen
kaldaunen

Heroen

schrapen
wapen

apen

schlappen
knappen
rappen
lappen
schnappen
narrenkappen
klappen
zappen
bienenkappen
trappen
hahnkappen
mappen
benappen
pappen
schwappen

lampen
stampen
plampen
die krampen
pampen

schnarpen
den Karpen
den Scharpen

der haspen
die raspen
LAPIS Jaspen

epen

schleppen
die treppen
die Schôppen   5
ARBOR espen
die gôspen
INSECT. wespen

steinklippen   10
krippen
schippen
schlippen
schrippen
stippen   15
lippen
schielewippen
geknippen
schnippen
kippen   20
den hippen

krimpen
klûmpen
                 25
schoppen
kloppen

knospen   30

upen	aren	eren
	gahren	erstarren
schupen	sparen	quarren
	der Saaren	verscharren
puppen	sich paaren	
suppen	zu paaren	die adern
liechtschnuppen	haaren	hadern
verschnuppen	fahren	schnadern
zuppen	die vorfahren	
	Maren	zum andern
die raupen	der klaren	wandern
staupen	bewaren	glandern
graupen	Staaren	
	Pflugschaaren	lagern
grumpen	widerfahren	den hagern
humpen	fortfahren	
klumpen		ehren
blumpen		weren
bier=humpen	narren	verwehren
	knarren	verehren
purpen	maltz darren	schwôren
schurpen	harren	umbkehren
schnurpen	scharren	abkehren
	schmarren	vermehren
die ahren	schnarren	verseeren
bahren	pfarren	lehren
die wahren	plarren	flôren
sie waren	CURRUS karren	DONARE bescheren
offenbahren	zarren	ernehren
leichenbahren	darren	verzehren
von jahren zu jahren	(ochsen) farren	beeren

⟨M7ᵛ⟩ (line 5, 10, 15, 20, 25, 30)

⟨M8ʳ⟩ **eren**
sich empôren
den bôren
hôren
stôren
sich beschweren
der fâhren
rôhren
wasserrôhren
bethôren
die môren
knôren
Cytheren
Heidelbeeren
beschwôren

ENITI gebâhren
Mâhren
hâren
dem Beeren
âhren
begehren
wâhren
gewehren
erklâhren
entbâhren
gâhren
scheren
die zâhren
in die acht erklâhren

iren
Herren
von ferren
nârren
schnârren
holtzschârren
fleischschârren
plârren

einsperren
zerren
verwerren

zieren
berûhren
moduliren
tireliren
grobianisieren
rôltzelieren
tôlpelieren
flegelieren
pengelieren
schwengelieren
verliehren
schmieren
zuschnieren
lustieren
spatzieren
odarisieren
pindarisieren

iren
quinteliren
solmesieren
vexieren
sich gebieren
duplieren 5
Stieren
restieren
thieren
studieren
hoffieren 10
planieren
pancketieren
stoltzieren
jubalieren
verfûhren 15
sich zuschlûren
spûren
thûren
die nieren
heimfûhren 20
nachspûren

irren
verirren 25
verwirren
kirren
girren
geschirren
anschirren 30

	iren	oren uren	asen
	myrrhen	HERBA Rittersporen	der nasen
	důrren		sie lasen
		zorren	das rasen
	feyren	knorren	der rasen
5	leyren	verdorren	blasen
	verseuren	erstorren	hasen
	gemeuren		fasen
	scheuren	schnuren	grasen
	beteuren	huren	glasen
10	teig seuren	saltzfuhren	verblasen
		ackerfuhren	aufgeblasen
	ohren	glasuren	
	bohren	der spuren	aßen
	verlohren	figuren	straßen
15	erkohren	widerfuhren	laßen
	gebohren	Klausuren	fraßen
	geschoren		saßen
	geschworen	murren	in maßen
	rohren	knurren	anmaßen
20	Cohren	schnurren	vergaßen
	Mohren		verlaßen
	Fohren	mauren	ohne maßen
	N. P. Deboren	trauren	muthmaßen
	N. P. Leonoren	versauren	
25	Auroren	lauren	fassen
	erfroren	vermauren	gassen
	die Thoren	bauren	verprassen
	in den thoren	betauren	hassen
	sporen		nassen

⟨N1ʳ⟩ **asen**
verblassen
bier vassen
aufpassen
PISCES Brassen
Sassen

achsen
Sachsen
wachsen
wagen=achsen

halsen
salsen

gransen
verbansen
N. P. Hansen

lesen
genesen
das wesen
gewesen
der besen
den kåsen

lôsen
bôsen
zôsen
erlôsen

esen

entblôßen
sie eßen
seßen
flôßen
stôßen
den klôßen
bôßen
gefåßen
einflôßen

das essen
HERBA kressen
vermessen
gemessen
zumessen
entsessen
fressen
nåssen
vergessen
gegessen
Cypressen
in den messen

Hessen

den låchsen
den dåchsen

gewåchsen

isen

krôchsen

emsen
gemsen 5

sensen
den gånsen

der vehrsen 10
Persen

PISCIS persen
versen
die fersen 15

N. P. Liesen
bliesen
Riesen
diesen 20
die wiesen
gewiesen
erwiesen
erkiesen
drûsen 25
gepriesen

genießen
verdrießen
versûßen 30

isen	isen	isen
büßen	eisen	befleissen
grüßen	greisen	beissen
fließen	den leusen	wagenleissen
den füßen	reisen	den geyssen
ließen	feisen	Plateissen
schließen	den weisen	beschmeissen
die blüßen	die waisen	Omeissen
vergießen	weysen	gleissen
hießen	erweisen	Reussen
sprießen	der meisen	Preussen
verließen	den meusen	Meissen
den spießen	preisen	bossenreissen
	speisen	zerschmeissen
das gewissen	fischreisen	
wissen	die reusen	wichsen
der bissen	fell≠eisen	füchsen
gebissen	dreh≠eisen	büchsen
rissen	reib≠eisen	lüchsen
geschmissen	unterweisen	
vermissen		hülsen
müssen	weissen	HERBA bilsen
spissen	schweissen	
den flüssen	FLUV. Pleissen	linsen
OSCULARI küssen	reissen	zinsen
melissen	abreissen	klinsen
beflissen	schmeissen	krinsen
das küssen	ausschweissen	grinsen
den nüssen	heissen	binsen
	den schleissen	

⟨N1v⟩ (line numbers: 5, 10, 15, 20, 25)

⟨N2r⟩ **osen**   **usen**   **aten**

osen	usen	aten
hirsen	schloßen	
	großen	klucksen
	die boßen	mucksen
losen	bloßen	
hosen	ûmbstoßen	baten 5
bosen	von sich stoßen	Saaten
rosen		Tauf=paten
Dosen	Ochsen	gerahten
butterhosen		ungerahten
LOQUI kosen	die busen	wohlgerahten 10
bemoosen	die Musen	der spaten
N. P. Mosen	der busen	waten
HERBA zeitlosen		abblaten
liebkosen	fußen	braten
	sommerspußen	schwaten 15
haußgenossen		rathen
einander bossen	krausen	helden=thaten
geschossen	sausen	Granaten
glossen	hausen	Muscaten
Rossen	mausen	Oblaten 20
trossen	lausen	
possen	grausen	hatten
sie genossen	bausen	latten
flossen	brausen	Sommerlatten
verschlossen	schmausen	ratten 25
Narrenpossen		glatten
liebespossen	von aussen	abmatten
gegossen	draussen	schatten
	den Straussen	ûberschatten
kloßen		Ehegatten 30

Zesen, Helicon   11

⟨*N2v*⟩ **aten**

gestatten
erstatten
nachtschatten
zur erden bestatten

labten
begabten
trabten
schabten

salbten
kalbten

schafften
hafften
klafften
eigenschafften
tugendhafften
verschafften
zusammenrafften

sagten
betagten
behagten
wagten
ragten
jagten
verzagten

aten

plagten
beklagten
verklagten

lachten
dachten
machten
betrachten
in den schachten
bedachten
vermachten
in den schlachten
verachten
sieht es nachten
erwachten
FERCULA trachten
gedachten
fastnachten
nachtrachten
schlachten
sie krachten

sackten
hackten
plackten
knackten
verstackten
zwackten

aten

walckten
bekalckten

bedanckten
wanckten
schanckten
zanckten
schwanckten

marckten
schnarckten
harckten
vermarckten

sie praalten
bestrahlten
mahlten
bezahlten

veralten
erkalten
schalten
falten
verwalten
behalten
erschallten
ballten
spalten
walten

⟨N3r⟩ aten   aten   aten eten
messe halten   eingepfarrten   schmatzten
   lallten   erharrten   satzten
                schnarrten   übersatzten
flammten   scharrten   kratzten
Beampten   parten   platzten 5
verdammten   N. P. Marten   ersatzten

erbarmten   arten   versaltzten
erwarmten   offenbahrten   waltzten
                schwarten
bekanten   sich paarten   rantzten 10
verbannten   spaarten   verschantzten
santen   den scharten   tantzten
anspannten   weberkarten   pflantzten
entwanten   mit der barten
zertrannten   beten 15
anverwanten   rasten   untertreten
spannten   erblassten   vertreten
trabanten   betasten   Städten
gesandten   der kasten   Råthen
                verhassten   DEPSERE knåten 20
erstarrten   fasten   breten
garten   lasten   die gråten
weberkarten   fantasten   N. P. Kåthen
karten   nåten
helleparten   verbansten   schuhdråten 25
warten   gransten   SARCIRE jåten
knarrten
erwarten
zarrten   schwatzten   Poeten

11*

⟨N3ᵛ⟩ eten
  errôten
  tôdten
  flôten
  krôten
5   Stådten
  in nôthen
  PLUMBARE lôten
  gartenbeeten
  lampreten
10
  erretten
  ketten
  håtten
  betten
15   wetten

  kletten
  Silberglåtten
  LEVIGARE glåtten
20
  klebten
  lebten
  strebten
  schwebten
25   webten

  bôbten
  stôbten
  von den hefften

eten
geschåfften
hefften

kråfften
stiefelschåfften
såfften

helften
in den zwôlfften
elfften

legten
erregten
aufferlegten

bewegten
pflegten
ausfegten
verpflegten

sengten
trångten
vermengten
versengten
erlångten

den hechten
geschlechten
Rechten
fechten

eten
verfechten
geschwechten
gerechten
knechten
den nåchten
sie bråchten
verblåchten
CORBES die flechten
IMPETIG. flechten

leckten
befleckten
zeckten

bedeckten
erweckten
treckten
erschreckten
heckten
erstreckten
streckten
verpflôckten
versteckten

schenckten
schwenckten
krånckten
versenckten

Richtiger Anzeiger I

⟨N4r⟩ **eten**   **eten**   **eten**

verrenckten	vermåhlten	nennten
trånckten		kônten
wenckten	bezåhmten	kennten
	beschåhmten	trennten
merckten	verlåhmten	rennten 5
verstårckten	sich gråhmten	gônnten
	verbråhmten	verbrennten
gelten	bequemten	
selten		entlehnten
potzvelten	klemmten	versôhnten 10
entgelten	verschwemmten	beschôhnten
ermelten		gekrôhnten
schelten	schwermten	frôhnten
bellten	stôrmten	verhôhnten
vergelten		ausdôhnten 15
	sich hermmten	
gezelten	sie lermmten	einerndten
gesellten		
sie schålten	die enten	die gelehrten
der gôlten	Regenten	bekehrten 20
	sendten	geehrten
erwehlten	schåndten	verzehrten
quehlten	verblåndten	vermehrten
erzehlten	Posamenten	bescherten
aushôhlten	Elementen	ehrten 25
beseelten	blåndten	zerstôrten
geschåhlten	talenten	versehrten
	pfånnten	wehrten
sie fehlten	verschwåndten	ernehrten

⟨N4ᵛ⟩ eten
verheerten
beschwehrten
bethörten
erhörten
5 verwehrten

gefåhrten
begehrten
den bårten
10 sich erklåhrten
bier=mehrten
aufklåhrten

in den gården
15 verhården
N. P. Mårten

zerrten
görten
20 versperrten
dörrten

zum besten
festen
25 gåsten
måsten
kösten
Pesten
den grössten

eten
von westen
åsten

rösten
trösten
erlösten

apfelgröbsten
den gröbsten

den hengsten
ångsten
vorlångsten

gespånsten
wånsten

ersten
der börsten
wörsten

gersten
zerbersten

netzten
bletzten
lötzten
hetzten
setzten

eten iten
wetzten
verhetzten
ergötzten
ausetzten
übersetzten

weltzten
schmeltzten

fuchsschwåntzten
ergåntzten

auffschörtzten
störtzten

bieten
gerieten
verbieten
flieten
nieten
mieten
kåsemiethen
erbieten
Chrysoliten
rieten
griten
Israeliten
brüten

iten	iten	iten
⟨N5r⟩ **iten**	vom weiten	schifften
wůten	auff der seiten	stifften
RUNCARE wieten	breiten	in den trifften
sich hůten	schreiten	schrifften
behůten	DUCERE leiten	grabeschrifften 5
den hůten	den heuten	den klůfften
apfelblůthen	von den leuten	den stifften
vermieten	geleiten	
Mosoriten	streiten	treufften
sitten	bereiten	abstreifften 10
quitten	spreiten	
schlitten	begleiten	unterrichten
schůtten	arbeiten	schlichten
ritten	beuten	berichten
geschritten	glocken leuten	den geschichten 15
bitten	zu zeiten	getichten
hůtten	CUCULLI deuten	die fichten
mitten	VERB. ůbeldeuten	richten
schnidten	gebenedeyten	lichten
auffschůtten		pichten 20
schmidten	ůbten	tichten
gunst verschůtten	geliebten	vernichten
zerrůtten	beliebten	verpflichten
splitten		gewichten
zerschnitten	entleibten	antichten 25
	beweibten	frůchten
reiten	vergifften	leichten
die seiten	hůfften	erreichten

⟨N5v⟩ **iten**
scheuchten
befeuchten
schmeuchten
beichten
5 erreichten
erweichten
erleuchten
leuchten
preichten
10 sie keichten
erbleichten
vergleichten
erreichten

15 fŭrchten
sie pfŭrchten

schickten
20 jŭckten
flickten
cardobenedicten
erblickten
bestrickten
25 erstickten
zerstŭckten
den geschickten
rŭckten
erquickten
30 den verrŭckten

iten
entzŭckten
klickten
pflickten
glŭckten
dŭckten
bŭckten
trŭckten
knickten

winckten
blinckten
hinckten
schminckten
dŭnckten
klinckten

zielten
spielten
schielten
fŭhlten
kŭhlten
wŭhlten
ausspŭhlten

sie stillten
brŭllten
verhŭllten
erfŭllten
kind stillten

iten

eilten
feilten
mittheilten
heilten
heulten
zertheilten
verweilten
ŭbereilten

bestimmten
ergrimmten
verstimmten
glimmten
krŭmmten
einstimmten

verblŭhmten
rŭhmten
krŭhmten

reimmten
in der heimten
sie leimmten
treummten
verseummten
ausreumten

beschirmmten
stŭrmmten

⟨N6ʳ⟩ **iten**

dinten
die spinten
(2. REG. 4.) Colo-
chinten
vergůnnten
verzinten
anzůndten

ermeinten
greinten
verneinten
weinten
ůmbzeunten

Egypten
wipten

bewirthen
die hirten
kirrten
girrten
myrten
angůrten
důrrten
verirrten
verwirrten

regierten
verfůhrten

iten

schmierten
vollfůhrten
triumphierten
fůhrten
lustierten
berůhrten
vexierten
ausspůrten
zierten
verspůrten
studierten
stoltzierten

nisten
Christen
Calvinisten
Juristen
missten
Citharisten
mit listen
kisten
Asinisten
Alchimisten
růsten
brůsten
Prophetisten
Evangelisten
Papisten
gelůsten

iten

můsten
entrůsten
kůssten
Momisten
wisten 5
wohllůsten

verwůßten
die wůsten
grůßten 10
versůßten
erkießten
bůßten

am meisten 15
die leisten
feisten
hůlffe leisten

preisten 20
unterweisten
speisten
erweisten

am geringsten 25
Pfingsten

den wůlsten

30

⟨N6v⟩ **iten**   **iten**   **oten**

	sie reitzten	
den berühmsten	geitzten	hofften
zum verblühmsten		
	würtzten	stopfften
gespinsten	stürtzten	ropfften
dünsten	irtzten	klopfften
den künsten	schürtzten	
günsten	verkürtzten	borgten
		sorgten
bürsten	boten	versorgten
würsten	schoten	
dürsten	die todten	übermochten
sie knirrschten	knodten	gefochten
	zuschroten	kochten
schwitzten	pfoten	pochten
hitzten	zoten	vermochten
schlitzten	den brodten	angefochten
ritzten		
blitzten	Schotten	horchten
nützten	rotten	forchten
beschmützten	motten	gehorchten
sie schnitzten	zotten	
erhitzten	ausrotten	wolten
spitzten	gesotten	solten
abnützten	erbotten	gescholten
spritzten	zusammenrotten	hat gegolten
unterstitzten		rollten
schützten	lobten	drollten
ohren spitzten	tobten	
		bohlten

⟨N7r⟩ **oten**   **uten**   **uten**

sie hohlten	nach Osten	sich krauten
	unkosten	zerkauten
konten	HERBA Dosten	
begonten	verrosten	erlaubten
		behaubten 5
verschohnten	vermuthen	verschnaubten
belohnten	anmuthen	glaubten
wohnten	fluthen	klaubten
gewohnten	bluthen	beuhrlaubten
schohnten	ruthen	10
entwohnten	studten	kufften
	minuten	pufften
den orten	vogelruthen	
worten		rufften
verantworten	butten	15
pforten	mutten	kaufften
sorten	Mûnchskutten	taufften
gorten	hambutten	raufften
porten		
der horten	die lauten	rupften 20
sich verworten	wohllauten	zupften
verdorrten	der rauten	
		suchten
kosten	bauten	fluchten
schossten	schlauten	verfluchten 25
rosten	schauten	
pfosten	sich blauten	hauchten
posten	vertrauten	brauchten
bossten	strauten	tauchten

⟨*N7v*⟩ **uten**

rauchten
schmauchten

tauschten
lauschten
rauschten

buckten
juckten
entzuckten
verschluckten
huckten

puncten
krunckten
funckten
tunckten
auffbrunckten

trullten
den bulten

maulten
faulten

verstummten
brummten

kunten

uten

lunten
die klunten
bunten
drunten
vergunten
hierunten
begunten
von unten

knurrten
schnurrten
murrten

sie musten
husten
rusten
sie wusten

busten

der bausten
knausten

brausten
lausten
schmausten
sausten
hausten
grausten

uen

ruhen
schuhen

bauen
trauen
tauen
schauen
brauen
blauen
sauen
strauen
krauen
zauen
klauen
hauen
pfauen
Jungfrauen
frauen
grauen
schlauen
gerauen
mauen
zerkauen
einblauen
beerklauen

leuen
streuen
Seuen

⟨N8ʳ⟩ yen	atzen	etzen
freuen	natzen	
bedreuen	glatzen	wartzen
treuen	patzen	tartzen
scheuen	handtatzen	schwartzen
gebeuen	ratzen	die Parcen 5
	kratzen	
entweyhen	schmatzen	etzen
einweyhen	fratzen	setzen
benedeyen	schwatzen	letzen
kasteyen	brandschatzen	verletzen 10
freyen		ersetzen
Schalmeyen	waltzen	ergôtzen
befreyen	saltzen	hetzen
breyen	maltzen	in netzen
Sodomitereyen	in der Pfaltzen	benetzen 15
den Leyen	spaltzen	wetzen
Specereyen		ausfretzen
sich zweyen	rantzen	verhetzen
schmeicheleyen	tantzen	einsetzen
gedeyen	schantzen	20
verleihen	lantzen	kornmetzen
leihen	vom gantzen	den schâtzen
AVES den weyhen	frantzen	krâtzen
PISCES den schleyhen	vinantzen	schâtzen
FURFUR kleyen	pflantzen	betzen 25
	quittantzen	den Mâtzen
	Pomerantzen	den plâtzen
	die wantzen	
	geschûtze pflantzen	widerbefftzen
katzen		die lefftzen 30

⟨N8ᵛ⟩ **etzen**

    åchtzen
    låchtzen
5   kröchtzen
    köchtzen

    weltzen
    beltzen
10 schmåltzen
    steltzen
    die speltzen
    bachsteltzen

15 lentzen
    grentzen
    faullentzen
    rentzen
    ergåntzen
20 bekråntzen
    schwåntzen
    fuchsschwåntzen
    tåntzen
    glåntzen
25 kråntzen
    referentzen
    bechkråntzen

    schmertzen
30 ausmertzen

itzen
im Mertzen
von hertzen
schertzen
OSCULARI hertzen

ertzen
kertzen
den störtzen
aufschörtzen

sitzen
hitzen
beschmützen
schnitzen
schlitzen
schwitzen
stiegelitzen
ritzen
spritzen
stitzen
mitzen
lakritzen
blitzen
spitzen
witzen
gritzen
pfützen
verschmitzen
geschützen

itzen
zitzen
bogenschützen
aufschlitzen
nützen
glitzen

beitzen
reitzen
heitzen
weitzen
geitzen

seifftzen

miltzen
filtzen
bültzen
sültzen

stintzen
blintzen
die bintzen
geldmüntzen

irtzen
den stirtzen
stürtzen
würtzen
abkürtzen

⟨O1ʳ⟩ **otzen**   **utzen**   **obeln adeln**

auffschůrtzen — schultzen — kriebeln
den schůrtzen — zerschmultzen — zimbeln
rotzen — untzen
trotzen — gruntzen — die zobeln 5
schmarotzen — bruntzen — hobeln
strotzen — — Rosenobeln
— URBS Wurtzen —
die boltzen — in kurtzen — die traubeln
den stoltzen — — straubeln 10
holtzen — die fabeln
scholtzen — den gabeln — adeln
zerschmoltzen — schnabeln — den nadeln
— — tadeln
butzen — nidersebeln — 15
lutzen — den Feldwebeln — handeln
vermutzen — Hurenwebeln — mandeln
aufmutzen — schwebeln — wandeln
der mutzen — schnåbeln — (rollen) mandeln
trutzen — — 20
tutzen — den nebeln — wedeln
stutzen — PISCES den dôbeln — vertrôdeln
zu nutzen — — den edeln
beschmutzen — ausgrůbeln
— den Biebeln — tendeln 25
schnautzen — Viebeln — vertendeln
kautzen — giebeln — wendeln
bauerhautzen — die stiebeln
— zwiebeln — fiedeln

⟨O1v⟩ **ideln**　　　　　　**egeln**　　　　　　**igeln**

den siedeln　　　　teuffeln　　　　den iegeln
　　　　　　　　　　　　　　　　　　riegeln
　windeln　　　　　wirffeln　　　sich spiegeln
　schindeln　　　　　　　　　　　　siegeln
5　den bindeln　　　pantoffeln　　　striegeln
　zindeln　　　N. P. Christoffeln　　prügeln
　schwindeln　　　　　　　　　　sich schniegeln
　　　　　　　　　　hageln　　　　den hügeln
　rudeln　　　　　annageln　　　　flügeln
10　hudeln　　　　　　　　　　　　　ziegeln
　sudeln　　　　　　angeln　　　　spriegeln
　　　　　　　　　　mangeln　　　　verriegeln
　tafeln　　　　　den triangeln
　　　　　　　　　　　　　　　　　　ringeln
15　schwefeln　　　　någeln　　　　schlingeln
　freveln　　　　　den lågeln
　tåfeln　　　　　　zågeln　　　　　orgeln

　scheffeln　　　　den flegeln　　　　kugeln
　leffeln　　　　　URBS Egeln
20　flachsreffeln　　den regeln　　　den acheln
　　　　　　　　　　kegeln　　　　　hacheln
　stiefeln　　　　　segeln　　　　　stacheln
　　　　　　　　　　　　　　　　　　kacheln
　den griffeln　　　Engeln
25　büffeln　　　　schwengeln　　　hecheln
　　　　　　　　　　pengeln
　　　　　　　　　　stengeln　　　　röcheln
　zweifeln　　　　drångeln　　　　knöcheln
　treufeln

iheln	ukeln	eseln
		zippeln
eicheln	die buckeln	knippeln
schmeicheln		wippeln
einheicheln	im dunckeln	
	Karfunckeln	den wispeln 5
tzischeln	funckeln	die mispeln
den bûscheln	munckeln	lispeln
muscheln	sich behammeln	achseln
	stammeln	
makeln	rammeln	stempeln 10
bakeln	URBS Hammeln	Tempeln
kakeln		
	den schemmeln	nôßeln
fackeln	bemmeln	stôßeln
wackeln	die semmeln	15
		fesseln
ekeln	himmeln	kesseln
kekeln	den getûmmeln	
den rôkeln	schimmeln	wechseln
	stimmeln	den bâchseln 20
einsenckeln		
den henckeln	sich tummeln	wieseln
	hummeln	rieseln
einwickeln	trummeln	
den zwickeln		dreiseln 25
	murmeln	kreiseln
in den winckeln		
mûnckeln	pappeln	
	schwappeln	
abzirckeln		geisseln 30

iseln	teln	itzeln ebern
meisseln	dritteln	schnitzeln
	titteln	den schützeln
schisseln	kitteln	
schlûsseln	knitteln	runtzeln
zerbisseln	spitteln	schruntzeln
	bûtteln	
den Inseln		wurtzeln
winseln	reiteln	knurtzeln
pinseln	beuteln	
		albern
boßeln	viertheln	quacksalbern
	den wirtheln	
datteln		an der Lebern
satteln	die disteln	den angebern
	fisteln	Siegelgråbern
wachteln	aufnisteln	den webern
dachteln		
schachteln	knaueln	nasenstôbern
	blaueln	den rôbern
betteln		uhrhebern
	den greueln	betôbern
den vetteln	kreueln	die drôbern
zetteln		
rôtteln	den bretzeln	widerbelbern
	råtzeln	
ausschnôteln		kålbern
rôteln	kritzeln	
	sich kûtzeln	den ferbern
mitteln	scharmûtzeln	gerbern

⟨O3r⟩ **ebern**   **adern**   **idern**

sperbern
schwartzferbern
freywerbern

landverderbern
den kôrbern

nasenstiebern
fiebern
den siebern

den leibern
treibern
weibern
schreibern
Reubern
ohrenreibern

ûbersilbern
schilbern

kobern
zobern

die adern
badern
hadern

ûmb den andern

wandern
glandern
Alexandern
Periandern

mardern
Sardern

die Cedern
den Medern

die federn
râdern
bâdern
heumedern
Saltzlâdern

den feldern
wâldern
den geldern
heldern

verschwândern
ândern
den lândern
bândern
behendern
Stândern

Kalendern

fôrdern
den môrdern
befôrdern 5

einem jedern
seiffensiedern
erwiedern
erniedern 10
gliedern
liedern
augenliedern
brûdern
15
den kleidern
scheidern
schneidern
neidern
schleidern 20
hungerleidern
beutelschneidern

verwildern
bildern 25
mildern
schildern

den sûndern

12*

⟨*O3ᵛ*⟩ **idern**	**ifern**	**egern**
faßbindern	Schöpfern	prangern
lindern		
den rindern	den dörfern	pflegern
Kindern	porstörfern	jågern
5 schindern		anklågern
Buchbindern	überliefern	in den lågern
erfindern		Stubenfegern
verhindern	schiffern	
	die ziffern	erlångern
10 vermodern		auf den ångern
lodern	eyffern	den sångern
	schleiffern	fußgångern
zaudern	pfeiffern	vogelfångern
schlaudern	seuffern	
15	leuffern	sich årgern
wundern	teuffern	Wittenbergern
plundern		
	opfern	den Siegern
Hebråern	maulstopfern	Schwiegern
20 Saducåern		krůgern
Galilåern		betrůgern
	puffern	pflůgern
	kuffern	
schåffern		
schlåffern	sich lagern	geigern
25 kefern	wahrsagern	bezeigern
	schwagern	den reigern
verpfeffern	den hagern	
		geringern
töpfern	schwangern	Springern

⟨O4r⟩ ahen	ihern	akern
singern		teuern
	versichern	betheuern
würgern	kichern	den breyern
Bürgern		bleyern
	tüchern	geyern 5
hungern	Büchern	v. eyern
die Ungern		
	sich bereichern	ackern
prachern	den schleichern	knackern
Widersachern	Landstreichern	wackern 10
Rademachern		flackern
	den fischern	
naschern	tischern	eckern
waschern	büschern	båckern
		leckern 15
ehern	fleischern	tellerleckern
schmåhern	teuschern	
	den keuschern	den stöckern
bechern		stundenwåckern
zahnbrechern	wuchern	20
Schåchern	versuchern	henckern
dåchern	fluchern	stånckern
		krånckern
den löchern	den freyern	
naselöchern	dreyern	stårckern 25
	Meyern	auffmerckern
den håschern	Reihern	
wåschern	holtzschreyern	
dreschern	leyern	flickern
	schleyern	knickern 30

⟨O4ᵛ⟩ **ikern**
mickern
drŭckern

flinckern
5 blinckern
klinckern

bezuckern
schluckern

10 mahlern
prahlern
bezahlern

15 schallern
mallern
ballern

adlern
20 tadlern
nadlern

schmåhlern
den fehlern

25
Seelern
tagewåhlern
kŏhlern
quelern
30

elern

tellern
kellern
den hellern

den Sŏllern
vogelstellern

betlern
Såtlern

spielern
schŭlern

brŭllern
den mŭllern

pfeilern
Seilern
den meilern

schmeichlern
heuchlern

sudlern
hudlern

den Krahmern

kammern

emern
klammern

den kråmern

Rŏmern

den Riemern
ziemern

schimmern
glimmern
zimmern
wimmern
bekŭmmern
den brŭmmern

wŭrmern
stŭrmern

Asianern
Africanern
Lutheranern
vermahnern

Saracenern
tagelŏhnern

den månnern
anspånnern

⟨O5r⟩ **enern**

den kårnern
fernern

hôrnern
kôrnern
dôrnern

dienern
Calvinern

den schreinern
kleinern
verkleinern

donnern

klappern
fliegenschnappern

schnippern
wippern

schnuppern
puppern

Lehrern
vermehrern
zuhôrern

asern

Sirern
verfûhrern

meurern
leyrern

glasern
topasern

in wassern
hassern
verprassern

Lesern
glåsern
ohrenblåsern

erlôsern
Portuglesern

fressern
messern

bessern
wåssern
den schôssern
schlôssern

den klôßern

isern
Stôßern

Rhodiesern
gemûsern   5

schließern
bûßern
den sûßern

vergewissern   10

speisern
den reisern
Keysern
dem weisern   15

lausern
mausern

die Thatern   20
dem Vatern

blattern
ergattern
nattern   25
schnattern
gevattern

maltern   30

⟨O5ᵛ⟩ **atern etern**
　　erhaltern
　　verwaltern

　　martern
5　URBS Artern

　　lastern
　　alabastern
　　knastern

10　bretern
　　untertretern
　　betern
　　vertretern
　　wohlthåtern
15　den Våtern
　　verråhtern
　　den thåtern

　　Vettern
20　den spôttern
　　blåttern
　　errettern
　　Gôttern
　　Senetblåttern
25　auffblåttern

　　Fechtern
　　Rechtern
　　schlåchtern

etern
veråchtern
wåchtern
geschlechtern

die Eltern

Wein keltern
åltern

erôrtern
wôrtern

schwertern
hårtern

die Schwestern
Agelestern

låstern

die trôstern
in Klôstern

fenstern
ausfenstern

Jesuitern
gebietern
gemûthern
gûtern

itern
hûtern
Israelitern
Jebusitern
Scythern
Sodomitern

Rittern
wittern
zwittern
sich splittern
zittern
erzittern
kittern
flittern
littern
den schnittern
fûttern

erweitern
zuscheitern
streitern
eytern
reitern
den leitern
leutern
arbeitern

stifftern
vergifftern

⟨O6ʳ⟩ **ichtern**　　　　　　　**uern**　　　　　　　　**etzern**
　　　　　　　　　　　　　　　　　　　　　　den scheuern
den Richtern　　　　　poltern　　　　　　　meyern
nůchtern　　　　　　　den foltern　　　　　den freyern
schichtern　　　　　　　　　　　　　　　　(waschen) scheuern
lichtern　　　　　　　buttern　　　　　　　v. eiern 5
tichtern　　　　　　　muttern
eintrichtern　　　　　　　　　　　　　　　　Ketzern
schůchtern　　　　　　lautern　　　　　　　verhetzern
　　　　　　　　　　　pautern　　　　　　　den Setzern
erleichtern　　　　　　　　　　　　　　　　　　　　　　　10
feuchtern　　　　　　auf der schultern　　　den hôltzern
　　　　　　　　　　　pultern　　　　　　　stôltzern
wintern
Corinthern　　　　　　ermuntern　　　　　　Pfåltzern

Philistern　　　　　　aufmustern　　　　　　faullentzern 15
Kůstern　　　　　　　　　　　　　　　　　　tåntzern
Registern　　　　　　versauern　　　　　　fuchsschwåntzern
Geschwistern　　　　　holtzhauern
　　　　　　　　　　　die Bauern　　　　　　schnitzern
Meistern　　　　　　　tauern　　　　　　　den beschnůtzern 20
Geistern　　　　　　　mauern　　　　　　　den beysitzern
entgeistern　　　　　　vermauern　　　　　　zwitzern
kleistern　　　　　　　vogelbauern　　　　　Besitzern
Hofemeistern　　　　　trauern
Speisemeistern　　　　schauern　　　　　　　kůrtzern 25
Bůrgermeistern　　　　　　　　　　　　　　　felsenstůrtzern
　　　　　　　　　　　steuern
ottern　　　　　　　　schleyern
blottern　　　　　　　feyern　　　　　　　　trotzern

⟨O6ᵛ⟩ **aber**
schmarotzern

stutzern
Damenbutzern

5 den Schmarutzern

10 aber
der haber
Siegelgraber

alber
15 ein halber
quacksalber

der eber
die leber
20 der keber
todtengråber
Rathgeber
angeber
Leineweber
25 schantzengråber

ståber
getåber
uhrheber

eber
nasenståber

gebelber
selber
noch gelber

kålber

gerber
fårber
sperber
schwartzfårber
freywerber
noch derber

fein erber
verderber
ein kårber
viel mårber

je långer je lieber
schieber
nasenstieber
viel lieber
FLUV. die Tieber
Fieber
Bieber
fûrûber
viel trûber
darûber

iber
hinnûber

treiber
die leiber
schreiber
reuber
zeit vertreiber
ohrenreiber
Kalenderschreiber

Silber
schilber

zitber
Witber

ober
kober
tober
zober
Zinober

zuber

rauber
tauber
schnauber

⟨O7r⟩ **ader**

die ader
Hochzeitlader
gerader
der bader
geschnader
RIXA hader
wischhader

einander
eins ûmbs ander
glander
Alexander
Periander
gegen einander
Coriander

marder
parder
GEMMA Sarder

Meder
Ceder
vorreder
blôder
affterreder
schnôder
entweder

geråder

eder

Leder
die feder
weder
geåder
Saltzlåder
råder
båder
heu=meder

Felder
wålder
gemålder
gelder
(teich) helder

fremder
die hemder

elender
bratenwender
verschwender
lånder
rånder
behender
die bånder
Jungferschånder
Stånder
Kalender
Ehrenschånder

ider

Werder
môrder
fôrder 5

ein jeder
Seiffensieder
ist zu wieder
das mieder 10
nieder
die Lieder
glieder
augenlieder
viel mûder 15
hin und wieder
Brûder
gebrûder
Jesuwieder
 20
ach leider
kleider
scheider
schneider
gescheider 25
beyder
ein neider
die schleider
bekleider
hungerleider 30

⟨O7ᵛ⟩ ider
beutelschneider

die bilder
milder
5   wilder
gefilder
die schilder

viel gesûnder
10 ein sûnder
faßbinder
gelinder
die rinder
geschwinder
15 ein blinder
die Kinder
Stieffkinder
schinder
dahinder
20 bratenwinder
Buchbinder
minder
verhinder
erfinder
25 garbenbinder

oder
moder
FLUV. die Oder

oder uder
loder
ein toder

Wacholder
holder

sonder

order

ein fuder
ruder
bruder

schlauder
gezauder

die schulder

gesunder
wunder
jetzunder
Holunder
herunder
plunder
der zunder
zielunder

eher

eer afer
Hebråer
Saducåer
Galilåer
Riphåer

hafer

schlaaffer

schaffer
gaffer
klaffer

tapffer

kamfer

scharfer

kåfer

schlåffer
Schåffer

pfeffer

helffer

tøpffer

⟨O8ʳ⟩ **efer ifer**　　　　　**ofer ufer**　　　　　**eger**

schôpfer	botenleuffer	
	der geifer	Eger
kåmpfer	ein teufer	
dåmpfer		pfleger
	opfer	feger 5
schårfer	maulstopfer	zåger
verwerfer		jåger
	ufer	todtschlåger
dôrfer		klåger
porstôrfer	puffer	hurenjåger 10
	kuffer	schorsteinfeger
Schiefer		Feldlåger
ungeziefer	kupffer	
		gestrenger
tieffer	stumpfer	ånger 15
kieffer		långer
	Jungfer	Sånger
Schiffer		bånger
ziffer	hager	trånger
	lager	hånger 20
	zager	gånger
eyffer	mager	fußgånger
reiffer	wahrsager	vogelfånger
schleiffer	Schwager	mausefånger
ûmbschweiffer		25
ein pfeiffer	anger	Wittemberger
steiffer	schwanger	årger
Weinseuffer	gedranger	
ein leuffer	der pranger	Sieger
keuffer		pflûger 30

	iger	uger	eher
	krieger		großsprecher
	betrüger	kluger	zecher
	CAUPO krüger		fächer
	Schwieger	Unger	Ehebrecher
5	klüger	hunger	POCULUM becher
	FLUV. Thiger	junger	Rechtsprecher
			zahnbrecher
	zeiger	schwacher	frecher
	geiger	lacher	schwächer
10	verschweiger	pracher	Schächer
	felsensteiger	widersacher	Sonnenfächer
	bezeiger	Rademacher	Friedenbrecher
	ADJ. teiger	getzschacher	die dächer
	dinger	mancher	
15	Singer		köcher
	geringer	schnarcher	die löcher
	verschlinger		nasenlöcher
	der Ringer	erhascher	
	ohrenklinger	wascher	welcher
20	widerbringer	nascher	N. P. Melcher
	Springer	viel rascher	
	bezwinger		zungendrescher
		Sternenseher	wäscher
	Bürger	Schweher	häscher
25	würger		
		eher	Welscher
	Sorger	schmäher	
	borger		herrscher
		mauerbrecher	

⟨P1ʳ⟩ **iher**

kicher
sicher

viel siecher
tûcher
bûcher

teicher
reicher
vergleicher
gleicher
schleicher
weicher
Landstreicher

noch frischer
fischer
Tischer
erfrischer
rischer
die bûscher

fleischer
keuscher
Roßteuscher
heuscher

zahnstocher
pocher

uher

solcher

flucher
wucher
versucher

taucher
raucher

lauscher
tauscher
Kutscher

erziher
bemûher

reyer
schleyher
freyer
dreyer
Meyer
Reyher
holtzschreyer
die leyer
teuer
zweyer
(teich) Weiher
PISCIS bleyer

aker

birckenmeyer
breyer
geyer
v. eyer
acker
wacker
nusknacker
blacker
hacker
geknacker

krancker
ancker
schwancker
ein kancker
schlancker
blancker

Starcker
schnarcker

die ecker
bâcker
tellerlecker
schmecker
lecker
zecker
FLUV. der Necker

	⟨P1ᵛ⟩ eker	iker	aler
	stundenwecker		
	gehöcker	trincker	
	entdecker	wincker	aller
	kecker	geklincker	maller
5	stöcker	flincker	geschaller
	höcker	lincker	geballer
		geblincker	
	versencker		adler
	hencker	Saltzwürcker	tadler
10	ståncker		nadler
	schlencker	frolocker	
	tråncker	hocker	satler
	kråncker		
		kucker	Cantzler
15	stårcker	viel schmucker	
	kårcker	zucker	schmåhler
	auffmercker	schlucker	fehler
		POROSUS lucker	
	erquicker		Seeler
20	klicker	juncker	tagewåhler
	flicker	kruncker	quåler
	gemicker		köhler
	Buchdrücker	zahler	
	Seidenstücker	mahler	teller
25	knicker	prahler	keller
	zwicker	kahler	muscateller
	unterdrücker	Reichsthaler	OBULUS der heller
	stücker	fahler	schneller
		schaler	viel heller
30		viel schmaler	(teich) fischheller

⟨P2ʳ⟩ **eler iler**
vogelsteller
Sôller
viel tôller

edler
PERA Schwedler
fliegenwedler

keckler

betler

viel kûhler
die schûler
STRABO schieler
spieler

stiller
brûller
erfûller
mûller

pfeiler
Seiler
Keiler
eiler
meiler
Meuler

iler oler
verweiler
feuler
geiler

fidler

heuchler
schmeichler

spitler
mitler

hemdenholer

koller
holler
toller

buhler

fauler

sudler
hudler
tudler

lahmer
kramer
ein zahmer

amer emer

AMARYLLA ammer
goldammer
kammer
hammer 5
gestammer
jammer
klammer

armer 10
ein warmer
erbarmer

nehmer
bequemer 15
låhmer
zåhmer
die kråmer

Rômer 20

låmmer
håmmer

SALPA goldstriemer 25
TURDUS ziemer
Riemer

⟨P2ᵛ⟩ imer	aner	ener iner
	einmahner	der Rôgner
immer	vermahner	
nimmer	unterthaner	ein kårner
LICIUM trůmmer	Asianer	ferner
gewimmer	Africaner	fleischscherner
schlimmer	Lutheraner	
frauenzimmer	Americaner	die hôrner
viel krůmmer	Spartaner	kôrner
geglimmer	Photinianer	dôrner
geschimmer		
ein schwimmer	teuffelsbanner	Eydvergeßner
	spanner	beseßner
eimer		
treumer	wagner	Centner
URBS Weimer		
	jener	diener
beschirmer	frôhner	kůhner
die wůrmer	tagelôhner	versůhner
ein thůrmer	versôhner	grůner
felsenstůrmer	Saracener	Seraphiner
		Cherubiner
Sommer	renner	Calviner
frommer	kohlenbrenner	AMINEA Traminer
	frieden=trenner	Karbiner
der kummer	zertrenner	
krummer		
brummer	der spånner	
tummer	Månner	gewinner
stummer		entrinner
	verwegner	dinner

⟨P3ʳ⟩ **iner oner**
spinner
    einer
    meiner
    seiner
    kleiner
    gemeiner
    reiner
ein schreiner
    greiner
    deiner

lûgner

einwohner
belohner
verschoner

donner
PISCIS ein rogner

gebohrner
geschworner
beschohrner
verlohrner

brauner
bosauner

aper
die klapper
papper
AVIS fliegenschnapper
schwapper

wipper
kipper
kornschripper
geknipper
stipper
schnipper

geschnupper

blumper

offenbahrer
wahrer
klahrer
verwahrer

Pfarrer

ein Lehrer
verwehrer
vermehrer
viel schwerer
beschwôrer

erer irer
verseerer
empôrer
viel leerer
zuhôrer
Friedenstôhrer   5

erklâhrer
frieden gebâhrer

ein Furierer 10
Sierer
verfûhrer
modulierer
Balbierer
              15
dûrrer

leyrer
meurer
viel seurer 20
noch teurer

hurer

ein blaser
glaser 25
topaser

kupferwasser

13*

⟨P3v⟩ aser eser	iser	oser user
wasser	ein Perser	viel heisser
blasser		possenreisser
hasser	ein Parieser	
verprasser	dieser	loser
leser	Lieser	
leser	gemûser	ein großer
glåser	Rhodiser	bloßer
ohrenblåser		stoßer
	versûßer	
die weser	sûndenbûßer	trosser
bôser	vielsûßer	
erlôser	Himmelsschließer	lauser
zôser	blutvergießer	krauser
Portugleser	Kannengießer	mauser
		brauser
das messer	gewisser	schmauser
erdmesser	wangenkûsser	
fresser		Vater
nåsser	Keyser	Thater
	greyser	errather
schlôsser	Sonnenweiser	
besser	ADJ. viel weiser	die blatter
schôsser	speiser	gatter
	die Reiser	die natter
bôßer		matter
Stôßer		geschnatter
klôßer	klippen=reisser	gevatter
	Preusser	
fechser	beisser	
	zerschmeisser	beklagter

ater	ater eter	eter
⟨P4ʳ⟩ ater	ater eter	eter
verjagter	pflaster	ein geschmetter
verzagter	geknaster	eyerdôtter
betagter		better
	beschwatzter	die Gôtter
ein achter		Senetblåtter 5
verachter	hamster	der ôtter
das alter	der thâter	das wetter
kalter	wolthâter	glåtter
verwalter	våter	måtter
das malter	breter	10
erhalter	untertreter	fechter
	verråhter	rechter
verdammter	beter	veråchter
beampter	vertreter	gelåchter
	schuhdråter	ADJ. schlechter 15
gesanter		SUBST. schlåchter
anverwanter	bierschrôter	wåchter
bekanter	viel rôhter	ein geschlechter
ungenanter	N. P. Peter	geschwåchter
	ein keter	20
marter	Salpeter	ermelter
harter	baumschrôter	kålter
die Parther		ålter
	vetter	weinkelter
Alabaster	erretter	25
laster	spôtter	bestelter
verhasster	die blåtter	
gefaster	netter	erwehlter

⟨P4ᵛ⟩ eter	iter	iter
gezåhlter		ein gitter
ADJ. geschåhlter	kenster	splitter
	fenster	
versôhnter		der eyter
5 gewôhnter	erster	das eiter
entlehnter		reiter
	gebieter	heuter
ôrter	gemûther	die leiter
wôrter	verbieter	ein Streiter
10	die gûter	breiter
gelehrter	wûter	arbeiter
geehrter	der hûter	begleiter
bekehrter	der Kirchhûter	die scheiter
	Israeliter	weiter
15 schwerter	Jesuiter	gefreyter
	Jebusiter	wagenleiter
hårter	Moscowiter	gebenedeyter
	Scyther	
Ester	Sodomiter	geûbter
20 schwester		geliebter
Agelester	ein Ritter	verliebter
	ein zwitter	
fester	sehr bitter	stiffter
båster	Hochzeitbitter	vergiffter
25 gemåster	die zitter	
gelåster	ein gekitter	
	litter	Richter
trôster	flitter	lichter
erlôster	ungewitter	angesichter
30	Kornschnitter	unterrichter

⟨P5r⟩ **iter**	**iter oter**	**uter**
verpflichter	geschwister	der kuter
schlichter	zeitregister	guter
ein tichter		
trichter	ein meister	butter
vernichter	die geister	futter
erpichter	dreister	mutter
	feister	
leuchter	kleister	(rein) lauter
seichter	Speisemeister	vertrauter
feuchter	Bürgemeister	gebauter
erleuchter		
	ein todter	hulffter
der Winter	rother	
Corinther		schulter
dahinter	die otter	gepulter
	blotter	auf der fulter
verführter	Eyerdotter	
geschmierter	ausrotter	munter
wohlgezierter		bunter
	tochter	drunter
ARBOR riester		herunter
versüster	folter	hinnunter
düster	gepolter	
		muster
Ister	belohnter	
Küster	bewohnter	schuster
Philister		huster
geknister	kloster	
geflister		geplauster

auer	atzer	etzer itzer
	treuer	stöltzer
bulster	scheuer	höltzer
	eyer	
rauer	ungeheuer	Pfåltzer
sauer	freyer	
holtzhauer	meyer	tåntzer
mauer	zu steuer	faullentzer
tauer	v. eier	fuchsschwåntzer
kauer		kredentzer
trauer	schmatzer	
der lauer	schwatzer	verschmertzer
schauer	kratzer	hertzer
ein Sternenschauer		
Bierbrauer	Pfaltzer	beysitzer
blauer	N. P. Baltzer	beschmützer
grauer		ein schnitzer
der hauer	schantzer	bildschnitzer
schlauer	ein pantzer	schützer
rauer	pflantzer	nützer
viel genauer	tantzer	
ein lauer		anreitzer
vogelbauer	schwartzer	einheitzer
	ketzer	seifftzer
euer	der Setzer	
heuer	verhetzer	kürtzer
teuer		stürtzer
die steuer	kråtzer	
palmenstreuer	schwåtzer	
feuer		trotzer

⟨P6ʳ⟩ **abes**

schmarotzer

stoltzer

stutzer
damenbutzer
(filtz) ein butzer

des stabes
des grabes

des kalbes
ein halbes

spinnewebes

der grôbes

des gewôlbes

was gelbes
selbes

ein herbes
des werbes
des kerbes

ibes ades

des diebes
ein trûbes
was liebes
schiebes
des siebes

des weibes
leibes

des korbes

des raubes
laubes
staubes
straubes

ein gerades
des pfades
bades
gestades
des rades
des Grades

des waldes

des landes
standes
bandes
brandes

edes

randes
pfandes
Demandes
vaterlandes
Strandes 5
verstandes
stillestandes
widerstandes

ein blôdes 10
ôdes
N. P. Archimedes
schnôdes

des feldes 15
geldes

des hemdes
was fremdes
                    20
des endes
behendes
des Wendes
des elendes
                    25
pferdes
herdes

ein jedes 30

⟨P6ᵛ⟩ **ides**	**ides**	**ifes**
des fensterliedes	ein gelindes	schiffes
des schmiedes		des schliffes
des liedes	des feindes	
friedes	freundes	des brieffes
des gliedes		tieffes
abschiedes	des soldes	
augenliedes	goldes	ein reiffes
		des greiffes
des neides	des mondes	schweiffes
des Eydes		
kleides	des hundes	schilffes
hertzeleides	pfundes	
leides	bundes	glimpfes
getreydes	grundes	schimpfes
geschmeides	schlundes	
beydes	mundes	des hofes
eingeweides	ein gesundes	
gebeudes		des Wolffes
	des klees	
des bildes	des Rehes	des zopfes
des wildes	was wehes	topfes
schildes		kopfes
gefildes	des schlaaffes	kropfes
	schaaffes	
des gesindes		des dorfes
kindes	des kampfes	schorfes
ein blindes	dampfes	
des rindes	krampfes	
geschwindes		lauffes
des windes	des griffes	kauffes

⟨P7r⟩ **ages**	**eges**	**ahes**
knauffes		
	des berges	des daches
des strumpfes	des zwårges	gemaches
rumpfes		des faches
sumpfes	des sieges	ein schwaches 5
	krieges	
des schlages		manches
des tages	des teiges	des kranches
vertrages	steiges	
überschlages	zweiges	des asches 10
	sauerteiges	des Rasches
des talges	des zeuges	
balges		des barsches
	des dinges	
des ganges	ringes	ein freches 15
klanges	pfifferlinges	des peches
gesanges		bleches
des stranges	des storges	
zwanges	des borges	kelches
unterganges		helches 20
	des kruges	welches
des karges	truges	
zwarges	ein kluges	des vihes
	des pfluges	alzufrůhes
des weges	zuges	25
steges		ein reiches
	des auges	ein gleiches
ein ånges		bleiches
des geprenges	des sprunges	des teiches
	was junges	weiches 30

⟨P7v⟩ ihes	ohes uhes	akes ekes
		des schalckes
des Mûnches	des storches	dalckes
tûnches		
	des frosches	ein kranckes
des fisches	drosches	des tranckes
tisches		schranckes
frisches	klotsches	gestanckes
des gisches		danckes
des blisches	des fluches	zanckes
ein risches	tuches	ein blanckes
des wisches	buches	schlanckes
	bruches	schwanckes
des fleisches		
keusches	des bauches	ein starckes
ein heisches	brauches	des marckes
	rauches	
des Hirsches	schmauches	des fleckes
ein stûrrsches	des schlauches	zweckes
mûrrsches	ein glauches	dreckes
		speckes
ein frohes	des busches	
des strohes	kusches	gelenckes
		des getrânckes
des koches	des rausches	geschenckes
des loches	flausches	
joches	tausches	des werckes
	des sackes	
solches	plackes	
des dolches	geschmackes	des klickes
molches		zwickes

⟨P8ʳ⟩ **ikes okes**
glückes
strickes
des stückes
genickes
ein dickes

des stockes
rockes
bockes
pflockes
trockes
schockes

des volckes
kolckes

des truckes

des strunckes
brunckes
trunckes

des aales
ein schmahles
des saales
pfaales
liniales
ein kahles
ein schales

ales iles
des staales
pocales

des balles
schalles
stalles
knalles
walles

des Rundeles
des ôhles
Kamehles

des mehles
befehles

des gestelles

ein helles
schnelles

ein stilles
des brilles

des pfieles
spieles
ein schieles
subtieles
des zieles

iles oles
des stieles
gespieles
ein kühles

des heyles 5
seiles
mein theiles
pfeiles
keiles
des beiles 10
ein geiles

des kohles
ein hohles
                15
des zolles
grolles
ein volles
tolles   20
des stuhles

des maules
gaules   25
ein lahmes
des krahmes

des lammes

⟨*P8ᵛ*⟩ **ames**	**imes**	**anes**
stammes	ein schlimmes	
schwammes		des plahnes
ein wammes	des leimes	kahnes
des Tammes	schleimes	schwanes
5 kammes	reimes	des spanes
		zaanes
des halmes	des schirmes	
Psalmes	gewûrmes	des bannes
		des mannes
10 des armes	des stroomes	
ein armes	soomes	des garnes
schwarmes		des karnes
darmes	ein frommes	
was warmes		ein schônes
15	des ruhmes	
bequemes	thumes	ein fernes
angenehmes	heiligthumes	des sternes
		kernes
des helmes	ein krummes	
20	stummes	ein grûnes
schelmes	tummes	kûhnes
N. P. der Hermes	des saumes	anders sinnes
des lermes	raumes	
alkermes	schaumes	eines
25 gedârmes	gaumes	des scheines
	traumes	deines
	baumes	des beines
	ein geraumes	seines
des grimmes		ein feines

⟨Q1ʳ⟩ **ines ones**　　　　**unes ares**　　　　**ures ases**
　　des steines　　　　　　　　　　　　　　des flores
　　ein kleines　　　des huhnes　　　　　Tenores
　　schweines　　　des thunes
　　ein reines　　　　　　　　　　　　　des schwures
　　den haynes　　　des zaunes　　　　　flures　5
　　Maynes　　　　ein braunes
　　　　　　　　　　　　　　　　　　　　des Aases
　　des gehirnes　　ein klahres　　　　　glases
　　zwirnes　　　　des haares　　　　　grases
　　gestirnes　　　Altares　　　　　　　des frases　10

　　des thrones　　　des schweres　　　　des vasses
　　Sohnes　　　　schmeres　　　　　　hasses
　　lohnes　　　　Beeres　　　　　　　basses
　　toones　　　　　　　　　　　　　　des spasses
　　Moones　　　　die Ceres　　　　　　des passes　15
　　hohnes　　　　ein schweres
　　　　　　　　　ein mehres　　　　　　des dachses
　　des bornes　　　gehôres　　　　　　　lachses
　　hornes　　　　ein leeres　　　　　　wachses
　　kornes　　　　　　　　　　　　　　stachses　20
　　dornes　　　　ihres　　　　　　　　flachses
　　zornes　　　　des bieres
　　　　　　　　　Sapphires　　　　　　des halses
　　ein verlohrnes　Rappieres
　　gebohrnes　　　quartires　　　　　　des wamses　25
　　erkohrnes
　　geschwornes　　des Cohres　　　　　des gefeßes
　　geschornes　　　thores　　　　　　　geseßes
　　　　　　　　　rohres

⟨Q1ᵛ⟩ **ises**　　　　　　**oses uses**　　　　　　**uses ates**
　　des Pehrses
　　　　　　　　　　　des simses　　　　　　des schmauses
　　　　des verses　　　bimses　　　　　　　strauses
　　　　　　　　　　　　　　　　　　　　　　hauses
5　　N. P. Ulisses　　　des pipses　　　　　ein krauses
　　　ein gewisses　　　gipses
　　　ungewisses　　　　　　　　　　　　　des fuchses
　　　　　　　　　　　ein großes　　　　　　luchses
　　　des spießes　　　bloßes
10　　genießes　　　　　des kloßes　　　　　des drates
　　　verdrießes　　　　schooßes　　　　　　rathes
　　　　　　　　　　　　　　　　　　　　　　schwaates
　　　Paradieses　　　　ein loses　　　　　　Salates
　　　des anieses　　　　des moses　　　　　spates

15　　des eises　　　　　des schosses　　　　des blattes
　　　reises　　　　　　schlosses　　　　　　ein mattes
　　　ein weises　　　　rosses　　　　　　　glattes
　　　kreyses　　　　　　　　　　　　　　　sattes
　　　des beweises　　　des muses
20　　　　　　　　　　　　　　　　　　　　　des hafftes
　　　ein heißes　　　　des fußes　　　　　stiefelschafftes
　　　des schweißes　　　　　　　　　　　　safftes
　　　geschmeißes　　　　　　　　　　　　　
　　　geheißes　　　　　des kusses
25　　des fleißes　　　　verdrusses　　　　　des ranfftes
　　　ein weißes　　　　flusses
　　　　　　　　　　　grusses　　　　　　　ein beklagtes
　　　　　　　　　　　schlusses　　　　　　betagtes
　　　zinses　　　　　　beschlusses　　　　　geplagtes
　　　　　　　　　　　überflusses　　　　　abgesagtes

⟨Q2r⟩ ates

des nachtes
bedachtes
ein geschlachtes
ungemachtes
verdachtes
verachtes
hochgeachtes

des tacktes
ein gehacktes
Schmaragdes

ein altes
erkaltes
wohlgestaltes

des amptes
verdammtes
geflammtes

ein bekantes
genantes
verbanntes
verwantes
des Discantes

des Aptes
ein verkaptes
verlaptes

ates

des maartes
des baartes
wohlgepaartes
offenbahrtes
verwahrtes
gespaartes

ein hartes
verscharrtes
eingepfarrtes

angefastes
angetastes
des gastes
morastes
pallastes
verhasstes

des Pabstes

ein geseetes
genehtes

des bretes
metes

des hefftes
geschäfftes

etes

des Knechtes
hechtes
spechtes
ein schlechtes
gerechtes 5
geschwåchtes
rechtes

ein verstecktes 10
bedecktes
erwecktes

ein beflecktes
gezecktes 15

Zeltes
ermeltes

erwåhltes 20
gezhåltes
geschåltes

vermåhltes
verhåhltes 25

bestålltes
geselltes

gelehrtes 30

⟨Q2ᵛ⟩ etes	etes ites	ites
geehrtes		zugefügtes
vermehrtes	ergåntztes	
bekehrtes	bekråntztes	des lichtes
verkehrtes		gerichtes
	behertztes	aufgerichtes
des schwertes	ausgemertztes	angesichtes
werthes		
ein begehrtes	des schnittes	ein leichtes
bewåhrtes	schrittes	erbleichtes
		feuchtes
des Festes	geblûthes	
des nestes	gemûthes	gestricktes
des restes		geflicktes
	ein breites	geschmûcktes
mein bestes	weites	gedrûcktes
ein festes	geleites	gestûcktes
	erfreutes	erquicktes
erlôstes	befreytes	gebûcktes
getrôstes		
	geliebtes	erfûlltes
des hengstes	betrûbtes	gestilltes
geån⟨g⟩stes	geûbtes	
		bestimmtes
mein letztes	des gifftes	gekrûmmtes
verletztes	stifftes	verstimmtes
gesetztes		ergrimmtes
	geteufftes	
geweltztes	ûberheufftes	berûhmtes
geschmeltztes		verblûhmtes
	gepflûgtes	

⟨Q3r⟩ **ites**   **otes**   **utes**

ites	otes	utes	
ungereimtes	brodtes	des blutes	
verschleimtes	schrotes	muthes	
	lothes	guthes	
befreundtes		huthes	5
verzeuntes	Gottes		
	gebottes	ein trautes	
geziertes	verbottes	vertrautes	
außpoliertes	spottes	zerkautes	
entfûhrtes		neugebrautes	10
berûhrtes	obstes		
	Probstes	gekaufftes	
angespisstes	unverhofftes	getaufftes	
gekûsstes			
	belohntes	versuchtes	15
des geistes	gewohntes	verfluchtes	
beschmeistes			
	des ortes	verrucktes	
des gewinstes	portes	verdrucktes	
ein gemûntztes	wortes		20
	des Hortes	ein verstummtes	
erhitztes		verklummtes	
abgenützes	des mostes		
beschmûtztes	rostes	ein runtes	
	frostes	verwundtes	25
verkûrtztes			
gewûrtztes	des troostes	des verlustes	
	ein getroostes	ein bewustes	
ein rothes			
des kothes		des knaustes	30

14*

utes atzes	etzes itzes	abens ebens
	speltzes	
des durstes		ein kurtzes
	des ertzes	
gebutztes		des rabens
vermutztes	ein hertzes	buchstabens
		abends
des latzes	des blitzes	trabens
platzes	ein spitzes	Schwabens
satzes	nützes	vorhabens
schmatzes	des sitzes	
schatzes		des lebens
blatzes	des geitzes	schwebens
	kreutzes	webens
des saltzes		vergebens
schmaltzes	des filtzes	fürgebens
maltzes		
	des klotzes	erwerbens
des schwantzes	trotzes	sterbens
tantzes	des rotzes	des gerbens
glantzes		
krantzes	des holtzes	des Erbens
ein gantzes	ein stoltzes	scherbens
des hartzes	des trutzes	geschriebens
ein schwartzes	mutzes	beliebens
	schutzes	stiebens
des gesetzes	nutzes	geriebens
geschwätzes	tutzes	verbliebens
	stutzes	
des peltzes		

⟨Q4r⟩ **ibens**
treibens
ableibens
des Bleibens

des kobens
tobens
klobens

des bubens
stubens

glaubens
raubens
schnaubens
klaubens

des schadens
überladens
osterfladens
des radens
des ladens
fadens
schwadens

des nardens
Leopardens
guardens

des Edens

edens
viel redens
des schwedens

des Heldens

verschwendens
des schåndens

des siedens
des Jůdens
des friedens

des neidens
leidens
meidens
des heidens
weidens
scheidens
mitleidens

des gůldens
einbildens

des bindens
empfindens

des bodens
rodens

afens
des Ordens
ermordens

des såens
wehens
stehens

unversehens

schlaaffens
des sclavens
straaffens
Graaffens

des affens
maulaffens
des gaffens
pfaffens

treffens
åffens

des reiffens
schleiffens

des tropfens
hopfens

sauffens

⟨*Q4ᵛ*⟩ **agens**
    lauffens

trockschragens
des magens
jagens
des zagens
plagens
ertragens

des verlangens
prangens

unterwegens
des segens
verpflegens
des regens
degens

des sengens
sprengens

des kriegens
siegens
vermůgens
lůgens
betrůgens

des schweigens
seugens

igens
des singens
ringens
springens
klingens

des bogens
regenbogens
ellenbogens
fischrogens

des morgens
des borgens
sorgens
verborgens

des klugens

des jungens

des drachens
lachens
rachens
wachens
bauerhachens

des schnarchens
des parchens

des naschens

ehens

des stehens
schmehens
såens
flehens

des stechens
sprechens
des Rechens

des fliehens
bemůhens

befreyhens
benedeyens
des freyens
schreyens
Lackeyens

des siechens
riechens

des reichens
zeichens

des gischens
zischens
nachtischens

des knochens

⟨Q5r⟩ **ohens**　　　　　**ekens**　　　　　**elens**

pochens
kochens　　　　　des beckens　　　des schmehlens
ein zerstochens　　erweckens　　　　stehlens
　　　　　　　　　erschreckens　　　besehlens

des groschens
gedroschens　　　des schenckens　　des quålens
　　　　　　　　　krånckens　　　　wåhlens
des kuchens
suchens　　　　　des drůckens　　　des spielens
versuchens　　　　růckens　　　　　schielens
fluchens　　　　　erquickens
　　　　　　　　　　　　　　　　　　des willens
des hakens　　　　des Tůrckens　　　brůllens
tischlakens　　　　wůrckens
zaunstakens　　　　　　　　　　　　des eilens
doppelhakens　　　des wockens　　　heilens
　　　　　　　　　rockens
des zackens　　　　trockens　　　　　gestohlens
backens　　　　　　　　　　　　　　des Pohlens
nackens　　　　　des unckens
　　　　　　　　　krunckens　　　　geschwollens
balkens　　　　　　runckens　　　　gequollens
falkens
　　　　　　　　　des pralens　　　　des buhlens
des planckens　　　mahlens
Franckens　　　　zahlens　　　　　des haamens
zanckens　　　　　　　　　　　　　　Nahmens
danckens　　　　　des ballens　　　saamens
kranckens　　　　schnallens
　　　　　　　　　schallens　　　　des armens

⟨Q5ᵛ⟩ **emens**   **onens**   **erens asens**

erbarmens		hôrens
Carmens	des Wallonens	mehrens
	ballonens	beschwôrens
des Rehmens	schonens	
grâhmens	wohnens	des Mohrens
schâmens	belohnens	sporens
des schemens	Coridonens	
		des baurens
des lermens	gesponnens	traurens
hermens		
	brummens	des hasens
des riemens		blasens
des rûhmens	des wapens	rasens
korndiemens	schrapens	
		des Sachsens
des treumens	des rappens	wachsens
reimens	lappens	
	knappens	des wesens
des ermahnens		lesens
unterthanens	des karpens	kâsens
	schnarpens	besens
des grûnens		
erkûhnens	des haspens	des bôsens
		erlôsens
besinnens	des narrens	
beginnens	pfarrens	des essens
	knarrens	fressens
des erscheinens	harrens	
weinens		
	des lehrens	des bissens

⟨Q6r⟩ osens	etens	atzens
gewissens	untertretens	freyens
kůssens		
	des rechtens	des patzens
verschlossens	fechtens	ratzens
haußgenossens		kratzens 5
	des scheltens	
des ochsens	vergeltens	des tantzens
		rantzens
des sausens	des erbietens	pflantzens
grausens	verbietens	10
schmausens		des hetzens
	des schlittens	setzens
des Patens	bittens	verletzens
gebratens		
	des tichtens	des lentzens 15
des schattens	vernichtens	faullentzens
Ehegattens		glåntzens
	des botens	
verachtens	knotens	des Mertzens
schlachtens		schmertzens 20
	des Schottens	
des gartens	gesottens	des hitzens
wartens		schwitzens
	trauens	
des kastens	brauens	des butzens 25
rastens	pfauens	trutzens
fastens		stutzens
	des Leuens	
des bethens	freuens	

⟨Q6ᵛ⟩ abet ebet | ebet | ibet

            stôbet
sich labet   reibet
er schabet   gewôlbet   treibet
ihr habet   ableibet
ihr gabet   erwerbet   entleibet
ihr grabet   verderbet   einverleibet
trabet   einkerbet   verbleibet
vergrabet   sterbet   beweibet
                          fârbet   verschreibet
er salbet   gerbet   vertreibet
kalbet   einschreibet
                          erbet   zeit vertreibet
er darbet   verderbet
ihr starbet   ererbet   lobet
erwarbet   tobet
scharbet   ihr schriebet   stobet
                       sich ergiebet   schnobet
er lebet   liebet   erhobet
schwebet   giebet
ihr gebet   ihr riebet   raubet
ihr ergebet   verschiebet   schraubet
aufgebet   beliebet   auffschaubet
ûbergebet   triebet   schnaubet
webet   stiebet   straubet
strebet   schniebet   zusammenklaubet
klebet   verbliebet   erlaubet
                       bekliebet   glaubet
er bebet   betrûbet   behaubet
sich erhebet   ûbet   beuhrlaubet

⟨Q7r⟩ adet	idet	idet eet	
	siedet	unterwindet	
ihr ladet	befriedet	entzůndet	
begnadet	vermiedet	gestůndet	
beladet	ermůdet	ergrůndet	
badet			5
es schadet	leidet	befeindet	
überladet	vereidet	befreundet	
	verabscheidet		
er redet	scheidet	besoldet	
verôdet	kleidet		10
überredet	meidet	ermordet	
affterredet	neidet		
	schneidet	verschuldet	
befremdet	weidet	duldet	
geendet	er bildet	ihr gestundet	15
sendet	einbildet	erkundet	
verschwendet	verwildet	verwundet	
gewendet	vergůldet	ihr bestundet	
entwendet		empfundet	
bewendet			20
anlåndet	bindet		
schåndet	findet	sået	
blåndet	empfindet	gehet	
außpfåndet	entbindet	stehet	
	erblindet	drehet	25
werdet	verschwindet	bestehet	
sich geberdet	schindet	hintergehet	
	windet	außflôhet	
er schmiedet	zuspindet	erhôhet	

220 Philipp von Zesen

	⟨Q7ᵛ⟩ afet	efet ifet	ifet ofet
	entstehet		er keuffet
		entwerffet	sich reuffet
	schlaaffet	werffet	heuffet
	straaffet	schårffet	
5	ihr traaffet		tripfet
	beschlaaffet	bedörffet	stipfet
		schårffet	knûpfet
	gaffet		hûpfet
	schaffet	ergriffet	
10	klaffet	schiffet	impfet
	raffet	ihr pfiffet	schimpfet
	widerschaffet		glimpfet
		brûfet	stimpfet
	zapffet		nase rimpfet
15		lieffet	
	treffet	trieffet	hoffet
	widerbåffet	vertieffet	ihr soffet
	åffet	ihr schlieffet	troffet
		rieffet	
20	helffet		klopfet
	behelffet	es reiffet	verstopfet
		schleiffet	ropfet
	köpffet	greiffet	pfropfet
	schöpffet	treuffet	
25	schröpffet	teuffet	ruffet
	stöpffet	ûmbschweiffet	
		pfeiffet	er puffet
	kåmpffet	erseuffet	kuffet
	dåmpffet	steiffet	
30		er weiffet	

⟨*Q8r*⟩ **ufet aget**   **aget**   **eget**

		feget
kauffet	balget	beweget
lauffet	talget	erleget
rauffet		verpfleget
tauffet	es langet	wåget
sauffet	es belanget	pfleget
	ihr schwanget	er tråget
zupfet	verlanget	schlåget
rupfet	ihr sanget	
	pranget	anstrenget
er zaget	hanget	vermenget
ihr traget	gelanget	versenget
herfûr raget	ihr fanget	erlånget
betaget	anfanget	besprenget
klaget	unterfanget	hånget
naget	empfanget	getrånget
waget	zwanget	verhånget
behaget		einzwånget
saget	erkarget	
geplaget	verbarget	verberget
wahrsaget		
abgesaget	leget	wôrget
abschlaget	auferleget	zôrget
anschlaget	erreget	
ertraget	geheget	
jaget	gepreget	schmieget
schlaget	erleget	versieget
es taget	môget	verschwieget
gefraget		zufûget
	erweget	flûget

	iget	**iget**	**oget uget**
	er lieget		wegzoget
	ihr lüget	tilget	
	sieget	bilget	folget
	krieget		
5	wieget	winget	borget
	büget	singet	sorget
	belüget	bringet	versorget
	ihr stieget	dringet	
	betrüget	klinget	ihr truget
10	pflüget	schlinget	
	tüget	gelinget	sauget
	vermüget	springet	tauget
	genüget	ringet	
	zusammenfüget	ümbringet	bezwunget
15	schlieget	verbringet	schwunget
		ümbbringet	runget
	schweiget	schwinget	sunget
	erzeiget	abdinget	klunget
	bezeiget	tünget	junget
20	er zeuget		
	beuget	schirget	anfahet
	neiget	verbürget	besahet
	steiget	würget	bejahet
	treiget		er nahet
25	ereiget	ihr loget	
	verseuget	betroget	
	geiget	woget	er lachet
	ist geneuget	floget	wachet
		ihr boget	krachet
30		erzoget	machet

⟨Q8v⟩

⟨R1ʳ⟩ ahet	ehet	ihet
erwachet	erhôhet	gemetschet
	auf blôhet	
schnarchet	ausflôhet	sihet
	er sâet	zu sich zihet
draaschet		erzihet 5
	ihr stechet	bemûhet
naschet	(trincket) zechet	glûhet
erhaschet	rechet	kniehet
waschet	zerbrâchet	sprûhet
überraschet	schwâchet	vollziehet 10
paschet	sprechet	entziehet
		sich mûhet
klatschet	hôrchet	
patschet	pfôrchet	entweyhet
platschet		einweyhet 15
	leschet	befreyhet
sehet	geschet	kasteyet
ausspâhet	deschet	leihet
		streuet
gehet	ihr dreschet	verleyhet 20
begehet	sie wâschet	sich freuet
stehet		sich scheuet
drehet	er krôschet	es schneyet
aufgehet	er drôschet	er freyhet
wehet		bedreuet 25
(betet) flehet	er herrschet	schreyet
hintergehet	beherrschet	gereuet
entstehet		benedeyet
schmâhet	zerquetschet	verspeyet

ichet	ischet	ohet uhet
	abwischet	ihr rochet
pichet	gischet	
wichet	zischet	horchet
verblichet	erfrischet	gehorchet
strichet	erwischet	
ihr schlichet	untermischet	verloschet
verglichet		roschet
	heischet	
riechet	zerfleischet	ruhet
siechet	er teuschet	beruhet
verkriechet	kreuschet	beschuhet
keichet	wûndschet	schlauhet
preichet	verwûndschet	sich zauhet
schleichet		es tauet
erweichet	knirschet	schauet
entweichet		bauet
durchstreichet	pritzschet	trauet
verscheichet	titzschet	mauet
es weichet	ihr bitzschet	hauet
streichet		sauet
vergleichet	beitzschet	brauet
gleichet	verdeutschet	sich blauet
erreichet		strauet
verbleichet	ihr flohet	krauet
überreichet		grauet
		zerkauet
gefischet	krochet	
nachtischet	pochet	
wischet	kochet	fluchet

⟨R2r⟩ **uchet aket**	**aket eket**	**eket**
suchet		zwåcket
versuchet	walcket	schmåcket
	ihr malcket	sich zecket
hauchet	hat sich verschalcket	unbeflecket
tauchet		lecket 5
brauchet	bedancket	
schmauchet	wancket	melcket
rauchet	dancket	verwelcket
	zancket	sich verschålket
vertuschet	schwancket	10
huschet		bôlcket
	er harcket	
lauschet	schnarcket	wencket
rauschet		lencket
tauschet	bleeket	versencket 15
	keeket	gedencket
hutzschet		hencket
nutzschet	aushecket	schwencket
	bedecket	tråncket
ihr erschraket	entdecket	kråncket 20
haket	er trecket	verrencket
	erwecket	schencket
hacket	erstrecket	bedencket
sich packet	erschrecket	beschencket
ihr backet	sich strecket	25
zwacket	einstôcket	
es schlacket	verpflôcket	mercket
knacket	verstecket	
tzsacket	flecket	sich stårcket

⟨R2v⟩ **iket**	**iket**	**oket**	**alet**
		es stincket	ihr stuncket
	überschicket	klincket	es funcket
	sich schicket	es blincket	
	erquicket	hincket	er zahlet
5	ersticket	schmincket	abmahlet
	erblicket	bedûncket	ausmahlet
	berûcket	sich dûncket	prahlet
	klicket		bezahlet
	flicket	wûrcket	ihr befahlet
10	pflicket	abzircket	strahlet
	drûcket	verwûrcket	ihr stahlet
	nicket		
	bestricket	locket	fallet
	zwicket	brocket	prallet
15	es glûcket	verstocket	knallet
	verrûcket	er bocket	sich stallet
	gebûcket		schnallet
	entzûcket	verschlucket	wallet
	zurûcket	gucket	sich ballet
20	jûcket	entzucket	anfallet
	zerstûcket	hucket	gefallet
	unterdrûcket	glucket	lallet
			es schallet
	es spieket	paucket	zurûckprallet
25	(schreyet) quieket		
		aufbruncket	geadlet
	trincket	kruncket	er tadlet
	wincket	ihr versuncket	
	versincket	eintuncket	samlet

⟨R3r⟩ elet	elet	ilet olet
ramlet	prellet	
behamlet	niderfållet	ist gewillet
versamlet	gefållet	verhûllet
stamlet	sich einstellet	erfûllet
	sich stellet	stillet 5
es fehlet	anstellet	brûllet
er schmeelet		kind stillet
abkåhlet	aufschwållet	
verhålet	bellet	eilet
vermåhlet	ihr quellet	feilet 10
verfehlet	krellet	es verfeulet
befehlet		mitthcilct
verpfålet	wedlet	verweilet
sich stråhlet	vertrôdlet	ûbereilet
bestehlet		SANAT heilet 15
	keklet	EJUL. heulet
abgeseelet	jôklet	verkeilet
schwelet		
schålet	querlet	heichlet
erwehlet	ihr stôrlet	schmeichlet 20
quålet		
zåhlet	zielet	er holet
ausgehôlet	wielet	er bohlet
einôhlet	fûhlet	widerholet
	spielet	25
	stielet	ihr wollet
	ihr gefielet	ihr sollet
er schållet	schielet	schmollet
schnellet	ausspûlet	schwollet
abbellet		trollet 30
bestellet		verzollet

15*

⟨R3ᵛ⟩ **ulet amet**	**emet**	**imet**
er zollet	(sôhnet sich) er karmet	
ihr rollet		schwårmet
	nehmet	erwårmet
ihr buhlet	zåhmet	stôrmet
muhlet	vernehmet	
befuhlet	bequemet	geziemet
	benehmet	sich rûhmet
faulet	verlåhmet	verblûhmet
maulet	verbråmet	gekrûhmet
	beschåmet	auskûhmet
hudlet	sich råhmet	
besudlet	gråhmet	bestimmet
	sich gråmet	gekrûmmet
verlahmet		schwimmet
ihr kahmet	bekemet	ergrimmet
besaamet	besômet	verstimmet
benahmet	aufzômet	glimmet
ihr namet		der zimmet
nachahmet	hemmet	
	anståmmet	reimet
es lammet		verschleimet
flammet	klemmet	verseumet
verdammet	ûberschwemmet	auskeimet
der sammet	verschlemmet	zeumet
	er kômmet	ausreumet
zermalmet		sich seumet
	sich hermet	treumet
verarmet	er lårmet	leimet
erbarmet		
erwarmet		beschirmet

⟨R4ʳ⟩ **omet umet**   **enet**   **enet inet**

stůrmet	übermannet	bekennet
	ausspannet	trennet
kommet		verbrennet
schwommet	er warnet	
(es ist gut) es frommet	harnet	begegnet 5
bekommet		es regnet
	sich sôhnet	er gesegnet
(verstellet) verformet	ausdônet	
	gethônet	entfernet
erstummet	beschônet	lernet 10
verklummet	frônet	abgelernet
brummet	gewôhnet	
summet	krôhnet	zôrnet
das grummet	versôhnet	anspôrnet
das kummet	verhônet	er kôrnet 15
	entlehnet	
vermahnet	(Lehn geben) belehnet	erschienet
es ahnet		dienet
bahnet	erwåhnet	verdienet
er mahnet	er gåhnet	sich erkůhnet 20
er fahnet	ståhnet	versůhnet
es saffranet		es grůnet
(sihet wie saffran aus)		
mir schwanet	nennet	entrinnet
	gônnet	besinnet 25
	erkennet	liebgewinnet
	ihr kônnet	ausrinnet
	brennet	beginnet
verbannet	rennet	gewinnet

⟨R4ᵛ⟩ **inet** — **apet** — **upet aret**

inet	apet	upet aret
verzinnet	verbraunet	stoppet
spinnet		
verginnet	schrapet	verschnuppet
abgewinnet		zuppet
	es knappet	licht schnuppet
meinet	schlappet	
weinet	sich lappet	plumpet
verneinet	zappet	
erscheinet	verkappet	schurpet
es scheinet	er schnappet	schnurpet
greinet	es klappet	
ûmbzeunet	trappet	ersparet
vermeinet	pappet	paaret
	es schwappet	offenbahret
belohnet	benappet	erfahret
wohnet		bewahret
verschonet	schnarpet	verfahret
entwohnet		ihr fahret
fronet	schleppet	waret
gewohnet	schôppet	verjahret
ihr sponnet	schippet	knarret
entronnet	es wippet	narret
besonnet	schrippet	harret
gewonnet	stippet	zarret
	verkippet	verscharret
entrunnet	knippet	plarret
		erstarret
erstaunet	kloppet	schnarret

⟨R5r⟩ **eret**	**eret**	**iret**	**iret**
		måhret	vexieret
verheeret		håret	sich gebieret
ausleeret		gåhret	sie gebůhret
erwehret		erklåhret	duplieret
ihr weret		entbåhret	restieret 5
verzehret		gewåhret	verschlieret
widerkehret		es wåhret	studieret
ehret			hofieret
verehret		zerret	stoltzieret
ůmbkehret		einsperret	jubalieret 10
auskehret		verwerret	triumphiret
abkehret			beschmieret
vermehret			verfůhret
verseeret		zieret	verspůret
bescheret		schnieret (siht auff etwas) er 15
ernehret		modulieret	thieret
er zehret		tirelieret	berůhret
er lehret		rôltzelieret	nachspůret
abbeeret		dôlpelieret	heimfůhret
entpôret		grobianisieret	20
hôret		flegelieret	irret
stôret		pengelieret	girret
beschweret		verlieret	verirret
beschwôret		schmieret	verwirret
bethôret		lustieret	důrret 25
erhôret		spazieret	anschirret
		pindarisieret	kůrret
begehret		quintelieret	
TONDEO bescheret		odarisieret	
gebåhret		folmesieret	feyret 30

iret oret	aset	eset
leyret		salset
er meuret	er raset	
verseuret	ihr laset	verbanset
er seuret	verblaset	(weinet) granset
beteuret	ausblaset	
	er haset	leset
er bohret		verblåset
verlohret	ihr aßet	geneset
verschworet	laßet	er blåset
ihr frohret	zulaßet	verweset
	anmaßet	
verdorret	vergaßet	aufgelöset
erstorret	ihr besaßet	erlöset
	verlaßet	
er huret	veranlaßet	ihr eßet
ihr verfuhret	muthmaßet	entblößet
glasuret	ihr saßet	stößet
ihr fuhret		eingeflößet
	fasset	bößet
schnurret	hasset	ihr seßet
murret	verprasset	
kurret	es nasset	låsset
	verblasset	
mauret	hatt gevasset	
tauret	eingefasset	
lauret	aufpasset	esset
versauret		messet
trauret	ihr wachset	vermesset
betauret		vergesset
	halset	genåsset

⟨R6r⟩ iset	iset	oset uset
zumesset	ihr misset	
fresset	vermisset	verzinset
	můsset	(lachet) grinset
kröchset	anspisset	
wåchset	kůsset	liebkoset 5
		bemooset
blieset	reiset	
bewieset	erweiset	kloßet
erkieset	preiset	boßet
wieset	speiset	es schloßet 10
verwieset	unterweiset	verstoßet
	loßeiset	
genießet	verweiset	trosset
fließet		schosset
ließet	ihr weisset	verschlosset 15
grůßet	reisset	gosset
versůßet	abreisset	bosset
bůßet	schmeisset	flosset
verdrůßet	ausschweisset	
schlůßet	heisset	darauf fußet 20
hießet	befleisset	
ergießet	zerbeisset	lauset
entsprießet	gleisset	sauset
verschlůßet	beschmeisset	brauset
	zerschmeisset	mauset 25
beflisset	(keuffet) beisset	hauset
ihr wisset		schmauset
zerrisset	wichset	zauset
schmisset		grauset

	atet	atet	atet
		plagtet	
	kluckset	wagtet	ihr straaltet
	muckset	nagtet	praaltet
			mahltet
5	ihr baatet	achtet	bezahltet
	wohlgeratet	ihr lachtet	
	watet	verachtet	veraltet
	rathet	verlachtet	verwaltet
	berathet	betrachtet	erkaltet
10	bratet	nachtrachtet	gefaltet
		erwachtet	behaltet
	ihr hattet	gedachtet	zerspaltet
	abmattet	vermachtet	ist gestaltet
	beschattet	verschmachtet	
15	abgestattet	es nachtet	
	bestattet		(sehnet sich) er karmet
	erstattet	besacktet	verarmtet
		ihr hacktet	erbarmtet
	ihr schabtet	verstacktet	erwarmtet
20	trabtet	zwacktet	
	labtet		ihr bekantet
	ihr begabtet	wancktet	nanntet
		dancktet	wantet
	kalbtet	zancktet	erkanntet
25	salbtet	schancktet	verbrantet
			verbanntet
	sagtet	marcktet	anspanntet
	jagtet	schnarcktet	
	beklagtet	harcktet	geartet
30	verklagtet		gekartet

⟨R7ʳ⟩ atet   etet   etet

spaartet   tôdtet
offenbahrtet   flecktet
                  errettet   lecktet
wartet   bettet   bedecktet
erwartet   håttet   erschrecktet 5
aufgewartet   verstecktet
verscharrtet   webtet   (fortzihet) trecktet
erstarrtet   lebtet   erstrecktet
schnarrtet   klebtet   verpflôcktet
                  strebtet   10
ihr rastet   schwebtet   schencktet
erblasstet   krâncktet
hasstet   gehefftet   versencktet
er fastet   verrencktet
                  legtet   trâncktet 15
schwatztet   erregtet   wencktet
ersatztet
kratztet   pflegtet   scheltet
                  bewegtet   vergeltet
tantztet   ausfegtet   entgeltet 20
pflantztet   verpflegtet
                                    bestelltet
untertretet   besprengtet   geselltet
betet   vermengtet   erkåltet
knåtet   verhengtet   25
vertretet   fehltet
jåtet   er rechtet   schmehltet
                  brâchtet
errôthet   verfechtet

⟨R7ᵛ⟩ **etet** **etet** **itet**

	etet	etet	itet
		beschwehrtet	ausbrûtet
	erwehltet	verzehrtet	verhûtet
	quåhltet	erhôrtet	behûtet
	beseeltet		
5	erzåhltet	begehrtet	ihr rittet
	aushôhltet	erklåhrtet	bittet
			schrittet
	bezåhmtet	verhårtet	schûttet
	bequemtet		zerrûttet
10		rôstet	zerschnittet
	schwårmtet	trôstet	überschrittet
	stôrmtet		
		geångstet	reitet
	nenntet		verleitet
15	kenntet	versetztet	schreitet
	trenntet	verhetztet	leitet
	renntet	verletztet	streitet
		wetztet	ausbreitet
	entlehntet	aussetztet	bereitet
20	versôhntet		begleitet
	~~krôhntet~~		~~arbeitet~~
	frôhntet		überschreitet
	verhôhntet		
	ausdôhntet	verbietet	liebtet
25		gerietet	betrûbtet
	verehrtet	die hand bietet	
	vermehrtet	erbietet	vergifftet
	verkehrtet	vermietet	stifftet
	ehrtet	(ausreisset) auswietet	schifftet
30	ernehrtet	(tirannisiret) wûtet	

⟨R8ʳ⟩ **itet**
unterrichtet
schlichtet
berichtet
zugerichtet
vernichtet
verpflichtet
er tichtet
verrichtet

beichtet
erleuchtet
befeuchtet
erreichtet
erweichtet
vergleichtet

er fûrchtet
pfirchtet

schicktet
ersticktet
erquicktet
pflicktet
bestrûcktet
jûcktet
bûcktet

wincktet
hincktet

itet
schmincktet

spieltet
zieltet
schieltet
fûhltet
kûhltet

erfûlltet
stilltet
verhûlltet

eiltet
verweiltet
feiltet
mittheiltet
übereiltet
heultet

verstimmtet
ergrimmtet

rûhmtet
verblûhmtet

verseumtet
leimtet

beschirmtet

itet
stûrmtet

vermeintet
verneintet
weintet 5
ûmbzeuntet

angûrtet
verirrtet
 10
regiertet
schmiertet
triumphiertet
ziertet
lustiertet 15
vexiertet
spûrtet
verfûhrtet
berûhrtet
studiertet 20
stoltziertet

nistet
gerûstet
ihr wistet 25
gelûstet
entrûstet
sich brûstet
vermisstet
 30

itet	otet	otet
		widerhohltet
erkiestet	ausrottet	bohltet
	gezottet	
verwůstet		kontet
5 versůßtet	lobtet	begontet
	tobtet	
leistet	schnobtet	belohntet
erweistet		wohntet
	verstopftet	verschontet
10 bůrstet	klopftet	entwohntet
důrstet		
ihr knirschtet	versorgtet	verwortet
	borgtet	verdortet
hitztet		antwortet
15 blitztet	kochtet	
schwitztet	pochtet	kostet
ritztet	vermochtet	verrostet
erhitztet	fochtet	
spritztet		vermuthet
20 nůtztet	horchtet	blutet
schlitztet	forchtet	
schůtztet	gehorchtet	es lautet
wůrtztet	woltet	ihr bautet
stůrtztet	soltet	krautet
25 verkůrtztet	scholtet	strautet
	vergoltet	trautet
zerschrotet	rolltet	mautet
ihr erbotet	drolltet	
		schnaubtet

⟨S1ʳ⟩ utet	utet	uet
klaubtet		
erlaubtet	brummtet	zerstreuet
	verstummtet	freuet
raufftet		bedreuet
taufftet	kuntet	scheuet 5
kaufftet	beguntet	entweihet
		einweyhet
suchtet	murrtet	benedeyet
fluchtet	schnurrtet	kasteyet
verfluchtet		freyet 10
	mustet	befreyet
hauchtet	rustet	verleihet
brauchtet	ihr wustet	
tauchtet		kratzet
	braustet	schmatzet 15
rauschtet	saustet	schwatzet
lauschtet		
	bauet	waltzet
sich bucktet	trauet	versaltzet
jucktet	tauet	pfaltzet 20
hucktet	hauet	
verschlucktet	schauet	rantzet
	brauet	tantzet
eintuncktet	zauet	schantzet
funcktet	strauet	pflantzet 25
	krauet	
maultet	gerauet	etzet
verfaultet	zerkauet	setzet
	geschlauhet	verletzet

etzet	itzet	otzet	utzet
wetzet	ritzet		stürtzet
hetzet	schnitzet		würtzet
verhetzet	schlitzet		verkürtzet
ergötzet	schwitzet		schürtzet
sich letzet	(klug) verschmitzet		
versetzet	spitzet		rotzet
ersetzet	stitzet		trotzet
ausfretzet	schützet		strotzet
aussetzet	nützet		
benetzet	abnützet		zerschmoltzet
schmertzet	reitzet		butzet
ausmertzet	geitzet		stutzet
schertzet	beitzet		trutzet
hertzet	heitzet		vermutzet
behertzet			nutzet
	filtzet		tutzet
störtzet	miltzet		schmutzet
schörtzet			
	müntzet		schnautzet
hitzet			
sitzet			wehmuth
schmützet	irtzet		demuth

ENDE.

⟨S 2ʳ⟩ ## Dem Leser.

Du wirst es / geneigter Leser / im besten vermercken / und hiesiges Bûchlein deiner hohen Hôfligkeit nach bescheidentlich zu brauchen wissen / dofern ich etwan fremde / oder auch gemeine Wôrter mit untergemischet / welche sonsten ein hôflich Getichte mehr verstellen / als zieren môchten: Sintemahl dergleichen worte nur den kurtzweiligen Råthen und Tellerleckern / in freud= und trauer=spielen / nicht aber jedwedern zu gebrauchen / anher gesetzet.

Hernach weil hin und wieder noch mehr neue auch sonst andere wôrter zu ⟨S 2ᵛ⟩ finden / die hierinnen vielleicht aussengelaßen / sintemahl es eines Menschen arbeit nicht wohl seyn wil / alle wôrter zusammen zubringen / so kan ihm einer / wem es beliebet / rein papier dazwischen binden laßen / und daßelbe / weil die ordnung alhier schon gemacht / selbsten allgemach vermehren.

Die ordnung aber dieses Bûchleins anlangend / so seyn darinnen die Weiblichen wôrter der endung nach durch das gantze a b c geordnet / wiewohl es nicht so volkommen als das månnliche Alphabeth (welches anitzo bey dem Andern Theile unsers Helicons zufinden) weil ich nur die vornehmsten Endungen / nemlich die in e / el / en / eln / ern / er / es / ens und et / wie auch etliche in ig / ing / ung und ich / so viel mûglich zu finden / anher setzen wollen; denn die andern fast alle aus diesen entsprießen und genommen wer-⟨S 3ʳ⟩den kônnen / als wenn ich wolte suchen: gebest / etc. so schlage ich nur die endung ebe oder eben auff / da finde ich geben / schweben / kleben / leben / etc. daraus kan ich hernach / gebest / schwebest / lebest / und so fort / machen: drûmb ich dieselben gerne außgelaßen.

Damit du aber ein wort desto båsser und eher finden kônnest / so schlage allhier den ersten und letzten reim=vocal auf / mit seinem nåchst vorhergehendem einfachen und bißweilen nachfolgendem mitlautenden / so oben ûber jede

Reye gesetzt: als; so du auffsuchen wollest geschlechte / etc. so suche dieses worts vornehmeste buchstaben (ete) (so oben über jede zeile Dier zur nachrichtung gesetzet seyn;) darunter finde ich geschlechte / rechte : lehrte / ehrte : båste / gåste / und so fort: Eben also ist es auch mit den andern beschaffen. ⟨S 3ᵛ⟩

Dieses ist es / was wier hierbey zuerinnern vor nôthig erachtet. Was aber die Månnlichen Wôrter anbelanget / wird derselben schon an seinem Orte / nemlich im Andern Theile unsers Helicons / erwåhnet werden. Sonsten lebe ich der ungezweiffelten Hoffnung / es werde der verståndige Leser mein groß= und viel=gûnstiger Freund ins kûnfftige zu verbleiben geruhen.

Gott befohlen!

E N D E. ⟨S 4ʳ⟩

Ph. Cæsij

Erörterung
Der bißher streitigen Frage/

Ob in den Sonneten die meinung sich je
und allwege mit dem achten Verse en=
den / oder ob sie sich in folgende sechs
letzten Verse erstrecken
solle?

Wittenberg / den 19. Aprils
Im Jahr 1641.

⟨S 4ᵛ⟩ Seinem Freunde
Beharrliche Lieb und Treue!

HIer hastu / trauter Freund / Mein Ander Ich /
Warûmb durch schreiben Du ersuchet Mich.
5 Das urtheil ist zwar schlecht in diesen sachen /
Weil es die Jugend nicht kann båsser machen.
Doch hoff' ich wird es Dier gefållig seyn /
(Nach andern frag' ich nichts:) weil Ich bin Dein

PH. C.

10 ⟨S 5ʳ⟩ Frage.
Ob mit dem Achten Verse im Sonnet
sich die meinung enden oder ob sie in
folgende sechs letzte Verse kônne
erstreckt werden?

15 DIeser Frage in etwas nachzudencken / hatt mier unlångst
ein vornehmer und gelehrter Freund / welcher mich deßhalben
durch schreiben ersuchet / anlaß gegeben; denn ich zuvorn
weder in Opitzens Prosodie noch bey andern etwas davon
gelesen / und es also auch nicht geachtet. Gleichwohl ist Er
20 in diesen gedancken und helt gåntzlich dafûr / daß im Sonnet /
es sey in wasserley Versen es wolle / mit dem achten
Verse die meinung sich je und allwege zugleich
schlûßen mûsse und die ⟨S 5ᵛ⟩ folgenden sechs Verse
solten von selbigen achten durch einen kleinen raum
25 abgesondert und unterschieden werden / gleich als
wenn die obersten acht Verse und dann die untersten
sechse auch ein besonderes gesåtze zusammen machten. Zum Exempel hatt Er das zwey und zwanzigste Sonnet
aus dem Opitz / welches Er aus dem Italiånischen der Edelen
30 Poetin Veronica Gambara verdolmetschet / angezogen / wie
folget:

Sonnet.

So offt ich Euren glantz ihr hellen Augen schaue /
Bin ich in großer Lust vertiefft so hoch und weit /
Daß ich mich freuen muß auch in der bösen zeit
und euserster Fortun' / in dem ich auff Euch baue.
Hergegen schätz' ich mich für die betrübste Fraue /
Wenn Ihr nicht / wie zuvor geneigt und freundlich seyd /
Ich bin mier selber gramm / mein leben ist mir leid /
Dieweil ich Euch nicht hab' auf die ich einig traue.

Ihr irrdisches gestirn / ihr sterblichen Planeten /
Ihr meine Sonn' und Mond / Ihr / die ihr mich könt tödten /
Ohn' Euch ist alle Lust nichts als ein bloßes bild. ⟨*S 6ʳ*⟩
Was wundert Ihr Euch dann / daß ich zu Euch muß eylen /
Mein bester Trost? Es fleucht ein jeder für den pfeilen
des Todes / wider welch' ihr seyd mein starcker schild.

Dieses nun ob es wohl / wie ich selbst bekennen muß / viel
båsser scheinet / wenn zu ende des achten Verses ein punct
gemacht wird und die folgenden sechs Verse eine neue meinung anfahen; Doch halte ich dafür / daß man sich allzeit
daran nicht binden dürffe; sonderlich weil das Sonnet nur ein
Epigramma oder überschrifft seyn soll / da es dann den Gesåtzen und Regeln der Oden und Gesånge nicht unterworffen /
in welchen mann sonderliche Strophen machen / und zwar
in jede eine gantze vollkommene meinung bringen muß /
wie droben aus der letzten Abtheilung zu ersehen. Denn solte
mann dieses in den Sonneten auch in acht nehmen / so müste
dasselbe sechtzehen verse haben / also / daß das erste Gesåtze
von acht versen / das ander wider von acht versen und alle
beyde einander in schre⟨n⟩ckungen der Reime gleich weren /
daß sie hernach beyde eine gleiche melodey könten bekommen /
und das andre Gesåtze nach dem ersten gesungen werden.
Doch wolte mann ja dieses in acht nehmen / und aus einem
Sonnet zwey gesåtze machen / so müsten selbige nach Art der

Pindarischen Oden gemacht und gesungen werden / solcher gestalt gebe ichs gar gerne zu. ⟨*S 6ᵛ*⟩
Oder so mann es ja in sonderliche Strophen und Gesätze theilen und in jede strophe eine vollkommene meinung fassen
5 wolte / daß es desto bässer zum singen könte gebraucht werden / so solte mann billich drey Strophen oder Gesätze daraus machen / also / daß ich das erste gesätze nach Art der Pindarischen Oden einen Satz / das ander einen Gegensatz / das dritte einen Abgesang nennen möchte: Sintemahl / wann wir
10 das Sonnet recht betrachten / so ist es aus zweyen vier=versichten Getichten / (welche die Frantzosen Quadrains nennen) und von einem Sechsversichten (Sixain genennt) zusammen gesetzt: wie bey den Franzosen und Italiânern aus denen Sonneten zuersehen / da sich der Erste und vierde Verß nur zu-
15 sammen reimen / der fünffte aber und achte nicht wie jene / sondern haben einen sonderlichen Reim / wider der andern Sonneten Art. Ein solches Sonnet ist bey unserm Opitz auch / an der zahl das ein und zwanzigste / zu finden / welches Er aus dem Petrarcha verdeutschet / und wier auch anher setzen.

20 ⟨*S 7ʳ*⟩   Sonnet.
Ist Liebe lauter nichts / wie daß sie mich entzündet?
   Ist sie denn gleichwohl was / wem ist ihr thun bewust?
Ist Sie auch guth und recht / wie bringt sie böse lust?
   Ist sie nicht guth / wie daß mann freud' aus Ihr empfindet?
25 Lieb ich ohn allen zwang / wie kann ich schmertzen tragen?
   Muß ich es thun / was hilffts / daß ich solch trauren führ?
Heb' ich es ungern an / wer dann befiehlt es mier?
   Thu ich es aber gern / ûmb was hab' ich zu klagen?
Ich wancke wie das graß so von den kühlen winden
30   ûmb vesper=zeit bald hin geneiget wird bald her:
Ich walle wie ein Schiff / das / wann es ohn gefähr
Von wellen ûmbgejagt / nicht kann zu Rande finden.
   Ich weiß nicht / was ich will / ich will nicht was ich weiß:
   Im Sommer ist mier kalt / im Winter ist mier heiß.

Hiernebenst wil ich dem günstigen Leser / dergleichen Sonnet
(wo ichs anders also nennen soll) das auf Pindarischer Oden Art
von mier unlångst doch nur kurtzweil halben gemacht ist /
vorstellen / weil es vielleicht einem und dem andern gefallen
möchte.

Sonnet.

Satz. ⟨S 7ᵛ⟩

WIe kömmt es dann / daß Ihr / Ihr schönen halb=Göttinnen /
Ihr Jungfern gegen Nord / doch nur so traurig seyd?
Ach! unsre Schwester liegt / die schöne zier der zeit;
Der Adliche verstand und muth gebricht den Sinnen.

Gegensatz.

Soll keine Jungfer mehr in eurem Zimmer drinnen /
Als neun und viertzig / seyn? die auch ein trauer=kleid
ûmb unsre Schwester trüg'? ach! denck' ich nicht so weit?
Die funftzigst' ist verblasst und wird geführt von hinnen.

Abgesang.

Ihr schmertzen=töchter Ihr / ihr heissen zehren quellt /
Befließet mildiglich das weisse wangen=feld
und macht es roth wie bluth: wer wolte wohl nicht weinen /
Weil solch ein edles Bild die Welt gesegnen muß /
Im lentzen seiner zeit; ô harter Himmels=schluß!
Die schöne Sonne wil auch nicht wie vormals scheinen.

Solte es aber kein Gesang seyn / sondern nur ein Epigramma / so achte ich es auch vor unnöthig / daß mann allzeit zu
ende des achten Verses ein punct machen / oder das Sonnet
in zwo strophen gleichsam absetzen wolle / weil es die Frantzosen und Italiåner allzeit auch nicht gethan; wie aus folgendem
sonnet / welches Franciscus Petrarcha / der vornehmsten
Italiånischen Poeten einer / in Welscher Sprache seiner ⟨S 8ʳ⟩
verstorbenen Laura zu ehren auffgesetzt / dessen wir schon
droben am 47. blate gedacht.

Italiånisch Sonnet.

Da più begli occhi, e dal più chiaro viso,
Che mai splendesse; e da più bei capelli,
Che facean l'Oro, e'l Sol parer men belli;
5 Dal più dolce parlar, e dolce riso;
Da le man, da le braccia, che conquiso
Senza moversi haurian quai più rebelli
Fur d'Amor mai; da più bei piedi snelli;
Da la persona fatta in Paradiso (N⟨ota⟩ B⟨ene⟩)
10 Prendean vita i miei Spirti; hor n' ha diletto
Il Re celeste, ei suo' alati Corrieri;
Et io son qui rimaso ignudo, e cieco.
Sol un conforto à le mie speme ⟨!⟩ aspetto;
Ch'ella, che vede tutti i miei pensieri,
15 M'impetre gratia, ch'i possa esser seco.

Und Clement Marot hatt eben selbiges des Petrarchens Sonnet in das Frantzôsische eben also übersetzet / daß die meinung der Acht vôrdersten Verse sich in den neunden erstrecket / wie folget.

20 ## Frantzôsisch Sonnet.

Des plus beaux yeux, et du plus clair visage,
Qui onques fut, et des beaux cheueux longs,
Qui faisoient l'Or, et le Soleil moins blonds,
Du plus doux ris, et du plus doux langage,
25 Des bras et mains, qui eussent en servage, ⟨S 8ᵛ⟩
Sans se bouger, mené les plus felons,
De celle qui du chef, jusqu' aux talons
Sembloit divin, plus qu' humain personnage
Ie prenois vie. Or d'elle se consolent
30 Le Roy celeste, et ses courriers qui volent,
Me laissant nud, aueugle en ce bas estre:
Un seul confort attendant â mon dueil,
C'est que là haut, elle qui scait mon vueil,
M' impetrera, qu'avec elle puisse estre.

Es seyn auch hin und wieder bey unsern Deutschen Poeten
dergleichen Sonnet zu finden; darinnen sich die meinung mit
dem achten Verse nicht endet / sondern sich weiter in folgende
erstreckt. Eines / an der zahl das neun und dreyßigste / wollen
wier aus unserm Opitz anher setzen.

Sonnet.

EIn jeder spricht zu mier / dein Lieb ist nicht dergleichen /
   Wie du sie zwar beschreibst: Ich weiß es warlich nicht /
   Ich bin fast nicht mehr klug; der scharffen Sinnen licht
Vermag gar kaum was weiß und schwartz ist zuerreichen.
Der so im lieben noch was weiß herraus zu streichen ⟨*T 1ʳ*⟩
   Durch urtheil und verstand und kennt auch was gebricht /
   Der liebet noch nicht recht. Wo war ist / was mann spricht /
So hatt der welcher liebt / der Sinnen gar kein zeichen
   und ist ein lauter Kind. Wer Schônheit wåhlen kann /
   und redet recht davon der ist ein weiser Mann.
Ich weiß nicht wie ich doch die Fantasie gelose /
   und was die sûße sucht noch endlich aus mir macht /
   Mein wissen ist dahin / der Tag der ist mier nacht /
und eine distel=blûht' ist eine schône Rose.

Auff Ebenselbige Art ist auch das sieben und dreyßigste
gemacht / welches / weil es von månnlichen sich anfåht / wollen
wir es auch anher setzen.

Sonnet.

ICh gleiche nicht mit dier des weissen Mondes licht:
   Der Monde fållt und steigt; Du bleibst in einem scheine:
   Ja nicht die Sonne selbst: die Sonn' ist gantz gemeine /
Gemein' auch ist ihr glantz; Du bist gemeine nicht.
Du zwingst durch zucht den Neid / wie sehr er auf dich
      sticht. ⟨*T 1ᵛ*⟩
   Ich mag kein Heuchler seyn / der bey mier selbst verneine /

Das / was ich itzt gesagt: Es gleichet sich dier keine /
Du bist dier ähnlich selbst; ein ander Bild gebricht /
Das dier dich zeigen kann; Du bist dein eigen glücke /
Dein eigenes gestirn / der Schönheit meisterstücke.
Du hättest sollen seyn / wie noch nicht Tugend war
Geehret als ein Gott / in unsrer ersten Jugend /
So were wohl gewiß gewesen deine Tugend
Die Kirch' und Opfferung / der Weyhrauch und Altar.

Dergleichen Sonnet ist auch das 23. 32. 34. 36. 37. etc. wie ein jeder bey ihm selbsten sehen kann.

Bleibt es also schlüßlich dabey / daß nicht allzeit von nöthen sey / nach dem achten Verse des Sonnets einen punct zu machen / so ferne es ein Epigramma oder überschrifft soll genennet werden / sondern es stehet bey dem Tichter / und ist auch zu weilen zierlicher / wann die meinung sich mit dem abschnitt oder mittel des folgenden Verses schleusst: wie wir droben am 72. und 73. blate erinnert. ⟨T 2ʳ⟩

Folget
Eine Andere Frage.

Ob man die Eignen Nahmen
der Götter und Göttinnen / als Ju=
piter / Venus etc. könne deutsch
geben?

Hierauff giebet unser Opitz folgende Antwort.

Hierneben (spricht Er) habe ich auch nicht sollen unerwähnet seyn lassen / daß mier unlängst eines gelehrten Mannes in der Fremde schreiben zukommen / welcher der meinung ist / wann wier die Eigentlichen Nahmen der Götter und anderer Sachen / als

Jupiter / Orpheus / Phöbus / Diana und dergleichen in unsere Sprache bråchten / würden sie nicht von allen verstanden werden / und solte mann sich derselben deutsch zu geben befleissen. Wie aber solches unmöglich ist ⟨T 2ᵛ⟩ und gleichwohl von dieser Art Nahmen ein großes theil der Poeterey bestehet / also wissen wir / daß es eben die gelegenheit mit den Lateinern zum ersten gehabt / welche diese wörter mehrentheils von den Griechen und sonsten empfangen / und sie ihnen / wie hernachmahls auch in der Italiänischen / Frantzösischen / Spanischen und andern Sprachen geschehen / durch steten gebrauch so gemeine gemacht haben / daß sie sie nicht weniger als ihre eigne Wörter verstanden; So viel redet Er.

Es möchte aber einer hierbey auch wohl fragen / Ob mann Ihm neue Buhlschafften ertichten und derselben in Versen erwähnen könne? Ja in allwege / weil es fast bey allen Poeten im brauch / daß ein jeder Ihm eine sonderliche Buhlschafft erwählet; Dieser rühmet seine Flavien / jener seine Rosillen / dieser lobet seine Crispillen / jener seine Asteris / und so fort. ⟨T 3ʳ⟩

Noch eins möchte mann fragen; Warumb wir Deutschen nicht unserer eignen Sprache Nahmen gebrauchten / sondern vielmehr / bald von den Griechen / bald von den Lateinern / bald von den Hebräern unsere Nahmen / fürnemlich die Weibes=Nahmen entlehnten? Dieser antwortet / Es sey der gewohnheit schuld: jener schreibet es unserer VorEltern Versehen zu / welche Ihnen der Fremden Völcker Nahmen allzusehr belieben laßen / da sie doch aus Ihrer Sprache gar feine und fügliche Nahmen hetten erdencken können. Wahr ist es; die Hebräer bleiben bey Ihren Nahmen / wie annoch heutiges tages die Jüden den Ihrigen keine andere Nahmen / als Hebräische / geben. Also solten wier auch billich bey den unsrigen verbleiben / damit wier uns dem verdacht / als wenn unsere Sprache deßhalben unvollkommen were / beyzeiten entschlagen möchten. Weil es aber nunmehr so gar gemeine / daß es fast nicht geändert werden kann / müssen wier also auch dem gemeinen Gebrauch nachhängen. Doch deucht mich hierbey nicht uneben zu seyn / mann befleissige sich in den Getichten / darinnen mann etwa seiner Eignen Buhlschafft zugedencken pfleget / auff rechte Deutsche Nahmen / da zugleich ⟨T 3ᵛ⟩ die Endung und das wort recht deutsch. Weil aber / wie ich befinde / in unserer Muttersprache noch zur zeit (was die weiblichen anbelanget) nicht mehr denn drey rechte deutsche Weibes=Nahmen / als / Adelheit / Erdmuth / Hedewig / doch auch selten gefunden werden; So möchte mann sich auch wohl dahin bemühen andere zu erfinden / sonderlich in dergleichen Poetischen Getichten / da es wohl vergönnet und zugelaßen / denn es were viel bässer mann nehme dieselben aus unserer Eignen Sprache / weil sie eben so wort=reich als andere / ja in diesem fall vielen überlägen. Ich auch habe in meinen Getichten dergleichen Nahmen hin und wider gebraucht / dieselben / weil Ihr gedächtnüs itziger zeit fast gantz verloschen / widerumb bekannt zu ma= chen; Wer nun dergleichen auch thun wolte / dem stehet es frey. ⟨T 4ʳ⟩

Weil mann sich nicht kann satt aus leeren schüsseln essen /
Von leeren böden auch nicht viel von Korne messen:
Ein krug so ledig ist begnüget nicht den Mann /
Also ein leeres bladt ja niemand lesen kann.

Drůmb
haben wier für guth angesehen / diese
ledig verbliebene blåtter zu erfüllen
mit folgender
ODE.

Daß die Poeten oben / Neidhart aber unten schwebe.

1.

SEyt die schöne Kunst entsprossen /
Die den Göttern gleich geacht
und die Sterbligkeit verlacht /
Die sich vormahls hielt verschlossen
und verschwiegen in der zeit; ⟨*T 4v*⟩
Find sich auch und sticht der Neid
Die vergällten Låster=meuler
Schießen gantz vergiffte pfeiler.

2.

Aber doch / jemehr beschweret
Eine Palme sich befindt /
Desto mehr Sie krafft gewinnt
und sich weit als vor empöret:
So wird unterdrücket nie
Die geehrte Poesie /
Sondern pflegt sich mehr zu rechen /
Wann der Neid sie gleich wil schwåchen.

3.

Hört ein Adler in den lüfften
unter sich der Hunde heer /
Acht ihr bellen gar nicht mehr /
Weil kein Biß ihn kann vergifften;
Also achten wier es nicht /
Wann gleich Neidhart auf uns sticht /
Kann er uns doch nicht verletzen /
Noch in noth und schaden setzen.

4.

Wie der Adler pflegt zu schwingen
Sich zur rothen Sonnen hin /
So bemüht sich unser sinn

Nach dem hohen ziel zu ringen ⟨*T 5ʳ*⟩
35 und verlacht den schwachen Neid /
Welcher schwindet mit der zeit /
Weil er nicht versteht die sachen
Die Ihn können göttlich machen.

5.

40 Wie das klare wasser steiget
über sich und quillt herfür
Wie Kristall in voller zier;
Da hingegen unten schweiget
Der Morast und liebt den grund;
45 Also steigt auch unser Mund!
Wil dem Himmel ähnlich werden /
Da der Neidhart bleibt auf erden.

6.

Wo die güldne Saat der sterne
50 An dem blauen Himmel steht /
Phöbus auf und nider geht /
Wo sein Licht uns scheint von ferne;
Da soll unser Nahme stehn
und den sternen gleich aufgehn:
55 Wann die Neider kleben werden
An dem schnöden koth der Erden. ⟨*T 5ᵛ*⟩

An S. G. als Er nach Rostock sich begeben.

So wiltu / liebster Freund / dich zu den Rosen machen
Aus unsern Dornen hin / und kosten solche sachen
5   Die lauter zucker seyn; Ich muß dich laßen zwar
    Mit wiederwillen weg / doch hoff ich gantz fürwar /
Du werdest dermahleins uns deinen liebsten freunden
Auch wieder sprechen zu / die du dier fast zu feinden
  Durch deinen abschied machst. Ey zeuch in frieden hin

und schreibe mier einmahl / wann ich zu Leypzig bin / 10
Ob du noch seyst wohlauff: Dis wird ein zeige werden
Der angenehmen zeit / die ich auf Sachsens erden
ûmb dich empfunden hab; Immittels zeuch wohl hin
und komme glûcklich an bey deiner Charitin.

Auff Marien Magdalenen Bildnûß.

BEgehrestu von Gott vergebung deiner sûnden /
so folge dieser nach laß guth und ehre schwinden: ⟨*T 6ʳ*⟩
  Sie war und muste seyn die grôste Sûnderin 5
  Doch da sie kam und fiel zu Jesus fûßen hin /
Beweinte solche schuld und ließ die thrânen fließen /
und neigte Mund und Hertz zu seinen Gnadenfûßen /
  Da halff ihr glaube schon; daß ihr auch erstlich ward
  Der uhrstand ihres Herrn vom Engel offenbahrt. 10

Auff Agnisen Bildnûß.

Seht an das keusche bild / seht / ihr verwâgne Weiber /
Die Ihr aus unzucht nur entblôßt die geilen leiber
  Den nacken / brust und halß; Seht dieses wird entdeckt
  Aus geilheit eines Manns und in ein hauß gesteckt 5
Damit er bey ihr schlieff: Es ließ die thrânen fließen /
Das wunderschône bild: Gott lâsst ihr das genießen;
  Ein Engel deckt sie zu: das feuer schadt ihr nicht:
  Die Keuschheit bleibt in ihr biß sie der feind ersticht.

Auff Katharinen bildnûß.

BIstu das keusche bild du Gôttin aller Weisen?
Ach ja / du bist es auch; dein palmenzweig muß preisen / ⟨*T 6ᵛ*⟩
  Dich Gôttin aller Kunst: denn also nennt mann dich /
  Weil dier auff Gottes Wort wohl funfftzig weisen sich 5
Gewonnen dargestellt: dein buhle Jesus bleibet
Biß in den bittern Todt dier gântzlich einverleibet.

O welch' ein edler Buhl! ô welch' ein sûßer Gast!
Bey dem ein keusch gemûth kann haben ruh und rast.

Auff Margarethen Bildnůß.

THu recht und rede frey / scheu dich vor niemand nicht /
Wenn gleich vor großer angst dier Hertz und muth zerbricht:
Es wehrt nicht lange zeit dein Jesus wird sich nahen
5 und sampt den Engeln dich mit palmen schôn empfahen.

Auff Gertruden Bildnůß.

JEsus funckelt mier im hertzen
Wie ein gûldnes fûnckelein /
Er vertreibt mier angst und schmertzen /
5 Ich bin sein und er ist mein. ⟨T 7ʳ⟩

Auff Ursulen Bildnůß.

WEißheit ist mein eigenthum /
So mier bringet Ehr und Ruhm /
Weise sitten / weise sinnen /
5 Kônnen nimmermehr zerrinnen.

Tauff= und Nahmens=gedichte.

SO trågt mann dich / ô Kind / ô werthes Kind zur tauffe /
Es folgt dier auff der fart der Seraphinen hauffe /
  Der Sternenlichte Cohr / und freuet sich daß du
5   Gott einverleibet wirst: Sie fliegen ab und zu
Seyn frid= und freuden=voll: Gott schreibt schon deinen
            Nahmen /
Den dier der Vater gab / zum auserwehlten Saamen /
  Ins große Lebensbuch: Du aber werthes Kind
10   Sey from und frieden=reich und wachse groß geschwind /

Erfülle meinen wundsch / damit auch deine Paten
und liebsten Eltern sehn / daß du seyst wohlgerathen /
ô wolte / wolte Gott! daß mit dier wer zugleich
Gebohren Fried und Ruh / so werstu Frieden=reich!

Auff D. Stegmanns Schwa=
nen=gesang.

BIstu das schöne Buch? seyn das die lieben worte?
Anmuthig ist der klang / daß unsers hertzens pforte ⟨*T 7ᵛ*⟩
  Sich öffnet mit begier demselben / dem du bist 5
  Zu ehren auffgesetzt: des Satans trug und List
Hatt keine macht nicht mehr: die göttlichen gedancken
Die steigen ab und zu in meines hertzens schrancken /
  Wann ich dich sehe nur: Es ist vertiefft mein sinn
  In deiner lieblgikeit und wirffet alles hin 10
Was weltlich ist und heist: wann mier wird weh und übel /
So lauff ich stracks zu dier: weil du fast gantz die Bibel
  In deinem schoße trågst / wie klein du auch magst seyn /
  Nichts anders als der Ring den Deamanten=stein.

Auff das Augspurgische Ge=
bethbuch.

ICh bin das edle Buch in Augspurg hoch gehalten /
Der Jungen Ehr und zier / ein täglichs brodt der Alten;
  Wenn Hunger / Krieg und Noth auf sie mit kråfften drang / 5
  Wenn nichts als angstgeschrey in ihren ohren klang /
und rührte Hertz und muth: So wanten sich die Hertzen
Auff mich in einsamkeit / zu klagen Gott die schmertzen / ⟨*T 8ʳ*⟩
  So Sinn und muth verwundt: Drümb mich Herr Wegelein
  Gebahnt / der weg und steg zum rechten trost zu seyn. 10
Ey kommt und nehmt mich auff ihr hochbedrångten Hertzen
Die ihr in Deutschland noch empfind die Kriegesschmertzen,

Ich bin ein Weg zu Gott in Hunger / Todt und Krieg /
Durch mich erlanget mann bey Gott den Freudensieg.

ENDE.

⟨T 8ᵛ⟩ *Die von Zesen hier aufgeführten Druckfehler sind im Text verbessert und im kritischen Apparat verarbeitet worden.*

Philippi Cæsii

Deutsches Helicons
Ander Theil /

Darinnen begriffen
Allerley Arten und Muster der
Deutschen Getichte /
Bey welchem zu båsserm fortgang uns
serer Poesie /

Ein
Richtiger Anzeiger
Der Deutschen gleichlautenden und
einstimmigen Månnlichen Wörter (nach dem
abc. Reim=weise gesetzt / und aufs neue
vermehret) zu finden.

Wittenberg /
Gedruckt bey Johann Röhnern /
Im Jahr 1641.

Auf eine leere unpaginierte Seite folgt ⟨⟩:(2ʳ⟩.

Denen

Wohl=Edel=gebohrnen / Gestrengen
und Mann=Vesten /

Herrn Wolff Christoff von Ar=
nimb / auff Zichau / etc.

Ihr. Churfürstl. Durchl. zu Sachsen wohlbe=
stålten Obersten zu fuße / und Ober=Befehlichs=
habern der Festung Wittenberg / etc.

Herrn Georgen Herrmann
von Schweinitz / auf Romnitz / etc.

Churfürstl. Durchl. zu Sachsen in
dem Löblichen Arnimbischen Regiment /
wohlbestålten Obersten Lieutenant. ⟨⟩:(2ᵛ⟩

und

Herrn Georgen Heinrich von
Bischoffsheim /

Eben Ihrer Churfürstl. Durchl. zu
Sachsen / des auch Löblichen Arnimbischen Re=
giments wohlbeståltem Obersten Wach=
meister.

Meinen Höchst= und Hoch=ge=
ehrten Herren.

ES gestehet sonders zweiffels ein jedweder / daß zur schönen
Frühlings zeit / wann mann sich in die verfünsterten Büsche
und schattichten Wälder / die Sinnen in etwas anzufrischen /
begibt / mehr furcht und zittern als Anmuth und freude zu
gegen sey: Also bedüncket mich auch / es werde mein Ge=
müthe / wann es sich in den Ge- ⟨⟩:(3ʳ⟩schichten unserer

Vorfahren / der unerschrockenen und Männlichen Deutschen vertieffet und eingelaßen / aus verwunderung nicht nur entzücket / sondern in ebenmäßiges zittern / und so zu reden / gleichsam in eine heilige Furcht und Entsetzen gejagt. Da
5 dann die Ritterlichen Thaten dieses unüberwündlichen Volcks / und die vortråfflichen Tugenden / welche die Deutschen den Göttern gleichsam ähnlich gemacht / mit Bestürtzung von jedermann gelesen werden. Der tapffere Helden=muth / die muthige Tapferkeit war auff der gantzen Erden erschollen /
10 daß auch Room die Fürstin der Welt / welche so viel unzåhlichen Völckern obgesiegt / selbsten dafür erzittern muste: Nur der Deutschen blosser Nahme / ich geschweige / die Großmüthigkeit und angebohrne tråffliche Stårcke war allen Völckern erschröck-⟨⟩:⟨3ᵛ⟩lich zu hören. Und nicht nur
15 dieses / sondern auch die ruhmwürdige Auffrichtigkeit / die unvergleichliche Bescheidenheit / war ihnen auch gleichsam alß von Natur eingepflantzet und also mehr zu erheben alß nach zu thun; Weßwegen Sie auch nicht allein von Freunden / sondern auch von Feinden geliebet worden. Wo seyn aber
20 itzund die tråfflichen Tugenden? Wo ist die edle Beständigkeit? In der Kleidung behielten Sie einerley Manier zu allen zeiten / itzo aber / laßen sie ihnen selbige alle Monat zu ändern / belieben / borgen kleidung und sitten von Außländischen / ja Barbarischen Völckern. Die edle Aufrichtigkeit ist bey vielen
25 in eine machiavellische scheinheiligkeit verwandelt / die herrliche und majestätische Sprache / welche so viel hundert Jahr rein und unverfälscht geblieben / hette vor etlichen Jahren ihre Maje-⟨⟩:⟨4ʳ⟩stät auch schier verlieren dörffen; Wo solches nicht durch Hoch=verständige Leuthe verwehret und
30 hintertrieben worden / welche sich als treue Liebhaber der Deutschen Zierde / ihre Mutter=sprache nicht allein in voriger hoheit und Reinligkeit zu erhalten / bemühet; sondern es ist auch dieselbe vermittelst der Deutschen Poesie / nun mehro so hoch gestiegen / daß sie auch sich gleichsam mit gewalt aus
35 dem schändlichen verdacht der Barbarey herrauß gerissen;

Da es doch fast das Ansehen gewonnen / als solte sie nun gantz untergehen / weil so viel fremder Sprachen wôrter miteingemischet wurden / derselben eine sonderliche hôffligkeit und zierde damit zu erwerben / da sie doch dadurch vielmehr schåndlich verstellet / als gezieret ward.

Wovon dann sonderlich der Hoch=Verståndige Buchner im sechsten Ca-⟨⟩:*(4ᵛ)*pittel seiner Deutschen Prosodie weitleufftiger handelt; und wie Juvenalis die vermischung der Sprachen den Rômern sonderlich dem Frauen=zimmer in seinem Tugend= und Laster=getichte verwiesen / welche sich auch / wie die unsrigen zu thun pflegen / mit fremden Worten kûtzelten / also kann auch unser Opitz dieselbe Hoff=art an einem Orte seiner Getichte gar hôflich durchzihen / wenn er spricht:

Er darff sein Hûtlein nicht stets in der hand behalten /
Wann er nach Hofe kômmt und vor der Thûr erkalten /
Eh als er audiens (verhôr ist viel zu schlecht)
Zu wege bringen kann — —

Soll mann sich derowegen solcher Wôrter und Arten zu reden / alß da seyn / die Fortun hatt Ihm dermaßen favorisieret; Er hatt mich aus der tabell seines hertzens ausradieret etc. wo sie nicht / so zu reden / bey uns ihr bûrger=recht schon erlangt / und vor Deutsche wort gehalten werden / ⟨⟩:*(5ʳ)* gåntzlich entschlagen; Sonderlich in der Deutschen Poesie / welche / wie gedacht / unserer Mutter=sprache eine sonderliche zierde und ansehen machet / darumb ich dann auch hiedurch bewogen / meinem lieben Vaterlande zu ehren die feder anzusetzen / damit der Deutschen Sprache Hoheit und Zierde noch ferner erhalten und fortgepflantzet wûrde / wozu denn die Deutsche Poesie sehr nûtzlich und guth; wie ich dann im nechst abgewichenem Jahre den Anfang gemacht und den einen Theil meines Deutschen Helicons auf vieler Anhalten herfûr gegeben und des verståndigen Lesers urtheil erwartet; und / weil ich aus dem fast geschwinden abgange deßelben vermercken kan / daß Er einem und dem andern

gefallen / hab ich mich gar leichtlich bereden laßen / folgende Theile dem öffentlichen urtheil auch ⟨⟩:*(5ᵛ)* zu unterwerffen / biß ich mit der zeit / wann uns der Himmel allerseits das leben fristen würde / ein höhers und bässers vor die hand nehme /
5 wie ich dann meinem geliebten Vaterlande ein mehrers zu thun schuldig.

Daß ich aber I. I. I. HochEdl. HochEdl. HochEdl. Gestr. Gestr. Gestr. diesen Andern Theil meines Deutschen Helicons zuschreiben mag / meine ich mehr als genug ursache zu
10 haben. Vornehmlich weil die letzten Beyde aus Ebenselbigen Landen und Grentzen / worauß der Edle und Sinn=reiche Opitz der Deutschen Poesie uhrheber und Erfinder entsprossen: und dann auch weil deroselben Gesammte vortråffliche Gemüther den Gelehrten sonderlich gewogen / auch sich
15 jederzeit auf allerley gute und freye Künste beflissen / und selbige in hohem werthe ⟨⟩:*(6ʳ)* und Ehren gehalten. Dannenhero ich Denenselben meine geringe Getichte zu zuschreiben und zu verehren bewogen worden; Bitte aber Sie wollen solches mein kühnes unterfangen im besten vermercken / und
20 geneigter sich erweisen / als meine Wenigkeit verdienet / auch mich also in Ihre Gunst=gewogenheit befohlen seyn laßen / der ich bin und verharre

I. I. I. HochEdl. HE. HE.
G. G. G.
25 Dienst=Schuldiger
Philipp Côsius.

Gegeben am 12.
tage des Mer=
tzens im 1641.
30 Jahre.

⟨⟩:(6ᵛ⟩   Wohlmeinender Leser.

GEgenwertige Bûcher kônten zwar hin und wider mit allerley noch vielen andern Oden und Getichten / sonderlich die letzten beyde / vermehret werden / dieweil die Deutsche Poesie nunmehr so hoch gestiegen / daß mann anjetzo in unserer Muttersprache über die tausend Oden auf allerley Art vorstellen kann / also daß immer eine anders alß die ander in schrenck= und Abwechselungen der Verse geschrieben und gelesen wird / darumb ich denn nur die vornehmsten herrein setzen wollen / (wiewohl ohne dis die Bûcher über verhoffen etwas gewachsen) damit sie Ihm ein jeder / weil uns die unbilligkeit der zeiten ein hôhers mißgônnet / mit geringern kosten schaffen kônte / was aber kûnfftiger zeit in einem absonderlichen Buche geschehen môchte / wil ich nicht gântzlich in abrede seyn.

Wann dier etwan verliebte Reden und gedancken bey verlesung dieser Bûcher vorkommen môchten / welche / wie ich ungezwungen bekennen muß / mit allerley dergleichen Liebes=sachen erfüllet seyn / so wisse / daß ich nicht solcher ⟨⟩:(7ʳ⟩ Liebe / ûmb welche sich die Welt bemühet in dergleichen Oden nachgehangen / sondern vielmehr es dahin gespielet / meine noch frische Jugend und andere freudige Gemûther unterweilen mit der Weißheit und so fort / welche ich offtermahls als eine Nimfe anzusingen pflege / noch weiter zuerlustigen / wie ein gelehrtes und verständiges gemûthe / in vôlliger betrachtung und verlesung leichtlicher verspüren wird / als es Ihm meine Wenigkeit kann darthun und erweisen. Im fall ja etwan was weltlichs vorlieffe / so verhoffe ich nicht / daß ich den gesätzen guter sitten zu wider / oder aus den schrancken der Erbarkeit geschritten sey.

Were auch etwa im setzen was versehen worden / sonderlich in den doppel=lautenden / da offt e û vor eu / âu vor eu alß lieb=âugelt vor lieb=eugelt gesetzt ist; Da ich dann jenes vor unrecht erachte / weil drey oder mehr selb=lautende

zu einem doppel=lautenden zu viel / wie wir im Ersten Theil
erinnern / und was es sonsten mehr ist / wird der geneigte
Leser schon selbsten / ohne beschwerden / verbåssern / und
Seinem Freunde / wie Er dann der ungezweiffelten hoffnung
5 lebet / jederzeit gůnstig und gewogen verbleiben.

Gehab dich wohl!

⟨⟩:(7ᵛ⟩   Kurtze Entwerffung
Der vornehmsten Muster der Deut=
schen Getichte / so in folgenden vier
Bůchern zu finden.

*Die Seitenangaben dieses Verzeichnisses entsprechen
denen der Vorlage.*

1. Ein Muster der Neuen Jambischen Art / da sich jede Strophe mit zween weiblichen 15=sylbigen Versen anfåht und mit zween månnlichen 14=sylbigen endet / am 3. blat.
2. Ein Muster der Alexandrinischen oder Helden=Art / darinnen jede Strophe auff zween weiblichen dreyzehen= sylbigen und zween månnlichen zwôlff=sylbigen besteht / bl. 5. 6.
3. Ein Muster Gemeiner Art / bl. 18. 19.
4. Ein Muster der Neuen Trochåischen Art / darinnen beydes der weibliche und månnliche Vers / 15=sylbig / bl. 43.
5. Ein ander Muster der Neuen Trochåischen Art da die Strophe auff zween weiblichen 13=sylbigen und zween månnlichen 12=sylbigen bestehet / bl. 44.
6. Ein Anders der Neuen Trochåischen Art / darinnen der weibliche 11. sylben / der månnliche 10. sylben und den Abschnitt allzeit nach der 5. sylbe jedes Verses hatt / bl. 45.
7. Ein Anders der Neuen Trochåischen Art / darinnen der weibliche 9=sylbig / der månnliche 8=sylbig / so den Abschnitt nach der dritten hat / bl. 45. 46. ⟨⟩:(8ʳ⟩
8. Ein Muster der Neuen Verse / darinnen allerley pedes vermischet werden / bl. 170.
9. Ein Muster der langen Dactylischen Verse / bl. 87. 84. etc.
10. Ein Muster der kurtzen Dactylischen ⟨!⟩ Verse / bl. 78.
11. Sechstinne / von månnlichen und weiblichen Alexandri= nischen Versen / bl. 8.
12. Sonnet von neuen Versen / bl. 4. von Alexandrinischen /

bl. 10. 11. von gemeinen Versen / bl. 21. 22. von langen Trochâischen Versen neuer Art / bl. 43. von kurtzen Trochâischen Versen / bl. 47. von Dactylischen Versen / bl. 77. von Anapâstischen Versen / bl. 88.
13. Elegie von Alexandrinischen Versen / bl. 11.
14. Quadrain oder vierzeilich gesetze von Alexandrinischen Versen / bl. 13. 14. von gemeinen / bl. 22. 23.
15. Sexain / Sechs=zeilich gesetze von Alexandrinischen / bl. 14. von gemeinen / bl. 23.
16. Huictain / Acht=zeilich gesetze von Alexandrinischen / bl. 15. von gemeinen / bl. 23.
17. Rondeau oder Ringel=getichte von Alexandrinischen / bl. 17. von gemeinen / bl. 24.
18. Ringel=Ode von Jambischen langen und kurtzen Versen / bl. 39. 40.
19. Ode von Alexandrinischen Versen / bl. 16.
20. Ode von gemeinen Versen / bl. 20.
21. Pindarische Ode von lauter Jambischen Versen / bl. 25.
22. Ode von 9=und zehn=sylbigen Trochâischen versen / bl. 46. ⟨ ⟩:(8ᵛ⟩
23. Pindarische Ode von lauter Trochâischen Versen / bl. 51.
24. Ode auff Echonische Art von lauter Trochâischen Versen / bl. 55. 56.
25. Oden von Dactylischen Versen / bl. 79. 80. etc.
26. Pocal von Dactylischen Versen / bl. 83. 86.
27. Hertze von Dactylischen Versen / bl. 84.
28. Sapphische Oden / bl. 95. 96.
29. Pindarische Ode von allerhand vermischten Versen / bl. 145. 146.
30. Ode auff Echonische Art von Jambischen und Trochâischen Versen / bl. 60. 160. 161.
31. Oden mit allerley Versen vermischt / bl. 149. etc.
32. Ode von neuen Versen darinnen Jambische und Dactylische pedes vermischt werden / bl. 170. ⟨A 1ʳ⟩

Philippi Cæsii

Erstes Buch /

Von den Mustern der Jambi=
schen Arten.

⟨2.⟩ Sonnet
An den Leser.

Hier mustu was gemach im ersten Buche schleichen
   den wohlbedachten tritt nach jambischer manier /
5 so lange / biß sich auch das Andre låsst herfůr /
   darinnen dann die Verß den schwinden gang erreichen /
   auf zweyen fůßen gehn / und so den Ersten gleichen /
   nur daß sie schneller seyn und eylen mit begier
   gleich einer wasserfluth. Drauf zeigt sich / Leser / Dier
10 das dritte Musterbuch / dem alle beyde weichen
   an flůchtigkeit und zier; Darinnen alles springt /
   und geht den trippeltantz / da auch die Sappho schwingt
   ihr sůßes spiel empor. Dann werden uns die Lieder
   im Vierden auch gezeigt / darinnen fůr und fůr
15 die Arten seyn vermischt; Nun sey gewogen mier;
   Mein Leser / wer du bist / so thu Ich gleichfals wieder! ⟨3.⟩

I.

Ein Muster der neuen Art Jambischer
   Verse / da sich die strophe mit zween Weiblichen
   15=sylbigen Versen anfåht und mit zween månn=
5 lichen 14=syllbigen endet.

Von der Ewigkeit.

WAs ist dis fůr ein schweres wort / das marck ⟨und⟩ bein ver-
   zehret?
Das selbsten der Beredsamkeit das sprechen hemmt und
10   wehret?
Vor dem die welt erzittern muß / vor dem ich tag und nacht /
Wenn gleich kein einig stern noch licht am hohen Himmel
      wacht /
Gantz schlaffloß und voll schrecken bin? das mier erregt viel
15   schmertzen /

Das durch sein langes ewig=seyn ein pfeil in meinem hertzen /
Das ich durch diesen Reim und Vers / wie lang er auch mag
    seyn /
Mitt nichten doch aussprechen kann / ô übergroße pein!
Ein wort von staal und Deamant / so Ewigkeit genennet   20
Fûr dem der Himmel selbsten sich noch viel zu schwach er-
    kennet /
Ein wort so hertz und sinn erregt nach unvergångligkeit
Mit feuriger begier zustehn; Ein End' unendlich weit.
Es wird der Hellen schwartzer schwall je mehr und mehr ent- 25
    zûndet /
Das Feuer brennt und wird doch nicht die Endschafft ausge-
    grûndet /
Es schmeckt nach lauter Ewigkeit so nimmermehr zerrinnt /
Das dreygeschnautzte Hellenthier kein ende ja gewinnt.   30

Hingegen aber bleibet auch unendlich solche wonne /
Die allen Frommen hatt bereit die Seel= und Lebens=Sonne;
Drûmb laß mich ja nur bûßen hier laß leiden angst und spott/
Daß ich in freuden ewig sey hernach bey dir / ô Gott! ⟨4.⟩

II.
Sonnet neůer Art /
so sich mit weiblichen anfåht.

An die Stadt Leypzig.

WAs ist dis fûr ein schöner toon? weß ist dis sûße singen?   5
  Das sich erheben kann so hoch und brechen durch den Neid /
  Das Leypzig / dich berûhmet macht / du schône zier der zeit.
Wie låsst nicht Phôbus selbst in dier die hohen Lieder klingen /
und lehrt in Deutscher Poesie die gûldnen seiten zwingen?
  Dann Flemming ûbte sich in dier mit singen allbereit /   10
  dem Lund und Olearius nichts fehlt an zierligkeit;
ja Hartman / Bremen / Finckeltaus und Heinsius sich schwingen

biß an den blauen Himmel nauf und geben dier den preiß /
weil sie / ô schône Stadt / in dier durch angenehmen fleiß
den Opitzinnen abgesiegt und ihr versûßtes spielen
bey frûh= und spåter Abends=zeit erlernet und geûbt;
Drûmb dich / ô schône MusenStadt ein jeder ehrt und liebt:
Der Sånger Printz spitzt auf dein Lob die zahrten federkielen!

Diese art Jambischer Verse / so nach der 8. sylbe den Abschnitt hat / ist nach manier der 14 und 15 Trochåischer Verse
gemacht / derer zween weibliche 15=sylbige Verse in Opitzens
Hercinie am 51. blate zu finden / auf solche art:

ungrad' ist den Göttern lieb; dreymahl ist er auch gebunden
dreyer farben faden sind ûmb den harten hals gewunden.

Hiervon kan der Hochgelehrte und Weltbekante Herr
Buchner in seiner Prosodie weitleûfftiger gelesen werden: Auch
kann man Opitzens Judith aufschlagen / darinnen unterschiedliche zu finden. ⟨5.⟩

III.

Ein Muster der Alexandrinischen o=
der Helden=art / darinnen sich jede strophe mit
zween Weiblichen dreyzehen=sylbigen anfåht
und mit zween Månnlichen zwölffsylbi=
gen Versen schließet.

Auff Dorotheen Bildnůs.

WAs ziert doch Jungfern wohl? ich möcht es gerne wissen /
ey mein / ey sagt miers doch? Das unverschämte kůssen
mit jedem / oder ists der gůldnen Kleider=pracht?
O nein: die reden seyn mier warlich sehr verdacht.
Ich weiß was besser ziert; geht fraget Dorotheen /
Was gilts / die keuschheit ists / Sie wird es euch gestehen /
daß sie den Todt begehrt / eh sie von keuschheit zier
und reiner Lehre wich; der folget nun auch Ihr.

In dieser Art wird der erste und andre Vers TRIMETER HYPER-
CATALECTUS JAMBICUS, der dritte und vierde TRIMETER
ACATALECTUS JAMB. genennt / so zusammen eine strophe
machen / wie im ersten Theil erinnert worden.

IV.

Ein Muster Alexandrinischer Art / da
sich jede strophe mit zween männlichen zwölfsylbigen
anfåht / und mit zween weiblichen dreyzehnsyl=
bigen endet. ⟨6.⟩

ACh schmertz! ach weh! ach leid! wie bricht herein die nacht /
der schwartze sünden schwarm / kein einig stern der wacht /
die Sonne scheint nicht mehr / der Mond ist auch verdunckelt /
die Nacht ist schreckens voll kein einig stern der funckelt /
wie hab ichs doch verdient / ô großer Gott ûmb dich /
daß du dich kehrst von mier und so beschåmest mich.
Ich bin ja voller angst / weiß nicht was ich beginne /
ja hellen=angst fühl' ich. Es will mier nicht zu sinne /
daß mehr gewölcke sey / da / wo zu rücke geht /
der güldnen Sonnen licht / alß hier bey mier entsteht.
Ich halte gåntzlich nicht daß grausamer die Helle /
der schwartzen Nächte burg / da Lerm und Schwarm zur
stelle /
Ich halte gåntzlich nicht / daß trauriger sich zeigt
der vorverblasste Mond / dort wo der Beer auffsteigt.
Bey nacht sehn ihre nacht die Scyther wohl und wissen /
daß ohne Sonnenschein Sie offte leben müssen.
Wenn gegen mitternacht der mond zwey vierthel jahr
regieret / giebt er doch der Sonnen immerdar
das dritte vierthel ein. Ich aber bin verdammet
gantz gantz zur finsternûs / kein einig sternlein flammet /
und doch (was blinden trost und rechtes laabsaal macht /)
siht mein gemûthe nicht / ô weh! sein eigne nacht /

30 es liebet sie viel mehr; das licht ist ihm verhasset /
weil vor den hellen tag die fûnstre Nacht es fasset / ⟨7.⟩
denn Ihm hatt schon geraubt die hoffart flamm und licht /
und ist verdunckelt gantz; Der Ehrgeitz lâsset nicht
der Sonnen glantz hinnein: die bôse lust verdunckelt
35 dieselbe gantz und gar / daß auch kein straal nicht funckelt;
So offt derselben Bild will schleichen ins geblûth /
so offt die schwartze nacht zu folgen sich bemûht.
Die augen habens guht / so zu gewissen zeiten
dem blassen Monde nach die Sonne sehen schreiten /
40 Ich aber bin nun gantz mit fûnsternûß ûmbringt /
jemehr ich ruff und schrey / jemehr es auf mich dringt;
Es schmertzet traun viel mehr wenn augen seyn zu finden /
und darff sie brauchen nicht / als wenn sie einem blinden
zu brauchen Gott nicht gibt: Ein Wandersmann der ist
45 voll trauren / wenn die nacht zu kommen ist gerûst /
Des morgens aber kann er wieder sich ergôtzen
mit seiner Wanderschafft; mich aber helt in netzen
gefangen allzulang anjetzt die schwartze nacht /
so dier / ô Sonne / will verbieten deine macht.
50 Ja wann aus mitternacht die Sonne kômt zu rûcke /
so wûndschet jedermann / daß er sie auch erblicke;
Der Rôthin-volck wendt sich dort gegen morgen hin /
und spricht / willkommen sey / du tagesbringerin.
Also ich offtermahls mein traurigs Angesichte /
55 mein hochbetrûbtes heupt hinnauf gen himmel richte /
und spreche / brich herein / du Sonne meine zier /
die du so lange zeit dein Licht verborgen mier /
Ach komm! ach komm! ach komm! und zûnd' in meinem
hertzen
60 dein licht und fackel an / und lindre meine schmertzen / ⟨8.⟩
ob auch gleich solchen glantz noch nicht erlanget ich /
so ist es doch genug / daß ich erbethen dich;
Die hoffnung lässt mich nicht an dier zu schanden werden /
(daß ich so reden mag) weil ich noch bin auff Erden!

V.
Sechstinne.
Von månnlichen und weiblichen Alexan=
drinischen Versen.

WEnn wird mich sterblichen aufnehmen doch der Himmel?
Wenn werd ich doch einmahl anschauen meinen Gott?
Wenn werd ich hôren wohl die Engelischen Lieder?
Ich irre traurens=voll in dieser schwartzen Nacht.
Wenn komm ich doch einmahl zur himmelischen freude?
Die Erd ist mier zu klein / zu klein ist mier die Welt.
  Mein Gott ich halte dich viel hôher als die Welt /
mein Gott ich halte dich viel hôher als den Himmel /
drůmb hab ich große lust bey dir zu seyn mein Gott;
Mein Gott / ich hôre dich vor seitenspiel und lieder /
Mein Gott / ich liebe dich und hoffe tag und nacht /
mein Gott / bey dir zu seyn / zu schauen dich mit freuden.
  Es suchet seine Braut der Breutigam mit freuden /
es liebet geld und gold die arme schwache Welt /
die Erde liebet auch und wieder Sie der Himmel /
vor liebe gegen uns gab selbst vor uns sich Gott /
und Du / ô Seelenschatz! erhôrst nicht meine lieder /
und nimmst mich nicht zu dir aus dieser schwartzen nacht. ⟨9.⟩
  Wo du nicht bist / mein Gott / da ist es lauter nacht /
wo du nicht bist / mein Gott / da seyn wir ohne freuden /
wo du nicht bist mein Gott / vergeh ich in der Welt /
wo du nicht bist mein Gott / was hilffet mir der Himmel!
Es ist ůmb mich geschehn / wo du nicht bist mein Gott /
mein bethen wer ůmbsonst / ůmbsonst die steten Lieder.
  Doch fahr ich immer fort zu singen meine Lieder /
und gleube festiglich / daß ich nach dieser nacht /
ô großer Gott / dein Licht soll schauen an mit freuden /
Ich hoffe festiglich zu segnen bald die Welt /
Ich hoffe festiglich zu nehmen ein den Himmel
und traue festiglich zu schauen meinen Gott.

35   Da lob und lieb ich dich von hertzen / hôchster Gott /
    da sollen erst angehn die rechten freuden=Lieder /
    weil uns kein ungethûmb kein schrecken / keine Nacht /
    kein Krieg abhalten wird allda von solchen freuden /
    die Gott uns hat bereit: Ey nun du schnôde Welt /
40 Ich laße deine Lust und suche lust in Himmel!
    Erhôre liebster Gott / mein bethen / meine Lieder /
    und zeûch mich aus der Welt dir nach hinnauf gen Himmel /
    weil hier nur lauter nacht dort aber licht der freuden!

Eine Sechstinne ist ein gedichte von 6. strophen / darinnen jede strophe auch 6. verse hat / wie aus vorhergehender ungereimten / das ist / darinnen sich kein vers mit einander reimet / zu sehen; Wie denn auch Opitz eine von lauter männ-
5 lichen auch ungereimet mit in seine Schâferey gesetzt / so am 57. blate zu finden. ⟨10.⟩

VI.
Alexandrinisch Sonnet.
So sich mit weiblicher endung anfäht.

Auf die haar einer Jungfer.

5   SEyn das die gûldnen haar? ach gold! sie kônnen zwingen
        und binden meinen muth mit ihrem glantz an sich;
    Nicht bande; straalen seyns; damit sie blândet mich
    die Sonne meiner zeit; Nicht straalen; blitze dringen
    mit eingemischt herzu / und in den Lûfften ringen;
10 Nicht blitze; Seenen seyns / davon so seuberlich
        die gûldnen pfeile schiest der kleine Wûtherich.
    Nicht Seenen; was denn sonst so unter vielen dingen?
    Dann gûlden seyn sie nicht / weil gold nit halb so theuer /
        auch bande seyn sie nicht / weil bande fester seyn;
15 Auch Sonnenstrahlen nicht / weil nur ein Sonnenschein;
    Nicht blitze; weil der blitz ein augenblicklich feuer /
        auch seyn sie Seenen nicht. Noch werden sie mit macht
    gold / straalen / banden / blitz und seenen gleich geacht.

Deutsches Helicons Ander Theil · Erstes Buch 277

VII.

Alexandrinisch Sonnet.
Welchs ein månnlicher Vers anfåht.
über Wittenberg.

WAs ist dis fûr ein Sitz? Was ist dis fûr ein ort?
Ist hier nicht Tullius? nein. Buchner der Beredte /
den mann zu rûhmen weis / wo Titan geht zu bette / ⟨*11.*⟩
und wider auffersteht: Was hôrt man fûr ein wort?
Der Gôtter Ausspruch? nein. Hier ist derselbe port /
wo Luther erstmahls hatt gestritten ûmb die wette
und ritterlich zerbrach des Pabstes starcke kette /
der uns gefangen hielt: Der Ablas muste fort;
Das wort / das edle wort quoll lauter rein und klar /
hier hier erwehlte Gott sein Feuer und Altar;
Nun quillt noch weiter fort die himmelische Lehre;
Hier lehrt der Alten Fûrst der große Mann Martin /
Herr Rôber / Hûlseman / Scharff / Sperling viel erzihn /
So dann auch werden seyn der Wittenberger Ehre.

VIII.

Elegie.
Von Alexandrinischen Versen.
Auf die Feuersbrunst / so den 3. Weinmo=
nat in Wittenberg im Jahr 1640. ent=
standen.

WIe warstu so bestûrtzt? wie war dier doch zu muthe /
du edles Wittenberg / was sah ich doch in Dier?
Ach weh! ach immer weh! Gott zeigt dir eine ruthe /
fåht an zu strafen dich; Ein Feuer bricht herfûr
und nimmet ûberhand! Wie hastu das verdienet /
du heiliger Altar? Daß eine solche gluth
dich also gar ûmbgab? und sich (ach leid!) erkûhnet
zu steigen auf das Hauß darinnen uns zu guth

15 Lutherus angezůndt die Fackel reiner Lehre /
darinnen Babilon zum ersten mahl erlag / ⟨*12.*⟩
darinnen selbst der Mann / der Deutschen ruhm und ehre /
Lutherus steht und ruht: ach welch ein trůber tag!
Welch eine bôse post wer Euch vor augen kommen /
20 Ihr Anverwanten Ihr! wo Gott es nicht gewehrt /
es hatte ja die gluth so ůberhand genommen /
daß menschen hůlff und rath so gar von uns gekehrt
und nichts mehr fruchten wolt: die bach war abgelaßen /
am wasser es gebrach / mann konte leschen nicht /
25 die bůrger in der Stadt in furcht und schrecken saßen /
biß wieder brach herfůr das rothe morgenlicht.
Da schon ein guter theil in asche war verkehret /
da legte sich die gluth / das feuer ward gestillt /
der Armen angstgeschrey und bethen war erhôret /
30 Gott selbsten stund dabey / der war der beste schild /
und sprach dem Feuer zu / hier sey euch stoltzen flammen
der grentzestein gesetzt; nicht weiter solt ihr gehn.
Drauf dåmpfte sich mit macht das Feuer allzusammen
und brante nicht wie vor mit schrecklichem gethôn.
35 Wie aber? war es dann am Himmel angeschrieben?
Stund etwan dazumahl ein feuriger Planet /
daß du durch feuersgluth solt werden aufgerieben /
O heiliges geschôpf / wie itzt die rede geht /
und must es also seyn? ach nein. Die schweren sünden /
40 die ůberhåuffte schuld / damit du deinen Gott
zu zůrnen angereitzt / selbst dier die ruthe binden;
Wie oftermahls hastu verlaßen sein gebott /
wie oftermahls hastu mit schrecklichem verbrechen
den Hôchsten angeflammt; Drůmb weiset er nun dier /
45 daß er auch strafen kan und deinen hochmut schwåchen;
Wer hette dis gedacht / Gott wohnet selbsten hier; ⟨*13.*⟩
Dis ist die heilge Stadt / da Gottes quell entsprungen /
und durch das Deutsche Land mit vollen strômen dringt /
hier ists zum ersten mahl der Christenheit gelungen /

hier ist dieselbe Burg so alle Ketzer zwingt: 50
Ja freylich ist es war; daß hier des HErren Tempel /
doch sol man dencken nicht / daß wir von straffen frey /
wann wir verbrochen uns: Ein trauriges Exempel
stellt uns der Höchste für; wie er so zornig sey /
doch ist es nicht sein ernst / er will uns so nur leiten 55
zur rechten Gottesfurcht / zur wahren frömmigkeit /
und daß wir unsre schuld erkennten ja bey zeiten /
und nicht so lebten fort in solcher sicherheit:
Dis war des Höchsten Sinn. Drůmb wir Ihn Vater nennen /
und billich danckbar seyn / daß er nicht also gar / 60
wie wir es wohl verdient / hatt laßen ferner brennen /
den angeflammten zorn. Daß er uns noch bewar
vor feuersnoth und krieg / last uns ein frommes Leben
hinfůro stellen an / daß Gott dem HErrn allein
stets unser Seel und Leib und alles sey ergeben / 65
so wird er unser Gott und treůer Vater seyn.

IX.
Quadrain oder vierzeilich gesetze /
so sich von weiblichen Alexandrinischen
anfåht.

Dein vers ist lobens werth; er wird fein lange tauren / 5
weil sich ein jedes wort hart in einander schraubt /
daß einer wer ihn liest / vor schweren worten schnaubt /
wie ein Soldate thut / wenn er ersteigt die mauren. ⟨14.⟩

X.
Quadrain /
so sich von Månnlichen anfåht.

WEr Jungfern gleuben wil / muß pflůgen auff der See /
und seen in den Sand: wer ihren worten trauet; 5
helt mit der hand die luft / auf keinen grund er bauet;
wie glaaß ist Ihre gunst / drůmb pack dich Galatee.

XI.
Sexain / Sechszeilich gesetze /
so sich von Weiblichen anfåht.

WIe sparsam werden doch / wie witzig unsre Leuthe /
5 durch diesen krieg gemacht / der Mangel stetig denckt
auff lauter sparsamkeit; daß sich der Priester krånckt
und gar verarmen muß: mann gehet auf die freyte
so lange biß zugleich im wochen ligt die Braut /
also daß auf einmahl der Priester taufft und traut.

XII.
Sexain /
So sich von Månnlichen anfåht.

DAs Frauenzimmer sonst ist ja so eckel nicht:
5 wie kômmt es doch / daß du verhůllest dein gesicht /
O Schwartze / wenn zu dier ein wohlgezierter Freyer
in deinen zimmer kômmt? und weichest alsobald
aus seinen augen weg / weil er von gelde kalt?
Ach sih! das wust ich nicht / der schneider macht Dich
10 theuer. ⟨15.⟩

XIII.
Huictain / Achtzeilich gesetze /
So sich von Weiblichen anfåht.

O Erdmuth gůldnes Licht! ô Sonne dieser Erden!
5 Ich habe nicht gesehn bey andern diese zier /
die doppelt kann zugleich bey dir geschauet werden /
der Rôthe bild / die schaam von innen bricht herfůr /
von außen schônheit=pracht mit lieblichen Geberden /
man hat ein schônes hauß und schônen wirth an dier:
10 Ob dier das Alter gleich den spiegel wolte brechen /
so kan es doch die schaam und zierligkeit nit schwechen.

XIV.
Huictain /
So sich von Månnlichen anfåht.

Wie darfstu schwartze Nacht doch nur so kühne seyn /
und treten ins gemach / wo Adelheit sich findet /
die Blůthe dieser zeit / wo Sie mit vollem schein
sich niederließ zur ruh / und gůldne Krǻntze windet:
Ihr Lichter in der Lufft / ihr Himmels=äugelein
wie daß ihr euch dann so je mehr und mehr entzůndet /
und brennet in der Luft? wie daß ihr nicht verbleicht /
vor diesem glantz und licht / dem selbst die Sonne
weicht? ⟨16.⟩

XV.
ODE.
von Alexandrinischen Versen.

1.
DEr abend bricht herrein / die kühle nacht entspringet /
da man der Liebe lied mit vollen freůden singet /
die Kinder kühler lufft seyn auch in stoltzer ruh /
nur Echo wachet noch und rufft mir immerzu
die letzten sylben nach: Ich sehe wie den sternen
der fast erblasste mond zu wincken kann von fernen;
Nur ich bin ohne trost und wache gantz allein /
und seuftze fort fůr fort / wenn andre schlaffen ein.

2.
Du ruhest / Hedewig / und liegst in stoltzem frieden /
in deinem federzelt / ich muß mich noch ermüden
und schlaffloß bringen zu die gantze liebe nacht /
da ich allein auff dich ô Hedewig / bedacht;

Des hertzens vorhoff ligt / dein rosen=Mund / gestillet /
dein edles Heupt ist auch in küssen eingehüllet;
20 Nur ich bin ohne Trost und wache gantz allein /
und seuftze fort für fort / wenn andre schlaffen ein.

3.

Es kann ein Wandersmann mit lust zu bette gehen /
wenn auff der himmelsburg die güldnen sterne stehen /
25 wenn er den müden tag mit reisen durchgebracht /
so ruht er sorgen=frey und schläfft die gantze nacht /
und wann der frühe tag die Sonne wiederbringet /
so steht er freudig auff und seinen Gott ansinget /
nur ich bin ohne trost und wache gantz allein /
30 und seuftze fort für fort / wenn andre schlaffen ein. ⟨17.⟩

4.

Ich bin in angst und furcht / die Eul erbärmlich schreyet /
Ich höre / wie sie mier den bittern todt schon dreuet.
Ach schmertz! ach weh! ach leid! ich ächtze durch die nacht
35 und liege schlaffloß da / biß Cynthius erwacht;
es schläfft der Arbeitsmann / der Drescher ruhet süße /
das stoltze pferd ruht aus / fühlt nicht die müden füße /
nur ich bin ohne trost und wache gantz allein /
und seuftze fort für fort / wenn andre schlaffen ein.

40 5.

Ey nun gehab dich wohl / Ade du stoltze Dirne /
Ich ruffe noch dazu zu zeugen das gestirne /
Euch ruff ich zeugen an / Ihr thäler / meine zier /
ihr wiesen / berg' / und büsch' und das auch wohnet hier /
45 das Lust=kind ruff ich an und kan es nicht mehr zeugen /
so wird es dennoch nicht mein letztes wort verschweigen;
Daß ich war ohne trost und wachte gantz allein /
und seuftzte fort für fort / wenn andre schlieffen ein.

XVI.
Rondeau / Ringelgedichte /
Von Alexandrinischen.

Ade zu guter nacht! mein Sinn ist abzuscheiden /
Ich muß dich edles Land mit widerwillen meiden /
die Muld' ist selbst betrûbt; ich bin auf nichts bedacht /
Als bloß auf diese wort / Ade zu guter nacht!
Dein Bruder / trauter freund / dein lieber und getreuer /
wie du ja nennest mich / fûhlt deiner Liebe feuer /
und nimmt die feste treu und Freundes pflicht in acht /
und sagt zu letzt wie vor / Ade zu guter nacht! ⟨18.⟩

XVII.
Ein Muster Gemeiner Art /
so sich mit Weiblichen Versen anfåhet.

WAs unser Rund die große Welt ûmbgreiffet /
was durch das licht der rothen Sonnen reiffet /
   was geht und steht / was lebet / schleicht und kreucht /
   hatt seine zeit / so weit der Himmel reicht.
An dieses licht der Welt gebohren werden /
und wiederûmb genommen von der erden
   hatt seine zeit; Zunehmen und vergehn /
   verwelcken auch und voll in blûhen stehn /
hatt seine zeit; Das rotten / pflantzen / hauen /
das wûrgen auch / das heilen / brechen / bauen /
   hatt seine zeit; in klag' und lachen seyn /
   der tantz / das leid / das wohlergehn / die pein /
hatt seine zeit; stein=suchen / steine streuen /
das hertzen auch / mit schertzen sich erfreuen /
   von kûssen weit und schertzen ferne seyn /
   hatt seine zeit; verliehren / samlen ein /
Zureißen auch / zunehen / werffen / halten /
hatt seine zeit; verjûngen und veralten /
   das lieben auch und hassen; fried und streit /
   ja alles hatt bestimmte stund' und zeit. Pred⟨iger⟩ Sal⟨omons⟩ 3.

XVIII.
Ein ander Muster ebenselbiger Verse /
da der abschnitt nach der 6. sylbe / so sich auch von
Weiblichen anfäht. ⟨*19.*⟩

5   Anbind=gedichte / als Adelheit den 16.
Christmonat ihren Nahmentstag be=
gieng.

O Auszug aller schaam / ô bild der Schônen /
von der die Venus selbst muß schmuck entlehnen /
10   ô spiegel aller zucht / ô Adelheit /
ô Demant aller zier / ô Licht der zeit /
was ist dis für ein gruß und wundsch? von wannen?
Wer hatt hier aufgesteckt die grûnen Dannen?
Was ist diß für ein spiel / der süße toon?
15   Wer tritt ô Schône / doch vor deinen Thron?
Wie! oder ist dein Licht und Tag erschienen /
daß dier zu ehren itzt so viel aufdienen?
Fûrwar es ist also: hier ist das band /
damit ich binden will die zahrte hand:
20 Hier ist der gûldne Krantz dich zu bekräntzen /
den Demant ziert und schmückt mit solchem glântzen /
daß mann verblândet wird bey spåter nacht:
Was wird er kriegen wohl vor glantz und pracht /
wenn Ihn dein gûldnes haar erst wird auszieren /
25   und mit verwunderung den glantz duplieren?
Vor dich wer er zu schlecht / ô schônes Bild /
wo er von deinem glantz nicht wûrd' erfüllt:
und solches weiß ich wohl / drûmb nim vor willen /
weil dein Belieben wird nichts bessers stillen /
30   als dieses edle pfand der festen Treu /
die durch die Feder dier versprochen sey.
Hiermit gehab dich wohl und leb' in freuden /

nim hin den güldnen krantz / das band von seiden / ⟨20.⟩
der Himmel friste dier die Lebenszeit /
und laße dich gesund ohn' alles leid.

XIX.
ODE von gemeinen versen.
Als Erdmuth ihren Namens=tag begieng.

1.

O Nymfe / der ich diß zu ehren singe /
O Erdmuth / schicke dich zur fröligkeit /
und deinen süßen toon zugleich erschwinge /
zu loben deinen Gott in dieser zeit.

2.

Laß deine Nadel stehn und faden liegen /
weil itzo bricht herfür dein Nahmens=licht /
Ich seh schon kommen an mit tieffem bügen /
die Diener deines Herrn / der Dier verpflicht.

3.

Was tragen sie doch nur vor schöne sachen?
Was ist das für ein wundsch in güldner schrifft?
Ich der ich dieses seh / waß soll ich machen /
weil mich itzund nun auch die ordnung trifft?

4.

Nur einen bloßen wundsch will ich dier geben /
und was es mehr wird seyn das ich verehr /
der Himmel gebe dier ein langes Leben /
damit ich anderwerts den wundsch vermehr.

5.

Also bistu nun auch von mier gebunden /
du Tugendhafftes Bild zu dieser zeit; ⟨21.⟩
Das band das deinen Arm und hand ûmbwunden /
erfodert traubenbluth / das dich befreyt.

XX.
Sonnet von gemeinen Versen /
so sich mit Weiblichen anfåht.

Als die Buchdruckerey=Verwanten ihr
Jubelfest ANNO 1640. am Johannsta=
ge begiengen.

ES seyn zwar wohl die Alten hochgestiegen;
Ein hôltzern bild gab Dedalus herfûr /
das selbsten gieng lebhafftig wie ein Thier.
Architas holtz kont in den Lûfften flûgen
nach tauben=art; Homerus heffte liegen
in einer Nuß geschrieben auff papier;
Des Himmels=lauff im glase mit manier
zeigt Archimed: Doch war damals im kriegen
kein Jupiter / der auf der Erden blitzt /
kein Alchimist / kein Mûnch der Pulver nûtzt;
Zu Gallen ward auch Tanto nicht verspûret /
der uns gelehrt den werthen glockenguß;
Die Druckerey / so itzund trotzen muß
Athen und Rom / ward damals nicht gefûhret.

XXI.
Sonnet
von gemeinen Versen so sich mit månn=
lichen anfåht /

Auf eben daßelbe Jubelfest. ⟨22.⟩

Nun haben wier / Gott lob! erlebt die zeit /
da uns das fest der Druckerey nun wieder
erschienen ist; stimmt an die freuden=lieder!
wie bricht der tag der gnaden allbereit
voll glantz herein durch alle dunckelheit!

Der Pabst ligt nun durch diese Kunst darnieder /
Er ist gestůrtzt / zerschlagen seine glieder /
es ist nun klar und kundig weit und breit.
Diß eben ists / was dort Sibylla setzet /
und propheceyt / daß des Verderbens=Sohn 15
soll durch den flachs verliehren macht und krohn;
Dis eben ists; was Babilon verletzet /
und niederwirfft; was vormahls Gutenberg
und Faust erfandt / das edle Drucker=werck.

XXII.
Quadrain oder vierzeiliges gesetze /
so sich von Weiblichen gemeinen Ver=
sen anfåht
über das Brautbette. 5

DIs ist das zelt / wo Lieb und Lust sich letzet /
dis ist das grab der schőnen Jungferschafft /
die durch den pfeil der Liebe weggerafft;
Dis ist das feld / wo Venus jagt und hetzet.

XXIII.
Quadrain /
So sich von månnlichen anfåht. ⟨23.⟩
Alles flůchtig!
Alles nichtig! 5

DEr Spiegel bricht / der schőnheit Zier vergeht /
der Leib nimbt ab / die Rőthe selbst muß weichen /
das Alter naht / die rothen Lippen bleichen /
was ist es dann / das wohl an dier besteht?

XXIV.
Sexain / Sechszeiliges gesetze /
von gemeinen Versen.

⁵ KEin wunder ists / daß deine rosen blühen /
 ô schônes Bild / bey rauher winterszeit /
weil sie vor frost dein Athem gantz befreyht /
 die warme Lufft kann sie so schôn erzihen;
dein Augen=glantz ist ihnen Sonnenschein;
 wann gleich der frost von außen bricht herein.

XXV.
Huictain / Achtzeiliges gesetze.

WAs ist doch wohl dem Menschen zuvergleichen?
 Der kleinen Welt / was übertrifft er nicht
⁵ An zier und schmuck? Die Sonne selbst muß weichen /
 wo sich nur zeigt sein schônes Angesicht.
Die Rose muß vor seinen Lippen bleichen /
 wie ist er doch so artlich zugericht?
ein Ebenbild des Hôchsten; doch muß sterben
¹⁰ sein edler Leib und in der grufft verderben.

XXVI.
Rondeau / Ringelgedichte.
von gemeinen versen. ⟨24.⟩

Du bist nicht blind / du Gott der süßen schmertzen /
⁵ Ich gleub' es nicht weil du so nah zum hertzen
 die pfeile schießt / und weil du so geschwind
 die straße triffst; fürwar **du bist nicht blind.**
Der Mahler treugt; kanstu so grade zielen /
und auf der See mit deinen pfeilen spielen?
¹⁰ Hastu den Mars mit Liebesgluth entzündt?
So sag' ich noch / fürwar **du bist nicht blind.**

XXVII.
Sonnet /
Darinnen DIMETER HYPERCATALECTUS und ACATALECTUS
mit einander geschrencket werden.

IHr frischen wasser und ihr steine /
   ihr beume / felder / thal und wald /
   ach hôrt / wie seuftz' ich mannigfalt;
Schreibt auf mein Testament / ihr Haine /
seyd meine Schreiber / wie ich weine /
   grabts in die rinden / daß es bald
   bekleibe / wenn ich werde kalt
und lebloß ähnlich bin dem scheine;
   Ich sterb' aus lauter grausamkeit
   der Liebsten / welche mich (ach leid!)
Hatt niemahls wollen liebgewinnen.
   Nun gute Nacht / ihr meine Lust /
   ihr Wälder / die ihr mier bewust
und offt erfrischt die matten Sinnen! ⟨25.⟩

XXVIII.
Pindarische Hochzeit-Ode.
Von eben selbigen versen.
Satz.

WAs Liebe sey und was sie kann /
weiß itzund fast ein jedermann /
kein ding ist ja von Lieben leer /
die Erde liebt das wilde Meer /
der Weinstock pfleget ûmbzufassen
des ulmenbaums begrûnte zier;
Die Nachtigal / so fûr und fûr
die grûnen Wälder nicht kann hassen /
der schônen Welt gibt gute nacht /
wenn sich Ihr Lieb von hinnen macht;

15 Nichts anders als die Lieb' es machet /
daß sich der Sternen-schaar anlachet /
ja daß die Lufft das Feuer tregt /
wer hatt doch Gott nur angetrieben
Sein' Allmacht gegen uns zu ůben?
20 Die Lieb' hatt Ihn allein erregt.

Gegensatz.

DRůmb recht! Ihr nunmehr Liebes-paar /
last Euer Leid nun schwinden gar;
Es wůndscht Euch glůck ein jedermann /
25 Ich will die seiten wie ich kann
anstimmen und odarisieren
zu Ehren diesem Hochzeit-schein;
Ach solt' ich auf den Wiesen seyn /
da stets die Vogel modulieren / ⟨26.⟩
30 (ô Fůrstenau ich meine Dich /
da schône blumen hâuffiglich
und stetig frůchte seyn zu schauen /)
Ich wolte laßen blumen hauen
und zieren aus das Braut-gemach;
35 Doch will ein Hochzeitlied ich singen /
das soll erschallen und erklingen
biß an das blaue wolckendach.

Nachklang.

Nun gute Nacht und braucht der Liebe /
40   des glůckes neid Euch nicht versehr /
kein unfall niemahls Euch betrůbe /
daß ůbers Jahr Euch Gott verehr /
     was Euch anlacht
     zu tag und nacht /
45 was nach dem tod' Euch lebend macht.

XXIX.
ODE.
Fast nach eines Andern erfindung.

1.

WEß ist der rothe Mund / das güldne Licht
    das durch die spåten nåchte bricht?
Weß seyn die rosen=wangen?
Weß ist das lachen doch /
    das mich nun führt gefangen
ans süße Liebes=joch? ⟨27.⟩

2.

Hastu gezeiget dann / du schöner berg /
    ein solches Licht und süßes Werck?
So kann ich warlich sprechen /
    die freundligkeit wohnt hier /
den spiegel mustu brechen /
    ô Venus / selbsten dier.

3.

Hier hatt sich Tugend selbst gepflantzet ein /
    hier ist das milde freundlich=seyn /
was sol ich dann nun schließen
    aus ihrer Liebligkeit /
die Gratien selbst fließen
    und brechen durch den neid.

4.

Das urtheil sprech' ich nun / ô schöne zier /
    den güldnen Apfel geb ich dier /
die Tugend die ich kaum gesehen /
    hatt mich schon so entzückt /
was wird dann wohl geschehen /
    wenn ich dich recht erblickt.

XXX.
ODE.

1.

ES hatt nunmehr das gůldne Licht
des Himmels seinen Lauff verricht /
der tag hatt sich geneiget; ⟨28.⟩
Der blasse Mond steht auf der wacht /
die Sternen leuchten durch die nacht /
der sůße schlaff sich zeiget.

2.

Ey nun will ich in stoltzer ruh /
die Nacht mit schlaffen bringen zu /
ermůdet von studieren /
das durch den langen tag ich trieb /
biß mier die nacht den paß verhieb
die feder fort zufůhren.

3.

Indessen sey mein glantz und Licht
dein freudenreiches Angesicht /
du Sonne meiner Seelen /
daß nicht der Nåchte schatten mich
mit furcht und schrecken inniglich
im hertzen môge quelen.

4.

Nim weg den schweren sůnden=schwall /
so sich ereiget ůberall /
aus meines Hertzens=schrancken /
daß ich fein sanfte ruhen mag
und wann nun kômpt der frůhe=tag
dier Hôchster freudig dancken.

     5.
Hiermit will ich nun schlaffen ein
und Dier / ô Gott / ergeben seyn
   du wirst mich wohl erretten; ⟨*29.*⟩
Behůte mich fůr schnellem todt /
fůr aller angst und krieges=noth
  und fůr des Teufels ketten.

XXXI.
Anbindgesang /
An Seinen
Martin Segern / der Rechten Ge=
   fliessenen /
nach der Melodey / Frau Nachtigal / etc.

     1.
  WOhlauf! mein Sinn /
  wirf alles hin
  was traurig ist /
  her Lautenist /
greiff an das sůße Seitenspiel /
was wiltu noch verzihen viel.

     2.
  Der můde tag
  nicht warten mag /
  eß fliht die zeit
  die uns erfreut /
der tag an dem ich spielen muß
den sůßen toon mit ůberfluß.

     3.
  Wohlauff mein Freund /
  biß Luna scheint /
  wann Wein und Nacht

25 uns lustig macht / ⟨*30.*⟩
soll recht begehn Dein Nahmens=fest
der angeflammten Sinnen rest.

4.

Heut ist Martin /
30 nehmt Wintergrůn /
macht Krǻntze draus /
Er gibt den schmauß /
hey! frǒlich durch die gantze nacht /
und seyd auf nichts als Lust bedacht.

35 ### 5.

Diß sing ich dier /
mein Freund / allhier /
sey freuden=voll /
der Himmel soll
40 Dier fristen deine Lebens=zeit /
nun leb' in lauter frǒligkeit!

XXXII.
ODE.

1.

SOphia komm du edles Bild /
5   mein Trost und Schild /
Ich fiele deiner Liebe schmertzen
    in meinem hertzen /
ach eyle meine Sonn und Zier /
    und komm zu mier /
10 Ach laß der augen helles strahlen
    mich auch bemahlen /
laß seyn in deinen Armen Mich /
    damit ich dich / ⟨*31.*⟩
    Mein Lieb / erkennen kann /
15 die ich vor lǻngsten lieb=gewann.

2.

Sophia komm und tråncke mich /
    so lieb' ich Dich /
laß deine weisen ströme fließen
    und mich durchsůßen /
damit ich von dier reden mag
    zu nacht und tag;
Ach laß mein Håupt nun auch bekråntzen
    in diesem Lentzen /
und schleuß mich nun in deine Gunst /
    Du Bild der Kunst;
Dein braunes Angesicht /
Sey in der dunckelheit mein Licht.

3.

Laß deinen zucker=sůßen Mund /
    der mich verwundt /
mit meinen důrren Lippen růhren /
    den tau zu spůren /
der auf den deinen sich befindt /
    du weises Kind /
wie Perlen=tau auf rosen stehet /
    wenn einher gehet /
Die Himmels=Braut bey früher zeit
    in roht bekleidt /
wohlan! Ich komm zu dier /
wil bey dir wohnen für und für. ⟨32.⟩

4.

Komm liebe Braut und kröne mich /
    lieb' ich doch dich /
komm lege deinen Scepter nieder /
    damit ein jeder
von dier / ô Fůrstin / wird geehrt /
    der dich nur hört;

<pre>
         Ich wil mein Antlitz zu dier kehren
50   und dich nur hören /
         damit ich deine Weise kunst /
             dein' Ehr und Gunst
             Allzeit genießen mag /
         O schöne Braut / zu nacht und tag.
</pre>

XXXIII.
ODE.

1.

<pre>
     ALs Adelhold auf eine wiesen
5   sehr traurig ausspazieren ging /
     da lauter sanffte Winde bliesen /
     und Ihn das trübe Leid ûmbfing /
     setzt' er sich auff den grünen plan
     und rührt die güldnen seiten an.
</pre>

2.

<pre>
     Er sang von seiner Liebsten Tugend /
         von Ihrer Zucht und Freundligkeit /
     wie seine noch fast frische Jugend /
         mit ihrer Liebe wer' erfreut;
15   Neid tobe wie du immer wilt /
     sein wündschen ist doch wohl erfüllt. ⟨33.⟩
</pre>

3.

<pre>
     Seit daß ich bin von dir wegkommen /
         Du Nimfen=sitz und Musen=Stadt /
20   hatt dreymahl ab= und zugenommen /
         des fast erblassten Mondes blat /
     so lange bin ich allbereit
     von dier entfernt! ô Adelheit.
</pre>

4.

Es konte niemand mich bereden /
   daß auch so scharf und rau der Nord /
Ich eylte fort gleich einem blöden
   an meiner Sinnen freuden=port /
   die Muld' und Elbe nahm mich an /
   und hatt mir alles guts gethan.

5.

Den Krantz den mir im kühlen Meyen
   zu letzte noch die Liebste schenckt /
den wird mein Phöbus bald verneuen /
   an den mein hertze stets gedenckt /
   mein Phöbus der berühmte Mann /
   der so vortrefflich spielen kann.

6.

Ein Freuden=lied solt ich wohl singen /
   ach! aber welche böse post /
welch ein geschrey hör ich erklingen?
   was kömmt vor Botschafft her von Ost /
   ist unsre Lieb und Freundschaft todt?
   Ach ô der übergroßen noth! ⟨34.⟩

7.

Doch muß ich mich nur drein ergeben /
   die Liebe stirbet nimmermehr /
ob gleich der Leib ist ohne Leben /
   bleibt doch der Liebe Ruhm und Ehr /
   Ich muß gedencken / daß ich auch
   bin nichts als lauter schnee und rauch.

8.

Mein Freund ist Gott der mich auch liebet /
   und ohne falsch / des tröst ich mich /
dem sich mein Sinn und Hertz ergiebet /

   und fürchtet keinen Wüterich /
   Neid tob' und wüte / wie du wilt /
   der Höchste Gott ist doch mein Schild.

9.

60 Ey nun ade / ich wil bald scheiden
   und sehn wo schöne Rosen stehn /
  da mir den bunten Krantz mit freuden
   wird geben und entgegen gehn
  mein' auserwehlte Nimf' und Braut /
65   die ich von ferne schon geschaut.

10.

Also sang Adelhold zu letzte /
  daß wald / berg / thal und feld erschallt;
Als er sich nun zu schiffe setzte /
70   zu segnen diesen Musen=wald /
  trennt uns der Wind und dieses Licht /
  das nach der Abendröth' anbricht. ⟨*35.*⟩

XXXIV.

Trauer=Lied.

Als er seinen Freund gesegnen
muste.

5   1.

ALlhier in diesen Wüsteneyen /
  da nichts als schwartze bäume stehn /
Muß ich vor großem wehmuth schreyen /
  muß weinen und betrübet gehn /
10   weil nun mein Hertz / mein Ander Ich
    absondert sich;
Nun seh ich wie dem ist umbs hertze /
  der seinen Freund verlaßen muß /
  dis lehret mich mein eigner schmertze
15   mit überfluß.

2.

Ihr tieffen Thåler und ihr Büsche /
   Ihr die ihr in den gründen seyd /
hört meinen seuftzen zu / ihr fische /
   und helfft beklagen dieses Leid /
      weil ich den Bruder missen muß /
         doch mit verdruß;
Nun seh ich wie dem ist umbs hertze /
   der seinen Freund verlaßen muß /
dis lehret mich mein eigner schmertze
      mit überfluß. ⟨36.⟩

3.

Ihr berge / felsen / klüfft und Steine /
   Du Lust=kind / Echo / spring mir bey /
sih wie den Abschied ich beweine /
   stimm' ein in meine melodey /
      die nichts als wind und seuftzen ist /
         zu dieser frist /
nun seh ich wie dem ist ûmbs hertze /
   der seinen Freund verlaßen muß /
diß lehret mich mein eigner schmertze
      mit überfluß.

4.

Ihr Kråuter / die ihr stets aufgehet /
   wo Wald und feuchte Brüche seyn /
das Laub / das auf den Espen stehet /
   stimmt schon in meine seuftzen ein /
      mein Auffenthalt / mein Schatz ist hin /
         das krånckt den Sinn /
nun seh ich wie dem ist ûmbs hertze /
   der seinen Freund verlaßen muß /
diß lehret mich mein eigner schmertze
      mit überfluß.

5.

Ihr wasser / brunnen / quell und båche /
steht still und schaut dis trûbnûs an /
ach hôrt / was ich in ångsten spreche /
in dem ich diese trauer=bahn
den weg des Abschieds zihen soll
      des kummers voll / ⟨*37.*⟩
Nun seh ich / wie dem ist ûmbs hertze /
der seinen Freund verlaßen muß /
dis lehret mich mein eigner schmertze
      mit überfluß.

6.

Ihr Himmels=fackeln und ihr Sterne /
so in den blauen wolcken stehn /
schaut auf mich Armen her von ferne /
der ich so einsam her muß gehn /
und meines Liebsten Angesicht
      kann schauen nicht /
Nun seh ich wie dem ist ûmbs hertze /
der seinen Freund verlaßen muß /
dis lehret mich mein eigner schmertze
      mit überfluß.

7.

Nun komm / du süßes spiel der winde /
du weisser West und nim dis wort
und bring' es eilend und geschwinde
      zu dem der mein gewûndschter Port /
und zeig' Ihm / daß ich meiner pflicht
      vergessen nicht /
sein bluth so auf papier geschriben /
das soll der treûe zeige seyn /
daß er mich ewiglich will lieben
      in noth und pein. ⟨*38.*⟩

XXXV.
Valet-Ode.
Als Er verreiset.

1.

IHr Bücher meine lust und freude /
  du leichte feder du /
die ich zu meinen Liedern schneide /
  hört meinen seuftzen zu.

2.

Ich soll Euch nun verlaßen /
  wie fang ichs doch nur an /
soll zihen meine straßen /
  ein' ungebåhnte bahn?

3.

Der Weg wird mir zu lange /
  das scheiden ist zu schwer /
Es ist mir angst und bange
  und bin bekümmert sehr.

4.

Wer will die zeit vertreiben /
  die allzulange zeit /
wann ich nicht mehr kann schreiben
  von meiner Adelheit.

5.

Wann ich nicht mehr kann lesen/
  den Edlen Opitz da /
wie ihm sey lieb gewesen
  die braune Flavia. ⟨39.⟩

6.

30 Wann Flaccus schöne Lieder /
wann Maro nicht bey mier /
so ist mier nur zuwieder
die schönste lust und zier.

7.

35 Die zeit wil nicht verfließen /
wann Sappho schweigen muß /
wenn mich nicht kann durchsüßen
der schwere Pindarus.

8.

40 Doch weil ich ja soll scheiden
und euch nicht länger sehn /
so hoff ich / soll mit freuden
mein wündschen auch geschehn.

9.

45 In kurtzen komm ich wieder
und dessen tröst' ich mich /
da sollen denn die Lieder
erst recht anheben sich.

XXXVI.
Ringel=ODE.

1.

ADe du gifft der zeit / du eitle Liebes=lust /
5 die mier (ach blinde Welt!) vor diesem war bewust /
die mein gemüth und Sinnen
bezaubert allbereit /
nur thorheit zu beginnen;
Ade du gift der zeit! ⟨*40.*⟩

2.

Ich bin gesinnet nun der Tugend nachzugehn /
und nicht mehr bey der Welt der eiteln Welt zu stehn /
    Ich wil mich von ihr reissen /
      aus Eckel und Verdruß /
    und mich der zucht befleissen /
      so daß ich sagen muß:

3.

Ade du gifft der zeit / du eitle Liebes=lust /
die mier (ach blinde Welt!) vor diesem war bewust /
    die mein gemûth und Sinnen
      bezaubert allbereit /
    nur thorheit zu beginnen;
      Ade du gift der zeit!

Ende des Ersten Buchs. ⟨*41.*⟩

Philippi Cæsii

Ander Buch/

Von den Mustern der Trochäischen Arten. ⟨*42.*⟩

ET
PRODESSE VOLUNT
ET DELECTARE POETÆ.

Wer andre lustig macht und schreibet nach der kunst /
Was gut und nützlich ist / dem zeigt man ehr und gunst.

OMNE TULIT PUNCTUM,
QUI MISCUIT UTILE
DULCI. ⟨*43.*⟩

I.

Ein Muster der Neuen Trochäischen
Art / darinnen beydes der Weibliche und
Männliche Vers 15=sylbig.

Sonnet.

MOnde / dessen blasser Schein bey der braunen nacht sich zeiget /
und ihr güldnen Himmels=Lichter / gönnet uns doch euer licht /
schimmert doch mit euren strahlen / biß der frühe tag anbricht /
wolt ihr nicht? hier ist der glantz / wo mich nicht ihr blitz betreuget /
so aus ihren augen geht und in mein gesichte steiget /
bleib ô blum und licht der Jugend / du schneeweisses Angesicht /
das den Liljen / das den Rosen / ja der Sonnen weichet nicht;
Bleibe bey uns diese Nacht / da das süße Lufft=volck schweiget /
da die Sonne nicht mehr scheinet und das trauren uns besitzt /
sey mein Licht und meine Sonne / weil so lieblich zu mir blitzt
deiner augen güldnes Licht / wenn der Abend kömmt gegangen /
wenn die trübe nacht hergehet und das schwartze trauer=kleid /
ûmb den braunen Körper hüllet: zeige deine liebligkeit /
dein gewohntes freundlich=seyn / zeige deine Rosen=wangen!

Wer dergleichen Verse mehr lesen wil / und lust dazu hatt /
der kann nur Opitzens Tragödie von der Judith auffschlagen /
woraus wir denn im ersten Theil unsers Helicons etliche
exempel angezogen. ⟨44.⟩

II.

Ein Muster der Neuen Trocháischen
Art / da sich die strophe mit 2. Weiblichen 13=syl=
bigen anfåht / und mit 2. Månnlichen 12=
sylbigen schließet.

SOll ich armer schweigen nun / oder sol ichs sagen?
Ach mein seuftzen=volles hertz zwinget mich zu klagen /
Ach wo ist mein Seelen=Artzt / Ach wo ist er hin!
Sein verzug alleine mier raubet muth und Sinn;
Mancher Artzt und manch balbier haben mir gedienet /
manche blume / manches kraut so im garten grůnet
und was mehr vor artzeney diese welt ůmbschrånckt;
nur du warest nicht dabey welches mich sehr krånckt /
Du gerechter Samarith / Du ô meine wonne /
Du mein Laabsaal und mein Heil / meine Lebens=Sonne /
drůmb war alles nur ůmbsonst; nur ůmbsonst es ist /
was ich hofft' und hoffe noch / was ich långst vermisst /
dieses mangelt mir allein: ach wie seyn verblichen
meine Wangen und der Mund dem die rosen wichen /
kennstu / Gott / auch dein geschôpf / kennstu mich auch noch?
der ich tåglich zihen muß ein so schweres joch.
Meine zunge todten=blaß kaum sich mehr erreget /
ja der gantz geschwåchte puls nårlich nårlich schlåget /
Meinem hertzen ist sein hertz fast benommen gar /
alle krafft ist auch hinweg; ich bin in gefahr /
marck und bein ist sterbe=kranck / weil ich gantz verblasset
schwach und lagerhafftig bin / und der welt verhasset / ⟨45.⟩
weil kein aug' in meinem aug' und kein hertze mehr
selbst in meinem hertzen ist / das mich krånket sehr.
Eyle / weile nicht / mein Heil / komm mich zu verbinden /
und gedencke nicht der schuld / laß mich gnade finden /
laß mich seyn dein liebes kind / hilf mir aus der noth /
Ich verbleibe dier getreu / Gott / biß in den Todt.

III.
Ein Muster der Neuen Trochäischen
Art / darinnen der Weibliche 11. sylben / der Männliche
10. sylben und den Abschnitt allzeit nach der
5. sylbe jedes verses hat.

HEld / vor dessen macht Erd' und Himmel zittern /
und das wilde Meer seinen stoltz legt ein /
wenn sich regt dein fuß / muß die Erd' erschüttern /
und der Angel=stern blaß und dunckel seyn.
Ach! wie darffstu mier / mier die gunst erzeigen /
solche große gunst die zu hoch vor mich /
Ehrestu dann den / der sich dier sol beugen
und mit Demuth selbst hoch verehren dich?
Deine Sanfftmuth ists / die der Himmel liebet /
deine Demuht selbst zieret dich so schön /
die der Höchste dier reichlich schenckt und giebet /
darümb soll dein Lob nimmer untergehn.

IV.
Ein Muster der Neuen Art / darinn
der Weibliche 9=sylbig / der Männliche 8=sylbig /
so den Abschnitt nach der 3. hatt. ⟨46.⟩

LIebster Gott / laß mich gnade finden /
tilge doch meine schwere sünden /
mein gebein ist zerschlagen gar /
mein gemüth kränckt sich immerdar;
Schicke zu lieber Gott / mir armen /
vor das Recht langmuth und Erbarmen /
mein Gesicht ist von thränen roth /
welche mich ändern auf den todt.
Eyle doch / hilf mier aus den nöthen /
eyle doch / alle furcht zu tödten /
die mein Hertz gäntzlich hat ümbringt /
daß mein Mund Dier ein Dancklied singt.

V.
ODE
von 9= und 10=sylbigen versen.

1.

Nun hatt mein gemůthe sich erquicket /
weil das Auge dieses Licht erblicket /
welches durch die spåten Nåchte bricht /
und mich brennt / doch ohne flamm und Licht.

2.

Komm und lesche diesen brand der Liebe
komm und mich nicht långer so betrůbe /
Du mein Auffenthalt und Lebens=zier
lindre diese schmertzen doch an mier.

3.

Nahe dich du gůldnes Licht der Freuden;
Wiltu denn so bald von mier abscheiden?
und mich laßen ohne Sonn und Licht /
weil die trauren=volle nacht anbricht. ⟨*47.*⟩

4.

Sihe wie so schôn die Sterne lachen /
und du wilt dich schon von hinnen machen?
Schône / du mein frůh=und Abendstern /
nahe dich und bleibe nicht so fern.

5.

Wenn gleich alle Stern' am Himmel schienen /
kônten sie mier dennoch wenig dienen /
Du Alleine bist mein bestes Licht /
bey dem keine Sonne mier gebricht.

VI.
Sonnet /
von 8= und 7=sylbigen versen.
Nach der Erfindung der 20. Ode unsers
Poeten.

Tugend will ich allzeit lieben /
Tugend ist der beste Freund /
wenn die güldne Sonne scheint /
wenn die Wolcken uns betrüben /
wenn wier uns im Reisen üben;
Tugend wird uns nimmer feind /
alles ist sehr wohl gemeint;
Freunde wie der rauch verstieben /
Tugend aber immer bleibt /
die kein Armuth nicht vertreibt;
Freunde / wenn sie gleich verbunden
sich zu geben in den Todt /
wenn wier aber seyn in noth /
wird nichts flüchtiger gefunden. ⟨48.⟩

VII.
ODE.
Von eben denselbigen Versen.

1.

Muß ich denn nun noch erfahren /
wie so treuloß sey dein Sinn /
Allerschönste halb=göttin /
die wier doch verbunden waren
durch das feste Liebes=band
an dem hertzen / muht und hand.

2.

Muß ich denn nun selbsten hören
daß ein solcher grober Klotz /
Mier gerühmet wird zu trotz /
wiltu einen solchen ehren /
Einen solchen groben Knoll /
welcher aller grobheit voll?

3.

Muß er denn mich so verdringen /
daß ich deinen Rosen=mund /
den ich vormahls küssen kunt /
fort nicht mehr kann hören singen /
solche süße Melodey /
die mich machte traurens frey?

4.

Wiltu denn so gar verlaßen
deinen Liebsten / der sich Dier
gantz ergeben / meine Zier /
welchen Du auch gleicher maßen ⟨*49.*⟩
inniglich geliebet hast /
der dier war ein lieber Gast.

5.

Solten deine rothen Wangen /
soll dein zucker=süßer Mund /
der den Himmel zwingen kunt
und die Götter hielt gefangen /
diesem Tölpel eigen seyn /
der so trotzig tritt herein.

6.

Nein: der Himmel wolle lencken
meiner Hertzens=meisterin /
Dier / den gantz verirrten Sinn /
daß du môgest wieder schencken
deine Gunst und Liebe mier /
der ich mich ergeben dier.

VIII.
ODE.

1.

HAlt / du schôner Morgenstern
bleibe fern /
und du gûldne Nacht=Laterne
halt der weissen Pferde Lauff
itzund auff /
steht ein wenig still ihr Sterne.

2.

Gônne mier die sûße ruh /
Sonne / Du / ⟨50.⟩
Laß uns doch der Liebe pflegen /
laß den kûhlen reiff und tau
auf der Au
noch ein wenig meinet wegen.

3.

Ist doch meine Liebste mier
Sonn und zier /
die mich itzund in den armen
in den zahrten armen weiß /
Die mein preiß
und mich also lesst erwarmen.

4.

25 und du wunder=schönes Licht /
Die ich nicht
nach der gnüge kann beschreiben /
laß der hellen augen schein
bey mier seyn /
30 biß der tag die nacht wird treiben.

5.

Wie hatt mich dein rother Mund
doch verwundt?
Das zweyfache schild mich zwinget /
35 das vor deinem hertzen steht
wie ein beet /
da der Liljen pracht aufspringet.

6.

Ach entschlage dich ja nicht /
40 schönes Licht /
dieser Lust in deiner Jugend / ⟨51.⟩
brauche deiner liebligkeit
und der zeit /
schadt es doch nicht deiner Tugend.

45 7.

Laß uns immer freudig seyn;
Nacht und Wein
reitzen uns itzund zum lieben /
dann wenn Liebe / Nacht und Wein
50 bey uns seyn /
kann uns Langmuth nicht betrüben.

IX.

Pindarische Ode.

Auff das Seelige Ableiben Herrn Christoph aus dem
Winckel auf Wettien und Brandes
5 Erbsassen.

Der 1. Satz.

ACh wie kömmt es doch / daß eben
itzt in dieser Rosen=zeit /
da mann lebt in fröligkeit /
viel in Todes=nöthen schweben 10
und bald werden weggerafft
durch des grimmen Todes krafft?
Ach was wird mann denn wohl spüren
wenn sich Parra wird verlieren /
wenn die Sonn' am höchsten ist? 15
Ach wie werden wier dann lauffen
in des Todes hand mit hauffen /
der zu würgen ist gerüst! ⟨52.⟩

Der 1. Gegensatz.

O Du Licht des gantzen Landes / 20
der du warest für und für
unser aller Ruhm und Zier /
ja des Winckelischen Standes
starcker Trost und Ehrenkron /
wiltu dann nun reisen schon 25
an den süßen ort der freuden
weit von trauren / weit von leiden?
Da du denn viel heller bist /
und mit nichten weichst den Sternen /
da du auch alsdenn kanst lernen 30
Gott erkennen wie er ist?

Das erste nachspiel.

ES betrauret deinen Todt / was allhier zu finden /
   ja der Wiesenglantz
     ist verwelcket gantz / 35
Es betrauren dich die fisch' in den tieffen gründen /

ja die gůldne Sonne selbst zihet an ein schwartzes kleid /
grůne Wålder
bunte Felder
40 selbst verlieren ihren schmuck / ihren glantz und liebligkeit.

Der 2. Satz.

WEinet aber nicht so sehre /
Edle Frau / verlaßne nun /
sondern richtet euer thun
45 nur auf Gottes Ruhm und Ehre /
ruffet Ihn in nôthen an /
so ist alles wohlgethan / ⟨53.⟩
es ist Gottes Sinn und Wille /
darumb haltet Ihm nur stille;
50 Ach! was ist doch unsre zeit?
die wier kaum so lange leben
als Ephemeron kann schweben
an des flusses Liebligkeit?

Der 2. Gegensatz.

55 WEil es Gott so pflegt zu schicken /
und es anders nicht kann seyn /
ey so soll man sein Gebein
mit dem schônsten balsam schmůcken /
der zur unverweßligkeit
60 dient dem Menschen jederzeit /
und sein Edles Håupt bekråntzen
mit den Blumen / welche glåntzen
wann der Frůhling will angehn /
wann sich schnee und reiff verlieret /
65 wann die Wiesen seyn gezieret
und in vollem blůhen stehn.

Das 2. nachspiel.

Nun / nun ist der edlen Seel' alles diß benommen /
    was uns bringet Leid
      vor die Frôligkeit / 70
Die sie nun im Himmel hatt vôllig ûberkommen;
nur wier armen leben noch hier in lauter krieg und streit /
    biß wier werden
      von der Erden
auch einmahl hinauf gerafft / zu der großen herrligkeit. ⟨54.⟩ 75

X.
ODE.

1.

WAs mag ich mich unterfangen?
Ach was untersteh ich mich 5
deine rosen=rothe Wangen
anzuschauen und auch dich
schônes Bild herfûr zu streichen /
dem die Sterne selbsten weichen?

2.
10
Kônte gleich Apelles mahlen /
dich / ô wunderschônes Bild /
und der Augen helle strahlen /
dieser blancken Brûste schild /
kann doch nicht entworffen werden 15
deine tugend und geberden.

3.

Solche liebligkeit im sprechen /
das so milde freundlich seyn
kann mir muth und sinnen brechen; 20
wenn dein Antlitz bricht herrein /
wenn die braunen Augen funckeln /
kann mich keine Nacht verdunckeln.

4.

25 Deiner hohen Stirne prangen
schôn' und braunlecht anzusehn
ist mein hoffen und verlangen /
ach! wenn wird es wohl geschehn ⟨55.⟩
daß da wird in meinen armen
30 dein so schlangker Leib erwarmen.

5.

Ich will mich mit macht bemûhen
zuerlangen deine gunst /
wil mit meinem singen zihen
35 Dich / zu leschen meine brunst /
wenn ich dieses werd' erlangen /
will ich gerne seyn gefangen.

XI.
Ein ander Lied.

1.

Echo zeige mier mein Leben /
5   E⟨*cho:*⟩ ja dier eben.
Weistu meine Liebste nicht?
    E. Die dein Licht?
Ja Sie ist mein Licht und Sonne;
    E. Freud' und wonne?
10 Ja sie ist mein Freuden=schein /
    E. Sie ist dein.

2.

Soll ich mich noch lânger mûhen?
    E. Laß verzihen /
15 Ach! verzihen macht mir Leid /
    E. nein / die zeit.
Was kann lindern meine schmertzen?

E. Jungfern schertzen.
Ist nun balde da die zeit?
E. nicht mehr weit. ⟨56.⟩

3.

Wird mir bald das Leid benommen?
E. Sie wird kommen.
Soll Sie kommen meine Zier?
E. ja zu dier.
Ach der tag wil schon verfließen /
E. laß sie grüßen /
Ey so bring' ihr meinen gruß /
E. wenn ich muß?

4.

Ach wo seyn die langen stunden?
E. gantz verschwunden.
Ist dann schier der schmertz vorbey?
E. Du bist frey.
Ach wenn kömmet mein Verlangen?
E. Sih die Wangen.
Ist dann dis mein Wunder=Licht?
E. Sihst es nicht?

5.

Wohl! ich wil Sie auch empfangen /
E. Dein verlangen?
Wil sie küssen unverwandt /
E. Mund und hand.
Ey nun lieg ich in den armen /
E. zu erwarmen /
Biß der Nåchte Licht verbleicht /
E. und entweicht.

6.

Nun wil ich die nacht verjagen /
50 E. Schmertz und klagen. ⟨57.⟩
Nun bring' ich in fröligkeit
E. zu die zeit.
Wil mich in dem süßen Lieben
E. stetig üben.
55 Drûmb ade du schmertz und Leid /
E. weiche weit.

7.

Hiemit wil ich dieses schließen /
E. Dich zu grüßen /
60 Edles Bild voll freundligkeit /
E. dieser zeit.
Echo leb' in grünen heyden /
E. Ihr in freuden.
Wir seyn nur auf Lust bedacht /
65 E. diese Nacht.

Diese und dergleichen Oden pflegt man in gemein ein Echo oder Widerschall zu nennen / ist aber in der that und wahrheit kein rechtes Echo / erstlich / weil in dergleichen getichten nur / eine / zwey oder drey letzten sylben widerholet werden /
5 wie aus den Lateinischen zuersehen / worinnen Dousa ein meister ist / und wir im ersten Theil schon erinnert haben. In dieser Oden aber befindet sichs schon anders / da allzeit auff den langen Weiblichen verß ein vier sylbiges verßlein / auff den Weiblichen aber ein dreysylbiges folget / an statt
10 derer wort die sonst in den rechten Echo-⟨58.⟩nischen Getichten widerholet werden. Darnach auch / werden nicht eben die sylben widerholet / die den langen weib= oder männlichen verß schließen / kan es derhalben nicht wohl ein Echo genennet werden / ob es schon die Componisten und In-

strumentisten also tåuffen. Dieses aber ist ein rechtes Echo /
da eben die vorigen sylben widerholet werden / als wenn ich
sage aus unserm Poeten p. 241.

Wirstu mich trôsten und sonst keine?
　　Ech⟨o:⟩ eine.
Lesst mich in angst und ablaß gehen /
　　Ech. laß gehen.
Wem soll ichs dancken mit der zeit /
　　Ech. der zeit.
Wer liebet doch nur mich?
　　Ech. ich.
Hûlfft etwas meiner ungedult?
　　Ech. gedult.
Weil ich im hôchsten Elend gehe?
　　Ech. entgehe.
Hoff alles werde guth und recht.
　　Ech. recht. etc.

Wo aber das wort Echo herrûhre / erklåhret Ovidius in seinen
Verwandlungsbûchern; Denn es hatt eine Wald=Nimfe also
geheissen / welche ein Jûngling / Narcissus genennt / den der
allzu- ⟨59.⟩ gûtige Himmel mit fast unvergleichlicher Schônheit verehret hatte / hefftig liebgewonnen; Als er aber aus
Hoffart und Laßdûnckel gar keine Liebe mit Ihr pflegen
wollen / und allzeit flûchtig erfunden ward / hat sie in kurtzen /
wegen großer Traurigkeit / ihre Leibes=und Lebens=kråfte
verlohren und ⟨ist⟩ in lauter haut und beine verkehret worden /
biß sie endlich gar verschwunden und nichts von ihr über-
blieben / als nur ihre bloße stimme und widerruff / die man
noch heut zu tage in den ôden Bûschen / Gebûrgen und
Klûfften / wenn man etwas laute ruffet / widerschallen hôret.
Narcissus aber ist hernach aus wider=vergeltung an ihm selbst
zum Narren worden / und ⟨hat⟩ sich in Ihm selbst verliebt /
in dem er seines Angesichts Bildnûs in einer klahren bach / als
er trûncken wollen gesehen / und solches zu kûssen / mit

ihme zu reden und selbiges zu ûmbfahen / sich unterwunden; Als er aber nichts als einen bloßen schein und schatten befindet / hermet er sich tag und nacht / verflucht sich und das stetsbrennende Liebes=feuer seines Hertzens / biß er endlich in Ohnmacht dahin fellet / der Echo nachfolget / und gar dem Tode zu theil wird; hernach aber ist aus seinem ûberausschônem Leibe / ⟨60.⟩ die schône Blume / welche von ihm den nahmen fûhret / und Narcissen=rôßlein genennet wird / entsprossen; Dessen Opitz in seinem Frûhlings=Klag=getichte am 227. blate also gedencket:

So geh' ich also nun in Einsamkeit alleine /
Und niemand hôret zu wie ich so sehnlich weine /
　Allein' ihr Gôttinnen / die ihr noch seyd betrûbt
　ûmb des Narcissus Fall / in welchen ihr verliebt /
Als er (ô harter Sinn) so schândlich euch verschmâhet /
Floh' in den wald / auf daß er nicht wûrd' außgespâhet /
　Da dann sein schôner Leib / den Echo hat begehrt /
　In eine Wiesenblum' erbârmlich ward verkehrt.
Ich seufftz' / O Echo / noch ûmb deiner Liebe willen:
Drumb hilffstu mir jetzt auch mein Klagelied erfûllen /
　Daß ich mein' helle Stimm' erheben kan so sehr /
　Biß daß der Himmel auch mein trauren selber
　　　hôr. etc.

XII.
ODE.

1.

WEißheit sage / wo du bist / wo dein reicher quell aufsteiget /
　　und sich zeiget /
　　trâncke mich mit deiner fluth /
　　　　hôchstes Guth /
　　laß mich deinen Most durchsûßen /
　　　und genießen

deinen zuckersüßen Wein /
laß mich immer bey dier seyn / ⟨61.⟩
daß mein Mund mit Weißheit blühe
und in Tugend sich bemühe.

2.

O du fürstin aller kunst / die mich kann mit Liebes=blücken
    so entzücken /
ach wie herrlich ist dein glantz
    und der krantz
der den güldnen helm ümbringet
    und mich zwinget /
der auf deinem Häupte steht /
da der Sonnen blitz ausgeht /
da die gülden Engels=flammen
sich entzünden allzusammen.

3.

Deine Brust mit Perlen gantz ümb und ümb geschmücket
    mich entzücket:
ja der hellen Augen zier
    funckeln dier
wie des Adlers hohe straalen /
    wenn sie pralen:
Deine wangen wachsen dier /
wie der Tausendschönen zier /
von dem tau die Lippen nassen /
der entspringt auf Hermons gassen.

4.

Du ô werthe Creatur / du hast mir das Hertz gerühret /
    und entführet /
deine zucker=süße wort
    seyn mein port / ⟨62.⟩
ja das hertze will mir brechen /
    kann nichts sprechen /

wenn dein Mund sich reget nur;
Ich muß laßen ziel und spur
45 und mich zu denselben enden /
da du redest / willig wenden.

5.

Du solt meine Liebste seyn / meine freude / meine Sonne /
Lust und wonne;
50 wann mich ja die tunckle nacht
irrig macht /
soll der Augen helles blicken
mich erquicken;
Meine Schöne / meine Braut /
55 die der Himmel mier vertraut /
Du machst / daß mich Lieben werden
die Gewaltigen auf Erden.

6.

Du solt meines Nahmens Lob in die hohen wolcken bauen /
60 stets zuschauen /
mein gedåchtnůs wird bestehn /
wo die Sterne gehn /
und unsterblich auch verbleiben
und bekleiben /
65 nur dier / Neid / zu trotz und hohn:
wohl dem / der denselben Lohn /
der da trotzt die hohen Sinnen /
kann mit Ruhm und Ehr gewinnen! ⟨63.⟩

XIII.
ODE.

1.

UNlångst ist der Neidhart kommen
5 in das edle Sachsenland /
an den blancken Elbenstrand /
und sein lager da genommen /

wo der große Daphnis wohnt /
da die Tugend wird belohnt.

2.

Wolte sich in hohe sachen /
ô der Thorheit! mischen ein /
nichtes kont Ihm eben seyn /
wolte tadelhafftig machen
selbsten den berühmten Ort /
wo mann hört ein göttlich Wort.

3.

Aus dem Munde gingen flammen /
die den edlen Himmels=fluß /
der dich / Rom / auch trotzen muß /
solten dämpfen allzusammen;
Brennt er aber noch so sehr /
quillt der Fluß doch mehr und mehr.

4.

Wunder! daß sich so erkühnet /
dieser schwefel=blaue Mann /
den die Helle liebgewann /
der den Furien aufdienet / ⟨*64.*⟩
den der Styx gezeuget hatt
und sich nimmer frisset satt.

5.

Neidhart packe dich von hinnen /
bleibe wo dein Bleiben ist /
wo du sonst herkommen bist /
und verübe dein Beginnen /
wo der Schwefel=rauch entspringt /
und sich in die Lüffte schwingt.

6.

Mann kann deiner wohl entbehren;
    Deine Kunst und Zierrath ist /
Låstern / Lügen / Leugnen / List;
Ich wil deiner nicht begehren /
    bin dier feind von anbegin /
    backe dich nur immer hin.

7.

Unser Sinn soll doch nicht wancken /
    sondern standhafft hier bestehn /
wo die güldnen quelle gehn;
Er soll bleiben in den schrancken /
    Er soll seyn zu tag und nacht
    auf beståndigkeit bedacht.

XIV.
ODE.

Als Er einen geschålten Apfel empfing.

1.

SChönste / soll der Apfel hier / den sie mier gegeben /
    Ihrer Liebe zeichen seyn
        nur allein ? ⟨65.⟩
Oder wil Sie opfern mier in Beståndigkeit ihr Leben?
    ist der apfel rund?
    Ey so wird die Treue kunt;
Denn was rund ist / hatt kein Ende.

2.

Ihr gemüth ist ohne falsch / drümb ist er geschelet /
    aller trüg= und gleißnerey
        ist Sie frey /
drümb ich zur Freundin Sie schon vorlångst erwehlet /
    daß der apfel steht
    auf der spitzen und sich dreht /
ist die Lieb' im Tod' und Leiden.

XV.
ODE.

1.

CYnthia du güldnes Licht /
das nun durch den Abend bricht /
scheine meiner Liebsten doch /
    blinckt ihr Sterne
    her von ferne /
helfft uns tragen dieses joch.

2.

Weil wier schon in süßer Ruh
diesen Abend bringen zu /
weil mich itzt mein Auffenthalt
    in den armen
    låsst erwarmen.
mag es immer werden kalt. ⟨66.⟩

3.

Nach der kålte frag' ich nicht
wenn ich dis mein Sonnen-licht
Annoch bey mir haben mag /
    das mich quicket
    und anblicket /
biß sich zeigt der hohe tag.

4.

Sie ist flüchtig wie ein Reh /
Ihren haaren weicht der klee /
Ihrer rothen Lippen zier
    von Korallen
    mier gefallen /
wann Sie neigt ihr Håupt zu mier.

5.

Lieblich klingt es wenn die bach
durch die steine rauscht gemach /
dieser aber geht sie vor /
 wenn sie singet /
 wenn sich schwinget
Ihre stimme hoch empor.

6.

O wie seelig ist die Nacht /
da mich dieses Licht anlacht /
da ich ihren rothen Mund
 bin geflissen
 stets zu küssen /
da mir alles ist vergunt. ⟨67.⟩

7.

Ihre Liebe schenckt Sie mier
und ich schencke wider Ihr
meine Liebe biß die Nacht
 von uns weichet /
 wenn verbleichet
dieser güldnen Sterne pracht.

8.

Nun du güldnes feder=zelt /
das vor andern uns gefellt /
laß verschwiegen seyn die lust /
 die wier üben
 in dem lieben /
die nur dier und uns bewust.

XVI.
Ein Gespråche zweyer verliebter Per=
sonen.
Gesanges=weise.

Er.
SEyd willkommen / seyd willkommen
meiner Sinnen Meisterin /
nun ist mier das Leid benommen /
   nun ist wider frey mein Sinn /
weil ich nun kann wider schauen
der beblůmten glieder auen.

Sie.
Großen danck und seyd gegrůßet
Hôchster Schatz / mein gůldnes Licht / ⟨68.⟩
Mein gemůth wird auch durchsůßet /
   weil ich nun sein Angesicht
dem die rosen weichen můssen /
kann in gutem friede kůssen.

Er.
Schônste / wil sie mit spazieren
   in den garten vor das hauß /
Ich wil bey den hånden fůhren
   Sie hinnein und wider raus /
da sich die Natur bemůhet
und die schône Rose blůhet.

Sie.
Ich will folgen wo Er gehet /
   wo der weissen Liljen schnee
auff den bunten beeten stehet /
   wil mich setzen in den klee
und in seinen zarten Armen /
Liebster Schatz / mit Lust erwarmen.

ER.
Schönste seht wie schön nur blincken
    die Violen gelb' und blau /
wie die bunten Nelcken wincken
    durch den weissen Silber=tau /
allhier reiffen die Melonen /
Pommerantzen und Citronen.

SIE.
Meine hand ist schon bemühet
    Ihm zu winden einen Krantz / ⟨69.⟩
weil die schöne Rose blühet /
    weil noch völlig ist der glantz /
weil die Tulpen und Narcissen
noch zu Kråntzen dienen müssen.

ER.
Hier kann ich mich zwar ergetzen
    mit der schönen Garten=lust /
besser aber kann mich letzen
    Ihre Liljen=weisse Brust /
Ihre Lippen / Ihre Wangen /
die mit schönern sachen prangen.

SIE.
Ach! was solten meine Wangen /
    und Ich arme Creatur /
mit noch schönern sachen prangen /
    Es beliebt dem Liebsten nur
so zu reden / so zu schertzen /
geht es Ihm doch nicht von hertzen.

ER.
Ach! was mag Sie / Liebste / sprechen /
    es ist ihre Höfligkeit /
die sich kann herraußer brechen
    und die hand der Schöne beit /

wie solt ich mit bloßen schertzen
brechen aus dem treuen hertzen?

Sie.
Ach! ich möchte gerne wissen
    was nur schönes an mier sey? ⟨70.⟩
Was auf Höffligkeit geflissen
    und der Tugend falle bey?
daß Ihm hatt gelüst zu loben
und mich also sehr erhoben?

Er.
Es beschämen ihre Wangen
    das beblümte garten=beet /
da die tausentschönen prangen
    und die weisse Rose steht;
Ich kann sagen / daß Narcissen
Ihrer Stirne weichen müssen.

Sie.
Seht der Abend kömmt geschlichen /
    unsre Freude wird zertrennt /
und die Sonn' ist fast entwichen /
    die mit vollem zügel rennt /
die sich nach dem Meere lencket
und die müden Pferde träncket.

Er.
Soll und muß ich von Ihr scheiden /
    Schöne / meine Lust und Zier /
Ey so lebe Sie in freuden
    und verbleibe günstig Mier;
weil die schöne Rose blühet
und die Sonne wasser zihet. ⟨71.⟩

XVII.
ODE.
Von der Eitelen Welt-freude /
daß sie flüchtig sey.

1.
Ach wie eitel seyn die sachen /
die uns sollen lustig machen!
    dieses lachen
und das bittre Zucker-wort
das uns an ein solches ort
    zihet fort /
da die schnöden Lüste stehen /
das muß mit der zeit vergehen
    für und für.

2.
Mein? wo bleiben die geberden?
die so weit geholet werden
    hier auf Erden?
Wird nicht blass der rothe Mund /
der so manches Hertz verwundt
    auf den grund /
dem die schönsten Rosen wichen
und vor ihm so gar verblichen?
    er muß fort.

3.
Alle Lust und Freud' ist flüchtig /
Allles was wir thun / ist nichtig /
    gantz untüchtig / ⟨72.⟩
Selbst der Leib / ob er gleich schön /
kann die lange nicht bestehn /
    muß vergehn.

Ja der gantze Kreiß der Erden
muß durch gluth zu nichte werden
   mit der zeit.

4.
Wohl! was wollen wir noch prangen
und der eitlen Ehr' anhangen
   mit verlangen?
Da doch alles nur verschwindt
was mann hier auff Erden find /
   wie der wind;
drůmb will ich nach jenem trachten
und das Weltliche verachten /
   Welt ade!

XVIII.
Seufftzer
Zu Gott dem HErrn.
Gesangs=weise.

1.
WAnn der Tag / das Kind der Sonnen
aus dem gůldnen Zimmer geht /
wann die Fackel ist entbronnen
   und das Feld entdecket steht /
     wann die Vogel singen
     und die flůgel schwingen / ⟨*73.*⟩
   ist mein Hertze schon bereit
Dich ô Hôchster anzusprechen;
Meine seuftzen wollen brechen
   aus dem munde vor der zeit.

2.
Nach demselben mier verlanget /
   das dem Himmel ist bewust /

           der mit solchen sachen pranget /
20   da nur lauter Lieb und Lust /
           da die Cherubienen
           ihrem Schöpfer dienen /
           da die Engel allzumahl
           Ihre stimmen hoch erschwingen
25   und die süßen Lieder singen
           durch den großen Himmels=saal.

3.

Da ist freude / da ist wonne /
    da empfindt mann keine nacht /
30 da entspringt die Lebens=Sonne
    die aus trauren freude macht /
        da wir in dem Leben
        ewig werden schweben
    und genießen solche Lust;
35 da die Lebens=quelle fließen
    und in ströme sich ergießen /
        wie den Frommen ist bewust.

4.

Drümb entweicht ihr schnöden sachen!
40   keine Lust ist auf der Welt / ⟨74.⟩
    Die uns kann recht frölich machen /
    Sie ist nur ein Trauer=feld /
        ihre freude weichet /
        ihre lust verbleichet /
45   Alles ist nur eitel hier;
    Drümb hab' ich mich Gott ergeben
    und verhoffe bald zu leben
        in verklährter Leibes=zier.

Ende des Andern Buchs. ⟨75.⟩

Philippi Cæsii

Drittes Buch /

Von den Mustern der Dactyli=
schen / Anapåstischen und
Sapphischen Arten. ⟨76.⟩

ARS
NON HABET
OSOREM
NISI IGNORANTEM

Die Kunst und Wissenschafft wird nimmermehr gehasst
von einem der sie weiß und glücklich hatt gefasst:
und wie es leichter ist zu tadeln eine sache /
so ist es schwerer auch / daß man sie besser mache.

$$P\breve{\alpha}διόν\ ἐστι\ μωμεῖσθαι$$
$$ἤ\ μιμεῖσθαι \qquad ⟨77.⟩$$

I.
Trost=Sonnet /
von langen Dactylischen Versen.
Als H. H. Hermanns liebes Ehgemahl
F. Clara Sophia Schultzin todes
verblichen.

STellet das grämen und hermen bey seite /
  Eure Gemahlin ist gäntzlich nicht todt /
  ob sie schon lässet die zeitliche noth /
ob sie schon euere gegenwart heute
lässet und erbet die ewige Beute /
  da sie wird schauen den süßesten Soot /
  Nectar und Manna / das himlische Brodt /
  und die verkläresten weisesten Leuthe /
ja mit der kläresten Weißheit begabt /
die Sie auf erden nur etwas gehabt.
Die Cherubinen empfangen Sie schöne /
  der Adamantine Himlische Saal /
  zieht Ihr entgegen mit großer anzahl;
Ach wer auch hörte das schöne gethöne?

II.
Morgenlied.
Von Anapåstischen Versen.

1.
DIe güldene Sonne
bringt leben und wonne / ⟨78.⟩
   die finsternüs weicht /
der Morgen sich zeiget /
die Rôthin aufsteiget /
   der Monde verbleicht.

2.
Nun sollen wier loben
den Hôchsten dort oben
   daß Er uns die Nacht
hatt wollen behûten
vor schrecken und wûten
   der Hôllischen macht.

3.
Kommt laßet uns singen /
die stimmen erschwingen /
   zu dancken dem HErrn /
Ey bittet und flehet /
daß Er uns beystehet
   und weiche nicht fern.

4.
Es sey Ihm ergeben
mein Leben und schweben /
   mein gehen und stehn /
Er gebe mier gaben
zu meinem vorhaben /
   laß richtig mich gehn.

5.
In meinem Studieren
wird Er mich wohl führen /
35   und bleiben bey mier /   ⟨79.⟩
wird schårffen die Sinnen
zu meinem Beginnen /
und öffnen die Thůr.

III.
Dactylische Ode.
Mit Anapåstischen vermischet.
Als H. Bartholomaeus Heinsius zu
5   Wittenberg Magister worden.

1.
Solte die Tugend so liegen verschwiegen?
Solte die Wissenschafft Ehren=loß seyn?
Solten die Kůnste verdunckelt erliegen
10   Ohne Belohnung und Wůrden? ach nein!
Die Heliconinnen
erwecken die Sinnen
und winden den Krantz;
Die Hochzeit herdringet /
15   das Seitenspiel klinget /
unsre Sophia die zieret den tantz.

2.
Phöbus hatt itzund dier solches gegeben
was du verdienet durch tåglichen fleiß /
20   Thoren und Breßlau gab edele Reben /
Rostock die Trauben und Lůbeck den Preiß:
ja Leypzig dich trånckte
und sůßen Most schånckte /
Nun folget der Wein /   ⟨80.⟩

den Wittenberg giebet /
das deine Kunst liebet /
schåncket dier / Liebster Freund / Ehre voll ein.

3.

Pallas lieb=åugelt und låchlet vor freude /
alle Göttinnen erfreuen sich auch /
unsre Sophia windt Kråntze mit seide /
gibet den trau=ring nach ihrem gebrauch.
Ey! lustig! ihr Brüder
Dactylische Lieder
Nun singet und klingt.
Sophia mein Leben /
Dier will ich nachstreben;
unsere feder gen Himmel dich schwingt.

4.

Mercke Sophia / dis sing' ich zu ehren
deinem Geliebten und selbsten auch dier /
unsere Muse wird solches vermehren /
geben dein hohes Lob weiter herfür;
Hier will ich beschließen
mit Versen zu grüßen /
Dich Edeles Bild /
wil anderwerts singen
von höheren dingen
welche dein Hertze vollkömmlich erfüllt.

Zugabe.

DIs nim aus lieber hand / mein Freund / was ich geschrieben
nach Buchners edlen Art / weil du sie pflegst zu lieben / ⟨*81.*⟩
und selbst dem Buntzler Schwan in allem folgest nach
und nimmst es wohl in acht / was vormals uns gebrach

55 In deutscher Poesie. Dein Köhler pflegt zu lieben
und Major selbsten Dich / so vormahls angetrieben
Den niemahls lassen Geist zur wissenschafft und kunst /
Die dich zum Meister macht und bringet Ehr und Gunst
Bey Hochgelehrter Schaar. Entschlägstu dich der Ehren
60 und wiltu nicht dein Lob mit diesem Titul mehren?
Wie das? mein Freund! wie so! was geht dich an der Neid /
Der Groben unverstand / der solches dier verbeut;
Nauf! nauf und acht es nicht! Es sol dein Lob aufgehen /
Wo unser Zenith selbst und Nadir pflegt zu stehen /
65 Dier / Neid / zu spott und hohn; Nun schließ noch ferner mich
In deine Freundschafft ein / und deinen Neid zerbrich.

IV.
ODE.

Auf eben selbige Art.

An Seiner guten Freunde Einen /
5 Als er von seiner Braut wegen Nothwendiger Ver=
richtung in Frembde Lande verreiset; in einem
gespräche übergeben / woraus sie gezogen
und anher gesetzt. ⟨82.⟩

1.

10 LIebste / wie seyd ihr so sehre bemühet /
Daß ich Euch itzo muß laßen und zihn /
Wisst Ihr nicht unser Gelücke das blühet /
Hertzes Lieb / güldner Schatz / Schönster Rubien /
Ach laßet mich zihen /
15 Ich will mich bemühen
und schicken dazu /
Bald widerzukommen
Zu Euerem frommen /
Lebet in dessen in Frieden und Ruh!

2.

Lebet in dessen ach! Liebeste / lebet /
Lebet und dencket im besten an mich /
Euer so treues gemůthe das schwebet
 Mir von dem Hertzen und dringet hinnein.
  und schreibet die Treue
  Mit Demand aufs Neue
 Zu innerst hinnein /
  Macht euer Gesichte
  Nicht also zunichte /
Stillet das Weinen und laßet es seyn.

V.
Pocal
von Dactylischen und Anapåstischen
  Versen /
in M. B. H. Stammbuch
⟨83.⟩

Jugend
und tugend
steht artig beysammen /
jugend
und Tugend
in eyfrigen flammen
leider! gar selten mann findt
Itzo zu unseren zeiten entzůndt;
Můßiggang / laster und eitele sachen /
itzund an Tugend und kůnste=stat wachen /
låßet sich einer zur tugend schon an /
folget der tugend und findet die ban /
wird er geneidet in allen /
kann keinem gefallen:
kůnste vergehen /
laster entstehen;

biß alles vergehet /
was stichelt und schmehet /
das unsrige vollend zerrinnt
und steubet wie wellen und wind:
Achtestu dieses so bistu ja blind! ⟨*84.*⟩

VI.

Hertze
Von Dactylischen Versen.

tågliche   klågliche
klage soll heute vorgehen /
alles soll heute vol fröligkeit stehen /
weil itzo mein Bruder dein Namenstag ist /
Da mann des klagens und zagens vergist /
Der Sommer vergehet /
der Winter entstehet /
frieren und frost /
hemmet die kost.

VII.

Dactylische Ode.
Als Herr Christian Gueintzius / des be=
rühmten Gymnasiums zu Hall wohlverordneter
Rector etc. seinen Nahmens=tag be=
ging.

AGLAIA.

HErtze des Himmels und Auge der Sterne /
Welches erleuchtet und zieret das Feld /
Kertze der Erden und Fackel der Welt /
Zeige doch deine geschmůnckte Laterne /
Zeige das Angesicht voller Rubien: ⟨*85.*⟩
Grůße die Erde mit deinem Gesichte /
Mache das Trauren mit Freude zu nichte:
Freude sol heute vor Trauren einzihn.

THALIA.
Heute sol Freude die Stunde verjagen /
Heute sol Freude regieren den Tag /
Freude so sonsten in Traurigkeit lag /
Freude sol heute verjagen das Klagen / 20
Klagen und zagen sich endet hierbey:
Heute sol Phôbus und alle Gôttinnen
Oden und schône Gesånge beginnen /
Lauten und Geigen erklingen auch frey!

EUPHROSINE. 25
Lustig erzeiget Euch meine Gesellen /
Wûndschet daß dieses Fest offte begeh
Gueintzius ohne Leid / Trauren und Weh.
Laßet uns Spieler und Geiger bestellen /
Laßet mit Freude vertreiben das Leid: 30
unser Herr Rector erlebe die zeiten /
Welche der Nestor und andre beschreiten /
Wûndschet ein jeder zu jetziger zeit!

VIII.
Dactylischer Pocal mit Anapåsti=
schen vermischt.
Von den sieben Zeiten der Jung=
ferschafft. ⟨86.⟩ 5

Jugend
und tugend
steht artig beysammen /
jugend
und tugend 10
erweitert das feld
und bringet auch geld:
der Tugenden Flammen
Sollen die Jungfern erwecken geschwind

15 Wenn sich das vörderste fünffte Jahr findt:
   Kommen noch andere fünffe geschlichen /
   Soll Sie sich schicken zur nahrung und küchen
   kömmt es zum dritten mahl wider herrein /
   dann will die Rose gebrochen schon seyn /
20 dann seyn die lustigsten zeiten /
   da mann soll Kräntze bereiten
   da mann die Blumen einträgt
   die mann bißhero gehägt:
   Wenn aber das vierde
25 mit voller begierde
   sich zeiget / als dann
   sie schone der Mann
   lässt ruhen in armen /
   und stündlich erwarmen /
30 kömmt es zum fünften mal an;
   ist es fast ümb Sie gethan:
   kömmt es zum sechstenmal wider gegangen /
   kömmt denn kein Witwer / so ist es geschehn /
   Alles in allem: ist schändlich versehn;
35 Dann wird zu wasser Ihr gantzes verlangen. ⟨87.⟩

IX.
Ermunterung zur fröligkeit /
von lauter Dactylischen Versen.

1.
5 Laßet uns Meyen und Kräntze bereiten /
Sehet / ach sehet die frölichen Zeiten!
Sehet / ihr Brüder / und mercket hierbey /
Welche veränderung solches nur sey.

2.
10 Laßet uns Weinen und Trauren vertreiben /
Klagen und zagen soll heute verbleiben /

Klagen und zagen verjaget itzund /
Heute seyd lustig und machet es kunt.

3.

Laßet uns Zucker und Honig bestellen /
Laßet uns holen die guten Gesellen /
Laßet herbringen den Spanischen Wein /
Weil wir anitzo beysammen hier seyn.

4.

Laßet uns bůrckene Meyer bestellen /
Daß wir Euch schencken Ihr guten Gesellen /
Laßet den bůrckenen Meyer růmb gehn /
Laßet die Glåser nicht stille so stehn.

5.

Laßet den Malvasier heute besuchen /
Laßet aufftragen Pasteten und Kuchen /
Gebet uns Glåser und Krůge voll Bier /
Weil wir anitzo beysammen allhier. ⟨*88.*⟩

6.

Laßet die Lauten und Geigen erklingen /
Laßet uns eylen zum tantze / zum springen /
Nehmet die Kegel und boßel in acht /
Laßet uns spielen / biß kommet die Nacht.

7.

Laßet uns geistlich=und weltliche Lieder
Klingen und singen / ihr lustigen Brůder /
Laßet uns letzen / die Jugend vergeht /
Wehmuth und trauren im Alter entsteht!

X.
Anapåstisch Sonnet.

IHr Wålder und Felder / ihr Thåler und Steine /
   Ach sehet die Thrånen / den traurigen Sinn /
Wie einsam ich sitze / wie traurig ich bin /
   Laßt eure begrůnte Lust trauren ihr Haine /
Weil keine mich tröstet / muß sitzen alleine /
   Muß klagen / Leid=tragen und zagen forthin /
Betrůbnůs ist itzo mein bester gewinn;
Ich åchtze vor Langmuth bin åhnlich dem scheine /
   und niemand erbarmet sich meiner itzund /
Die Wangen seyn tunckel / der rößlichte Mund
Verblasset vor Thrånen / der Odem verschwindet /
   Ich ruffe mit kråfften und seuftze mit macht /
Wenn Hesperus schildert und Venus erwacht /
   Da niemand das klagen und seuftzen empfindet. ⟨*89.*⟩

XI.
Anapåstische Ode.
Ermahnung zur Fröligkeit.
Satz.

Lentz / Sommer / Herbst / Winter und andere zeiten /
   Die můssen uns dienen zur Nahrung und kost:
Der Frůhling låsst Streuser und Kråntze bereiten /
   Gibt Blumen und Kreuter und åndert den frost /
Im Frůhling die Vogel sich nehren und mehren /
Sie singen und klingen und laßen sich hören /
   Daß Thåler und Wålder und Felder zugleich /
   Daß alles erschallet und wallet vor freuden!
Wo Coridon / Phillis und andere weiden;
   Die Wiese voll Blumen / voll Fische der Teich
Muß unser Ergötzligkeit helffen vermehren;

Die Beume die blůhen und grůnen mit macht /
Die Hirsche seyn lustig und laßen sich hôren /
Ein jedes so lebet und schwebet / das lacht.

Gegensatz.

ES muß uns der Sommer und Herbest auch dienen
 Der unsere Kammer und Scheinen erfůllt;
Es geben uns Honig im Sommer die Bienen /
Die Felder und Wâlder Getreydich und Wild;
Der Herbest muß allerley Obest uns geben /
Bald âpfel / bald Birnen / bald edele Reben;
Der Herbest verehret und mehret den Wein /
Der unsere Keller und Tafeln auszieret /
Der frôlich uns machet und Lieder gebůhret /
 Der unsern Geist treibet zu tichten allein. ⟨90.⟩
Die Letzte Zeit aber / der Winter auch nůtzet /
Da Netze den Vogeln und Hasen mann stellt /
Die Spisse mann spicket / die Stuben erhitzet /
Da sich ein jeder zur Liebsten gesellt.

Nachklang.

Itzt hatt sich der Frůhling auch widergefunden /
 Die lieblichen stunden /
Da alles sich freuet und frôlich erzeigt /
Die Sonne viel hôher als sonsten aufsteigt /
 Der Winter vergehet /
 Der Frůhling entstehet /
 Die frôliche zeit;
Der Wechsel der Zeiten uns hôchlich erfreut:
 Drůmb lustig ihr Brůder /
 Singt allerley Lieder /
Es fůhret uns selbsten die schône Natur
 und zeiget die spur
 Zur Frôligkeit an /
 und ôfnet die bahn.

XII.

An die gute Gesellschafft /
Von Anapåstischen und Dactylischen Versen

IHr Liebesten Brůder / seyd lustig und munter /
5 und schlucket den Malvasier wacker hinunter /
    Erzeiget Euch frőlich /
    und ob Ihr gleich ehlich
    Des meistentheils lebet /
    Denn sehet wie schwebet ⟨*91.*⟩
10   Doch alles in freuden /
    Drůmb meidet das Leiden /
Lebet in freuden biß kommet die Nacht /
Da sich ein jeder nach Bettlehem macht.

XIII.

ODE /
Von lauter Anapåstischen
Versen.

5   1.

VErzihet noch etwas ihr lieblichen Sterne /
  Ach wincket und blincket ein wenig uns zu /
Bleib Rőthin du gůldnes Kind / bleibe von ferne /
  Weil itzo sich findet die sůßeste Ruh /
10   In dem ich im Arme
    Der Liebsten erwarme /
    Halt / Sonne / dein Licht
    Ein wenig verborgen /
    Verjage den Morgen /
15 Weil itzo mir leuchtet der Liebsten gesicht.

             2.

Denn meine Geliebte wirfft gůldene strahlen
  Aus ihrem Gesichte so heuffig und mild /
Die unsere Zimmer so schőne bemahlen /

Wie irgend die Sonne die Berge vergüldt /
   Sie kann mich erquicken
    Mit güldenen blicken / ⟨92.⟩
Darf sonsten kein Licht /
   Sie bleibet geflissen /
    Mich freundlich zu küssen /
Ihr Antlitz das machet die Nächte zunicht.

3.

Ihr Wangen-roth blühet von schönen Narcissen /
   Die Rosen und Lilien mehren die zier.
Die röhtlichen Lippen seyn ähnlich den flüssen /
   Da Zucker und Honigseim quillet herfür.
    Die adliche Jugend
    Ist immer in Tugend
    und Sitten bemüht;
   Die Venus muß weichen /
    Sie kann ihr nicht gleichen /
Sie schwebet in völliger Tugend und blüth.

4.

Der Apfel von golde / das zeichen der Schöne /
   Gebühret dier Schönste / den geb' ich auch dier /
Wie? bistu nicht herrlich-und schöner als jene /
   Die Paris erhoben an Schönheit und Zier?
    Die Schöne muß weichen /
    Die Röthe verbleichen /
    Die Tugend besteht;
   Wie soll man dich ehren?
    Dein' Ehre vermehren /
Die über die leichteste Feder auch geht.

XIV.
Seufftzer
Zu Gott dem HErrn. ⟨93.⟩

1.

WIe lange wil meiner der HErre vergessen?

Wie lange verbůrgstu dein Antlitz fůr mir?
Wie lange sol kummer und sorge mich fressen?
und ångsten mein Hertze / mein Leben allhier?
Wie lange sol wůten
10 und toben der Feind?
Wann wiltu mir bieten
Die Rechte / die sonsten mich treulich gemeint?

2.
Mein flehen und bitten / ô Hôchster / erhôre /
15 Erleuchte die Augen / laß scheinen dein Licht /
Dem schrecklichen schlaaffe des Todes auch wehre /
Auf daß sich mein Hasser erlustige nicht;
Auf daß sich aufs neue /
Nicht růhme der Feind;
20 Auf daß sich nicht freue
Der / welcher mich allezeit fålschlich gemeint.

3.
Doch hoff' ich und traue der gôttlichen Gůte /
Die Gnade des Hôchsten erfreuet mich so /
25 Es hilffet ja gerne dein Vater=gemůthe /
Du hilffest und machest mein Hertze recht froh /
Drůmb will ich auch singen
Den HErren nun an /
Ich wil mich erschwingen /
30 Dieweil er mir alles zum besten gethan!

XV.
Dactylische Ode. ⟨94.⟩
Auf H. Meerheims und Jungfer Ma=
rien Elisabethen Fugmannin / Hochzeit.

5
1.
KOmmet Herr Breutigam / kommet und gehet /
Eure Geliebete ruffet gemach!

Sehet und schauet wie artlich Sie stehet /
Låchelt und wincket und blincket Euch nach.
 Sie saget vor Freude /   10
 Wir wollen nun beyde
 Anfangen den Tantz /
 Wir wollen uns quicken /
 Die Håndelein drůcken /
Werthester Breutigam / liebester Glantz.   15

2.

Seelig Herr Breutigam kan ich Euch schåtzen /
Weil ihr anjetzo die Ruhestatt habt /
Da Ihr kônt ruhen und vôllig ergôtzen
 Eure Gemůther und da Ihr Euch labt.   20
 Ich wůndsche viel Freuden /
 Euch Liebesten Beyden /
 Zu jetziger zeit.
 Ey ruhet fein sůße
 Wann můde die Fůße /   25
Wann Ihr ermůdet von Tantze nun seyd.

XVI.

Sapphische ODE /

genommen   ⟨95.⟩

Aus einem Freuden=Gedichte / welches
ich auf die Heimfůhrung K. E. v. F. geschrieben / als   5
Sie von Ihrem Herrn Breutgam gantz
herrlich empfangen ward.

1.

SOnne laß scheinen deine Rosen=wangen /
Die mit Rubinen vôllig einher prangen /   10
Komm ach! Du Fůrstin der gestirnten Felder /
 Ziere die Wålder.

2.

Schmücke dich herrlich mit geflammten Haaren /
15 Laß durch den Himmel deine Rosse fahren /
Eyle / die Vögel hör' ich schon erschwingen /
Singen und klingen.

3.

Nun seyd willkommen ihr geehrten Stunden /
20 Die mich dem Trauren gantz und gar entbunden /
Nun seyd gegrüßet; weil wir können meiden
Trauren und Leiden.

4.

Dis ist die Stunde / lieber / laß uns schreiben /
25 Laß uns mit Liedern diese Zeit vertreiben;
Meine Geliebte wil die süßen schmertzen
Tilgen im Hertzen.

5.

Ach! hört die Pferde / die geschwinden Pferde /
30 Schnauben und rennen frölich auf der Erde /
Sie bricht mit freuden durch die schönen Wälder /
Wiesen und Felder.

6.

Lachet ihr Thäler / ihr begrünten Auen /
35 Laßet uns wider diese Freude schauen:
Die uns der Ost-wind vormahls hatt entführet /
Kommet gezieret. ⟨*96.*⟩

7.

Sey uns willkommen / du ô zier der zeiten!
40 Liljen und Tulpen müssen wir ausbreiten /
Wo du / mein Leben / itzo pflegst zu gehen /
Sitzen und stehen.

8.

Dein Abseyn machte / daß die grünen Wiesen
Musten verwelcken und die Winde bliesen
Nicht mehr so sanffte / da der Wind aus Norden
    Stürmisch war worden.

9.

Ey nun so leb' ich stets in vollen freuden /
Es soll uns niemand von einander scheiden /
Kein Neid / kein Trauren / keine Noth und Leiden
    Sollen uns scheiden.

XVII.

In ein Stammbuch / auf den Gedächt=
nüs=spruch:
Christen Seyn Immer Streiter.

Christen Seyn Immer Streiter hier auf Erden /
Biß zu den Frommen Sie versetzet werden /
Da wird mit Wollust / Frieden und mit Freuden
    Jesus Sie weiden.
Christen Seyn Immer Seelig und in frieden /
Wenn Sie aus diesem Elend abgeschieden /
Wenn Sie gegleubet: Ihnen wird gegeben
    Ewiges Leben.

Ende des Dritten Buchs. ⟨97.⟩

Salomons
Des Hebräischen Königs
Geistliche Wollust /
oder
Hohes Lied /

In Dactylische und Anapästi=
sche Verse gebracht /
von
Phil. Côs.

Auf eine leere unpaginierte Seite folgt ⟨99.⟩.

Denen
Ehrenvesten / Vor Achtbahren / und
Wohlgelåhrten

Herrn M. Johann Bôhmen /
Keyserlichen Poeten / bey der Schu=
len zu Dreßden wohlverordneten
Rectorn /

Herrn Christian Brehmen /
Chur= und Fůrstlichen Såchsi=
schen Bedienten / etc.

Herrn Johann Cramern /
aus Frießland.

Herrn Christian Bůrgern /
von Dreßden.

Herrn Julius August Tucker=
mannen / von Wolffenbůttel.

W. G. u. H.

⟨100.⟩ MEine Groß= und Viel=gůnstige Herren und werthen Freunde laßen Ihnen dieses mein / wiewohl kůhnes doch wohlgemeintes unterfangen nicht befrembdet fůrkommen / daß ich denenselben die Geistlichen oder Himmlischen Hirten=Lieder Salomons / des Hebråischen Kônigs / welche von mir unlångst in Dactylische und Anapåstische Deutsche Verse gebracht / zuschreiben mag; Wiewohl ich erstlich selbige dero reiffem Verstande und urtheil zu unterwerffen oder vielmehr Ihre Nahmen vorzusetzen / bedencken getragen; jedoch haben mich hierzu beydes Ihre angebohrne Huld= und Leuthseelige Naturen / wie dann auch die sonderliche Lust und Beliebung / so sich zur Deutschen Poesie bey Ih- ⟨101.⟩ nen

allerseits spûren lâßet / bewogen / und den muth in etwas
angefrischet / also / daß ich auch eine und andere Rede /
welche entweder aus Neid oder groben unverstande in meinem
Abwesen über mich ergehet oder noch ergehen würde / mit
frischem Munde verlache / und itzund in der ungezweiffelten 5
hoffnung verharre / Sie werden also dieses mahl meiner
kühnheit etwas zu guthe halten / weil ich sonderlich meine
Wenigkeit hiedurch zu liefern gesonnen / auch andere / welche
an dieser Art Versen sonderlichen Gefallen tragen / ein höheres
zubeginnen / erwecken wollen. 10

Ich hette mich zwar hierzu nicht bereden laßen / selbiges an
die scharffe lufft zu geben / weil dieser Art Verse noch fast
unbekant / und noch nicht gar ausgearbeitet / auch das Ansehen
het- ⟨102.⟩ te / als wenn ich mier eingebildet / den
Palmen einem andern aus der Hand zu reissen oder ihn allein 15
davon zu tragen / da ich mich doch viel zu schlecht und geringe
dazu achte / und viel mehr solche Ehre einem Hochverständigen
und geschickterem Kopfe hinterlaße; Jedoch weil sich
keiner unterwunden / dergleichen herraus zugeben / hab ichs
einmahl auf vieler Anhalten fürwitzig gewagt / und bin nun- 20
mehr auch des urtheils von dem Verständigen Leser gewärtig.

Damit aber auch dieselben / welche die edle Zeit

    Die schneller als die fluth verfließet
    und flügel angebunden hatt:

in mangelung anderer geschäffte und verrichtungen mit 25
klügeln und unzeitigem schmähen so unnützlich verderben
und zubringen / etwas zu thun het- ⟨103.⟩ ten und unterdeß
meine / wiewohl sonst unwerthe Sachen / zu tadeln und zu
verachten vergessen möchten / hab ich folgendes Rätzel /
wiewohl es keine kunst / demselben / so im Rechnen etwas 30
erfahren / auffzulösen / anhergesetzt:

    Es ging in einen Wald ein Jüngling ausspaziren /
    und fand ein JungferVolck den schönen reyhen führen:

> Gott grüß' Euch alle zehn / ihr schönen Jungfern Ihr /
> fing er zu ihnen an; Die eine tritt herfür
> und spricht / mit gunst / mein Freund / wie? wenn wir
> alle weren
> noch eins so viel als itzt / ja wenn uns wolte mehren
> das dritte theil dazu: so weren wir allein
> so viel von dreißigen / alß über zehn wir seyn.
> Nun / weil der Jüngling nicht die rechte zahl getroffen /
> So rechne du hieraus und laß nicht lang uns hoffen /
> wirstu die rechte zahl uns balde machen kunt /
> So soll die eine dier von ihnen seyn vergunt!

Diesem Jünglinge mag ich wohl die jenigen vergleichen/welche stracks im ersten Anblicke eine sache zu tadeln ⟨*104.*⟩ und zu verlachen wissen / da sie doch dieselbe noch nicht recht durchgelesen / viel weniger zum reiffen verstande gebracht und bey ihnen selbst erwogen; weil Ebenselbiger auch die Nimfen so den Reyhen führten / noch nicht recht gesehen / geschweige gezählet und doch selbigen bey ihrer zahl zu zuruffen sich erkühnet; Es kann es Ihm aber die Eine fein artlich und verdeckt in obgedachtem Rätzel aufrücken und seiner kühn=und unbesonnenheit erinnern: Wie es dann manchem Klügling und Naseweisen offtermahls wiederfähret / daß er viel lieber wündschen möchte / es were ihm eines und das andere wort nicht entfahren / und so es seyn könte / selbiges mit paarem gelde wider zu lösen / würde er warlich! nichts ermangeln noch erwinden laßen. ⟨*105.*⟩

Hiermit will ich Sie / meine Hoch= und Viel=geehrte Herren und werthen Freunde der Göttlichen Obacht treulich befehlen / Mich aber deroselben Gunst=gewogenheit unnd fernerer Freundschafft / der ich bin und verbleibe

Meiner Groß= und Viel=
günstigen Herren
Dienst=Ergebener
Philipp Cösius. ⟨*106.*⟩

AD AUTOREM
EPIGRAMMATA
QUÆDAM.

I.

* Gregor. Nazianzenus.

GREGORIUS Græcus Pater* aurea carmina Græce
Composuit linguam percoluitque suam.
Et nobis placeat patriæ perfectio linguæ,
Convenit ut rebus sint bona verba bonis.
Sic tamen Ascenicam tornate, dolateque linguam,
  sic mulcete aures, sic animate sonos,
Ne stylus excludat magnarum pondera rerum,
  Emphasis aut pereat flaminis illa sacri.
Quod non titillent aures, quis sperneret hymnos
  Ambrosii? aut Psalmos, dive Luthere, tuos?
Sic vel Jessitæ Chelys abjicienda per illos,
  Verbis res potior, cedite verba rei.
Hoc ut agas, Cæsi, moneo; tibi Numina rerum
  Verborumque penu divite lance ferant!

       Paulus Röberus D. ⟨107.⟩

II.

Was Salomon zuvor des Himmels≠voll getichtet /
Schreibt Côsius hier ûmb / und in das Deutsche richtet:
Der Leser lobts / und spricht: Wol dir / geschickte hand /
Du ehrest Gott zugleich / und ziehrst dein Vaterland.

       Augustus Buchner.

III.
Suo

PHILIPPO CÆSIO,

JUVENI ERUDITISSIMO ET EXIMIO.

CEssat hyems, deformis hyems: evanuit imber!
Surge sacrata Venus, Cæsia Pallas amat.
Cæsia Pallas amat: Salomonis spargit amores,
    Buchnericum docto prodit et ore genus
Æmula Buchneri, Doctorum Principis, (a quo
    Nomen habet genus hoc,) Connubiale canit:
Connubiale canit sacrum; procul ite maligni,
    Dum sese prodit Cæsius, ille Meus! ⟨*108.*⟩

Anapästische ODE nach dem vorher=
gehenden Lateinischen.

1.

DEr Winter vergeht /
der Frühling entsteht /
der Regen entweichet / die Sonne scheint wieder /
    Sie scheinet mit macht
    in güldener Pracht:
mann höret die schönen und lieblichen Lieder!
    Komm Venus ernieder
    vom heiligen Thron:
Die Cösische Pallas empfindet die flammen /
die flammen entzünden sich alle zusammen /
    erwecken im Munde den lieblichen toon!

2.

Es fünckelt der muth
in Salomons gluth:
Sie lässet die liebliche Buchner=Art klingen /
    Sie singet ein Lied /
    ist immer bemüht
dem Fürsten der Weisen der dieses zu singen
    erfunden in springen /
    zu folgen hinnach.

Sie singet die Lieder die heiligen Lieder;
Drůmb weichet Ihr Bôsen (weil Côsius wieder
mein Côsius singet) mit euerer schmach!
überschickt
es
J. C. von Fûrstenau/J. U. D. ⟨*109.*⟩

IV.

QUALIS VOLUCRUM RECTOR, UNGVIBUS SÆVUS,
PERICLITARI PROLIS IMPETUS CRUDOS,
JUVENEMQUE PENNAM FLAGRAT, UTRUM ADOLESCENS
VESTIGET ALES REMIGE ADDITO PATREM;
DONEC TRISULCUM PORTET ARMIGER TELUM
JOVIS, ET SEQUESTRAS AMBIAT SENIS PARTES:
VIRTUS OPITI, NULLA QUAM DIES SOLVET,
OSTENDIT USUM, QUO DUCE, ARDUA, INVICTA,
AC NESCIA IRI, SOBRIUS LABOR VINCAT;
ET PROVOCAVIT MASCULOS, SUI PLENOS,
STRATAM LEGENTES PRÆVIÆ VIAM LAUDIS.
SEQUITUR LABORES CÆSIUS PIOS, CULTOS,
ATQUE ELEGANTI CARMINIS RUDIMENTO,
QUODAM RUENTES FULMINE, INGENIJ TESTES,
VIRES COËRCET; DISCERE OMNIA ASSUETUS,
NEC HOC PUTAVIT DEGENER RELINQUENDUM.

HUMANISSIMO JUVENI
F.
M. J. N. ⟨*110.*⟩

Augustinus
im zwanzichsten Capit. des Achze=
henden Buchs von der Stadt
Gottes.

5 DAs Hohe Lied ist eine Geistliche
Wohllust heiliger Gemůther /
in der Heyrath des Kôniges und
der Kônigin / welchs Christus
und die Kirche sind. ⟨*111.*⟩

Das Hohe Lied

des

Weisen Kôniges

Salomons /

Nach Art einer unterredung in unter=
schiedliche Lieder gebracht.

I.
Die erste Abtheilung.

DIE SULAMITHIN AN IHREN
KÔNIG.

1.

Kûsse mich / Liebster mein einiges Leben /
Kûsse mich / deine Braut / eyle zu mier /
Deine Brust kann uns den sûßten Wein geben /
Balsam und Honigseim quillet herfûr:
    Die rôthlichen Wangen
    Seyn unser verlangen
    und riechen mit macht;
      Dem Balsam sich gleichet /
      Oliven nicht weichet /
Schônster / dein Nahme / der herrlich dich macht. ⟨*112.*⟩

2.

Darûmb auch lieben dich unsre Jungfrauen /
Loben und preisen den edlesten Wein;
Laß uns doch / Liebster / dein Angesicht schauen /
Zeuch mich und nim mich ins Zimmer hinnein /
    Wir folgen mit hauffen
    und kommen gelauffen /
    O Kônig zu dier /
    Ich werde gefûhret
    Mit Golde gezieret
Frôlich und freudig ins schône Losier.

3.

Meinet ihr Tôchter / ihr schônen Jungfrauen /
Meinet nicht / daß ich geringer als Ihr /
Schwârtzlich doch lieblich laß Ich mich anschauen /
Salomons Tôppiche weichen auch mir /
    Bin ohne gebrâchen;
    Es hatt mich das stechen
    der Sonnen verbrannt /
    seit daß mich geneidet
    und von mier sich scheidet
unser Geschwister / ô trauriger stand!

4.

Man hatt mich zur Hûterin laßen einsetzen /
Daß ich die Berge verwachte mit fleiß /
Da mich die Sonne so konte verletzen /
Daß ich an schônheit verlohren den Preiß /
    Doch hab' ich der Wache
    Vergessen / ich Schwache / ⟨113.⟩
    und ûbel versehn;
    Ich muste mich schmiegen /
    Durch großes Anliegen
Durch viel verhindernûß ist es geschehn.

5.

Sage mier / Schönster / wo soll ich dich finden?
Sage / wo weidestu heute / mein Licht?
Welchen begrüneten Wiesen und Gründen
Gönnestu / Schönster / dein Lieblich gesicht? 60
  Wo pflegstu zu schlaaffen?
  Wo schlägstu den Schaaffen
  Die Hürden nur hin?
  Damit ich nicht müsse
  Durch Wiesen und Flüsse 65
Irren und lauffen mit traurigem Sinn.

Der König.
1.

Schönste? wie? weistu nicht wo ich itzt weide?
Ey so verfüge dich balde dort hin / 70
Schaue die spuren auf breunlicher heyde /
Weide die Ziegen woselbsten ich bin.
  Ich gleiche der menge /
  Dem Wagen=gepränge
  Des Pharao / Dich: 75
  Das Liebliche blicken
  In güldenen stücken
Zwinget / zu preisen die Liebeste / Mich. ⟨*114.*⟩

2.

Sihe! wie lieblich in güldenen Spangen / 80
Schönste / dein Backen=roth lächlet erfür /
Schaue die Ketten am Halse dier prangen /
Schaue dich selbsten in Fürstlicher zier.
  Wier laßen dier machen
  Noch andere sachen 85
  Zu mehren die Pracht;
  Hinfüro sol prangen
  Mit schöneren Spangen
Meine Geliebte / nach der ich getracht.

SIE.
Da sich der König herwante zu gehen!
Gaben die Narden den besten geruch /
Gleich wie der püschel von Myrrhen mag stehen
Zwischen den Brüsten / nach unserem spruch /
So stehet mein Leben /
Mein Liebster auch eben /
In völligem schein:
Die Traube muß weichen /
Kan Ihme nicht gleichen /
Weil er viel süßer als irgend der Wein.

ER.
O Freundin / wie schöne / wie lieblich bistu!
Ach höre mier zu:
Wie blincken und wincken die schwärtzlichen Augen /
Sie können mein Hertze so artlich aussaugen /
Sie gleichen den Tauben an zier
und zihn mich zu Dier. ⟨*115.*⟩

SIE.
Ach! sihe mein Liebster / wie schöne bistu!
Komm eylend herzu /
Es grünet das Bette von stadtlichen sachen /
Die Balcken seyn Cedern / so fürstlich dich machen /
Cypressen die zieren das Dach /
Dein herrlich gemach!

II.
Die Ander Abtheilung.

SIE.
WIe Liljen und Rosen zu Saron aufgehen
und prächtig dort stehen /
So sihet mann mich /
Wie lustig auch ich.

Er.

Meine Geliebte die kann ich vergleichen
  Den Rosen an zier /
Die unter den Dornen sich schwingen herfûr /
Dieweil ihr die anderen Schwestern auch weichen.

Sie.

1.

Mann pfleget den âpfelbaum hôher zu halten
  Der âpfel und sůßes Obst bringet herfûr /
Als einen / der besser ins Feuer zu spalten /
Trâgt sauere Frůchte / so deuchtet auch mier /
    Sey hôher zu achten /
    Wenn wier es betrachten / ⟨*116.*⟩
    Vor andern mein Freund;
    Mein Liebster mich letzet /
    Sein schatten ergôtzet /
Der / welchen mein Hertze so treulich gemeint.

2.

Er fůhret mich sanffte zum Keller hinnunter /
  Mit Liebes=Panieren und schencket mier ein /
Er fůhret mich freundlich und machet mich munter /
Er giebet mier Blumen=safft / âpfel und Wein;
    Er stârcket die krâffte
    Durch mancherley sâffte;
    Mich labet der tranck;
    Dieweil ich im Hertzen
    Von Liebe mit schmertzen
Beladen und gleichsam vor Liebe gar kranck.

3.

Es liebet mich hertzlich und treulich mein Leben /
  Mein Liebster mich liebet / das weiß ich gewiß /
Die Lincke / so unter dem Hâupte ligt eben /
Zeiget die Liebe / der Falschheit gebiß /

155 Befestigt die Treue
Nun wider aufs neue /
Das herrliche pfand:
Die Rechte mich hertzet /
Die Lincke die schertzet /
160 Nun hab' ich das hertze des Freundes erkant.

Er.

Euch Tôchter Jerusalem / will ich beschwôren /
Bey allen den Hindin und Rehen itzund / ⟨*117.*⟩
Ihr sollet im schlaaffe nicht also verstôren
165 Die / welche mein Hertze verwundt /
und laßet sie liegen
Nach ihrem genûgen /
Biß sie sich aufmacht
und selbsten erwacht.

170 ### Sie.
1.

Wie? hôr' ich den Liebsten nicht ruffen und singen?
Er nahet / ich hôre den lieblichen klang /
Er kômmet und hûpffet mit freudigen springen /
175 Die Hûgel und Thâler empfinden den gang.
Mein Liebster sich zeiget /
Die Berge naufsteiget /
Die mâchtige hôh;
Der Gemse sich gleichet /
180 Den Hirschen nicht weichet /
An hurtigkeit weichet ihm selbsten das Reh.

2.

Ach sehet! Er stehet schon hinter den Wânden /
Sihet durchs Fenster=lied heimlich herrein /
185 Er lehnt sich mit seinen so zârtlichen Hânden
An meine Schlaffkammer und horchet allein;

Ihn seh ich schon lachen /
Das Gitter auffmachen /
Es glåntzen auch schôn
Die rôthlichen Wangen
Mit zierlichem prangen:
Ich hôre sein sprechen / das schône gethôn. ⟨118.⟩

ER.

1.

Erhebe dich Schône / mein bestes verlangen /
Auf! Liebeste Schwester und eyle zu mier /
Der Regen ist ferne / der Winter vergangen /
Der Frühling ist nahe / bricht frôlich herfûr.
Die Blumen uns zieren /
Die freude duplieren /
Die Wiese wird grün /
Es lachen die Wålder /
Es blûhen die Felder /
Die kålte muß weichen / der Winter wegzihn.

2.

Die Vogel seyn lustig und laßen sich hôren /
Es girret die Taube / låßt schallen ihr Lied /
Der Weinstock muß unsere Frôligkeit mehren /
Die Wiese geht tråchtig / der Feigenbaum blûht.
Erhebe doch / Schône /
Dein freuden=gethône /
Komm / eyle mein Licht /
Komm / der ich mein Leben
Zu eigen gegeben /
Komm / meine Geliebte / verzihe doch nicht.

3.

Komm / zeige mier deine verliebete blûcke /
Komm zeige mier deine geehrte gestalt /

Komm / schôneste Taube / mich wider erquicke /
220 Komm kûsse mich / halse mich / hertze mich bald.
Laß fahren die Klippen /
Laß schauen die Lippen / ⟨*119.*⟩
Laß hôren den toon /
Erfrische mich wieder
225 Durch liebliche Lieder /
Denn deine Gesånge seyn sûßer als Moon.

4.

Laßt fahen die Fûchse / sie mûssen nun sterben /
Laßt fahen die jungen und alten zugleich /
230 Daß unsere Reben nicht ferner verderben /
Denn unsere Berge die machen uns reich;
Sie haben gewonnen
Vom hitzen der Sonnen
Viel augen anjetzt /
235 Drûmb laßet uns bleiben
und alles vertreiben
Was unseren Bergen nicht dienet noch nûtzt.

Sie.

Mein Liebster ist mein /
240 Das weiß ich / allein;
Auch bleib' ich sein eigen /
und will mich erzeigen /
Wie irgend die Freundinnen pflegen zu seyn.
Mein Liebster ist mein /
245 Der unter den Rosen im grûnen sich weidet /
Biß wider der schatten von hinnen abscheidet /
Wann vôllig anbricht
Des morgens das rôtliche Licht.
Komm Schôner / herwider und gleiche den Rehen /
250 Den Hirschen / die über den Hûgeln hergehen. ⟨*120.*⟩

III.
Die dritte Abtheilung.

Sie.

1.

Ich suchte des nachtes im bette mein Leben / 255
  Den Liebsten ich suchte doch fand ich Ihn nicht;
Ich konte mich nirgend zu frieden ergeben /
  Ich weinte von hertzen und suchte mein Licht.
Die Liebes=brunst zwang mich das bette zulaßen
    Ich eylte mit macht 260
    Durch schatten und nacht /
Lief traurig ernieder und fehlte der straßen /
    Ich fragte die wacht
  Ob jemand den Liebsten genommen in acht?
    Doch fand ich ihn nicht 265
    Mein Leben und Licht /
Ich ginge fort / sihe! da kam Er gegangen /
    Da fand ich mein Licht.
O Liebster mein Leben mein bestes Verlangen /
  Ich halte Mich an Dich und laße dich nicht. 270
Ich führe dich Liebster / bin immer bemühet /
Daß meine geliebete Mutter dich sihet /
    Nun folge mein Licht /
    Ich laße dich nicht. ⟨*121.*⟩

Er. 275

1.

Euch Töchter Jerusalem will ich beschwören
  Bey allen den Hindin und Rehen itzund /
Ihr sollet im schlaaffe nicht also verstören
  Die / welche mein Hertze verwundt / 280

    und laßet Sie liegen
    Nach ihrem genůgen /
    Biß sie sich auffmacht
    und selbsten erwacht.
285   2.
  Ach sihe? wer ist es doch die ich von weiten
   Kan sehen aus jenem gebůsche rausgehn /
  Ich sehe mein Leben / die Zierde der zeiten /
   Ich seh Sie wie weyhrauch und myrrhen entstehn.
290   Die herrlich sich zeiget
    Wie Benzoe steiget
    Nach ihrem gebrauch /
    Wie irgend ein rauch.
      Sie.
295 Umb Salomons Bette stehn sechzig gerůstet /
  Von allen den Stårcksten aus seinem geschlecht /
  Mit Růstung versehen wie einem gelůstet /
   Ein jeder fůhrt Lantzen und Schwerter mit recht.
  Sie schůtzen den König des nachtes und wachen /
300   Wenn er sich erquicket mit seinem Gemahl /
  Der König ließ Pfeiler von Cedern-holtz machen /
  und zierte mit Sånfften den Fůrstlichen Saal / ⟨122.⟩
  Das Kůssen der Sånfte war Purpur und Seide /
   Die Seulen aus Silber / die Decke vergůldt /
305 Der Boden war lieblich an diesem gebeude /
  Mit Liebe den Tôchtern von Zion erfüllt.
  Ihr Tôchter von Solyme sehet das prangen /
   Kommt / sehet des Kôniges herrliche Zier /
  Die Zierde / die Salomo selbsten empfangen
310   Am tage der Wollust und freuden allhier;
  Ach! sehet auf Salomons Heupte die Krone /
   Die Krone von Silber und Golde gestickt /
  Die itzo die Mutter dem Liebesten Sohne
   Zu seinen Hochzeitlichen Ehren geschickt.

IV.
Die Vierde Abtheilung.
Er.
1.
Ach Liebste / wie soll ich dein Angesicht preisen!
Ach Freundin / wie schöne wie schöne bistu /
Die schwärtzlichen Augen auch zierlich sich weisen
Durch deine geflochtene Zöpfe dazu /
    Sie schimmern im dunckeln
    Wie lichte Karfunckeln /
    und leuchten herfür;
    Die Taube muß weichen
    und kann nicht erreichen
Das blitzen der augen / die liebliche Zier. ⟨*123.*⟩

2.
Wie jenseit dem Eufrat die lustigen Ziegen
  Auf Galaad hüpfen und gleichen dem klee /
So müssen die Haare sich schwingen und flügen
  umb deine Verliebete stirne wie schnee.
    Den Zähnen ingleichen
    Die Herde muß weichen
    im wasser geschwemmt /
    Die allzumahl träget /
    Viel wollust erreget /
Die immer mit doppelten früchten ankömmt.

3.
Die Lippen den röthlichen Rosen sich gleichen /
  Dein sprechen ist lieblich und süße wie Wein.
Der Granat an farbe den Wangen muß weichen /
  Die zwischen den Haaren vollführen den schein.
    Dein Liljen=hals pranget /
    Darnach mich verlanget /

Dem Thurne sich gleicht /
Den David erbauet /
Wie jedermann schauet /
350 Der herrlich von Waffen und Schilden fürleucht.

4.

Im Frühling / wenn unsere Rosen ausblühen /
Worunter zwo junge Reh=zwillinge gehn /
Die sich mit einander zu schertzen bemühen;
355 So sihet mann gleichsam die Brüste da stehn.
Wir wollen aufstehen /
Zum Myrrhen=strauch gehen / ⟨*124.*⟩
Weils kühle noch ist /
Wir wollen uns wenden /
360 Zum Hügel hinlenden /
Wo allerley Weyhrauch und myrrhen man list.

5.

Kein flecken noch mackel ist irgend am Leibe /
O Freundin / wie schöne / wie schöne bistu!
365 Wer ist es der deine geberden beschreibe?
Komm / Schöne / von Hermon / mein' einige Ruh /
Mit nichten verweile /
Von Libanon eyle /
Laß Senir zurück /
370 Wo Leuen und Drachen /
Ihr Lager bewachen /
Komm eyle / mein Leben / versuche dein glück.

6.

O Schwester / ô Schöne / dein liebliches blicken /
375 Benimmt mir das Hertze / bezwinget den muth /
Mich können die Ketten am Halse bestricken /
Entzünden im Hertzen die feurige gluth.
Die Brüste / mein Leben /
Seyn süßer als Reben /

    Ja süßer als Most:
    Die Salbe kan machen
    Zunichte die sachen /
und wenn sie gleich kommen von Westen und Ost.
             7.
Die Lippen seyn Honig und lieblich zu küssen /
und unter der Zunge quillt zucker wie tau / ⟨*125.*⟩
Du gleichst den verschlossenen gårten und flüssen /
   Du gleichest ô Schône / der lieblichsten Au.
      Die Kleider ingleichen
      Dem Balsam nicht weichen
        und riechen auch sehr:
        Du gleichest / mein Leben /
        Den Quellen dich eben /
    Die inner dem Rûgel sich halten vielmehr.
             8.
Du gleichest dem Garten da Kalmus aufgehet /
  Da allerley früchte / da Saffran entspringt /
  Da Cypern mit Narden und Zynamen stehet /
   Der Weyherauch / Myrrhen und Aloes bringt /
        Du pflegest zu fließen
        und lieblich zu schießen
        Wie sonsten ein Quell.
        Nord / Suden / ihr Winde
        Durchwehet gelinde
Den garten durchwåssert! durchstreichet ihn schnell!

              V.
      ## Die fünffte Abtheilung.
               SIE.

MEin Liebester komme die Früchte zu kosten /
  Ich warte des Freundes an unseren pfosten /
        Mein Hertze mein Licht /
        Verschmehe mich nicht. ⟨*126.*⟩

Er.

Ja Liebeste Schwester / dein Bruder ist kommen /
415   und gehet im Garten und siehet nach Dier /
Ich habe mir Myrrhen und Würtze genommen /
Ich habe den Honig gekostet allhier.
   Ich habe von Reben
   Getruncken / mein Leben /
420   Den süßesten Wein.
   Kommt nehmet und esset
   Des traurens vergesset /
Ihr Lieben / Ey! trincket und schencket voll ein!

Sie.

425 Das Auge zwar schläffet / das Hertze doch wachet /
Ich höre den Liebsten / Er rühret die Thür.
Sehet / ihr Schwestern / Er kommet und lachet /
Bricht balde mit lieblichen worten herfür.

Er.

430 Eröfnet die Thüren und Rügel / ich komme /
Ich suche dich / Freundin / ô Schwester! ô Fromme!
Die Wangen und Haare seyn gäntzlich betaut /
Die Locken seyn feuchte / komm Liebeste Braut.

Sie.
435   1.

Ach Liebster / Ich liege schon nackend darnieder /
   Wie soll ich die Kleider anzihn /
   Wie soll ich mir wider
Die Füße besudeln / mein schönster Rubien. ⟨*127.*⟩
440 Doch stecket durchs fenster mein Liebster die hånde /
Mein Leben im hertzen erzittert dafür.
Ich machte mich eylend zum selbigen Ende /
und wolte dem Liebsten eröfnen die Thür.

>   Es troffen die Hånde
>   Mit Myrrhen ohn ende 445
>   und waren benetzt.

2.

> Ich hatte dem Liebsten eröfnet die Thůre /
>   Ach! aber wo war er doch hin?
>   Weil keinen ich spůre. 450
> Ich suchte den Schönen mit traurigem Sinn;
> Ich ruffte doch kont' ich den Liebsten nicht hören /
>   Die Wåchter beraubten und schlugen mich wund.
> Euch Töchter Jerusalem will ich beschwören /
>   Findt jemand Mein Hertze / so macht es Ihm kunt / 455
>   Wie daß ich vor Liebe
>   Mich hefftig betrůbe
>   und lagerhafft sey.

DIE JUNGFRAUEN AN DIE SU=
LAMITHIN. 460

> WAs wiltu du schönstes Licht unter den Frauen?
>   Wen wiltu doch schauen?
> Ist irgend dein Liebster der schönest auf erden?
>   Mit seinen geberden?
>   Daß du uns beschwörest so hart? ⟨*128.*⟩ 465

SIE.

1.

> Mein Liebster ist weißlecht mit Rosen besprenget /
>   Der unter viel tausenden leuchtet erfůr /
> Am gůldenen heupte stolzieret und hånget 470
>   Der schwårtzlichten Haare geflammete zier /
>   Die artlich erhaben
>   und gehen den Raben
>   An farbe noch fůr:

475 Die augen im dunckeln
Nach Tauben=art funckeln
Mit Milche gewaschen / in völliger zier.

2.

Den Beeten / da allerley Blumen aufschießen /
480 Seyn ähnlich die Wangen und gehen noch für /
Die Lippen wie Rosen / da Myrrhen auffließen /
Seyn immer erfüllet mit freundlicher zier.
Die Finger ingleichen
Den Ringen nicht weichen
485 Mit Steinen geziert;
Wie schöne Saffieren
Das Helffenbein zieren /
Solch Glåntzen am Leibe mein Leben auch führt.

3.

490 Die Beine wie Marmor mit Golde geschmücket
Seyn hurtig zum tantzen und sauber wie schnee /
Sein lieblich Anschauen mich eben anblicket
Wie Libanons Cedern und herrliche Höh. ⟨*129.*⟩
Sein sprechen und Lehren
495 Ist süße zu hören:
Ja (letzlich) mein Freund
Ist lieblich zu schauen /
Ihr schönen Jungfrauen;
Ein solcher ists der mich so treulich gemeint.

500 ### VI.
Die Sechste Abtheilung.

DIE JUNGFRAUEN.

Ach / Schwester / wo bleibet dein liebstes verlangen /
Du spiegel der Schönen / Du liebliche zier;
505 Dein Liebster ist irgend von hinnen gegangen /
Wir wollen Ihn suchen und bringen zu dir.

Sie.

Mein Liebster ist itzund spazieren gegangen /
In seinen Würtzgarten und frischet den Sinn /
Er bindet die Narden und streucher an stangen / 510
Bricht Rosen und setzet zun Liljen sich hin.
 Mein Liebster ist mein /
 Das weiß ich allein;
 Der unter den Rosen sich weidet /
 Kein trauren uns scheidet. ⟨*130.*⟩ 515

Er.

1.

Du gleichest Jerusalems Thürnen und Auen /
Du liebliches Thirza / du herrliches Schloß /
Dein blicken ist schrecklich wie spitzen zu schauen / 520
Wie spitzen des Heeres / wie feindes=geschoß.
 Ach wende die pfeile
 Der Augen / ach! eyle
 Sie tödten mich schier;
 Sie regen im Hertzen 525
 Mehr marter und schmertzen /
So lange dein Auge wirft strahlen nach mir.

2.

Wie jenseit dem Eufrat die lustigen Ziegen
 Auf Galaad hüpfen und gleichen dem klee / 530
So müssen die Haare sich schwingen und flügen
 umb deine verliebete stirne wie schnee.
 Den Zähnen ingleichen
 Die Herde muß weichen
 im wasser geschwemmt / 535
 Die allzumahl träget /
 Viel wollust erreget /
Die immer mit doppelten früchten ankömmt.

3.

540 Der Granat an farbe den Wangen muß weichen /
Die zwischen den zöpfen volfüren den schein.
Zwar sechzig der Königin / Achzig ingleichen
Der Frauen / die Zooffen unzåhlich auch seyn. ⟨*131.*⟩
Doch bleibestu Meine /
545 O Freundin / alleine /
Mein trautes Gemahl;
Die Mutter dich liebet /
Dier alles ergiebet /
Dich loben die Töchter mit großer anzahl.

550 Die Jungfrauen.

Wer blitzet mit solchen vergüldeten strahlen /
Wie frühe des morgens das röthliche Licht?
Wie sonsten der Silber=mond pfleget zu praalen /
Wie tåglich das glåntzen der Sonnen anbricht?
555 Sie flammet und hitzet
und schrecklicher blitzet /
Als irgend die Schlacht;
Wann alles erblitzet
Vom pulver erhitzet /
560 Wann alles vom schreyen und schießen erkracht.

Sie.

Ich eylte zum Garten und wolte mich letzen /
Ich schaute die Nüsse / die liebliche Bach /
Ich wolte mein Hertze mit Reben ergötzen /
565 Mit lieblichen åpfeln / ich eylte gemach;
Kont aber nicht wissen /
Wie daß ich gerissen
Zuricke von dar /
Es hatt mich getragen
570 Amminadabs wagen;
Nun seh' ich die Pferde / das hurtige paar. ⟨*132.*⟩

Er.
Kehre doch wider / komm wider zurücke /
Kehre doch wieder / was fleuchstu für mier?
Gönne mir deine verliebete blücke / 575
Eyle mein Leben / mein' einige zier:
Laß sehen und schauen
Die lustigen auen /
Die schöne gestalt;
Seht! wie mich mein Leben 580
Den banden begeben;
Gleichet den Heeren / der Krieges=gewalt.

VII.
Die Siebende Abtheilung.
Er. 585
1.
WIe kanstu so zierlich / ô Fürsten=kind / gehen?
Die Schuhe seyn Sammet mit golde gestickt /
Es pflegen die Lenden beysammen zu stehen
Wie Spangen vom Meister aufs schönste geschmückt.
Dein Nabel / mein Leben / 591
Nach Bechers=art eben
Ist sauber und rund;
Da süßer Wein fließet /
Sich reichlich ergießet / 595
und füllet ihn wieder und feuchtet den grund. ⟨*133.*⟩

2.
Dein runter Leib gleichet dem hauffen von Weitzen
Der Lieblich mit Rosen=gebüsche verwahrt /
Die Brüste / die manchen zur freudigkeit reitzen / 600
Wie junge Reh=zwillinge ligen gepaart.
Dein weisser Halß stehet
Wie Spitzen erhöhet:
Wie Helffenbein glántzt;

605   Die Augen ich gleiche
           Dem lieblichen Teiche /
    Zu Heßbon am Thore Bathrabbim ergäntzt.

3.

           Die Nase dem Thurne von Libanon gleichet /
610   Der gegen Damascon so herrlich erbaut:
           Dem Lieblichen Heupte der Karmel auch weichet /
           Das glåntzen der Haare wird eben geschaut /
                Wie Purpur in falten
                Der König lest halten /
615   Nach Fürstlicher zier;
                Sie zieren den Rücken
                Sie schießen und blicken /
           Wie flammen der Sonnen / wie strahlen erfür.

4.

620   O Leben! ô Liebe! Du gleichest an långe
           Den Palmen / wie lieblich / wie schöne bistu?
           Den Trauben ist ähnlich der Brüste gepränge;
           Was geb' ich dem Seumen noch längere Ruh?
                Nun halt ich die zweige
625   Weil frölich ich steige ⟨*134.*⟩
                Die Palmen hinan;
                Die lieblichen Brüste
                Des Liebsten Wohllüste /
           Laß gleichen den Trauben / an farben dem Schwan.

5.

           Laß gleichen den äpfeln das riechen der Nase /
           Laß geben die Kehle den süßesten Wein /
           Der freudig uns machet und glåntzet im Glase /
                Geht lieblich zum Munde / zur Kehlen hinnein /
635   Macht schlaaffend die Sinnen /
                Erreget sich drinnen;

Es redet dein Freund
Von künfftigen dingen /
Von Lieben und Springen /
und saget wie ernstlich sein Hertze dich meint.

Sie.
1.
Mich hab' ich dem Liebsten zu eigen gegeben /
Er bleibet mein Schönster / ich bleibe sein Leben.
Komm / Bruder / und laß uns aufs Acker=feld gehn /
Damit wir des morgens bey zeiten aufstehn /
und sehen ob unsere Reben auch blühen /
und augen gewonnen
Von hitzen der Sonnen;
Was wiltu verzihen?
Komm eylend mein Licht /
und seume dich nicht! ⟨*135.*⟩

2.
Wir wollen den äpfelbaum heute beschauen /
Daselbsten auf wollust und fröligkeit bauen /
Da will ich dier geben und zeigen die Brust /
Da will ich dich küssen und hertzen mit lust;
Da will ich dier unsere Lilien geben /
Da soltu dich laben
Mit allerley gaben /
Mein einiges Leben /
Drümb eyle / mein Licht /
und seume dich nicht!

VIII.
Die Achte und Letzte Abthei=
lung.

Sie.
1.
O daß ich dich / Bruder / solt küssen alleine /

Daß keiner mich höhnte / noch schaute mir zu /
670 Ich wolte dich führen aus dieser gemeine /
Nach hause zur Mutter / ô Schönester Du.
Da wolt' ich dich hören /
Du soltest mich lehren
Dein heiliges Wort;
675 Ich wolte dich tråncken
und Kreuter=Wein schencken /
Ich wolte Dir åpfelmust geben / mein Port. ⟨*136.*⟩

2.

Es liebet mich hertzlich und treulich mein Leben /
680 Mein Liebster mich liebet / das weiß ich gewiß /
Die Lincke / so unter dem Heupte ligt eben /
Zeiget die Liebe / der Falschheit gebiß /
Befestigt die Treue
Nun wider aufs neue /
685 Das herrliche pfand:
Die Rechte mich hertzet /
Die Lincke die schertzet /
Nun hab' ich das hertze des Freundes erkant.

Er.

690 Euch Töchter Jerusalem / will ich beschwören /
Bey allen den Hindin und Rehen itzund /
Ihr sollet im schlaaffe nicht also verstören
Die / welche mein Hertze verwundt /
und laßet sie liegen
695 Nach ihrem genügen /
Biß sie sich aufmacht
und selbsten erwacht.

Die Jungfrauen.

Wer strahlet so herrlich? Wer ist es doch nur?
700 Wen bildet so künstlich die schöne Natur?
Welche so strahlet und scheint
Gelehnet auf ihren Geliebten und Freund?

ER.

1.

Unter dem äpfelbaum / da Du gebohren
  Weckt' ich vom Schlaaffe der Eytelkeit dich / ⟨*137.*⟩
Da dich die Mutter zur Tochter erkohren /
  Freundin / ach! Schwester / ach! setze doch mich
      Wie sonsten ein Siegel /
      Du lieblicher Spiegel /
    Aufs Hertze mit Lust;
      und laß mich erwarmen
      und schlaaffen in Armen /
Halse mich / Schwester / ich küsse die Brust.

2.

Lieben ist stärcker als tödtliche schmertzen /
  Brennet wie feuer / wie hellische gluth /
Funckelt und flammet und glüet im Hertzen /
  Lieben ist stärcker als Wasser und fluth:
      Das Silber vergehet /
      Die Liebe bestehet /
    Die flamme des HERRN;
      Es müssen verfallen
      Die Edlen metallen /
Demand und Jaspis muß bleiben von fern.

SIE.

Was bringen wir unserer Schwester vor sachen?
  Denn unsere Schwester ist zährtlich und klein /
Die Brüste noch keine beliebung uns machen /
    Sie geben nicht Wein /
  Was wollen wir machen und reden mit ihr?
  Wann Sie sich ins künfftige giebet herfür? ⟨*138.*⟩

Antwortet.

Er.

735 Gleicht Sie den Mauren / so wollen wir bauen
 Silberne Bollwerck und Thûrne zur pracht;
Ist Sie wie Thûren und Thore zu schauen /
 Seyn wir auf Cederne bohlen bedacht /
  Die Libanon schickt:
740   Wir wollen die Thûren
  Mit Tafelwerck zieren
  Von Golde geschmûckt.

Sie.

Ein Mauerwerck bin ich und zierlich Gebeu /
745 Die Brûste seyn artlich wie Wålle gebauet /
Dadurch ich den edelen Frieden geschauet /
 Sie zwingen den Liebsten und machen mich frey.
Es hatte der Kônig den Hûtern gegeben
 Zur mûthe den Weinberg / in vôlliger tracht /
750 Die jåhrlich Ihm tausend zur zinse gebracht.

Er.

Mein Weinberg ist zierlich und stehet fûr mir
 In vôlliger zier.

Sie.

755 Dier / Salomo / sollen sie tausend entrichten;
Zwey hundert sambt allen den edlesten frûchten /
 Ist Hûter=gebûhr.

Er.

O Sonne / die tåglich im Garten aufgehet /
760 und unter den Rosen und Lilien stehet / ⟨*139.*⟩
 Laß hôren die Lieder /
 Es wartet ein jeder /
 Die Freunde stehn hier /

> Wir kommen gelauffen
> und eylen mit hauffen / 765
> Zu hôren die Stimme / die liebliche zier.

Sie.

> Fleuch mein Geliebter und gleiche den Rehen /
> auf Hügeln und Höhen /
> Da Weyrauch und Myrrhen mit überfluß stehen / 770
> Fleuch mein Geliebter und eyle mein Licht /
> Eyle mein Liebster und seume dich nicht.

E N D E. ⟨*140.*⟩

Zu Erinnern.

ALldieweil es / Gewogener Leser / die enge der zeit / diese meine Geistliche Salomonische Wohllust / noch einmahl durchzulesen / und eines und das andere zu verbåssern / nicht gestatten wollen: Geschihet an dich mein freundlichs Bitten / Du wollest es im besten vermercken / und dieser meiner geringen und schlechten übersetzung dein frölich=und freudiges Anschauen geneigt vergönnen / und da etwan eines und das andere hart und übel klingen wolte / auch nicht wohl und zierlich gegeben / mit deiner Geschickligkeit verbåssern und dabey gedencken / daß ich dem Texte ⟨*141.*⟩ vielmehr nachhången / und weil es Geistliche Sachen / keine sonderliche pracht der worte gebrauchen wollen; sintemahl ich mich / bey den Worten und deroselben eigentlichem verstande / wo es nur müglich gewesen / zu verbleiben / höchlich bemühet.

Were auch einer und der andere / dem dieser Art verse unbekant und fremde im lesen vorkehme / derselbe kan in den Dactylischen nur drey sylben auf einmahl nehmen / und dann wider dreye / biß der verß zum ende / also:

> Küsse mich | Liebster mein | einiges | Leben /·
> Küsse mich | deine Braut | eyle zu | mier.

In den Anapåstischen aber / nimt er in der erste zwo sylben /
darnach auch allzeit drey / wie in den Dactylischen / also:
   Die rôth | lichen wan | gen
   Seyn un | ser verlan | gen
   und rie | chen mit macht | ⟨*142.*⟩
Oder Er kan nur in diesen die erste sylbe zufôrderst alleine /
und darnach wider dreye lesen / also:
   Die | rôthlichen | wangen
   Seyn | unser ver | langen
   und | riechen mit | macht.
Nach diesem kann sich einer / dem diese Verse nicht bekant /
zum besten richten / und bald damit zu rechte kommen.

    Gott mit uns! ⟨*143.*⟩

Philippi Cæsii

Vierdes Buch /

Von den Mustern allerley vermisch=
ter Oden und Getichte. ⟨*144.*⟩

SENECA:
PUDOREM
REI TOLLIT MULTI=
TUDO ERRANTIUM, ET
5   DESINIT ESSE PROBRI LOCO,
COMMUNE MALEDICTUM.
Die Schaam / der Rôthe Bild /
Weil selbe nicht mehr gilt /
und låsst ihr' Ehre schwåchen /
10 Durch vielheit im verbrechen /
Ists keine Schmaach nicht mehr /
Mann schmåhe noch so sehr.
VERUM, MULTITUDO ERRAN=
TIUM ERRANTI NON
15 PARIT PATROCI=
NIUM. ⟨*145.*⟩

I.

Weyhnacht=ODE.

Der I. Satz.

WArûmb ist der Himmel offen?
5   Laß uns hoffen.
Wird die Nacht nicht hell und klar?
                Es ist wahr.
Siht mann nicht den Mond verbleichen?
                Er muß weichen.
10 Das gestirnte Wolcken=heer
Fliht je mehr und mehr;
Es entspringt ein neues Licht /
Das mit solchen gûldnen strahlen

Durch die fünstern Nächte bricht
und der Wolcken zelt kann mahlen 15
Mit Rubien und Hyacinth /
Das den Nächten abgewinnt.

Der 1. Gegensatz.

WAs doch hört mann an dem Himmel?
      Ein getümmel. 20
Und was ist das vor ein klang?
      Ein Gesang.
Der dort aus den Lüfften wallet?
     Ja es schallet: ⟨146.⟩
Eine süße Melodey 25
Macht uns Kummers=frey.
Hör ich / oder deucht mich so /
Dort die güldnen Cherubienen /
Ach wie seyn sie doch so froh
Mit den klahren Seraphinen / 30
Hört das liebliche gethön /
Ach wie klingt es nur so schön!

Der 1. Nachklang.

FReuet Euch alle seyd frölich im HErrn /
    Das trauren sey ferrn / 35
Kommet und schauet und fürchtet Euch nicht /
     Ein edeles Licht
     Ist itzund auffgangen
    Mit güldenen Wangen /
     O Fröliche zeit! 40
Jesus der Heyland ist heute gebohren /
Welcher zum Spiegel der Gottheit erkohren /
   Wird itzund auch fleischlich bekleidt /
    O fröliche Zeit!

Der 2. Satz.

45

WEr ists / der sich hier einstellt?
　　　　　　　　　　unser Held.
Der dort ligt auf Stroh und Heu /
　　　　　　　Sûnden=frey?
50 Ach wie zieht Er ein die Lippen
　　　　　　　　In der Krippen /
Dessen Hånde=werck wir seyn /
Der uns nehrt allein / ⟨*147.*⟩
Der des Großen Gottes Sohn /
55 Mischt sich in der Menschen=Orden /
Hat verlaßen seinen Thron /
und ist unser Bruder worden:
Himmel / Erde / Lufft und Meer /
und was drinnen / freut sich sehr.

Der 2. Gegensatz.

60

WIe mag dieses gehen zu?
　　　　　　　　Gleube du.
Muß Vernunfft dann schweigen hier?
　　　　　　　　Gleube mier.
65 Ey so nehm ich Adlers=augen!
　　　　　　　　Ja die taugen.
Denn ein Adler höher nicht
Durch die Wolcken bricht /
Wenn er seine kleine Zucht /
70 In dem Neste nicht mehr sihet;
Also meiner Sinnen=flucht
Sich zu schwingen nicht bemühet /
Weiter in die tieffe nein;
Sondern hier soll Glaube seyn.

Der 2. Nachklang.

SEy uns willkommen / du Himlisches Kind /
  So Friedlich gesinnt!
öffnet die Thore / der Hertzog kömmt an /
  Erweitert die Bahn.
  Der König der Ehren
  Der lässet sich hören / ⟨*148.*⟩
  O heiliges Licht!
Hertzog / du Hertze des Friedens wilkommen /
Friede wird heute verkündigt den Frommen
und zeiget sein güldnes Gesicht /
  O heiliges Licht!

Der 3. Satz.

Kömmstu / schönster Held / zu mier?
  Ja zu dier.
Wie sol das verschulden ich?
  Liebe mich.
Sol nach deiner Lieb' ich streben?
  Ja mein Leben.
Ey so komm: Ich bin verwundt /
Küsse meinen Mund /
O du süßer Breutigam /
Du Beherscher aller Hertzen /
Lesche meine keusche Flamm /
und der Liebe süße schmertzen!
Ich bin dein und Du bist mein /
und Dich lieb' Ich nur allein.

Der 3. Gegensatz.

WEr benimmt uns so den Muth?
  Liebes=gluth:
Frauen=Liebe brennt wohl sehr /
  Diese mehr.

Ja es halten deine Wangen /
Mich gefangen / ⟨*149.*⟩
O du güldner Friedens=Held /
110 Der mir nur gefällt.
Gib daß unser Vaterland
Mag gedoppelt widerschauen /
Was der Feind von uns gewandt
und den stoltzen Frieden bauen /
115 Daß die gantze Christenheit
Dich erheb' in Ewigkeit.

Der 3. Nachklang.

EHret den HErren / lobsinget dem HErrn
Preiset ihn gern.
120 Himmel und Erde laß hören ein Lied /
Sey immer bemüht
Die Stimme zu schwingen /
Den Heiland zu singen /
Zu itziger zeit.
125 Ehre sey Gott in der Höhe dem mächtigen HErren /
Frieden auf Erden; unfriede sey ferren!
Die Menschen seyn höchlich erfreut
Zu itziger Zeit!

II.

Morgen=Lied /

Im toon:
Wie schön leucht uns der Morgen=
5 stern / etc.

DIe Nacht das schrecken=volle Kind /
Die schwartze Demmerung zerrinnt / ⟨*150.*⟩
Der Frühe=tag sich zeiget /
Die güldne Morgenröth entspringt /

Der Sonnen=glantz hernacher dringt 10
und auf gen Himmel steiget:
    Singet / klinget /
Freuden=Lieder soll ein jeder
    Gott zu ehren /
Aus dem Munde laßen hôren. 15

Wohlan! mein Hertz erhebe dich
und dencke wie der Hôchste sich
    Bemûht vor dich zu wachen.
Er hatt behûtet diese Nacht
Fûr aller Angst und Krieges=macht 20
    Fûr Noth und Todt uns Schwachen:
    Singet / klinget
Freuden=Lieder soll ein jeder
    Gott zu dancken
Schütten aus des Hertzens schrancken. 25

Brich an du Sonne meiner Seel
In meines fûnstern Hertzens hôl /
    Du gûldner Glantz der freuden /
Erquicke mich mit deinem Geist
und mir gewûndschten Beystand leist 30
    In meinem Thun und Leiden /
    Aus Noth und Todt
Hilff mir Armen mit erbarmen /
    Mein studieren /
Laß mich vollend wohl ausfûhren. ⟨*151.*⟩ 35
Ach brich herfûr du Trost und Licht /
Wenn mich der Sûnden=Worm anficht /
    und mein Gewissen naget;
Nim weg die schwere Sûnden=last /
Dieweil Du sie gebüßet hast 40
    und Dich vor mich gewaget.
    Aus Noth und Todt

  Hilff mir Armen mit erbarmen /
    Mein studieren
45 Laß mich vollend wohl ausführen!

III.
ODE.
Auf die Heimbohl= und Riccische
Hochzeit.
5 Die Jungfer Braut redet
Ihren Liebsten an.

1.
ES bricht herfür der Nächte Licht /
Ach Liebster / kommt / sein Angesicht
10 Soll meine Sonne werden:
Die Nacht das sehr verschwigne Kind /
Erweckt den kühlen Suden=Wind
 Der fast erhitzten Erden:
   Es wehn und gehn
15 Alle Winde sanfft und linde /
   Mond und Sterne
Wincken durch die Lufft von ferne. ⟨*152.*⟩

2.
Ja Venus ziht zum ersten auff /
20 und will durch seinen sanfften lauff
 uns beyde selbst begleiten /
Dem folgt das andre Sternen=heer
und hengt das Gold je mehr und mehr
 Am Himmel auf von weiten;
25   Ja ich wil mich /
O mein Leben / Ihm nun eben
   Gantz ergeben /
Nun wil ich nach Freuden streben!

Der H. Breutgam an seine Liebste.

1.

Ach schöne Braut / mein ander Ich /
O mein Rubien / Ihr geb ich mich
    anitzt auch gantz zu eigen:
Es zwinget mich ihr Rosen=mund /
Das lieblich=sehn das macht mich wund
    Ich kann es nicht verschweigen.
      Es soll kein groll
   Noch was feindlich und nicht freundlich
      uns betrüben;
Ich will Sie von hertzen lieben.

2.

Vom Himmel kömmt das schöne Bild /
Der Trost / die Lust / das Freuden=schild /
    Nun kann ich mich erquicken; ⟨*153.*⟩
Wenn mich der Krieg ja traurig macht
So kann Sie doch zu Tag und Nacht
    Mit Trost mich recht anblicken /
      Ach mein Schätzlein /
   Laßt erwarmen in den Armen
      Meine Glieder
Legt den Nahmen bey mier nieder.

Der Cohr /
An Beyde zusammen.

1.

SO recht! Ihr wohlgetrautes Paar /
Es wündscht Euch glück der Musen schaar /
    Gantz Bitterfeld erschallet /
Die Mulda leufft zum Elbenfluß /
Daß man sich drüber wundern muß /

>   Wie sie vor freuden wallet;
>   Ihr schőn gethőn
>   Cherubienen / Seraphinen
>   Hoch erschwingen /
> 65   und dem HErrn ein Dancklied singen.
>
> ### 2.
>
>   Gleichwie der Perlen=tau verjůngt
>   Her aus der Morgenrőth entspringt /
>   Graß / Laub und Kreuter zieret /
> 70 So wird auch zieren Euren Tisch /
>   Die kleine Schaar gesund und frisch /
>   Wenn Gott die Lust duplieret.
>   Ehlich / frőlich / ⟨*154.*⟩
>   Lebt und schertzet / liebt und hertzet
> 75   Euch in Ehren /
>   Daß wir diesen Wundsch vermehren.
>
> ### 3.
>
>   Nun gute Nacht und schlafft Euch satt /
>   Weil Ihr vielleicht von Liebe matt
> 80   und lescht die heissen schmertzen /
>   Der Himmel gibt Euch seine gunst
>   und hatt die keusche Liebes=brunst
>   Entzůndt in euren Hertzen.
>   Liebt Euch zugleich /
> 85   Lebt in freuden ohne Leiden /
>   Wie wir alle
>   Wůndschen ingesammt mit schalle!

IV.

Trauer=Lied /
Auff den Seeligen Hintritt H. Fran=
tzen von Trotha / Fůrstl. Eysenach. Geheimten
5   Raths= und Oberhauptmanns des Go=
        tischen Kreyses etc.

Deutsches Helicons Ander Theil · Vierdes Buch 399

1.

Ihr armen Sterblichen / wolt ihr noch långer leben?
  Was habt ihr doch nur hier /
  Als Wehmuth fůr und fůr?
Ach seht Ihr nicht den Todt vor euren augen schweben?
  Lieber lieber wolt ich dort
    In dem rechten Friede schweben / ⟨*155.*⟩
  Als hirunten fort fůr fort
    Seyn mit Krieges=noth ůmbgeben.

2.

Wie wandelbahr der Mond wie wandelbahr die sterne /
  So ist der Menschen zeit
  Gantz voll vergånglig keit /
Bald nimmet zu bald ab die große Nacht=Laterne /
  Balde seyn wir frisch und roht /
    Hůbsch und lieblich von Gesichte /
  Balde seyn wir kranck und todt /
    Da der Leib wird gar zu nichte.

3.

Wer wolte denn nicht nun mit lust von hinnen scheiden?
  Gesegnen diese Welt
  Das wůste Trauer=feld /
In dem der Himmel ist gantz voller Lust und Freuden /
  Da die Auserwehlten seyn /
    Da die Seraphinen singen
  und die Cherubinen drein
    Ihre Stimmen hocherschwingen?

4.

Ich bilde mir schon ein / als wenn ich kônte hôren
  Den David auf der Harf
  Die Seiten schlagen scharf /
Ach wolte wolte Gott! daß wir daselbsten weren /
  und den schônen Himmels=Saal /

40 Der von Türckis und Rubinen /
sammt der blancken Sterne zahl /
Schauten mit den Seraphinen! ⟨*156.*⟩

5.

Dis alles kann nun auch itzt der von Trotha hören /
45 Weil sich nun von uns reist
Sein Adelicher Geist /
Die Engel werden ihn mit Palmen schön verehren:
Er empfindet vor die pein /
Lauter Freude / lauter Wonne:
50 Hilff Gott! daß wir balde seyn
Bey der rechten Lebens=Sonne!

V.
Freuden=gesang /
Als Ihre Fürstl. G. H. Augustus Her=
tzog zu Sachsen etc. nach Halle kommen und die
5 Huldigung empfangen.

1.

EDler Printz / von Sachsen=Stamme /
Zweig der Rauten / so itzund
Zeigt den angenehmen Mund
10 und die heisse Liebes=flamme
Dier ô Halle / (derer Tohr
Gantz verlaßen war zuvor
und sehr traurig sich befunden?
Sey gegrüßt zu diesen stunden
15 und ihr stunden auch zugleich /
Stunden die Ihr Freuden=reich.
Glück zu dem Rauten=Zweig! hört wie die Pleisse schreyet /
Hört wie die Saale rufft und sich ô Fürste freuet ⟨*157.*⟩

Auf eure gegenwart / die Stånde ruffen zu /
Gott geb Euch glůck und heil / Gott geb Euch fried und ruh! 20
Gantz Sachsen wůndschet noch glůck auf glůck auf die reise /
O Edles Fůrsten=blut / und singt die freuden=weise /
Die Sonne schaut herfůr aus ihrem blauen Zelt
und schickt dier / Halle zu den langgewůndschten Held.

2.

    Halle / schicke dich zu grůßen 25
    Deinen neuen Breutigam /
    Den dier schickt der Sachsenstamm;
    Er wil in den Arm Dich schließen /
    Neige deinen zahrten Mund 30
    Ihm entgegen auch itzund:
    Sihstu deinen Fůrsten reiten?
    Sihstu kommen Ihn von weiten?
    Steig auf deine Tůrne Du /
    Schaue wie Er naht herzu? 35
Ach seht wie blinckt das Feld mit Rossen fast bedecket /
Seht wie die traurigkeit sich allgemach verstecket
  Itzt kômmt der Printz herran / itzt neiget sich die Stadt /
  Die Er zu schůtzen Ihm itzund erwehlet hatt.
Wie lieblich lacht er doch / wie redt er doch so freundlich / 40
Er meinet alles guth und stellet sich nicht feindlich
  Wie jener Boreas: der sůße Zephyr weht
  Den Frieden mildiglich wo dieser Fůrste steht. ⟨158.⟩

3.

    WEißheit / Kunst / Verstand und Ehre 45
    Ihn begleiten jederzeit /
    Sanfftmuth und Gelindigkeit
    Leuchten aus Ihm; Ey ich hôre
    Wie das Volck Ihn lobt und liebt
    und sich Ihm zu eigen gibt; 50

Hört die angenehmen Worte /
Die Ihr seyd an diesem Orte /
Edlen Bürger / seht die Zier /
Die Ihn hatt ůmbfangen hier.
55 Wer? oder welcher Fůrst kann solche reden fůren /
Die so nachdencklich seyn und ihn zum meisten zieren?
Wie wie bedachtsam doch redt Er die seinen an /
Als je ein Weiser Printz erwiesen und gethan?
Augustus ist durch Sieg ein großer Keyser worden /
60 August der Rauten=zweig aus großer Sachsen Orden
Erhielt die reine Lehr: Damit Ihr beydes thut /
O Held / so geb' Euch Gott gedeyen / glůck und muth!

VI.

ODE /

Darinnen die ersten beyden Verse Tro=
châisch / der 3. und 4. Jambisch / der 5. wider Tro=
5 châisch / der 6. und 7. aber Dacty=
lisch.

1.

Er.

Höchster Schatz /
10 Freuden platz / ⟨*159.*⟩
Komm her zu mier /
Ich wincke dier.

Sie.

Ach was soll ich bey dier thun?

15 Er.

Deine geberden / dein reden und lachen /
Können mich schweigend und rede=loß machen.

2.
Sie.
Ach! mein Licht /
Laß mich nicht
Verwarten hier /
Ich muß von Dier.

Er.
Eine viertheil=stunde nur.

Sie.
Liebster / Er solte wohl meiner genießen /
Aber es möchte der Mutter verdrießen.

3.
Er.
Ach! mein Licht /
Es kann nicht
Verdrießen Ihr /
Ach! bleib bey mir.

Sie.
Nein ich kann nicht warten hier.

Er.
Ist doch die Mutter zu gaste gegangen /
Bleibe doch immer mein bestes verlangen.

4.
Sie.
Nein ich muß
Kuß ûmb kuß
Vergelten nicht /
Mein Schönes Licht.

ER.
Kann es dann so gar nicht seyn? ⟨*160.*⟩

SIE.
Ich scheide zwar itzo doch ist dier ergeben /
50 Liebster / zu eigen mein Leben und Schweben.

5.
ER.
Soll ich nun
Dieses thun
55 und bleiben hier
Ohn' alle zier!

SIE.
Liebster nun gehab dich wohl.

ER.
60 Scheiden zwar schmertzet / doch muß ichs ertragen /
Hoffen des besten / verschmertzen das klagen.

VII.
ODE.
Auf Echonische Art.

1.

5 DIch / Lust=Kind Echo / will ich fragen /
Ech⟨*o:*⟩ Dis dein klagen /
Ja klagen: wo fühl ich die schmertzen?
E. In dem hertzen.
Wer macht die gluth die mich entzündet?
10   E. Die dich bindet.

2.
Wer macht die Angst die mich betrůbet?
  E. Die dich liebet.
Was kann doch lindern solch Betrůben?
  E. Treulich lieben.
Wie soll mich dann mein Schatz ůmbfangen?
  E. Mit den Wangen. ⟨161.⟩

3.
Wenn wird die Last von mier genommen?
  E. Sie wird kommen.
Wird Sie denn balde mich befreyen?
  E. Gantz verneuen.
Wie lange wird es sich verzihen?
  E. Zeit muß flihen.

4.
Wovor wird doch geschickt die Krone?
  E. Dier zu Lohne.
Was macht der Krantz von Gold und Seiden?
  E. Lauter freuden.
Ach möcht ich nur Sie selbsten haben!
  E. Dich zu laben.

5.
Wird Sie bald kommen mich zu kůssen?
  E. Sie wird můssen.
Ach sih! der Tag leufft schon zum ende /
  E. Gar behende.
Nun kömmt Sie / Meine Freuden=Sonne /
  E. Deine Wonne.

6.
Nun will ich Kuß ůmb Kuß Ihr geben /
  E. und dein Leben.
Sie wird mir Lust und Freude machen /
  E. Dich anlachen.

    Sie wird mir alles seyn zu willen /
45   E. Dich zu stillen. ⟨*162.*⟩

       7.
    Wo seyn doch hin die langen stunden?
      E. Gantz verschwunden.
    Soll ich nun fort in Freuden schweben?
50   E. Lustig leben.
    Nun will ich ruhen in den Armen;
      E. Zu erwarmen.

       8.
    Nun fühl ich weder Angst noch schmertzen /
55   E. In dem Hertzen.
    Der Schmertz ist itzo gantz verschwunden /
      E. Mit den stunden.
    Nun kann ich meine Liebste hertzen /
      E. Mit ihr schertzen.

60   9.
    Ihr Zucker=Mund muß mich erquicken /
      E. und dich drücken.
    Was soll ich itzo thun und üben?
      E. Lauter lieben.
65   So lange biß die Nacht verstiebet
      E. Sie dich liebet.

      10.
    Ey nun wil ich den Schmertzen meiden
      E. Angst und Leiden.
70   Nun mag ein ander Leide tragen
      E. Angst und klagen.
    Ich kann nun für und für mich üben /
      E. Völlig lieben. ⟨*163.*⟩

VIII.

ODE /

Darinnen die ersten 4. Verse Jambisch /
die andern 4. Trochåisch / die letzten 2.
Dactylisch.

1.

SOlt' ich an Mavors statt itzund Armeen führen /
    So wolt ich aus staffieren
    Das gantze Krieges=heer
Mit einem solchen Volck / das hold den Büchern wer;
    Die Studenten müsten seyn
    Meine beste Bursch und Führer /
    Die Gelehrten Officierer /
    Phöbus=Völcker in gemein
Müsten die Feinde verjagen und dämpfen /
Müsten uns helfen und ritterlich kämpfen.

2.

Constabel solten seyn die süßen Musicanten /
    Die Helicons=verwanten /
    Der Orgeln freudenschall
Solt an Trompeten statt erklingen überall /
    Bachus und sein Kammer=rath
    Ceres solten uns wohl geben
    Proviant und Wein zu leben /
    uns zu frischen früh und spat /
Musen und Gratien müsten mit kämpfen /
Müsten die Feinde verjagen und dämpfen. ⟨164.⟩

3.

Die Feder solte mier an statt der Schwerter dienen /
    Wir wolten uns erkühnen
    In alle Welt zugehn.

Mich deucht ich wolte wohl mit diesem Volck bestehn
In gefahr und Krieges=noth;
Schrifftgelehrten und Juristen /
35 Mûsten sich zu streiten rûsten;
Die / vor denen fliht der Todt /
Mûsten uns helffen auch Ritterlich kåmpfen /
Mûsten die Feinde verjagen und dåmpfen.

4.

40 Ade du wûster Mars / ade mit deinen Kriegen /
Ich kann nun båsser Siegen /
Ein Ziel ist mier gesetzt /
Das nicht nach solchen strebt / was nur die welt ergôtzt;
Vor den Mars wird nun gepreist
45 Dieser Krieg und dieses Leben /
Das den Kûnsten ist ergeben /
Das uns hin zur Tugend weist.
Packe dich Mavors und weiche von hinnen /
übe bey andern dein tolles beginnen.

IX.

ODE /
Auff den Seeligen Hintritt Herrn
Melchior Redels Kåmmerers etc. ⟨165.⟩

5 ### Satz.

O Ihr Hochgelehrten Månner /
Derer Weißheit und Verstand
unser Stadt ist wohlbekandt!
und ihr Hochgeehrten Pfånner /
10 Derer Redligkeit sich schwingt /
Derer Muth gen Himmel dringt /
Wolt ihr dann nun von uns weichen?
und all' ingesambt verbleichen?

Wolt ihr an den süßen Ort
Reisen / da nur Freude schwebet / 15
Da ihr mit den Engeln lebet
Stets in freuden fort und fort?

Gegensatz.

Es ist billich zu betrauren /
Daß Herr Redel weggerafft 20
Durch des Grimmen Todes krafft:
Es ist billich zu betauren /
Daß itzundt sein Weib und Kindt
Einsam und verlaßen sind.
Ach was hilffts! Es muß geschehen / 25
Daß wir sie verbleichen sehen /
Denn es Gott' also gelüst:
Drümb in Weinen maße haltet /
Gott der alle Ding verwaltet /
Euch zu helffen ist gerüst. 30

Nach=lied.

O allerschönste Seel! nun bistu auffgenommen ⟨*166.*⟩
In die süße Ruh /
Nach dem Himmel zu.
Nun hastu allem Leid und Trauren abgewonnen: 35
Nun lebestu bey Gott und hassest falschen Schein.
Wir beweinen
Nur die deinen /
Die itzund gantz und gar verlaßen seyn.

X.

Auf H. M. Michael Hellers etc. und
Jungf. Sophien Volckmarin /
Hochzeit.

ES war nun Hesperus dem Tage fast gewichen / 5
Der Sonnen Kammer=Magd kam allgemach geschlichen /

und bahnete den Weg der Tagesmeisterin /
Der Fürstin des Gestirns / und nahm den Nebel hin:
Spricht Pallas / lieber Sohn / steh' auf und laß erschallen
Ein lieblich Hochzeit=Lied / dann itzund soll vor allen
Herr Heller laben sich; Drauf stimmt' ich alsobald
Des Pindars Seiten an / daß thal und Feld erschallt.

ODE /
Darinnen in jeder Strophe der erste /
dritte und siebende Vers Trochäisch / und wiederûmb
der ander / vierde / 5. 6. 8. 9. und zehende Jam=
bisch; der Nachklang aber ist von lauter
Jambischen Versen. ⟨*167.*⟩

Satz.

WEr in seiner Lebens=zeit
Nur ist auf Einsamkeit beflissen /
Solcher hasset Freundligkeit /
und achtet gäntzlich nicht / was weise Leute wissen /
Will auch kein weiser Mensche seyn;
Verwirfft der Schrifften hellen Schein /
So ein anders bringen für:
Wanns schon befihlt der Römer Jupiter /
So muß doch dis / was uns gebeut der Herr /
Den Vorgang haben hier.

Gegensatz.

Alles was mann findet hier
Auf diesem weiten Rund der Erden /
Das muß lieben für und für:
Die Sternen wincken sich mit lieblichen geberden:
Der fetten Erlen grüne Zier /
So liebt die Flüsse für und für /
Giebt dem grünen gute Nacht

Wann sich verliert der Flüsse Feuchtigkeit:
Das Volck der Lufft kann auch nicht allezeit
   Vermeiden Liebes=macht. 40

Nachklang.

DRůmb seyd / Herr Breutgam dran /
Laßt schwinden Einsamkeit / greifft nur mit freuden an /
Der Ehe Zucker=süßen Streit /
So Juno hatt bereit: ⟨*168.*⟩ 45
Dann Weißheit wil nun auch durch Liebes=Band
Verbunden seyn mit Euch in diesen Stand:
   Gott gebe Glůck und Heyl dazu
   und stille Friedens=Ruh!

XI.

Auf das Allzufrůhe doch Seelige Ab=
leiben des Edlen / Gestrengen und Vesten Levins von
Schulenburg im 1638. Jahre / den Andern
Augustmonat verschieden. 5

ODE.
Satz.

IHr / die Ihr mit Tugend pranget
und der Kunst ergeben seyd:
Ihr / die Ihr zu dieser Zeit 10
An den Castalinnen hanget /
Die nach Zucht und Tugend gehn /
Seht Ihr nicht allhier auch stehn
Auff der Bahren Eures gleichen?
Ach wie dessen Lippen bleichen / 15
Welche sonsten wichen nicht
Einem unter diesen hauffen /
So in Pallas Tempel lauffen!
Denen keine Kunst gebricht.

Gegensatz.

Ihm war Weißheit / Kunst und Adel
Allezeit gantz unterthan; ⟨169.⟩
Alles Gute hieng Ihm an /
Niemand gab Ihm einen Tadel:
Dennoch muß der Menschen=Fraß
Ihn zubrechen wie ein Glaß.
Hier / hier sieht man / wem das Leben
Aller Menschen sey ergeben.
Todt es wåchset alles dir /
Dir ist alles untergeben /
(Heist es) unser aller Leben
Nichtig / flûchtig bleibet hier:

Nach=Lied.

Ihr aber / die Ihr seht / den Leichnam vor Euch tragen /
    Krånckt Euch nicht so sehr
    Sondern gônnet mehr
Ihm seine Ruh; Was hilffet Euch das klagen?
Er ist vorangeschickt / und machet Euch die Bahn
    Zu dem Leben /
    Da wird schweben
Sein hoher Geist mit Freuden angethan.

XII.
ODE /

Darinnen der erste / 4. 5. und 6. und wie=
derûmb der ander / 3. 7. und achte Verß ein=
ander gleich seyn. ⟨170.⟩

1.

| — | ◡ ◡ — | ◡ — | ◡
| Ach schôn | ste / wie kann | so blån | den
Der Sonnen=liechte glantz /
Der dich ûmbgeben gantz?

Wie kanstu mein Hertze wenden /
Du Herrscherin meiner Sinnen?
Wie kanstu mich so gewinnen
  Durch deines Scepters macht
    zu Tag und Nacht?

2.

Mein wůndschen ist / dich zu schauen /
 Du trautes edles Bild /
 Mitt sůßigkeit erfůllt;
Ich will mich mit Dier vertrauen /
Will trincken aus deinen flůssen /
Die Honig uns geben můssen;
  Drůmb komm / und laß mich nicht /
    Du edles Licht!

Ende des Vierden Buchs. ⟨*L6ʳ*⟩

Philippi Cæsii

Richtiger Anzeiger /

Der Deutschen gleichlautenden und
einstimmigen Männlichen Wörter / nach
dem a b c. Reimweise gesetzt und wi=
der vermehret.

⟨L6ᵛ⟩ ## Dem Leser.

ES darff sich der geneigte Leser nicht wundern / daß Ich das eine Alphabeet meines Wörterbuchs / so hiebevor bey dem Ersten Theile gewesen / zum Andern geordnet / und also die
5 Männlichen von den Weiblichen abgesondert; Denn es der Anfahenden und unwissenden wegen geschehen / welche / wie die Erfahrung bezeuget hatt / so bald in das Weibliche / als in das Männliche gerathen / da sie doch Männliche Wörter nachzuschlagen gesonnen. Damit du aber desto eher ein Wort
10 finden mögest / so schlage deßelben letzten Buchstaben mit dem reim=vocal auf / woferne der letzte buchstabe nicht selbst ein vocal ist / also; wenn du wilt suchen **dunst** / **durst** oder **lust** / so suche ihren mitlautenden (t) und reim=vocal (u) auf / weil dieses die vornehmsten buchstaben in diesen Wör-
15 tern und zum Reim gehörig; darunter wirstu die andern alle finden. Was sonsten hierbey mehr zu erinnern / wird der Leser zu ende des **Ersten Theils** bericht empfangen.

Lebe wohl!

⟨L7r⟩ a	ab	ib
Da	stab	mein betrieb
ja	bettelstab	er trieb
nah	gab	der Trieb
sah	sich ergab	dieb
allda	begab	er schrieb 5
geschah	das laab	nim vorlieb
Samaria	Jacobsstab	vertrieb
Mesopotamia		ein hieb
Tracia	halb	schwieb
Barbara	kalb	schieb 10
Asia		es ist mier lieb
Africa	er starb	erhieb
Lucretia	erwarb	das sieb
	verdarb	rieb
ab		zerrieb 15
auf und ab	spinneweb	den paß verhieb
schabab	Låb
herab		schwibb
hinnab	(dichte) derb
Achaliab	das erwerb	(storch) eib 20
schwabb	das kerb	weib
schlapp	ein werb	leib
	mein verderb	treib
		bleib
FLUVIUS Die Trab		vertreib 25
grab	ein Lieb	bekleib

⟨L7ᵛ⟩ **ob**   **ac**   **ad**

ob	ac	ad
	erschrak	schwaat
loob	hammerschlak	missethat
toob	gelak	unflath
stob	MORBUS der Schlag	format
der stoob	Taubenschlag	er naht
	er lag	die naat
verschob	mag	der grat
schrob	vermag	Salat
er stob	tag	Soldat
grob	der verlag	Ducat
	vertrag	der spat'
verschub	COLLARE überschlag	
	EPITHEMA überschlag	Magd
taub		betagt
laub		gesagt
raub		klagt
straub		wagt
staub	das bad	verjagt
espenlaub	der dradt	nachjagt
	wagenrad	zagt
Isaac	pfad	ihr vertragt
Salarmoniac	rückengrad	nagt
der geschmack	that	bchagt
sack	er baht	geplagt
black	er trat	gefragt
(dinte) Lack	früh und spat	ertragt
	saat	ihr schlagt
Theriac	übelthat	
Tobac	Raht	bald

⟨L8r⟩ **ald**	**and**	**ard**
wald	er band	zuerkant
alt	der stand	ein Tant
erschallt	er fand	genannt
ihr gefalt	pfand	verbannt
entfallt	empfand	verbrannt 5
widerprallt	hand	zertrannt
knallt	feuerbrand	alakant
schnallt	ADUSTIO brand	Discant
auffgewallt	tand	Tremulant
ist geballt	land	proviant 10
es galt	Ehestand	angespannt
lallt	Deamand	aufgespannt
hinterhalt	Vaterland	ûbermannt
sich stallt	gesand	
wohlbestallt	der sand	er ward 15
wohlgestalt	Engelland	Corigard
die gestalt	Strand	spickenard
kalt	Verstand	das mard
die gewalt	ûmbgewandt	es knarrt
er schalt	das gewand	geschnarrt 20
ALTUS Alt	zugewandt	zusammenscharrt
nachgestallt	die wand	ADJECT. hart
ungestalt	verschwandt	VERB. erharrt
behalt	stillestand	Widerpart
bestalt	unterpfand	gegenwart 25
dergestalt	widerstand	aufgewart
dargestallt	der kant	hellepart
	Zuckerkant	eingepfarrt
das band	erkant	wegewart

eld	id	eid
genarrt	ritt	unterscheid
erstarrt	zerschnitt	vorbescheid
	schnitt	Eyd
feld	splitt	seyd
geld	er litt	kleid
fersengeld	schritt	bescheid
welt	wegetrit	HERBA weid
ermelt		hertzeleid
er bellt	lied	es ist mir leid
entgelt	glied	grabescheid
	augenlied	zeit
der herd	fensterlied	breit
pferd	von uns schied	bereit
das schwert	unterschied	allezeit
werth	wohlgeriet	scheit
gebåhrt	geblûth	gescheidt
begehrt	das geblûth	streit
bewåhrt	bemûht	reit
gehårt	er riet	befreyht
es gåhrt	Muscowith	weit
erklåhrt	verschiedt	allbereit
es wåhrt	glûth	geleit
beschert	gemûth	gebeut
en⟨t⟩båhrt	verbrûht	verbeut
	sich mûht	die hand beit
Schmid	behût	sich erbeit
quit	vermied	erfreut
mit		zerstreut
hiermit	neid	Obrigkeit

⟨M1ʳ⟩ **eid**   **ind**   **eind**

eid	ind	eind	
gezweyht	er schilt		
prophezeyht	er ist gewillt	feind	
verspeyt	gestillt	seynd	
Sibengezeit	zugefůllt	freund	
Adelheit		befreundt	5
frőmmigkeit	kind	gemeint	
ewigkeit	find	greint	
erbarkeit	sind	scheint	
liebligkeit	blind	weint	
heußligkeit	das rind	verzeunt	10
bedachtsamkeit	grind	wohlgemeint	
unachtsamkeit	geschwind	verneint	
gewogenheit	wind	erscheint	
frőligkeit	befindt		
einigkeit	beginnt	wird	15
ETC.	rinnt	irrt	
	gesinnt	girrt	
	gewinnt	kirrt	
mild	entzůndt	wirth	
schild	zerrinnt	verwirrt	20
bild	besinnt	angeschirrt	
wild	Hyacinth	hůrt	
spillt	Coloquint		
trillt	bindt	hold	
quillt	rinnt	gold	25
brůllt	verzinnt	sold	
erfůllt	entrinnt	wolt	
vergůldt	er spinnt	jhr sollt	
verhůllt	splint	trollt	
es gilt		es golt	30

	⟨*M1ᵛ*⟩ **old uld**	**ud e**	**e af**
	trunckenbold	verwundt	Scytische
	er scholt	wundt	Himlische
	schmollt	gestundt	irdische
	gerollt	gekundt	ândere
5	schuld	klee	ich seh
	huld	See	gescheh
	trullt	die zee	in der nâh
	zerwullt	ade	hâ!
	ungeduld	die Schlee	
10	hatt geduldt	Reh	er traaff
		eh	schaaff
	der bund	in die hôh	schlaaff
	das spund	meh	graaff
	hund	Armee	übertraaff
15	fund	geh	
	VERSICOLOR bund	lendenweh	kaff
	schlund	steh	straff
	verschwundt	gesteh	
	rund	Aloe	halff
20	das Rund	Benzoe	behalff
	pfund	ach weh!	
	grund	Amalthee	kampff
	mund	Galatee	dampf
	itzund	Dorothee	
25	gesund	Solyme	hanf
	empfund	he!	
	kunt	FLUVIUS Spree	warf
	stundt	bessere	bedarf

⟨M2r⟩ ef if	if	of uf
scharf		kropf
harff'	MATURUS reiff	schopf
entwarff	PRUINA reiff	hopf'
	steiff	stopff
Senff	GRYPS greiff	biesenknopff 5
URBS Genff	der schweiff	
	ergreiff	
werff	schweiff	dorff
nerv'		schorff
	schilff	10
(ranck) griff	hůlff	er schuff
schiff		behuff
ANSA griff	glimpf	widerruff
kiff	schimpf	buff
pfiff		15
triff	wirff	auff
ergriff	entwirff	lauff
er schliff		kauf
der schliff	ich hoff'	knauff
	er soff	hinauff 20
rieff	der Herren=hoff	tauff
tieff		drauff
brieff	der hooff	herrauff
lieff		sauff
berieff	wolff	der lauff 25
schlieff	er holff	schlauff
scheidebrief		bůchsenlauff
positiv	topf	
cursiv	zopf	
	kopf	strumpf 30

⟨M2ᵛ⟩ **uf / ag**	**ag**	**eg / ig**
rumpf	ein rang	verbarg
stumpf	gesang	starck
klumpf	strang	Dennenmarck
trumpf	schwang	MEDULLA marck
5 triumph	entsprang	karck
sumpf	lang	sarck
	schlang	quarck
wurff	zwang	zwarck
gegenwurff	untergang	LIMES marck
10	DECLIVITAS hang	
er lag	verschlang	weg
mag	kranck	steg
MORBUS der schlag	danck	scheideweg
tag	zanck	kardeck
15 der verlag	banck	
vertrag	ertranck	hinden weg
taubenschlag	schlanck	zweg
vermag	schranck	dreck
COLLARE überschlag	versanck	speck
20 EPITHEMA überschlag	gestanck	steck
v. ck Tobac	krautstranck	
	(hell) blanck	berg
	schwanck	STUPA werck
	schmanck	OPUS werck
25	abendlang	tafelwerck
GRESSUS gang	nidersanck	gemerck
VENA gang	vôrderhanck	
klang		Sieg
er rang	arg	Krieg

⟨M3ʳ⟩ **ig**

 stieg
verschwieg

 zwigg
 klick
 glûck
 stûck
 zurûck

MASSA teig
ADJ. teig
 Zweig
 steig
 schweig
 sauerteig
Reise=zeug
 feuerzeug

ÆRÆ toberling
 Ring
 ding
CANE sing
 er gieng
 empfing
 Siegelring
 heuerling
 pfifferling
 linck
 trinck

og ug

klinck

er bog
betrog
sog
flog
pflog
zog

krug
klug
schlug
betrug
pflug
wug
DOLUS trug
FEREBAT er trug

verzug
SUBITO flug
zug
kriegeszug
genug
schmuck
der druck
ruck
widerdruck
MOX fluck

ug ah

er taug
du saug

klung 5
er rung
er sprung
jung
ein sprung
entsprung 10
genung
er schlung
brunck
stunck
strunck 15

erweiterung
entgeisterung
demmerung
heiligung 20

burg
kurck

anbrach 25
hernach
nach
schmaach
zerbrach
geschach 30

	⟨M3ᵛ⟩ ah	eh ih	ih
	gebrach		nie
		harsch	Poesie
	ach	N. P. Mars	schrie
	gemach	PISCIS barsch	die knie
5	ungemach		
	lach	geh VID. e	ich
	flach		sich
	dach	frech	dich
	(toll) jach	pech	mich
10	die wach'	FLUVIUS Lech	stich
	erwach	blech	wich
	bach		verblich
	fach	kelch	brich
	tausendfach	MORB. der helch	zubrich
15	schlafgemach		hinder sich
	Rach'	die Lerch	bienenstich
	schwach	hôrch	wûtherich
	zach		lâcher⟨l⟩ich
	lautendach	bersch	HERBA wegerich
20	Allmanach	vers	erbarlich
			seuberlich
	dalch	sih	heuffiglich
		blûh'	prâchtiglich
	Kranch	vieh	verâchtiglich
25	manch	frûh	Dieterich
		brûh	RAPISTRUM hederich
	der asch	mûh	
	flasch	die	
	erhasch	sie	
30		je	DIVES reich

⟨M4ʳ⟩ **ih**
REGNUM reich
schmeich
schleich
leich
Engel≈gleich
fröscheleich
zugleich
bleich
PISCINA teich
weich
freudenreich
tugendreich
euch
Schindeleich

die milch
LOLIUM lilch
ANIMAL das bilch
HERBA Wolffesmilch
zwillch

Můnch
tůnch

fisch
tisch
risch

ih oh
gezisch
wisch
flederwisch
frisch
gisch
Lutherisch
Keyserisch

fleisch
heisch
keusch

kirsch'
hirsch
můrrsch
stůrrsch

der floh
die loh
stroh
froh
lichterloh
roh
so
wo
do
jo
schlo
Cicero

oh
FLUVIUS Po

zoch
floch
hoch 5
schmooch

loch
stoch
doch 10
noch
joch
kroch
er roch
 15
HARPE dolch
solch
molch

FUNGUS morch 20
storch
horch

frosch
verlosch 25
drosch
brosch
der rosch

⟨M4ᵛ⟩ **uh**	**uh ie**	**ak**
schuh	schlauch	brûh
kuh	strauch	frûh
Ruh		sih
du	durch	nie
herzu	hindurch	GENU die knie
immerzu	die furch'	vieh
dazu		ich blûh'
kinderschuh	husch	
	busch	erschrak
tuch	drusch	gelak
buch	federbusch	Theriak
fluch	ein kusch	Tobac
der bruuch		hammerschlag
	wusch	lag
bruch		taubenschlag
spruch	tausch	MORBUS der schlag
todtenbruch	looberausch	vermag
geruch	flausch	tag
ehebruch	rausch	der verlag
		vertrag
auch	bursch	ûberschlag
brauch	mursch	
hauch		sack
der lauch	je	black
knobelauch	Poesie	der geschmack
bauch	die	lack
gebrauch	sie	Salarmoniac
schmauch	schrie	Isaac
rauch	mûh	

⟨M5ʳ⟩ **ak**

der balck
kalck
falck
schalck
Menalck
Blasebalck
dalck
er malck
Katzenbalck

kranck
er tranck
der tranck
schranck
versanck
gestanck
krautstranck
danck
zanck
banck
(hell) blanck
schwanck
schmanck
schlanck
niedersanck
an‑hanck
vôrderhanck
klang
er rang

ak

ein rang
GRESSUS gang
VENA gang
gesang
strang
schwang
entsprang
lang
schlang
zwang
untergang
DECLIVITAS hang
verschlang

karck
sarck
starck
verbarck
MEDULLA marck
quarck
zwarck
LIMES marck
Dennemarck
verbarg
arg

zweck
dreck
fleck

ek

speck
hindenweg
zweg

Kardeck 5
steg
weg
scheideweg

welck 10
melck

geschenck
gedenck
schwenck 15
eingedenck
gelenck
getrânck
OPUS werck 20
merck
tafelwerck
STUPA werck
gemerck
berg 25

klick
zwick
glûck

⟨M5ᵛ⟩ ik ok	ok uk	uk al
zurůck		(pantoffelholtz) kurck
stůck	kolck	
der zwigg	wolck	
	volck	
5 trinck		aal
linck	borck	schmaal
klinck	korck	wahl
ring		Fůrstenwahl
ding	MOX fluck	Schusterahl
10 HERBA toberling	schmuck	Saal
sing	der truck	pfaal
er ging	wiedertruck	linial
empfing	verzug	kahl
heuerling	flug	mahl
15 Siegelring	zug	abendmahl
hemmerling	kriegeszug	hochzeitmahl
pfifferling	genug	(matt) schaal
		Real
rosenstock	stunck	einmahl
20 bock	strunck	faal
stock	brunck	zahl
pflock	jung	er stahl
trock	klung	das staal
Priesterrock	er rung	Ehgemahl
25 rock	er sprung	strahl
schock	entsprung	quaal
brock	genung	allzumahl
glock	er schlung	sintemahl
braten=bock		gnadenwahl
30	burg	hundertmahl

⟨M6ʳ⟩ **al**　　　　　　　　　　**el**　　　　　　　　**el il**

abermahl　　　　　　　　　　　　　　　　　Bibenell
das pedal　　　　　　　　　Carl　　　　TRUTTA Forell
principal　　　　　　　　　　　　　　　　　Capell
general　　　　　　　　　　Seel　　　　　　Morell
CYCLUS gůldne zahl　　　Rundeel　　　　　　　　　　5
versal　　　　　　　　　Camehl　　　Kuchenherl
original　　　　　　　　erzehl'　　　　　　kerl
pocal　　　　　　　　　　hôhl　　　　　schmerl
befahl　　　　　　　　　　ôhl
　　　　　　　　　　　　erwehl'　　ALNUS erl　10
　　　　　　　　　　　　　　　　　　　　stôrl
all　　　　　　　　　　　scheel　　　　　querl
vasall　　　　　　　　　befehl
Hanniball　　　　　　　　mehl　　　Termentill
fall　　　　　　　　　　　heel　　　　　　till　15
schnall　　　　　　　　der fehl　　　　Aprill
gall　　　　　　　　　　befehl　　　　　Berill
ůberall　　　　　　　　hand=quel　　　　still
ůberfall　　　　　　　　　　　　　　　　brůll
schall　　　　　　　　　gesell　　HERBA Affodill　20
hall　　　　　　　　tischgesell　　　Crocodill
stall　　　　　　　　　　ell　　　　　Parnassill
quall　　　　　　　　　Bezaleel　　　　erfůll'
knall　　　　　　　　das gestell　　　　verhůll
wall　　　　　　　　　　　　　　　　　　　　　25
schwall　　　　　　　　　quell
Metall　　　　　　　　　　hell　　　　　　　viel
Corall　　　　　　　　　schnell　　　　　schiel
er ball　　　POLYGALA pimpinell　　　subtiel
der ball　　　　　　　　Braunell　　　　　spiel　30

	il	ol	am
	ziel		schwul
	federkiel	SALSUGO Sool	der pful
	stiel	Capitol	federspul
	fiel	dol'	buhl
5	pfiel	Pohl'	
	schmiel	wohl	dam
	gespiel	Capriol	NOMEN nahm
	Seitenspiel	CAVUS hohl	kam
	wohlgefiel	kohl	er nam
10	mûhl	viol	ûberkam
	kûhl	victriol	lahm
			schaam
		Zoll	bekam
	das heil	holl	kraam
15	SANUS heyl	boll	zaam
	theil	toll	
	feil	moll	breutigam
	wohlfeil	groll	klamm
	geil	erscholl	schlamm
20	seil	soll	schwamm
	meil	schwoll	schramm
	in eil'	roll	Abraham
	weil	knoll	N. P. Ham
	beil	voll	lamm
25	pfeil		PECTEN kamm
	CUNEUS keil	bull	Stamm
	donnerkeil		gramm
	Bibergeil	stuhl	Tamm
	geheûl	schuhl	LICIUM kamm
30		er muhl	

⟨M7r⟩ am em	im	om um
	im	doom
halm	darûmb	Rom
schalm	herûmb	Strom
	grimm	zoom
PAUPER arm	schlimm	Troom 5
der arm	Seraphim	FLOS LACTIS room
erbarm	Cherubim	
PISCIS ein barm	stimm	fromm
schwarm	ûmb und ûmb	schwomm
bienenschwarm	Ephraim	komm 10
darm		
warm	ihm	worm
harm	riem'	form
alarm	striem'	silbern worm
ALSINE hûnerdarm	pfriem'	15
		thum
dem	heim	ruhm
bequem	scheim	heiligthum
angenehm	leim	eigenthum
	schleim	20
Bethlehem	der reim	tumm
bekem	honigseim	krumm
		stumm
helm	schirm	
schelm	licht=schirm	raum 25
	gewûrm	saum
lerm		pflaum'
gedårm	Ohm'	der daum
	Soom	gaum

	um an	an	an en
	kaum	daran	kann
	schaum	gethan	besann
	traum	Baldrian	wann
	baum	plan	etwann
5	zaum	entzian	der bann
		fischerkan	Tyrann
	wurm	Pan	Edelmann
	sturm	wetterhan	handwercksmann
	thurm	zahn	HERBA gunderman
10		der hahn	Wassermann
	an	HORTUS althan	
	gran	Tymian	karn
	voran	Majoran	bescharrn
	silbernlahn	Pellican	harn
15	Phasan	Partisan	das garn
	bůchsenhahn	hindan	
	FLUVIUS der Lahn	Jordan	Athen
	wahn	Himmel₌an	stehn
	fisch₌thran	MUCOR kahn	gehn
20	gespan	Safferan	lehn
	thran		zween
	schwan	Canaan	entstehn
	wohlan	rann	gethôn
	bahn	entran	schôn
25	misgethan	gewan	tausendschôn
	außgethan	dann	
	anfahn	alsdann	
	hinnan	jedermann	
	heran	mann	lilien

⟨M7ᵛ⟩

⟨M8ʳ⟩ **en**   **in**   **in**
Heiligen   Kûhn   Wôchnerin
irdischen   termien   Halbgôttin
himlischen   wintergrûn   zipperlin
kastanien   grûn

sehn   binn   ein 5
zehn   Clarin   die pein
geschehn   dahin   das bein
               kinn   ûberbein
denn   sinn   SUUS sein
wenn   gewinn   ESSE seyn 10
               entrinn   fein
gern   anbegin   schein
kern   hinn   schrein
fern   das zinn   stein
Herrn   forthin   mein 15
stern   drin   nein
ungern   ûberhin   allein
               Cherubin   klein
TÆDA kien   Seraphin   darein
jhn   Charitin   drein 20
Tobien   nåhterin   wein
Rubien   båckerin   herein
Rosmarien   meisterin   schwein
Wien   Stickerinn   der lein
zihn   Råuberin   PURUS rein 25
Terpentien   Schåferin   hayn
schien   Helferin   Fontayn
erschien   Doctorin   der Mayn

⟨M8ᵛ⟩ **in on**   **on**   **un o**

	in on	on	un o
	TUMULUS der Rein	hohn	
	Jesulein	person	thun
	Annelein	töpfferthon	huhn
	Engelein	Patron	nun
5	brünnelein	schon	die buhn'
	Mondesschein	Scorpion	
	Helffenbein		brunn
	Göttelein	Coridon	
	Hǎndelein	Absolon	zaun
10	Crǎntzelein	Ilion	allaun
	Sonnenschein	davon	gallaun
	augenschein	HERBA aaron	Caldaun
	das zipperlein		in der laun'
	latein	horn	traun
15		born	braun
	gehirn	korn	beschaun
	FRONS stirn	dorn	
	zwirn	vorn	wo
	ASTRUM gestirn	hagedorn	do
20	birn	zorn	jo
		heydekorn	roh
			stroh
		verlohrn	die loh
		gebohrn	froh
25	ohn	geschworn	lichterloh
	thron	außerkohrn	schlo
	Sohn	zuvorn	floh
	lohn	Rittersporn	CICERO
	toon		so
30	kron		FLUVIUS der Po
	PAPAVER Moon		die loh

⟨N1r⟩ ar	er	er ir
	schnarr	vermehr
ahr'	schmarr	widerkehr
klar	harr	heer
dar		VACUUS leer
jahr	er	verhôr
haar	der	der stôhr
jmmerdar	her	nadelôhr
gantz und gar	ohngefåhr	ein pôhr
paar	måhr	
schaar	begehr	Araber
altar	schmeer	Scythier
zwar	hin und her	irdischer
gewahr	ULCUS schwer	Herr
er war	fôrderer	Adeler
die wahr'	wagenschmeer	Jupiter
offenbahr	STELLA beer	Zeuberer
eyerklar	ANIMAL beer	Prediger
spar	speer	geplårr
gebahr		
gefahr	GRAVIS schwer	jhr
MOSCOV. IMP. Tzschar	PLUS mehr	mier
wandelbar	MARE Meer	dier
Todtenbahr	sehr	vier
gaar	kehr'	hier
reutergaar	verehr'	bier
frischer haar	PISCIS ein Stôr	schmier
	gehôr	wier
Narr	lehr'	zier
geknarr	bescher	geschwier

⟨N1ᵛ⟩ ir	ir or	ur as
Jubilier	wagengeschirr	wiederfuhr
Saphier	verirr	erfuhr
Papier	verwirr	schwur
Kûrissier	in der irr'	er fuhr
Rappier		schnur
(fast) schier	ohr	(denne) flur
allhier	Chor	glasur
banier	vor	figur
Clavier	Mohr	natur
quartier	thor	spur
thier	verlohr	(lauter) pur
Balbier	SCLOPETUM rohr	hur
losier	spor	Sonnen=uhr
VISORIUM visier	verschor	mixtur
schlier	ARUNDO rohr	fractur
begier	flor	
elixier	zuvor	zur
manier	verschwor	schnurr
ANIMAL stier	hervor	
ADJECT. stier	empohr	er aß
geschwûr	Ritterspor	das aas
gebûhr	Tenor	glas
herfûhr		mas
Clistier	Ps. 45. Zor	graß
DUC fûr	knorr	saß
Malvasier		er laß
JANUA thûr	uhr	ohn unterlaß
	nur	Menschen=fraß
trinckgeschirr	Rothe=ruhr	vergaß

Zeile 5: Rappier
Zeile 10: quartier
Zeile 15: schlier
Zeile 20: ADJECT. stier
Zeile 25: DUC fûr

⟨N2ʳ⟩ as	as es	es is
erlaß	schmaltz	Aloes
	maltz	Socrates
HOC das		Sophocles
QUOD daß	wams	Aristoteles
(brieff) paß	des kamms	5
Topas		gefreß
compas	gans	geseß
spaß	hans	gevåß
waß	tantz	
naß	des manns	gewåchß 10
blaß	ich kanns	gekröchs
BONUS baß	krantz	
haß	tantz	fels
BASSUS baß	lantz	PISCIS weltz
vaß	schwantz	des Bels 15
Scheuer=vaß	schantz	speltz
	glantz	
achs'	TOTUS gantz	der bels
CERA wachs	rantz	zerschmeltz
stachs		20
lachs	Mars	CALX fers
dachs	hars	vers
Sachs	des Pfarrs	PERCA pers
flachs		
CRESCE wachs'	gemåß	25
	låß	ungewiß
als		das gebiß
hals	es	DONEC bis
saltz	des	er biß

is	is	os
er riß	das reiß	loß
dis	zerreiß	bloß
zerschmiß	zerschmeiß	mooß
SABULUM kiß	FLUVIUS Pleiß	kloß
apfelbiß	(warm) heiß	verstoß
das gűldne Vliß	schweiß	das looß
HERBA teufelsbis	geheiß	SINUS schooß
	geschmeiß	
lies	platteiß	neben=schoß
bließ	ehrenpreis	der schoß
der genieß	preiß	roß
(papier) das rieß	kreiß	ARX schloß
gieß	fleiß	erschoß
grieß	beweiß	gos
fließ'	geuß	der Droß
Amadies	HERBA ebereiß	verdroß
Paradieß	alte Greiß	beschloß
schließ'		feuerschloß
verhieß	zinß	verschloß
spieß	gewins	
verdrieß		(brey) mus
anies	nims	fus
engelsűß	bims	HERBA gånsefus
bratenspieß	MUTULUS sims	
		kuss
eiß	pipß	verdruss
ORYZA reiß	gips	fluss
beiß		schuss
weiß	groß	muss

⟨N3ʳ⟩ us	us at	at
OSCULUM buss		die naht
gruß	wuchs	Salat
schluß	des tuchs	Ducat
nuß		pfad
beschluß	fuchs	das bad 5
thrånenguß	luchs	
überfluß	des geruchs	blatt
hindernuß	des bruchs	satt
ofenruß		matt
	der drat	glatt 10
Virgilius	der spat'	ratt
Lucretius	that	statt
Livius	baht	schadt
Americus	Raht	hatt
	er trat	an kindes statt 15
aus	saat	lagerstatt
Straus	übelthat	URBS Stadt
laus	schwaat	FLUV. Phrat
Haus	missethat	
Claus	unflat	20
draus	zu spaat	in hafft
kraus	format	FIBULA hafft
Maus	frůh und spat	eigenschafft
heraus	der dradt	stiefelschafft
Taus	wagenrad	gafft 25
schmaus	rückengrad	hingerafft
AVIS Straus	herzu naht	safft
LITIS straus	Soldat	er schafft
blumenstraus	GRADUS der gradt	klafft
	grat	krafft 30

at	at	at
wissenschafft	erlangt	SCORBS Schacht
Jungfrauschafft	prangt	verdacht
Wittbenschafft	belangt	FERCULUM tracht
bůchsenschafft	verlangt	gewacht
	jhr trangt	nachgetracht
der ranfft	anfangt	betracht
sanfft	unterfangt	
		der daacht
beklagt	OCTO acht	zerbracht
zagt	nacht	
ihr ertragt	bedacht	der Tackt
vertragt	die wacht	hackt
jagt	schlacht	Schmaragd
befragt	bracht	
schlagt	pracht	VETUS alt
betagt	die schlacht	ALTUS Alt
gesagt	ungeschlacht	gewalt
geplagt	gemacht	es wallt
nagt	im verdacht	schallt
abgesagt	die macht	er schalt
gewagt	die pacht	es galt
	hochgeacht	sich ballt
balgt	VESTITUS tracht	kalt
talgt	sacht	SPECIES gestalt
	wohlbedacht	nachgestalt
	verlacht	hinderhalt
langt	veracht	ungestalt
hangt	kracht	wohlgestalt
gelangt	gebracht	prallt

at	at	at
wald	zertrant	schnappt
halt	Alakant	ertappt
schnallt	Discant	verkapt
bald	Tremulant	klappt
dergestalt	proviant	knappt
dargestallt	widerstand	zappt
	hand	
gemahlt	er fandt	art
bezahlt	pfand	bart
bestrahlt	unterpfand	gepaart
er taalt	stillestand	die fahrt
praalt	die wand	offenbahrt
	das gewand	verwahrt
der sammt	gesandt	gespaart
ingesampt	band	verfahrt
das ampt	empfandt	das maard
verdammt	stand	zart
gelammt	verstand	erfahrt
es flammt	Engelland	
	Ehestand	knarrt
der Kant	strand	ADJECT. hart
Zuckerkant	Land	VERB. harrt
erkant	sand	widerpart
zuerkant	feuerbrand	gegenwart
ein tant	brand	aufgewart
genannt	rand	gescharrt
gebannt		hellepart
verschwandt	Apt	eingepfarrt
umbgewandt	trappt	wegewart

⟨N4ᵛ⟩ at

	at	at et
geschnarrt	verblasst	
spickenard		platzt
ward	Pabst	schmatzt
Corigard	du trabst	gesatzt
das mard	du labst	schwatzt
	dich ergabst	
der ast		Prophet
PARATUS gefast	prangst	Rachet
JEJUNAVIT gefast	zwangst	Comet
angefast	vorlangst	steht
FERE fast	angst	geht
gerast	verlangst	entgeht
die rast	schwangst	zibeet
es nasst	trangst	besteht
ODIT hasst		begeht
HABES hast	kanst	gartenbeet
das bast	spannst	geseet
die last	wanst	er weht
unangetast	tantzt	dreht
gast	schantzt	Poet
auffgepasst	übermannst	HERBA spinet
morast	pflantzt	geschmâht
mast		privet
überlast		Planet
fantast	karst	er gesteht
pallast	knarrst	versteht
verprasst	er barst	Universitât
verhasst	du harrst	geneht
in der hast	narrst	geschmâht

⟨N5r⟩ et	et	et
anfåht		
quotlibet	verpflegt	heckt
labeth	erwegt	erweckt
Majeståth	gehågt	versteckt
	ausgefegt	treckt 5
HYDROMELI meet	bewegt	bedeckt
	pflegt	erschreckt
ASSER bret	wågt	besteckt
Hackebret	segt	erstreckt
unståt		10
ALEA bret	auferlegt	Confect
	erregt	leckt
Elisabeth	erlegt	befleckt
das bett	verschlågt	schmåckt
geredt	gepregt	gezeckt 15
hett'	mögt	defect
errett	knecht	
ůmb die wett'	ADJ. recht	melckt
unberedt	schlecht	verschålckt
es geråth	hecht	verwelckt 20
	SUBST. recht	
FIBULA hefft	gerecht	Welt
degenhefft	geschlecht	ermelt
stifel=geschåfft	gezecht	widerbellt
	versprecht	geschnellt 25
ihr trefft	der specht	krellt
das geschåfft	bůrger=recht	entgelt
geåfft		feld
widerbåfft	geschwåcht	geld
	möcht	fersen=geld 30

et	et	et
		beschöhnt
erwehlt	hemmt	gefröhnt
gezehlt	kemmt	verhönt
gequehlt	befremdt	
ausgehölt	schwemmt	Regent
geschelt	kömmt	Talent
		Element
befehlt	bequehmt	Student
gefehlt	einnehmt	pergament
verhåhlt	benehmt	gewendt
abgekåhlt	beschåmt	verblåndt
vermåhlt	gezåhmt	geschåndt
verpfåhlt	verbråmt	posament
geschmehlt	verlåhmt	der Wend
	geråhmt	operment
bestellt	gegråhmt	Regiment
zelt		verschwendt
prellt	nennt	gepfåndt
behelt	bekennt	
fållt	ihr könnt	er gåhnt
einstellt	zertrennt	ståhnt
gefållt	brennt	gebåhnt
abgebellt	rennt	
aufgewöllt	gönnt	
zugesellt		lehrt
erhelt	entlehnt	gelehrt
schnellt	gekröhnt	verehrt
nachstellt	versöhnt	verzehrt
held	gewöhnt	vermehrt
	gethönt	verheert

⟨N6ʳ⟩ **et**

	et	**et**
hört	zerrt	erlöst
abgekehrt		gebößt
geehrt	N. P. Adelbert	entblößt
ausgeleert	genärrt	stößt
verwehrt		flößt 5
ernehrt	rest	gestehst
ausgekehrt	das Fest	
abgebeert	vogelnest	erhebst
bethört	ihr esst	böbst
verkehrt	euch vermesst	der gröbst 10
empört	ihr messt	
unverseert	vergesst	lebst
verstört		strebst
	gewest	schwebst
schwert	ihr lest	webst 15
bescheert	genäst	
werth	verbläst	legst
herd		erregst
pferd	verlest	schlägst
gebåhrt	die pest	aufferlegst 20
gehährt	låsst	
begehrt	fest	der hengst
es gåhrt	aufs allerbest	vorlängst
bewåhrt	gemåst	du hångst
erklåhrt		besprengst 25
es wåhrt	gehst	vermengst
entbåhrt	stehst	versengst
	geröst	verhångst
gesperrt	getröst	anstrengst

⟨N6ᵛ⟩ et	et it	it
		bemûht
gespånst	grentzt	er riet
pfånnst	glåntzt	Muscowieth
	gerentzt	glûht
rennst	bekråntzt	behût
trennst	ergåntzt	gemûth
	fuchsschwåntzt	verschied
zu erst		unterschied
gebôrst	behertzt	lied
mich dôrst	schmertzt	glied
	ausgemertzt	sich mûht
zu letzt	schertzt	augen=lied
ausgesetzt		fenster=lied
genetzt	quit	von uns schied
verletzt	mit	verschied
hetzt	ritt	vermied
geetzt	hiermit
eingesetzt	zerschnitt
wetzt	schnitt	zeit
ergôtzt	splitt	breit
sich letzt	er litt	bereit
ausfretzt	schritt	allezeit
verhetzt	POLYGONUM Wegetritt	scheit
	messer=schmid	gescheidt
geschåtzt	Schmid	streit
gefåtzt		reit
		befreyht
weltzt	wohlgeriet	weit
schmeltzt	das geblûht	allbereit
beltzt	ausgeblûht	geleit

⟨N7r⟩

eit	eit	it
gebeut	kleid	gifft
verbeut	bescheid	schrifft
die hand beut	HERBA weid	schifft
sich erbeit	hertzeleid	die Trifft
erfreut	es ist mier leid	er trifft 5
zerstreut	grabescheid	betrifft
Obrigkeit		grabe=schrifft
gezweyht	liebt	ergrifft
prophezeyht	verschriebt	die hůfft
verspeyht	verschiebt	10
Siebengezeit	giebt	ihr liefft
N. .P Adelheit	ergiebt	riefft
ewigkeit	ihr triebt	vertiefft
erbarkeit	betrůbt	betriefft
liebligkeit	ůbt	schliefft 15
heußligkeit	verliebt	
bedachtsamkeit	bliebt	reifft
unachtsamkeit	beliebt	ůberheufft
gewogenheit	riebt	erseufft
fröligkeit	stiebt	geschleifft 20
frömmigkeit		ergreifft
einigkeit	entleibt	geteufft
etc.	verbleibt	pfeifft
neid	vertreibt	gesteifft
unterscheid	zerreibt	gestreifft 25
vorbescheid	schreibt	keufft
Eyd	beweibt	sich reufft
seyd	zeit vertreibt	
das leid		impfft

⟨N7ᵛ⟩ it	it	it
schimpft	singt	die geschicht
	klingt	FIT geschicht
versiegt	dringt	die schicht
zufügt	bringt	verpicht
liegt	ringt	erpicht
flügt	schlingt	augen=licht
kriegt	gelingt	gewicht
wiegt	springt	die pflicht
schmiegt	ůmbringt	verpflicht
trůgt	verbringt	bösewicht
pflůgt	schwingt	sticht
tůgt	hiengt	ficht
⟨be⟩siegt	abdingt	auffgericht
schwiegt		CARMEN geticht
lůgt	erwůrgt	FIGMENT. geticht
genůgt	verbůrgt	unterricht
		verricht
schweigt	MORBUS gicht	das gerůcht
ereigt	richt	gesicht'
neigt	spricht	Stachelicht
erzeigt	nicht	anficht
bezeigt	licht	
beugt	zunicht	er siecht
zeugt	bricht	riecht
steigt	zerbricht	kriecht
verseigt	auffgericht	
geigt	geschlicht	
	zuversicht	FACILIS leicht
entspringt	angesicht	erleucht'

⟨N8ʳ⟩ it

it	it	it
CEDIT weicht	erblickt	zugefüllt
erweicht	gepflickt	mild
keucht	glückt	ein schild
zeicht	zwickt	bild
preicht	knickt	wild 5
erbleicht	entzückt	
scheicht	gebückt	schielt
vieleicht	jückt	spielt
vergleicht		zielt
seicht	trinckt	hielt 10
feucht	versinckt	gewühlt
schleicht	stinckt	fühlt
erreicht	winckt	gestielt
ausstreicht	blinckt	ihr gefielt
dargereicht	hinckt	kühlt 15
schmeicht	schminckt	ausspühlt
mich deucht	bedünckt	
		eilt
flickt	gilt	verweilt
drückt	CULPAT schilt	verpfeilt 20
stückt	spillt	verfeult
zerstückt	trillt	gefeilt
gootricht	quillt	mitgetheilt
verstrickt	erfüllt	geheilt
geschmückt	brüllt	er heult 25
geklickt	vergüldt	
APTUS geschickt	verhüllt	glimmt
erquickt	gewillt	bestimmt
erstickt	gestillt	nimmt

it	it	it
gekrümmt	besinnt	
ergrimmt	beginnt	wirth
schwimmt	befindt	irrt
verstimmt	bindt	girrt
	ergründt	kirrt
geziemt	blind	angeschirrt
berühmt	kind	Hürt
verblühmt	find	verwirrt
auskühmt	empfindt	er wird
	sind	
verseumt	das rind	geziert
reimt	grind	gebühret
gereumt	geschwind	verliert
verschleimt	wind	schmiert
treumt	verzinnt	berühret
zeumt	entrinnt	entführt
		ins gevierd
beschirmt	weint	geschniert
stürmt	greint	moduliert
	gemeint	tiereliert
	verzeunt	lustiert
rinnt	wohlgemeint	spatziert
splint	verneint	dupliert
er spinnt	erscheint	vexiert
gewinnt	befreundt	restiert
gesinnt	heunt	studiert
entzündt	freund	verführt
Hyacinth	feind	hoffiert
Coloquint	seynd	spürt
zerrinnt		stoltziert

⟨O1ʳ⟩ it	it	it
jubaliert	Lautenist	zerschmeisst
	angespisst	beschweisst
EST ist		du weisst
EDIT isst	gegrüßt	geweisst
die list	genießt	geneist
er lisst	fließt	befleust
er frisst	erkießt	gleisst
die frist	bließt
galgen≠frist	hießt	weggereist
vergisst	gießt	speist
ein krist	entsprießt	gepreist
er vermisst	schließt	beweist
bist	verdrüßt
zu jeder frist	wûst	gewinst
Evangelist	gebüßt	beginnst
Citharist	versüßt	besinnst
ihr müsst		HERBA ginst
Amethyst	heist	dûnst
vermisst	reisst
Prophetist	allermeist	dienst
hinderlist	schmeisst	erkühnst
entrûst	zerreisst	verdienst
geküsst	verdreist	grûnst
mist	erbeisst
nist	geleist	verirrst
gerûst	schleust	kirrst
gebrûst	befleisst	knirrscht
Organist	er weist	wirst
gelûst	geist	zerbûrst

	⟨*O1v*⟩ **it**	**ot**	**ot**
	mich dûrst	gestûrtzt	lobst
	verwirrst	geirrtzt	tobst
	der Fûrst		erhobst
		UVA kleberoth	
5	jetzt	loth	offt
	schwitzt	roth	hofft
	sitzt	soot	
	hitzt	todt	klopfft
	nûtzt	noth	verstopft
10	blitzt	koth	pfropfft
	ritzt	brodt	
	verschmitzt	bot	er kocht
	schlitzt	Rosenroth	ihr krocht
	schnitzt	schrot	vermocht
15	beschmûtzt	schwere=noth	er focht
	schûtzt	hungers=noth	
	gestitzt	HERBA widertodt	schmoocht
	bespritzt		
	gespitzt	Gott	gehorcht
20		gebot	forcht
	gereitzt	verbott	
	er geitzt	Zebaoth	gebohlt
	beitzt	spott	er holt
		hott	
25	gefiltzt	N. P. Loth	
		er sott	trollt
	gemûntzt		es golt
	der gewinst		trunckenbold
		obst	wollt
30	verkûrtzt	Probst	ihr sollt
	gewûrtzt	schnobst	er scholt

⟨O2ʳ⟩ ot   ot   ot ut

gerollt	mord	umbsonst
STIPENDIUM solt	der Nord	
schmollt	ermordt	horst
gold		worst
hold	bohrt	zerborst 5
	verlohrt	verdorrst
gekont	schwohrt	
sponnt		wolgemuth
ausgesonnt	Ost	huth
	most	muth 10
belohnt	post	blut
Mond	Rost	guth
bewohnt	aufgeschosst	minut
verlohnt	die kost	ruth
ungewohnt	frost	ûbermuth 15
verhohnt	er hat gekost	gluth
verschohnt	HERBA wasserdost	thut
	getrosst	Ritter=guth
ort		fluth
port	trost	er ruth 20
wort	getroost	struth
dort	gekloßt	Fûrsten=bluth
fort	es schloßt	Acker=guth
hinfort	EUPHRAGIA augentrost	Sud
gort		fingerhut 25
schort		
verdorrt		
Hort	sonst	N. P. Ruth
pfort	sponnst	ein schutt

⟨O2ᵛ⟩ ut	ut	ut
verblutt		muckt
	vernunfft	
die haut	die zunfft	funckt
die braut		krunckt
laut	gefrucht	eingetunckt
die raut'	zucht	
HERBA kraut	FUGA flucht	zerwult
gebraut	JUSCULUM gucht	trullt
geschaut	wassersucht	ungeduld
vertraut	frucht	geduld
zerkaut	er pucht	Schuld
gekraut	Schweinepucht	huld
	Leibes=frucht	
grufft		verstummt
lufft	gesucht	verklummt
klufft	flucht	brummt
schlufft	verflucht	summt
pufft		
schufft	haucht	
abgekufft	gebraucht	NOTUS kunt
	taucht	stunt
rufft	raucht	verwundt
	schmaucht	das Rund
kaufft		wundt
laufft	entzuckt	gesund
bûchsen=laufft	verruckt	schlund
getaufft	gebuckt	er schund
er saufft	kluckt	gestund
	erdruckt	gekunt
	schluckt	grund

⟨O3r⟩ **ut**

ut	ut	u
ein spund	hust	
rund	er bust	du
hund		kuh
fund	faust	ruh
pfund	es baust	schu 5
mund	graust	dazu
ADJECT. bund	knaust	immerzu
der bund	saust	herzu
	verhaust	zu
gurrt		kinder=schu 10
murrt	der wulst	
schnurrt	geschwulst	Au
	du bullst	tau
gebuhrt		sau
gehuhrt	gunst	schau 15
	brunst	mau
bewust	kunst	schlau
rust	dunst	rau
zernusst		kau
lust	durst	trau 20
brust	wurst	PALEA sprau
du must	murrst	Frau
der must	schnurrst	ich brau
wolcken=brust		der bau
verlust	butzt	schnau 25
vôrder=Brust	stutzt	gnau
	trutzt	krau'
der wust	vermutzt	klau
du thust		HERBA båren=klau

⟨O3v⟩ **eu ey**   **ey**   **az**

	dreyerley	(blintzen) blatz
treu	zweyerley	(raum) platz
PALEA spreu	mehrerley	katz'
ich streu	herbey	batz
gebeu	Poley	tatz
gereu	Ockeley	ich schwatz'
erfreu	Galatey	natz'
neu	zwey	ich kratz'
abscheu	drey	
das heu	Lackey	spatz
auff der streu	Policey	
die seu	Specerey	Maltz
mannes=treu	kley	Saltz
	heucheley	schmaltz
Osterlucey	vorbey	hals
Ey	bůberey	als
Pastey	triegerey	Schals
Artzney	PISCIS der schley	
das ey	Schalmey	schwantz
Cantzeley	melodey	lantz
brey	schmeicheley	schantz
tyranney	dudeldey	rantz
May	Druckerey	tantz
frey	verleih	TOTUS gantz
schley		glantz
salbey		krantz
mancherley	latz	ANSER gans
vielerley	der satz	Hans
geschrey	GLIS ratz	
bley	schmatz	
schreiberey	schatz	Hartz

⟨O4ʳ⟩ ez	etz itz	otz utz	
schwartz	abendwerts		
	stertz	klotz	
netz	schmertz	trotz	
Gesetz	anderwerts	rotz	
ersetz		plotz	5
verletz	sitz		
geschwåtz	ritz	holtz	
	Stiegelitz	boltz	
ZEA speltz	blitz	stoltz	
der peltz	schlitz	zerschmoltz	10
	hitz		
weltz	gritz	schortz	
fels	stitz'	des orts	
des Bels	spitz	des worts	
zerschmeltz	witz		15
	schwitz'	Mortz	
lentz	beschmitz		
referentz	schnitz	trutz	
kråntz'	nůtz	mutz	
grentz'		plutz	20
audientz	geitz	schutz	
Pestilentz	steitz	nutz	
	reitz'	tutz	
ertz	Creutz'	stutz	
kertz			25
kônigskertz	bintz	untz	
	stintz	gruntz	
hertz	filtz	kurtz	
Mertz	miltz	schurtz	
schertz		Niesewurtz ⟨O4ᵛ⟩	30

Damit folgende Blåtter dem Leser
nicht leer gelaßen wûrden / haben wir Selbige
mit folgenden Getichten erfûllen
wollen.

Auff H. H. S. Hochzeit.

Ihr Seelen voller brunst / Ihr hertzen voll von feuer
So Venus angezûndt / Ihr reitzerin der Freyer /
O freundliches geschlecht! ô antrieb zu der noth!
5 O schreckung des gemûths! ô aller freuden todt!
O ursach zu der lust / wer wolte sich getrauen
Zu schreiben euer thun / Ihr schnôdesten Jungfrauen /
und wenn Ihm gleich ein Jahr / ja wol die Ewigkeit
Auch unter dessen wolt gestatten ihre zeit?
10 Viel stellen sich / als wenn sie Gottesfûrchtig weren /
Gehn fleissig zu der Kirch' / als wenn sie wolten hôren /
Doch ûmb das hôren nicht und bethen nur allein /
Sie wollen etwas sehn und auch gesehen seyn.
Sie suchen bilder auff / so ihr Gebeth=buch zieren;
15 Es soll auch manche sich befleissen mit zu fûhren /
Wenn sie zur Kirchen geht / vor Arndes Paradies
Die Deutsche Schåfferey und Ihren Amadies.
(Die Frommen mein' ich nicht!) wenn sie zu hause kommen
und werden denn gefragt / was gutes sie vernommen /
20 Spricht eine der und der jetzt auffgebothen ward
zum erst= und andern mal; die ander spricht / je harrt /
Ich sah dein Schåtzchen auch. Wenn aber fremde leute
Denselben sprechen zu / und kommen auff die Freyhte /
Da seyn sie erbar gnug / Sie reden kaum einmahl
25 und låchlen zûchtiglich; gar selten geth ein strahl ⟨O5r⟩
Aus ihren Eugelein. Sie machen florne schleyer
Mitt zinnen hûbsch verbråhmt / in beyseyn ihrer Freyer /
Sie machen silbern worm und winden auf den lahn /
Ein jedes sonderlich; Sie wollen fangen an

Zu schicken sich zur Eh / und strücken seidne Hauben 30
Mitt Perlen eingefasst / im Sommer in der lauben /
   Im Winter in der stub': ists nicht ein thun für sie?
   Wer ihnen dis misgönnt / der darf nicht seyn allhie.
Sie nehen bloch=nath aus / so bässer loch=nath hieße /
Damit die Liljen=haut sich bässer sehen ließe; 35
   Sie nehen Hertzen aus mit pfeilen / schöne beum /
   Hatzsch=mödel / Kälber=zähn' / erbs=löcher / Deutsche reim' /
Sie machen schöne pfiel / bereiten schöne betten /
Damit sie mit der zeit schon was im vorrath hetten:
   Sie nehen hohl=nath aus / waschblauel / räderlein / 40
   Saltz=körbe / Sonn' und Mond / und was es mehr mag seyn.
Das klöppeln / ihre lust / das hatzschen ihre freude /
Das strücken ihre müh / das nehen mit der seide
   Bald blau / bald grau / bald weiß / vertreibet ihre zeit /
   Der Rehmen wird berühmt / berühmt wird weit und breit 45
Das schöne Model=tuch / So bringen sie die Stunde /
Die süße Stunde zu / und machen schlechte kunde
   Mitt ihrem Buhlen hier: doch stellen sie sich so /
   Dann wann er gehen will so seyn sie nimmer froh /
Weils nicht von hertzen geht: Sie sprechen zwar Ein Stutzer / 50
Ein Gassen=treter nur / und bloßer Damen=butzer / ⟨O5ᵛ⟩
   Was soll ich mit ihm thun; wann er sie zu sich zihn
   und reden will / spricht sie: Ey macht euch nicht so grün /
Kennt ihr die Ziegen nicht: dis ist ein bloßes stellen /
Ein bloßer bloßer schein / das mercken die Gesellen / 55
   und halten wacker an / biß sie genommen ein
   Durch dienst und stetes lob / das kluge Jungfreulein.
Wann sie sich denn nun gibt und kundschafft mit ihm machet
Gefällt es beyden wohl / mann hertzet / schertzt und lachet /
   Die Euglein streuen aus die süße Liebes=saat / 60
   Biß endlich auff sie ziehlt des runden glückes radt /
Biß endlich Tyndaris die myrthen=kräntze bringet /
und ihnen von der lieb' ein süßes liedlein singet /

Biß endlich auch Vulcan die Liebes=ketten macht
65 Auß gold von Ophir her / und selbe bey der nacht
Cupido brauchen lässt; Als denn lässt sie sich sehen /
und thut was sonsten nie bey Leuten ist geschehen /
weil sie nun hett genug / weil sie den tag erlebt /
Nach dem sie fort für fort mit schmertzen hatt gestrebt.
70 Als denn lässt sie sich aus und spielet ihrem buhlen
Auff ihrer Lauten eins in ihrer Liebes=schulen /
Zündt an die Liebes=gluth (ô mächtiger Tyrann!)
Daß nichts als feuers=brunst daraus entstehen kann /
Wo sie nicht wehrt alsbald und ihre Lieb' erzeiget
75 Demselben williglich und seine schmertzen beuget ⟨O6ʳ⟩
Durch angenehme wort und Anmuth ihrer treu /
So über ihren Schatz wird alle morgen neu.
So muß mann feyren sie / so kann sich erstlich stellen
Das kluge Venus=volck / wie artlich kann es fellen
80 Auch wohl den klügesten / durch solche kunst und list /
Die ihn⟨en⟩ von Natur fast eingepflanzet ist.
Noch dieses gieng' auch hin / dis seyn noch gute sitten /
Ob mann sie oftermahls schon etwas solte bitten /
Wann sie nur bittens werth / mit keuschheit seyn bekleidt /
85 Mitt tugenden begabt / begabt mit lieblighkeit.
Denn oftermals geschichts; wenn sie vom hohen stande /
So achtet sie dich nicht; ist sie die schönst' im lande /
Geht sie spazieren aus; ist sie denn schwartz und bleich
So gehestu beyseyt: ist sie an gütern reich /
90 So will sie Herre seyn: ist sie denn arm gewesen /
Entsteht auch zanck und streit: ist sie auch wohl belesen /
So will sie meister seyn / ist sie hingegen tumm /
Erhebt sich haß und neid: ist sie gebückt und krumm /
So siehstu andern nach: låstu sie ausspazieren /
95 So ist sie dein nicht nur: will sie die Nahrung führen
und etwas heußlich seyn / so darffstu keinen freund
Zum truncke laden heim / sonst wird sie bald dein feind

und keuffet auff dich zu: ist sie denn fromm und zůchtig /
So hatt sie nicht viel geld: ist sie an keuschheit richtig /
   So ist nicht schönheit da: doch ist die frömmigkeit 100
   und keuschheit vorzuziehn derselben jederzeit. ⟨O6ᵛ⟩
Wann sie nur gut und fromm / wer fraget nach den gaben /
Nach schönheit / gold und pracht: wer kann es alles haben?
   Nur freundligkeit und huld erhålt das feld bey ihr /
   Das ander nichtig bleibt und flůchtig fůr und fůr. 105
Dan was ist schönheit wohl / wann sie zum schönsten leuchtet?
Ein angenehmes gifft / das unser hertz befeuchtet /
   Ein zihender Magnet / ein Spiegel voller list /
   Ein scharffer straal / der uns zu fållen ist gerůst.
Ein zunder böser lust / ein fall und gang zur Hellen / 110
Der hoffarth Kammer=rath / der ůppigkeit geselle /
   Ein zwang zur hurerey; ein ursach aller noth /
   Der Jugend leim und hartz / ein rechter freuden=todt /
und was sie alles ist. Mein sinn ist tieff versencket
Das hertz' erschrickt davor / in dem es nur bedencket / 115
   Wie hoch die schönheit doch anjetzund ist geacht /
   Da tugend / frömmigkeit und keuschheit wird verlacht.
Wann schönheit oder nur einbildung solches thete /
So hette nie geschaut die schöne morgen=röthe
   unkeusche lieb und lust / so wer auch nicht so bald / 120
   Narcissus abgefleischt / vor trauren worden kalt.
Drůmb schåtzt man seelig die so sich der zucht ergeben /
Seyn fromm / der keuschheit voll in ihrem gantzen leben /
   und achten hochmuth nicht / noch hoffart / ehr und pracht /
   und seyn auf ihren schmuck und schmincken nicht bedacht / 125
                     ⟨O7ʳ⟩
Die werden auch gesucht: dann ehrliche gemůther
Sehn auff das schmincken nicht / viel minder auff die gůter
   und auff der hoffart glantz; doch wird betrogen auch
   Manch stiller Mensch / und kriegt vor klahrheit lauter rauch.
Ihr aber / liebsten zwey / dörft Euch nun nicht besorgen / 130
Stellt solche sachen ein / und schlaft bis an den morgen /

In stiller / sanfter Ruh / Ihr seyd nun Jungfer braut
Dem / den Ihr oft begehrt von herzten anvertraut:
und ihr Herr Breutigam / habt jetzund eures gleichen /
135 Denn gleich und gleich pflegt sich einander fein zu weichen /
Sie schlågt euch gåntzlich nach an hertz und an gemůth /
Sie ist nicht stoltz und frech / ja nicht Ihr kleinstes glied
Der Hoffart anverwandt: Sie hatt zwar schônheit=gaben
Doch aber von Natur / wer wolt' es båsser haben?
140 Die andern schmincken sich und wollen schôner seyn /
Sie tadeln die Natur / und gehn wie pfauen rein.
Sie aber bleibt wie sie Ihr Schôpfer hatt formieret /
Hat sich mit gummi nicht und silber=glåth beschmieret /
und ist doch Eure Schônst' und liebste fůr und fůr
145 In dem Sie ůbertrifft die andern an der zier.
Ey nun gehabt Euch wohl: die Nacht will einher brechen /
Heut spricht man Jungfer geht / und morgen wird mann
    sprechen / ⟨O7ᵛ⟩
Willkommen Jungefrau; geht / geht und steckt den kohl /
150 Daß er auff Pfingsten trag': Ey nun gehabt euch wohl!

ODE /

von lauter Jambischen Versen.
Nach der Melodey:
Das Glůck gantz wanckelmůtig ist etc.

5   1.

W Ann schon die Sonne scheint einmahl
    und durch die wolcken blicket /
    Graß / Laub und Thier erquicket /
    Macht lustig Feld und Thal;
10   Kômmt doch das ungewitter /
    und macht die freude bitter /
    Der Sturmwind sich erhebt /
    Daß Meer und Erd' erbebt /

Der Vogel zahl
Schweigt allzumahl /
Kein tierelier
schwingt sich erfűr /
Der Sonnen=Licht
Kann zeigen nicht
Den gűldnen glantz; das liebliche gesicht.

2.

Also wenn schon das Glűck sich zeigt
und uns einmahl anlachet /
Viel Lust und freude machet /
Wenn sturm und wetter schweigt / ⟨*O8ʳ*⟩
Bald aber kőmmt mit hauffen
Das ungelűck gelauffen;
Wie Schnee und Eiß zergeht /
Die Blume nicht besteht /
So eylt zurűck
Das schnőde Glűck
und weicht mit macht
zu Tag und Nacht /
Es eylt und fliht /
So bald es blűht /
Ist nur allein auff flűchtigkeit beműht.

An den
Seinen.

ODE / darinnen die ersten vier Ver=
se Trochåisch / die andern fűnffe Dactylisch /
die letzten viere Jambisch.

1.

Gőstern als sich allbereit
Mercken ließ die Abends=zeit /

　　　　Da der blasse Mond von fernen /
10　　Sich gesellte zu den Sternen;
　　　Da wir uns lustig erzeigten zusammen /
　　　Bachus entzündte Poetische flammen.
　　　　　　Durch edelen Wein /
　　　Welchen mein Bruder mit kräfftigen sachen
15　　　　　versüßet allein /
　　　Kam mier ein Becher vor gesichte
　　　Ich weiß nicht was ich schließ und richte? ⟨*O8ᵛ*⟩
　　　　　Er muß ja löchricht seyn /
　　　　　Wo bliebe sonst der Wein?

20　　　　　　　2.

　　　Was auf diesem Becher stund
　　　War uns allen wohl vergunt;
　　　Trinck mich aus und leg mich nieder/
　　　Richt mich auff und füll mich wider;
25　Dieses war eben am Becher geschrieben /
　　　Das uns zu trincken so wacker getrieben /
　　　　　　Den edelen Wein:
　　　Wie? ist er denn unten und oben voll löcher?
　　　　　　Wie mag es doch seyn?
30　　Mein Sinn und wåhnen wird zu nichte /
　　　Ich weiß nicht / was ich schließ und richte?
　　　　　Er muß ja löchricht seyn /
　　　　　Wo bliebe sonst der Wein?

　　　ENDE.

Philippi Cæsii

Deůtscher Helicon /

oder

Kurtze verfassung aller Arten der
Deůtschen jetzt ůblichen Verse / wie
dieselben ohne Fehler recht zierlich
zu schreiben /
Bey welchem zu besserm fortgang
unserer Poesie Ein

Richtiger Anzeiger

der Deůtschen gleichlautenden und
einstimmigen / so wohl Månnlichen / als
Weiblichen Wőrter (nach dem abc.
Reimweise gesetzt/) zu
finden.

Wittenberg
Gedruckt bey Johann Rőhnern /
im Jahr 1640.

	a	ib	ob
⟨E 4ᵛ⟩	Da	halb	eib CICONIA
	ja	kalb	weib
	allda		leib
	Samaria	er starb	treib
5	Mesopotamia	erwarb	bleib
	Tracia	verdarb	vertreib
	Barbara		bekleib
	Asia	spinneweb	
	Africa		loob
10	Lucretia	derb (dichte)	toob
	ab	das erwerb	stob
	auf und ab	das kerb	der stoob
	schabab	ein werb	
15	herab	mein verderb	verschob
	hinnab		schrob
	Achaliab	ein Lieb	er stob/grob
	schwabb	mein betrieb	
	schlapp	er trieb	verschub
20		der Trieb	
	Die Trab FLUV.	dieb	taub
	grab	vorlieb	laub
	stab	ein hieb	raub
	bettelstab	schwieb	straub
25	gab	schieb	staub
	sich ergab	es ist lieb	espenlaub
	begab	erhieb	
	das laab	das sieb	
	Jacobsstab	rieb	Tabac
30			Isaac
		schwibb	Salarmoniac

⟨E 5r⟩ ad	ad	ud
VID. ack	ûmbgewand	kleid
	das gewand	bescheid
Wagenrad	zugewandt	weid HERBA
der drad	die wand	hertzeleid
rûckengrad	verschwand	ist mier leid 5
bad VID. at	stillestand	grabescheid
	unterpfand	leid VID. eit
magd VID. agt	widerstand v. ant	
		mild
Wald	er ward	wild 10
bald VID. alt	Corigard	das schild
	spikenard	bild VID. ilt
	das mard v. art	
das band		kind
er bandt	feld	er find 15
der stand	fersengeld	sind
er fand	geld VID. elt	blind
pfand		das rind
hand	der herd	grind
feûerbrand	pferd VID. ert	geschwind 20
brand ADUSTIO		wind VID. int
rand	lied	
land	glied	feind
ehestand	augenlied	seynd
Deamand	fensterlied	freûnd 25
Vaterland	von uns schied	befreûnd. v. eint
gesand	fried' VID. iet	
empfand		hold
ein fand	neid	sold
Engelland	vorbescheid	gold VID. olt 30
Strand	Eyd	
verstand	seyd	

⟨*E 5ᵛ*⟩ **nd**   **e af**   **ef**

nd	e af	ef
schuld	Spree FLUVIUS	harff'
huld VID. ult	bessere	entwarff
	Scytische	
der bund	Himlische	Senff
5 hund	irdische	Genf URBS
fund	åndere ETC.	
bund VERSICOLOR.		werff
schlund	ich seh	nerv'
ein schund	gescheh	
10 rund	in der nåh	griff (ranck)
pfund	hå!	schiff
grund		griff ANSA
mund	er traf	kiff
gesund v. unt	schaf	pfiff
15	schlaf	triff
klee	graff'	ergriff
die zee	übertraf	er schliff
Schlee	kaff	der schliff
Reh	straff	
20 eh	halff	rieff
meh	behalff	tieff
Armee		brieff
geh	kampff	lieff
lendenweh	dampf	berieff
25 steh		schlieff
gesteh	hanf	scheidebrief
Aloe		positiv
ach weh!		Cursiv
Amalthee	warf	
30 Galatee	bedarf	reiff MATURUS
Dorothee	scharf	reiff PRUINA

⟨E 6ʳ⟩ **if**	**of uf**	**uf ag**
steiff	biesenknopf	gegenwurff
greiff GRYPS		
der schweiff	dorff	lag
streiff	schorf	mag
ergreiff		der schlag 5
schweiff	er schuff	tag
	behuff	verlag
schilff	widerruff	vertrag
hûlff	beruff	taubenschlag
		vermag 10
glimpf	auf	ûberschlag COL-
schimpf	lauff'	LARE
	kauf	ûberschlag EPI-
wirff	knauff	THEMA
entwirff	hinauff	VID. ak 15
	tauff'	
ich hoff'	drauff	gang GRESSUS
er soff	herrauff	gang VENA
	sauff	klang
der hoff	der lauff	er rang / einrang 20
	schlauff	gesang
	bûchsenlauff	strang
wolff		schwang
er holff		entsprang
	strumpf	lang 25
	rumpf	
topf	stumpf	schlang
zopf	klumpf	zwang
kopf	trumpf	untergang
kropf	triumph	hang DECLIVITAS
schopf	sumpf	verschlang 30
hopf'		VID. anck
stopff	wurff	

⟨E 6ᵛ⟩ eg/ig	ig	ag ug
arg	feûerzeug	kriegeszug
verbarg		genug
v. ark	toberling ÆRÆ	VID. uk
weg	Ring	
5 steg	ding	er taug
scheideweg	sing CANE	du saug
	er gieng	
hinden weg	empfing	⟨ru⟩ng
zweg	Siegelring	kl⟨u⟩ng
10 v. ek	heuerling	er sprung
	pfifferling	ein sprung
berg	VID. link	entsprung
werck		genung
VID. erck	er bog	er schlung
15	betrog	
Sieg	sog/flog	erweiterung
Krieg	pflog	entgeisterung
stieg	zog VID. ok	demmerung
verschwieg		heiligung
20	krug	VID. unck
zwigg	klug	burg
VID. ûck ET ick	schlug	
	betrug	
teig MASSA	pflug	anbrach
25 teig ADJ.	wug	hernach
Zweig	trug DOLUS	nach
steig	er trug FEREBAT	zerbrach
schweig		geschach
sauerteig	verzug	
30 Reise=zeug	flug/zug	ach

⟨E 7ʳ⟩ **ah/eh**

	ih	**ih**
gemach	Lech FLUVIUS	seuberlich
ungemach	blech	pråchtiglich
lach		veråchtiglich
flach	kelch	Dieterich
dach	der helch MORB.	hederich RAPISTRUM 5
jach (toll)		
die wach'	die Lerch'	reich
erwach	hôrch	das reich
bach		schmeich
fach	bersch	schleich 10
tausendfach		leich
schlafgemach	sieh/blůh'	fröscheleich
rach	vieh	zugleich
schwach	frůh	bleich
zach	brůh/můh v. i	teich PISCINA 15
lautendach		weich
Allmanach	ich	frewdenreich
	sich	tugendreich
	dich	euch
dalch	mich	Schindeleich 20
	stich	
Kranch/manch	wich	
	verblich	die milch
asch/hasch	brich	das bilch ANIMAL
nasch	zubrich	Wolffesmilch HERBA 25
	hinder sich	
harsch/Mars	bienenstich	
barsch PISCIS	wůtherich	Mûnch
geh VID. e	låcherlich	tůnch
	wegerich HERBA	30
frech/pech	erbarlich	fisch/tisch

⟨E 7ᵛ⟩ oh	oh	uh
risch	stoch	geruch
gezisch	doch	ehebruch
wisch	noch	
flederwisch	joch	auch
5 frisch	kroch	brauch
gisch	er roch	hauch'
Lutherisch		lauch
Keyserisch	dolch HARPE	knobelauch
	solch	bauch
10 fleisch	molch	gebrauch
heisch		schmauch
keûsch	morch FUNGUS	rauch
	storch	schlauch
kirsch'	horch	
15 hirsch		durch
mirrsch	frosch	hindurch
stûrrsch	verlosch	furch'
	drosch	
der floh	brosch	husch
20 die loh	der rosch	busch
stroh	schuh	drusch
froh	Ruh VID. u	federbusch
lichterloh		ein kusch
roh VID. so	bruch	
25	tuch	wusch
zoch	buch	
floch	fluch	tausch
hoch		loobrausch
schmooch	bruch	flausch
30	spruch	rausch
loch	todtenbruch	

⟨E 8ʳ⟩ **k**   **ak**   **ek**

k	ak	ek	
		zweck	
bursch	kranck	dreck	
	er tranck	fleck	
je	der tranck	speck	
die	schranck		5
sie	versanck		
schrie	gestanck	Cardeck	
mŭh	krautstranck	VID. eg	
brŭh	danck		
si⟨h⟩	zanck	welck	10
nie	banck	melk	
die knie GENU	blanck (hell)		
vieh	schwanck	geschenck	
	schmanck	gedenck	
erschrack	schlanck	schwenck	15
gelack	niedersanck	eingedenck	
Theriack	anhanck	gelenck	
	vorhanck	getrenck	
sack	VID. ang	VID. eng	
der schmack			20
schmack VID. ag	karck	werck OPUS	
	sarck	merck	
der balck'	starck	tafelwerck	
kalck	verbarck	berg	
falck	marck MEDULLA	werck STUPA	25
schalck	Quarck	gemerck	
Menalck	zwarck		
Blasebalck	marck LIMES	klick	
dalck	Dennemarck	zwick	
er malck	v. arg	glŭck	30
Katzenbalck		zurŭck	

⟨*E 8ᵛ*⟩ **ock**	**uk**	**al**
stûck' VID. ig		das pedal
	stunck	principal
	strunck	general
trinck	brunck v. ung	guldne zahl CYCLUS
5 klinck VID. ing		versal
	burg	original
rosenstock		pocal
bock	aal	
stock	schmaal	all
10 pflock	wahl	vasall
trock	fûrstenwahl	Hannibal
Priesterrock	Schusterahl	fall
rock	Saal	ball
schock	pfaal	gall
15 brock	linial	ûberall
glock	kahl	ûberfall
bratenbock	mahl	schall
	abendmahl	hall
wog v. og	hochzeitmahl	stall
20	schaal (matt)	quall
kolck	Real	knall
wolck'	einmahl	wall/schmall
volck	faal/zahl	Metall
	stahl	Corall
25 borck	Ehgemahl	er ball/der ball
korck	strahl	
	quaal	
fluck MOX	allzumahl	Carl
der truck	sintemahl	
30 wiedertruck	gnadenwahl	
VID. ug	hundertmahl	Seel
	abermahl	Rundeel

⟨F 1ʳ⟩ el	il	ol	
Camehl			
hôhl	Tormentill	meil'	
ôhl	till	in eil'	
	Aprill	weil	
scheel	Berill	beil	5
befehl	still	pfeil	
mehl	brůll	keil CUNEUS	
heel	Affodill HERBA	donnerkeil	
der fehl	Crocodill	Bibergeil	
befehl		geheůl	10
	viel		
gesell	schiel/subtiel	Sool SALSUGO	
tischgesell	spiel	Capriol	
ell	ziel	dol'	
Bezaleel	federkiel	pohl'	15
das gestell	stiel	wohl	
	fiel	stohl	
	pfiel	hohl/CAVUS	
hell/schnell	schmiel'	kohl	
pimpinell POLYGALA	gespiel	viol	20
Braunell	Seitenspiel	victriol	
Bibenell	gefiel		
Forell TRUTTA	můhl'	Zoll	
Capell	kůhl	holl	
		boll/toll	25
Kůchenherl	das heil	moll/groll	
kerl	heyl SANUS	erscholl	
schmerl	theil	soll/schwoll	
	feil	roll	
erl ALNUS	wohlfeil	knoll	30
stôrl/querl	geil	voll	
	seil		

| ⟨F 1ᵛ⟩ **ul** | **em** | **im** |

bull	der arm	stimm'
	erbarm	ûmb und ûmb
stuhl	ein barm	Ephraim
schul	schwarm	
5 er muhl	bienenschwarm	ihm
schwul	darm	riem'
	warm	striem'
dam'	harm	pfriem
nahm NOMEN	alarm	
10 kam	hûnerdarm	heim
er nam	ALSINE	scheim
lahm		leim
schaam	dem	schleim
bekam	bequem	reim
15 kraam	angenehm	honigseim

breutigam	Bethlehem	schirm
klamm	bekem	liechtschirm
schlamm		gewûrm
schwamm	helm	
20 schramm'	schelm	Ohm'
Abraham		Soom
Ham	lerm	Rohm
lamm	gedårm	doom/Rom
kamm PECTEN		Strom
25 Stamm	im	Troom
gramm	darûmb	
Tamm	herûmb	from
kamm LICIUM	grimm/schlimm	schwom
halm/schalm	Seraphim	komm
30 arm PAUPER	Cherubim	

om	um	an	
⟨F 2ʳ⟩ om	um	an	
worm/form	hinnan	handwercksmann	
silbernworm	heran	gunderman HERBA	
	daran	Wassermann	
thum/ruhm	gethan		
heiligthum	Baldrian		5
eigenthum	plan/entzian	karn/bescharrn	
	fischerkahn	harn	
tumm/krumm	Pan/wetterhan	garn	
stumm	zahn/hahn		
	althan HORTUS	Athen	10
raum/saum	Tymian	stehn	
pflaum'/daum	Majoran	gehn	
gaum/kaum	Pellican	lehn	
schaum/traum	Partisan	zween	
baum/zaum	hindan	entstehn	15
	Jordan	gethôn	
wurm/sturm	Himmel=an	schôn	
thurm	kahn (MUCOR)	tausendschôn	
	Safferan		
		lilieen	20
an/gran	Canaan	Heiligen	
silbernlahn	rann/entran	irdischen	
Phasan	gewan	himlischen	
bůchsenhahn	dann/alsdann	kastanien	
der Lahn FLUVIUS	jeder mann		25
wahn/fischtran	mann/kann	sehn	
gespan	besann/wann	geschehn	
schwan	etwann		
wohlan/bahn	der bann	denn	
misgethan	Tyrann	wenn	30
außgethan	edelmann		
anfahn			

⟨F 2ᵛ⟩ en	in	on
gern	forthin	rein PURUS, hayn
kern/fern	drin	Fontayn
Herrn	Cherubin	der Mayn
stern	Seraphin	der Rein TUMULUS,
5 ungern	Charitin	Jesulein
	nåhterin	Annelein
kien TÆDA	båckerin	Engelein
ihn	meisterin	brůnnelein
Tobien	Strickerin	Mondes schein
10 Rubien	Råuberin	Helffenbein
Rosmarien	Schåferin	Gôttelein
Wien	Helferin	Håndelein
zihn	Doctorin	Crântzelein
Terpentin	Wôchnerin	Sonnenschein
15 schien	Halbgôttin	augenschein
erschien	zipperlin	das zipperlein
Kůhn		latein
termin	ein/die pein	
wintergrůn	das bein	gehirn
20 grůn	ůberbein	stirn FRONS
	sein SUUS	zwirn
Clarin	seyn ESSE	gestirn ASTRUM
dahin	fein/schein	birn
kinn	schrein/fein	
25 sinn	stein/mein	ohn/thron
gewinn	nein/allein	Sohn/lohn
entrinn	klein/darein	toon/kron
anbegin	drein/lein	Moon PAPAVER
hinn	wein/herein	hohn
30 das zinn	schwein	tôpfferthon

⟨F 3r⟩ on	o	er	
Patron	jo/roh	harr	
schon/Scorpion	stroh		
	froh/lichterloh	er/der	
Absolon/Ilion	schlo/floch	her/ohngefåhr	
davon/aaron HERBA	so/CICERO	måhr/begåhr	5
	der Po FLUVIUS	schmeer	
horn/born		hin und her	
korn/dorn	ahr'/klar	schwer/ULCUS	
vorn/hagedorn	dar/jahr	fôrderer	
zorn/heydekorn	haar/immerdar	wagenschmeer	10
	gantz und gar	beer STELLA	
verlohrn	paar/schaar	beer ANIMAL	
gebohrn	altar/zwar		
geschworn	gewahr/er war	schwer GRAVIS	
außerkohrn	die wahr'	mehr PLUS	15
zuvorn	offenbahr	meer MARE	
Rittersporn	eyerklar/spar	sehr/kehr'	
	gebahr/gefahr	verehr'	
thun/huhn	tzschar MOSCOV.	ein Stôr PISCIS	
nun/die buhn'	IMPERATOR	gehôr/lehr'	20
	wandelbahr	bescher/vermehr	
brunn	Todtenbahr	widerkehr	
	gaar	heer/leer VACUUS	
zaun/allaun	reutergaar	verhôr/stôhr	
gallaun	frischer haar	nadelôhr	25
Caldaun		ein pôhr	
laun'/traun			
braun	Narr	Araber	
beschaun	geknarr	Scythier	
	schnarr	irdischer/Herr	30
wo/do	schmarr	Adeler/Jupiter	

Zesen, Helicon

⟨F 3v⟩ ir	or	as
Zåuberer	thůr' JANUA	pur (lauter)
prediger		hur
geplårr	trinckgeschirr	Sonnenuhr
	wagengeschirr	mixtur
5 ihr/mier	verirr	fractur
dier/vier	verwirr	
hier/bier	in der irr'	zur/schnurr
schmier/wier		
zier/geschwier	ohr/Chor	er aß/das aas
10 Jubilier	vor/Mohr	glas/mas
Saphier	thor/verlohr	graß/saß
Pappier	rohr SCLOPETUM	er laß'
Kůrißier	spor/verschor	ohn unterlaß
Rappier	rohr ARUNDO	Menschenfraß
15 schier (fast)	flor/zuvor	vergaß/erlaß'
allhier/banier	verschwor	
Clavier	hervor	das HOC
quartier	empohr	daß QUOD
thier	Ritterspor	paß (brieff)
20 losier/visier	Tenor	Topas/campas
VISORIUM		spaß/waß
schlier/begier	Zor Ps. 45.	naß/blaß
elixier		baß (BONUS)
manier	uhr/nur	haß/baß BASSUS
25 stier ANIMAL	Rotheruhr	vaß
stier ADJECT.	wiederfuhr	Scheuervaß
geschwůr	erfuhr/schwur	
gebůhr	er fuhr/schnur	achs'
herfůhr	flur (denne)	wachs CERA
30 Clistier	glasur/figur	stachs/lachs
fůr' DUC	natur/spur	dachs

⟨F 4r⟩ as	es	is	
Sachs/flachs	bels		
wachs' CRESCE			
	fers CALX	eiß/reiß ORYZA	
als/hals v. altz	vers	beiß	
	pers PERCA	weiß	5
wams		das reiß	
des kams	ungewiß	zerreiß	
	gebiß	zerschmeiß	
gans/hans	bis DONEC	Pleiß FLUVIUS	
manns/kanns	er biß	heiß (warm)	10
VID. antz	er riß	schweiß	
	diß/zerschmiß	geheiß	
Mars/hars	kiß SABULUM	geschmeiß	
	apfelbiß	platteiß	
gemåß	das gůldene Vliß	steiß	15
låß	teufelsbis HERBA	ehrenpreis	
		preiß/kreiß	
es/deß		fleiß/beweiß	
	lies/bließ	geůß/ebereiß HERBA	
Aloes	der genieß	greiß	20
Socrates	das rieß (papier)		
Sophocles	gieß		
Aristoteles	grieß	zinß	
	ließ'/Amadies	gewins	
gefreß	Paradieß		25
gefeß/geseß	schließ'	nims	
	verhieß	bims	
gewåchß	spieß/verdrieß	sims MUTULUS	
	anies		
	engelsůß	pipß	30
fels/wels	bratenspieß	gips	
das Bels			

31*

⟨F 4v⟩ os	us	at
groß/loß	VIRGILIUS	er naht/Soldat
bloß/mooß	LUCRETIUS	der gradt GRADUS
kloß/verstoß	LIVIUS	grat/die naht
das looß	AMERICUS	Salat/Ducat
5 schooß SINUS		
	aus/Straus	blatt/satt
reben schoß	laus	matt/glatt
der schoß	Haus/Claus	ratt/statt
roß/schloß ARX	draus/kraus	schadt/hatt
10 erschoß	Maus	an kindes statt
gos/der droß	heraus/Taus	lagerstatt
verdroß	schmauss	Phrat FLUV. v. ad
beschloß'	Straus AVIS	
fewerschloß	straus LITIS	in hafft
15 verschloß'		hafft FIBULA
	wuchs	eigenschafft
mus (brey)	des tuchs	stiefelschafft
fus		gafft
gånsefus HERBA	fuchs/luchs	hingerafft
20	des geruchs	safft/schafft
	des bruchs	klafft/krafft
kuss/verdruss		wissenschafft
fluss/schuss	der drat	Jungfrawschafft
muss	der spat'	Wittbenschafft
25 buss OSCULUM	that/baht	bůchsenschafft
gruss/schluss	Raht/trat	
nuss/beschluss	saat/ůbelthat	der rannft
thrånenguss	schwaat	sanfft
ůberfluss	missethat	
30 hindernuss	unflat	
offenruss	spaat/format	beklagt

⟨F 5ʳ⟩ **at**

betagt/gesagt
geplagt/nagt
abgesagt
gewagt

langt/hangt
erlangt/prangt

acht OCTO
nacht/bedacht
die wacht
schlacht/bracht
pracht
die schlacht
ungeschlacht
gemacht
im verdacht
die macht
die pacht
hoch geacht
tracht VESTITUS
sacht
wohlbedacht
verlacht
veracht/kracht
gebracht
Schacht SCORBS
verdacht
tracht FERCULUM
gewacht
getracht

at

betracht

der daacht
zerbracht

der Tackt/hackt
Schmaragd

alt VETUS
Alt ALTUS
gewalt
es wallt
schallt/er schalt
es galt/ballt
kalt
gestalt SPECIES
nachgestalt
hinderhalt
ungestalt
wohlgestalt
prallt
halt/schnallt

gemahlt
bezahlt
bestrahlt
er taalt v. ald

der sammt
ingesampt
das ampt

at

verdampt
gelammt

der Kant
Zuckerkant   5
erkant
zuerkant
ein tant
genannt
gebannt   10
verschwant
umbgewandt
zertrant
alakant
Discant   15
Tremulant
proviant
widerstand v. ant

apt/trapt   20
ertapt/verkapt

art/bart
gepaart
die fahrt   25
offenbahrt
verwahrt
gespaart
das maart
                         30
knarrt

⟨F 5ᵛ⟩ **at**
hart ADJECT.
harrt VERB.
widerpart
gegenwart
5 aufgewart
gescharrt
hellepart
eingepfart
wegewart
10 geschnarrt
    VIDE ard

der ast
gefast PARATUS
15 gefast JEJUNAVIT
angefast
fast FERE
gerast
die rast
20 hast ODIT
hast HABES
das bast
die last
unangetast
25 gast/aufgepast
morast
mast
überlast
fantast
30 pallast
verprasst

et
verhast
in der hast

pabst
labst

zwangst
angst

kanst
wanst

karst
er barst

blatzt
gesatzt/schwatzt

Prophet
Rachet
Comet
steht
geht
entgeht
zibeet
besteht
begeht
gartenbeet
geseet
er weht
dreht

et
Poet
spihnet HERBA
geschmåht
privet
Planet
er gesteht
versteht
Universitåt
geneht
geschmåht
anfåht
quotlibet
labeth

meet HYDROMELI
bret ASSER
Hackebret
unståt
bret ALCA

Elisabeth
das bett
geredt
hett'
errett
umb die wett'
unberedt

hefft FIBULA
degenhefft
geschåfft

⟨F 6ʳ⟩ **et**

auferlegt
erregt/erlegt
verschlegt

knecht
recht ADJ.
schlecht
hecht
recht SUBST.
gerecht
geschlecht
gezecht
versprecht
specht
bůrgerrecht

geschwåcht

heckt
versteckt
bedeckt

Confect
leckt/befleckt
schmeckt
gezeckt
defect

welt/ermelt v. eld

erwehlt/gezehlt

et
verhåhlt
vermåhlt

bestellt
zelt
behelt
fållt
gefållt
aufgewõllt
gesellt
helt
nachstelt
VID. eld

verbråhmt
verlåhmt

nennt
kennt
kõnnt
zertrent
brennt
rennt

Regent
Talent
element
Student
pergament
gewendt
verblåndt

et
geschåndt
posament
der wend
operment
Regiment   5

lehrt
gelehrt
verehrt
verzehrt   10
vermehrt
verheert
hõrt
geehrt
verwehrt   15
ausgekehrt
abgebeert
verkehrt
unverseert
            20
schwert
werth
gebåhrt
begehrt
bewåhrt   25

gesperrt
zerrt VID. erd
            30
rest
vogelnest

⟨*F 6v*⟩ **et**	**et**	**it**
vergest/Pest	gemûth VID. ied	verbliebt
gewest/verblåst	zeit/breit	gifft/schrifft
	bereit/allezeit	schifft
allerbest	scheit/gescheidt	die trifft
5 lest/fest ADJ.	streit/befreyt	er trifft
	weit/allbereit	betrifft
getrôst/erlôst	geleit/gebeut	grabeschrifft
gerôst	verbeût	
	Obrigkeit	lieft/vertiefft
10 der hengst	redligkeit	
vorlångst	liebligkeit	gicht MORBUS
	erbarkeit	richt/spricht
zu letzt/gesetzt	heußligkeit	nicht/liecht
netzt/hetzt	unachtsamkeit	zunicht/bricht
15 verletzt	ewigkeit	zerbricht
	gewogenheit	auffgericht
behertzt	einigkeit	geschlicht
	frôligkeit	zuversicht
ritt/zerschnitt	frômmigkeit	angesicht
20 schnitt/splitt	ausgespeyt	die geschicht
erlitt/schritt	Adelheit	geschicht FIT
wegetritt/POLY-	Siebengezeit	die schicht
GONUM, mit	HERBA V. eit	verpicht
messerschmidt		erpicht
25	liebt/ûbt	augenliecht
wohlgeriet	betrûbt	gewicht
geblûht	verschriebt	die pflicht
das geblûth	verschiebt	verpflicht
bemûht/er riet	giebt/ergiebt	bôsewicht
30 Muscowith	ihr triebt	sticht/ficht

⟨F 7ʳ⟩ **it**
aufgericht
geticht CARMEN
geticht FIGMENT.
unterricht
verricht
gerûcht
gesicht'
Stachelicht
anficht

er siecht
riecht/kriecht

leicht FACILIS
erleucht'
weicht CEDIT
erweicht
keûcht/zeicht
erbleicht
vieleicht
seicht/feucht
schleicht
erreicht
schmeicht
mich deûcht

schielt/spielt
zielt/hielt
gewûhlt/fûhlt
gilt/schilt CULPAT

it
trillt/quillt
erfûllt/brûllt
vergûldt v. ild

eilt/verweilt

verblûhmt
gerûhmt

rinnt/splint
gewinnt/gesinnt
entzûndt
Hyacinth
Colloquint
    HERBA v. int

greint/scheint
freund/seynd
feind

irrt/girrt
kirrt/wirth
angeschirrt
er wird
verwirrt

ziert/gebûhrt
verliert
schmiert
rûhrt
ins gevierd

it
VID. ird

ist EST/isst EDIT
die list/er list
er frist/die frist   5
galgenfrist
vergist
vermisst/bist
zu jeder frist
Evangelist   10
Citharist
Amathyst
Prophetist
hinderlist
mist/nist   15
gerûst/gebrûst
Organist
Lautenist

erkiest/bliest   20
schliest/v. ûst

heist/reist
allermeist
schmeist/zerreist   25
verdreist
preist/geleist
er weist/geist
zerschmeist
du weist   30

⟨F 7v⟩ **it**	**ot**	**ot**
	Zebaoth	
dünst'	spott/hott	ort/port
gewinst	Loth N. PROP.	wort/dort
ginst HERBA	er sott	fort/hinfort
		gort/schort
dienst	obst/Probst	verdort/Hort
		pfort'/mord
irrst/kirrst	offt/hofft	der Nord
knirrst/wirst		ermordt
zerbürst	er kocht	
verwirrst	ihr krocht	bohrt
der fürst	vermocht	
	er focht	Ost/most
jetzt/schwitzt		post/Rost
sitzt/hitzt	schmocht	aufgeschost
blitzt/ritzt		die kost/frost
schlitzt/schnitzt	trollt/es golt	er hat gekost
beschmützt	trunckenbolt	wasserdost
schützt/stitzt	solt DEBETIS	HERBA
	wolt	
kleberoth UVA	er ocholt	trost/getrost
loth/roth	solt STIPENDIUM	geklost/es schlost
soot/todt	schmollt v. old	augentrost EUPHRAGIA
noth/koth		
brodt	gekont	sonst
Rosenroth	ausgesonnt	umbsonst
schrot		
schwere noth	Mond/belohnt	horst
hungersnoth	bewohnt	worst
widertodt HERBA	verlohnt	zerborst
	ungewohnt	
Gott/gebot		wolgemuth

⟨F 8ʳ⟩ **ut**   **ut**   **ut**

huth/muth			
blut/guth	kaufft/laufft	verstummt	
minut/ruth	bůchsenlaufft	verklummt	
ůbermuth	getaufft		
gluth/thuth		kunt NOTUS	5
Ritterguth	vernunfft	stunt/verwundt	
fluth/ruht	zunft	wundt/gesundt	
struth		gestund/gekunt	
Fůrstenbluth	gefrucht/zucht	v. und	
Ackerguth	flucht FUGA	gurrt/murrt	10
Sud	gucht JUSCULUM		
fingerhut	wassersucht	gebuhrt	
	frucht/er pucht	gehurht	
Ruth N. PROP.	Saupucht		
schutt/verblutt	Leibesfrucht	hust/bewust	15
		rust/zernust	
haut/gebaut'	gesucht/flucht	lust/brust	
geschaut	verflucht	du must	
vertraut/laut		der must	
raut	taucht/raucht	wolckenbrust	20
kraut HERBA		verlust	
gebraut	entzuckt	vôrder Brust	
die braut	verruckt		
zerkaut/gekraut	gebuckt	der wust	
	kluckt/erdruckt	hust/bust	25
grufft/lufft	schluckt/muckt		
klufft/schlufft		faust/es baust	
pufft/schufft	zerwullt	knaust/saust	
abgekufft	trullt		
	ungedult	wulst	30
rufft	gedult VID. uld	geschwulst	
		du bullst	

⟨*F 8ᵛ*⟩ ut	u	az
	neŭ/abscheŭ	melodey
gunst/brunst	heŭ	schmeicheley /
kunst/dunst	auff der streŭ	dudeldey
grunnst	gebeŭ	Drŭckerey
	mannestreŭ	
durst/wurst		latz/der satz
		ratz' GLIS
butzt/stutzt	Osterlucey	schmatz/schatz
	ey/Pastey	blatz (blintzen)
du/kuh	sey/artzney	platz (raum)
ruh/schu	das ey	katz'/schatz
dazu/immerzu	Cantzeley	batz'/tatz
herzu/zu	brey/tyranney	schwatz'/natz'
kinderschu	May/frey	kratz'
	schley/salbey	
Aw/taw	mancherley	
saw/schaw	vielerley	
maw/schlaw	geschrey	Maltz/Saltz
raw/kaw	bley/schreiberey	schmaltz/hals
traw	dreyerley	
spraw PALEA	zweyerley	schwantz/lantz
Fraw/braw	mehrerley	schantz/rantz
baw	herbey/Poley	tantz/Hans
schnaw (gnaw)	Ockeley	gantz TOTUS
kraw'/klaw'	Galatey	glantz/krantz
båren klau HERBA	zwey/Lackey	gans ANSER
	drey/Policey	
	specerey/kley	Hartz/schwartz
treŭ	heŭcheley	
spreŭ PALEA	vorbey	netz/gesetz
ich streŭ	bŭberey	ersetz/verletz
gebeŭ/gereŭ	triegerey	geschwåtz

⟨G 1ʳ⟩ **etz**

speltz ZEA
peltz

Welts PISCIS

referentz
kråntz'
grentz'/lentz
audientz
Pestilentz

ertz
kertz
kŏnigskertz

hertz/Mertz
schertz
abendwerts
stertz/schmertz
anderwerts

sittz/ritz'

itz otz
stiegelitz
blitz/schlitz
hitz
gritz
stitz'
spitz
witz
schwitz'
beschmitz
schnitz
nůtz

geitz/steitz
reitz'/Creutz

bintz/stintz

filtz/miltz

klotz
trotz
rotz

otz
plotz

holtz
boltz
stoltz
zerschmoltz

schortz
mortz

trutz
mutz
plutz
schutz
nutz
tutz
stutz

untz
gruntz

kurtz/schurtz
Niesewurtz

⟨G 1ᵛ⟩ abe	ebe	ibe
der rabe CORVUS		ich verderbe ACT.
buchstabe	die rebe/lebe	ereerbe
die schabe INSECTUM	schwebe/webe	mŏrbe
ich schabe	umbgebe/gebe	die kŏrbe
labe/ich habe	begebe/ûbergebe	schantzkŏrbe
nabe ⟨*modiolus*⟩	strebe/klebe	
gabe	die stâbe	maßliebe HERBA
zu grabe	gewebe	im Siebe
vom stabe	spinnewebe	schriebe/liebe
der Schwabe		diebe
die Habe/trabe	die pfebe	riebe RAPA
grabe SCULPO	Phŏbe/Thebe	griebe
	stŏbe/ich bebe	verschiebe
labbe/grabbe	ich erhebe	beliebe/er triebe
krabbe	ein tachschôbe	stiebe/schniebe
		verbliebe
die halbe	Elbe/gewŏlbe	bekliebe
schwalbe	ich wŏlbe	
ich salbe		ûbe/betrûbe
die salbe	dieselbe	
vom kalbe		treibe/reihe
	herbe/erwerbe	ableibe
farbe/karbe	ich werbe	einverleibe
narbe/ich darbe	verderbe PASSIVE	dem leibe
Schafgarbe	die kerbe	verbleibe
larbe/garbe	sterbe	beweibe
starbe	ich fârbe	schreibe/scheibe
ich scharbe	gerbe	vertreibe
erwarbe		entleibe/bleibe
meer barbe	das erbe	dem weibe
	Scherbe	zeitvertreibe

⟨G 2ʳ⟩ **ube**

sylbe/die milbe

lobe/tobe
klobe/stobe
Saukobe
schnobe/erhobe

kolbe
narrenkolbe

vom korbe
verdorbe

rube
grube
die stube

ich raube
vom raube
ich schraube
weintraube
verschraube
ich schaube
die schaube
Sommerlaube
schnaube
die schraube
straube/staube
der taube SURDUS
die taube COLUMBA

ade

dem laube
ich glaube
der glaube
erlaube
die haube
behaube
beuhrlaube
im staube

die lade
belade/gnade
ich schade
ich bade
die made

aus dem bade
ûberlade
die gerade
gerade (gleich)
vom rade
wade SURA
ich lade
dem pfade
Osterflade
am gestade

im walde
gar balde

im lande
die stande

ade

am strande
im stande
dem brande
die schande
die bande   5
verschwande
am rande
dem pfande

spickenarde   10
Corigarde
Leoparde
guarde
petarde EXOSTRA
   15
rede/schede
ôde/blôde
fede/Sede
(viehfutter)
der Schwede   20
die Schwede
afterrede
die einôde
schnôde
ûberrede   25

egde
legde
gehågde
mågde   30

⟨*G 2v*⟩ **ede**   **ide**   **ide**

ede	ide	ide
		abscheide
ich melde	ich schmiede	eingeweide
im felde	iede/siede	gebeûde
die melde HERBA	die schmiede	
vom gelde	vom liede	die wilde EQUUS
	vom gliede	sehr wilde ADJ.
helde	friede/mûde	vom bilde
	Jûde	milde
hembde/fremde	im abschiede	vom schilde
befremde	im augenliede	gefilde
	vermiede	ûbergûlde
ende/sende		ich bilde
verschwende	vom eide	
ich wende	vor leide	
die wånde	ich leide	gesinde
spende/anlånde	Heide ETHNICUS	die binde
bewende	vom kleide	ich binde
hånde	ich kleide	pfrinde/finde
ich blånde	die heyde	gelinde/rinde
behende	frewde	vom grinde
schånde/stånde	getreyde	geschwinde
pfånde/Rånde	geschmeide	die linde
	seide/beyde	der blinde
erde/werde	meide/ich weide	ich erblinde
ich gebehrde	die weide	dem kinde
pferde	die kreide/neide	ich schinde
gefåhrde	ich scheide	winde VENTI
die Herde	scheide VAGINA	ich einspinde
vom herde	schneide	die winde CON-
	schmeide (weich)	VOLVULUS
beschwerde	reûde	ich ûmbwinde
	wegscheide	ûberwinde

⟨G 3r⟩ ide	ode	ude affe
die sturmwinde	die unholde	aus dem grunde
unterwinde		vom reißbunde
empfinde	Monde	verwunde
die hinde		entstunde
enttzünde	orde/ermorde	5
entstünde		ich see v. gehe
gestünde	bude/schwude	
dem rinde		hafe
ergründe	staude/raude	
verschwinde	brombeerstaude	graffe 10
Zimmetrinde		ich schlaffe
	hulde	die schaffe
anfeinde	die mulde	ich straffe
die feinde	verschulde	die straffe
freünde	dulde	traffe 15
		im schlaffe
ins gevierde		
zierde	hunde/kunde	ich schaffe
begierde	gesunde	der affe
	schrunde	maulaffe 20
er würde	stunde HORA	gaffe
bürde	gestunde	junger laffe
hürde	vom bunde PACTUM	kaffe/pfaffe
die würde	im munde	klaffe
	bestunde	ich raffe 25
ode/rode	die wunde	kuntschaffe
hode/zu tode	vom pfunde	
	empfunde	halffe
golde/holde	im schlunde	
besolde	vom schunde	hanffe 30
dolde UMBELLA	vom Runde	

⟨G 3ᵛ⟩ afe	efe	ife
		vom greiffe
zapffe	entwerffe	herumschleiffe
fusstapfe	werfe/schårfe	ich steiffe
im napfe		streiffe
5	maulwörffe	die weiffe
kampfe	ich schårffe	ich weiffe
dampfe	bedörffe	die pfeiffe
stampfe		keuffe (schelte)
	schiffe/pfiffe	kneuffe
10 harfe/larve	ergriffe/hiffe	heûffe
die scharffe		ich råuffe (zause)
	ich brûfe	
treffe/åffe	die brieffe	im schilffe
		die hûlffe
15 helfe/behelffe	lieffe/trieffe	der gehûlffe
	rieffe/schlieffe	zu hûlffe
elffe/zwölffe	olieve/vertieffe	
		impfe (pfroffe)
vom senffe		ich schimpfe
20		im glimpfe
töpffe/Zöpffe	vom reiffe/RORE	krimpfe
köpffe	der reiffe (sprügel)	die strûmpfe
ich schöpfe	schleiffe	ich stimpfe
das geschöpfe	schweiffe	rimpfe
25 kröpfe	ich greiffe	die sûmpffe
die köpfe	ich reiffe MATURESCO	im schimpfe
stöpfe/schlöpfe	teûffe	
knöpfe	dem schweiffe	tripfe/hûpfe
schröpffe	umbschweiffe	knûpfe/stipffe
30	ich pfeiffe	
kåmpfe	Seiffe SMEGMA	
dåmpfe	erseûffe	

⟨G 4ʳ⟩ ofe	ufe	age	
hoffe/soffe	hauffe/ersauffe	am tage	
troffe	tauffe/zuhauffe	niderlage	
	viehrauffe		
zu hoffe/zoffe		ich balge	
	zupfe/hupfe	im talge	5
dem Wolffe		vom kalge	
holffe	sumpfe/stumpfe	vom balge	
	strumpfe		
tropfe	vom rumpfe		
hopffe LUPULUS		lange DIU	10
klopfe/im kopfe	wurfe/schurfe	im schwange	
stopfe/kropfe		ich lange	
stropfe/ropfe		verlange	
im topffe		bange (angst)	
pfropffe	zage/trage	Range	15
vom zopffe	klage/nage	Sange	
	wage TENTO	im gesange	
im dorffe	behage	stange	
schorffe	die sage FAMA	fahnenstange	
	die wage LIBRA	im schwange	20
Ackerhufe	die plage	mit trange	
bierkuffe	ich plage	klange	
stuffe	ich sage	prange	
beruffe	vertrage	hange	
Roßhuffe	jage/frage	im gange	25
	ertrage	gelange	
kuffe	trockschrage	dorffrange SUS	
muffe/puffe	ich schlage	die wange	
	Prage	fange	
kauffe/trauffe	ich tage	unterfange	30
lauffe/schlauffe	vom taubenschlage	empfange	

⟨G 4ᵛ⟩ **ege**
sprange
belange
vom strange
schlange
5 die zange
im zwange
vogelstange
bange

karge/verbarge
10 im sarge
erkarge

lege/errege
15 gehåge
gepråge
die tröge

erlege
20 ich wåge PONDERO
im stege
erwege
sege/bewege
im wege
25 ich pflege
fege/zege
trege/schlåge
ich verpflege

30 die felge ABSIS
ich schwelge

age
die bålge
blasebålge
katzenbålge

ånge ANGUSTUS
die långe
henge/geprenge
trånge/sprenge
die menge
ich senge
vermenge
gestrenge
strenge (herbe)
hånge
gesånge
getrånge
långe/verhånge
die strånge
zwånge
die gånge
geb' und genge
anstrenge

die berge
verberge
Latwerge/ferge
die zwerge

ich wörge
die börge
die Störge

ige
ich zörge

zufůge/verfůge
versiege
schmiege
verschwiege
flůge VOLO
liege JACEO
ich siege
fliege MUSCA
kriege BELLO
die wiege
biege/belůge
stiege/die ziege
pflůge/betrůge
die feldzůge
die stiege
die krůge
ich tůge
ich kriege ADIPISCOR
vermůge
genůge
lůge MENTIOR

schweige
ereige
ich zeige MONSTRO
bezeige/feige
ohrfeige
beuge

⟨G 5r⟩ ige	uge	uhe
die neige		
treige/steige	kirge VIOLA FLAVA	zunge
seige/zweige	schirge	lunge PULMO
geige	einbûrge/wûrge	bezwunge
zeûge PROPAGO	das gebirge	schwunge 5
ich neige		gelunge
	zoge/loge	er runge
tilge/wilge	der boge	sunge/klunge
billge	fischroge	ich junge
Petersilge	im troge	der junge 10
	fidelboge	hundes zunge
winge/singe	ellenboge	
dringe/bringe	flitzboge	fahe/besahe
klinge/schlinge	floge/erzoge	geschahe
dem ringe	Regenboge	ich fahe CAPIO 15
ich ringe	wasserwoge	ich anfahe
gelinge/springe		
pfifferlinge	folge	stache/die brache
umbringe		
verbringe	borge/sorge	ich lache RIDEO 20
spillinge	storge	lache LACUNA
zwillinge		der schwache
ûmbbringe	die fuge/im fluge	die sache
schwinge	im zuge/truge	Drache DRACO
abdinge	vom betruge	der rache 25
ich tûnge	der kluge	die wache
hienge	im kruge	bauerhache
dem dinge	mit gutem fuge	ich krache
degen klinge		mache
geringe	lauge/sauge	die rache 30
leibgedinge	auge/tauge	erwache
	neunauge	im fache

⟨G 5ᵛ⟩ **ahe**　　　　　　　　**ehe**　　　　　　　　**ehe**
wallache　　　　　im marsche　　　　steche PUNGO
　　　　　　　　　harsche　　　　　　zeche/reche
kranche　　　　　　　　　　　　　　steche COMMUTO
manche　　　　　　klatsche　　　　　im peche
5　　　　　　　　　patsche　　　　　　die freche
Arche ARCA　　　　platsche　　　　　zerbråche
ich schnarche　　　　　　　　　　　schwåche
marche　　　　　　ratsche　　　　　　die breche FRAN-
monarche　　　　　tzchatsche　　　　　　　GIBULUM
10 Patriarche　　　　　　　　　　　　flachsbreche
Plutarche　　　　　vom pantsche　　　Radebreche
Scholarche　　　　　　　　　　　　　ich spreche
　　　　　　　　　sehe/geschehe
die asche　　　　　in der nåhe　　　　er ist gespreche
15 im asche　　　　　　　　　　　　　das gespreche
tasche/erhasche　　begehe/stehe　　　ich schmôche
nasche　　　　　　das Rehe
ůberrasche　　　　drehe　　　　　　　welche
wasche　　　　　　aufgehe　　　　　　im kelche
20 die lasche　　　　gehe　　　　　　　dem helche
ich pasche　　　　hintergehe
flasche　　　　　　ich wehe　　　　　die lerche
satteltasche　　　　entstehe　　　　　　ich hôrche
　　　　　　　　　ich schmåhe　　　　pfôrche
25 schmasche　　　　erhôhe　　　　　　die stôrche
drasche　　　　　　ich blôhe
　　　　　　　　　die flôhe　　　　　die esche ARBOR
mansche　　　　　das geströhe　　　　ich lesche
bansche　　　　　　das fehe ANIMAL　　gesche
30　　　　　　　　in der hôhe VID. ee　desche
die karsche　　　　　　　　　　　　　laubfrôsche

ihe	ihe	ihe
dresche	der schleihe PISCIS	schleiche
die wäsche	kirchweyhe	erweiche EMOLLIO
die näsche	ich scheue/leihe	streiche
	verleyhe/dreye	weiche CEDO
welsche/delsche	die freye LIBERTA	leiche FUNUS 5
	ich freye	vergleiche
mensche	schreye VID. eye	der reiche
bänsche		im Reiche
dem gänsche AVIS	ich piche/wiche	erreiche
	verbliche	seuche LUES 10
	die striche	verbleiche
Herrsche	schliche	überreiche
VID. erse	vergliche	im teiche
	sprüche DICTA	speiche RADIUS ROTÆ
quetsche	aussprüche ORACULA	blindschleiche 15
		die gebräuche
sihe/zihe		scheiche
kühe	ich sieche	die bleiche POLITURA
bemühe	der Grieche	
ich brühe	rieche	20
suppenbrühe	die brüche	milche
sprühe	verkrieche	
kniehe	die flüche	die Münche
vollziehe	die büche ARBOR	ich tünche
entziehe	das gebrüche	25
	die Psyche N. P.	kirche/zirche
entweyhe		
einweyhe	eiche QUERCUS	fische/tische
befreyhe	ich keiche	gische
weihe AVIS	preiche/erweiche	zische 30
ich weyhe	durchstreiche	erfrische

⟨G 6ᵛ⟩ **ihe**   **ohe**   **uhe**
erwische   vom strohe   ich fluche
abwische   hohe   ich suche
zu tische   im buche
mische   woche/kroche   im tuche
5 federbüsche   poche/knoche   im bruche
büsche NEMORA   Roche PISCIS   versuche
flederwische   dem fluche
                         solche/tolche
ich heische   molche   im spruche
10 dem fleische   vor dem bruche
zerfleische
das gereusche   horche/storche
die keusche   forche   hauche
ich teusche   gehorche   im bauche
                                                tauche
15   frosche   brauche
wündsche   ich rosche   glauche
verwündsche   drosche   schmauche
blindsche   brosche   ich rauche
                         der grosche   das rauche
20 kirsche/knirsche   die gosche   die gauche (suppe)
hirsche/mirsche   im rauche
                         klotsche
pritzsche/titsche
die hitzsche   ruhe/schuhe   furche
25 er bitzsche   thuhe
                                                haarhusche
Beitzsche   ich schlauhe   vertusche
deützsche   zauhe/taue   im busche
verdeützsche   rauhe v. aue

30 lohe/flohe   der kuche   lausche/rausche

⟨G 7ʳ⟩ **uhe**
brausche
tausche

mursche
bursche

kutsche
hutsche
nutzsche (sauge)

im gelacke
der hacke
zaunstacke
vacke SÆPE
schnacke CULEX
Hacke PROPOLA

im sacke
hacke
der Nacke CERVIX
ich backe
ich placke
backe MALA
zwacke
zacke RAMUS
ich packe
schlacke
knacke
die gacke
vom blacke

ake
balcke/talcke
dem schalcke
Menalcke
ich walcke
der falcke

im schrancke
bedancke
der krancke
ich wancke
schwancke
zancke
bramrancke
im trancke
der Francke
der plancke

die marcke
ich schnarcke
der starcke
die harcke

kecke/tecke

blecke/kecke

die ecke
butterwecke
hecke/decke
ich trecke
erwecke

eke
stecke/erschrecke
ich recke
strecke
rôcke/bôcke
die rôcke   5

ich flecke
die zwecke
schmâcke
die schnecke
die schecke EQUUS 10
ich zecke
im drecke

ich melcke
verwelcke   15
die nelcke
schålcke

ich bôlcke
die kôlcke   20

die schencke
gelencke
versencke
verrencke   25
ich lencke
gedencke
ich hencke
die schråncke
ich schwåncke   30

⟨G 7ᵛ⟩ **eke**
ich tråncke
ich lencke
die båncke
ich krencke
5 verråncke
weinschåncke
kohlstråncke
geståncke
gehencke
10 ich schråncke
die schwåncke
Apothekertråncke
der schencke
ich schencke
15 geschencke

zu wercke
die mercke HERBA
ich mercke
20 ist im wercke
vom wercke

Stårcke
stårcke AMYLUM
25
die wicke
die vicke
ich schicke
kricke/erquicke
30 ersticke/erblicke
das genicke

ike
zuricke/ich ricke
licke/klicke
flicke/pflicke
micke/trůcke
strůcke
ich nicke
bestrůcke
strůcke/drůcke
knicke
zwicke
glůcke
der růcke
entzůcke
bůcke
zurůcke
meisterstůcke
jůcke/stůcke
grasemůcke
Průcke PISCIS
dicke DENSUS
důcke FLECTO
tůcke FRAUS
die brůcke

kriecke
spiecke/wiecke

ich trincke
wincke
sincke
stincke

ike
die klincke
lincke
der zincke
der schincke
fincke
blincke
ich hincke
schmincke
strůncke
der rincke
flincke
bedůncke

bircke BETULA
ich wůrcke
Tůrcke TURCA

glocke
flocke
haarlocke
vom bocke
brocke
verstocke
vom schocke
die socke
vom stocke

wolcke
vom volcke
die kolcke
der Holcke

⟨G 8ʳ⟩ uke	ale	ele	
	mahle MOLO	gefalle	
die borcke (rinde)	mahle PINGO	Coralle	
	prale	im stalle	
kuke	åpfel schale	mausefalle	
	Saale		5
die glucke	Confectschale	grable	
schnucke	die krahle	strable	
ich schlucke	bezahle	ich stable	
gucke	kahle	kable	
mucke	strahle	zable	10
zucke/hucke	Thale AVIS		
im schmucke	pfale/fahle	adle/tadle	
	stahle/ich thale		
maucke	zum andern	samle/stamle	
baucke	mahle	ramle	15
	alle/falle		
uncke	pralle/knalle	handquele	
auf dem bruncke	schalle/schnalle	schmele	
die tuncke	vom balle	kåhle GUTTUR	
ich kruncke	ich walle	vermåhle	20
suncke	auff dem walle	die åhle PISCES	
stuncke	schneeballe	fehle/stehle	
die funcke	die galle	ich strehle	
runcke(brodt)	anfalle	die pfåle	
	bitter galle	verpfåhle	25
	kralle/lalle	befehle	
gurcke	leichhalle	schuteråhle	
	Halle URBS		
kalte schale	ich stalle	Seele/schwele	
schmale	ůber alle	die schmele	30
zahle	knalle	ich schele	
vom ahle			

⟨G 8ᵛ⟩ ele	ele	ile
erwehle		der wille
ich quele	rôchle	spille/pille
scheindehle		grille/die tylle
ich zehle	edle/wedle	Telesille
5 erwehle		Margarille
die hôle	tåfle	Marille
aushôle		Sionille
	keckle	Parnaßille
elle/kelle		Charitille
10 ich schelle	erle ALNUS	Camille
ich schnelle	querle/störle	ich stille
thûrschwelle		ich bin stille
prelle/die stelle	schmerle/perle	feldgrille
ich fålle/geselle		die brille
15 einstelle/abbelle	betle	ich brülle
die hôlle		verhülle
	biele/ziele	erfülle
ehrenstelle	federkiele	
	ich wiele	ich eile
20 Morelle	im stiele	die Eule
helle LUCIDUS	ich fühle	seile/pfeile
ich schwelle	ich spiele	die meile
belle/gelle	gefiele/die diele	die zeile/die feile
brunelle	schmiele	ich feule
25 die schelle	ich schiele	ich feile
maulschelle	dem pfiele	dem beile
schnelle/krelle	die mühle	die geile
quelle/die ställe	gar kühle	ich theile
die wålle VALLI	wühle	die keile
30 die fålle	ausspüle	mittheile
wålle AXIS ROTÆ	die stüle	verweile

⟨H 1ʳ⟩ **ole**　　　　　　**ule**　　　　　　**ame**

übereile	die rolle	im krahme
heile SANO	die scholle PASSER	der nahme
heûle EJULO	eißscholle	der hame
		nachahme
	im pfule	besaame 5
grible/krible	ich buhle	
	die schule	die amme
stichle	zu stuhle	ich lamme
	federspule	am stamme
heichle	spinspule	dem kamme 10
schmeichle	Thule	die flamme
	der buhle	schwamme
stimle/himle		die wamme
	faule	vom Tamme
ich hole	die tzschaule	ich flamme 15
schusole	dem gaule	dem weberkamme
Dole/viole	kaule	
der Pohle	vom knaule	Palme
vom kohle	dem maule	Psalme
die kohle	ich maule	zermalme 20
Soole SALSUGO		strohalme
	der bulle	
die Wolle LANA	schulle	der arme
er wolle/solle		am arme
bettstolle	hudle/rudle	erbarme 25
ich zolle	besudle	alarme
ich schmolle		warme
schwolle		verarme
dem grolle	Dame/kame	eine barme PISCIS
tolle/volle	verlahme	vom harme 30
drolle/kolle	saame/zahme	dem darme

⟨H 1ᵛ⟩ **eme**

erwarme
nach deme
deme/zåhme
5 ich nehme
schåme
die bråme
verlåhme
beschåme
10 verbråhme
der Rehme
ich råhme
die kråhme
benehme
15 gråhme
bequeme

keme/Sôme
strôme/zôme
20 bekeme

ich hemme
ståmme
die schwemme SPON-
25   GIÆ
die kåmme
verschlemme
pferdeschwemme
klemme
30 verschwemme

ime

vom helme

schelme

dårme/lårme
ich herme

schwerme
erwårme

ihme
die strieme
der rieme
der dieme
gezieme
ich rûhme
verblûhme
ich krûme
auskûhme
die pfrieme
ungethûme

imme APIS
die stimme
die krûmme
glimme
schwimme
ergrimme
verstimme

reime RYTHMI

ome

im schleime
ich leime
seume/keime
scheume
die zeume
im leime
ich reume
versåume
honigseûme
daheime
treûme
beûme

Ilme

beschirme
wûrme
stûrme
thûrme

ohme AVUNCULUS
am strome
im Soome

komme/somme
schwomme
ich fromme
der fromme
bekomme

die forme

⟨H 2ʳ⟩ **ume**	**ane**	**ene**
im torme	die Saane	gewôhne
verforme	dem Schwane	Alcumene
	vom spane	Magdalene
die krume	ich mahne	jene/krône
mume/blume	vermahne	ich frône 5
vom Ruhme	Partisane	verhône/Sône
im thume	die fahne	lôhne/versôhne
	vom hane	
pflaume/baume	am zaane	thråne/kåhne
daume/gaume	dem wahne	erwåhne 10
dem raume	im fischtrahne	die håne
saume	vom kahne MUCOR	ich gåne
schaume		ich ståne
am zaume		die schwåne
im traume	Anne/banne	15
	kanne/pfanne	scheundenne
erstumme	danne ABIES	gluckhenne
erklumme	wanne VANNUS	gônne/nenne
brumme/summe	spanne	kenne/renne
der stumme	übermanne	brenne/trenne 20
butterbumme		die schenne
	ich warne	
im sturme	im karne	ich pfånne
vom thurme	ich harne	
vom wurme	im garne	die ebne 25
		die ergebne
ahne/plane	Sehne NERVUS	
vermahne	austhône	begegne
ich bahne	gethône/beschône	segne/regne
die bahne	entlehne	gelegne 30
im kahne	Seene	verwegne

ene	ine	one
⟨H 2ᵛ⟩	beginne	die zeůne
entferne	die pfinne	
gerne/ferne	gewinne	leugne
sterne/lerne	drinne/besinne	
5 kerne/laterne	die spinne	stirne/dirne
die Scherne	gồttinne	birne/gestirne
Cisterne	zu sinne	gehirne/zwirne
	zerrinne	
Zồrne/Dồrne	susanninne	ohne/lohne
10 ich kồrne INESCO	Radeschinne	belohne
anspồrne	CANTHUS	dem Sohne
	ich spinne	mone/bohne
biene		ich wohne
erschiene	eine/seine	zu hohne
15 diene/kůhne	ich meine	Wallone
die Thůne	kleine/keine	ich schone
versůhne	meine MEA	entwohne
grůne/rosine	reine/steine	im throne
erkůhne	haine/weine	Done/krone
20 Catharine	schweine	Bellone
	schreine/beine	ich frone
inne/zinne	verneine	Melone
Kồniginne	die gemeine	die Sohne FLUVIUS
Heroinne	erscheine	gewohne
25 entrinne	sehr gemeine	
sinne/dinne	die scheine	donne/Sonne
Pierinne	ich scheine	wonne/sponne
Charitinne	feine/greine	
Parnaßinne	die breune	
30 Heliconinne	umbzeune	gebohrne
liebgewinne	von Helffenbeine	erkohrne
Castalinne		verschworne

⟨H 3ʳ⟩ ora

	ape	epe	
beschorne	der trappe AVIS		
	die trappe	schippe/schlippe	
horne/forne	die mappe	schrippe/rippe	
im borne	ich pappe	lippe/klippe	
im korne	schwappe	stippe/kippe	5
im zorne	benappe	wippe/gerippe	
im dorne	die schnappe	knippe	
	die pappe	schielewippe	
die buhne		schnippe/krippe	
	lampe/strampe	hippe FALX	10
allaune	plampe/krampe		
laune/raune	pampe	klimpe/krimpe	
gallaune			
im zaune	karpe/scharpe	schoppe/kloppe	
Schallaune	schnarpe		15
verbraune		knospe	
erstaune	haspe/raspe		
Cappaune	Jaspe LAPIS	schupe	
Posaune			
	schleppe/treppe	suppe/puppe	20
Pape/schrape	geschleppe	licht schnuppe	
	der schöppe	zuppe	
		der schnuppe	
die schlappe	peppe		
der knappe	kåsenåppe	raupe/staupe	25
Rappe EQUUS		graupe	
lappe	espe/gőspe		
ich schnappe	wespe	grumpe	
kappe/zappe		klumpe	
klappe	drespe	die plumpe	30
bienkappe		die bierhumpe	

⟨H 3ᵛ⟩ are

die purpe
ich schurpe

5 klare/spare
die ahre
bahre/schaare
offenbahre
leichenbahre
10 ich paare
von Jahre zu jahre
ich erfahre
die Mare
ich gahre
15 bewahre
die Staare
pflugschaare
die Wahre
verfahre
20

Darre MORBUS
maltzdarre
knarre/karre
25 narre/harre
scharre/zarre
schmarre/plarre
der pfarre
der scharre
30 erstarre
die farre
schnarre/quarre

ere

hadre/schadre

die andre
wandre

ich lagre
die hagre
verheere
wehre GLADIUS
er were
ehre/flôre
ich wehre
verehre
umbkehre
abkehre
vermehre
verseere
das lehre
beschere LARGIOR
ernehre
ich zehre/die lehre
empôre/beere
die Pôre
hôre/stôre
wasserrôhre
beschwere
die fåhre
rôhre/môre
bethôre
lufftrôhre

ere
gebåhre
måhre
dem beere
ich håre
die quere
åhre/gåhre
begehre
erklåhre
wåhre DURO
gewåhre
entbåhre
Schere FORFEX
beschere TONDEO

nårre/Herre
Schnerre
holtzscherre
fleischscherre
geplårre

gewerre
zerre/einsperre

Kedre

ziere/schniere
moduliere
tireliere
grobianisiere
Rôltzeliere
tôlpeliere

⟨H 4ʳ⟩ **ire**	**ore**	**ure**	
flegeliere	wagengeschirre	auf der spure	
pengeliere	trinckgeschirre		
schwengeliere	anschirre	murre	
verliere	myrrhe	knurre	
schmiere	in der irre	schnurre	5
lustiere	Silbergeschirre		
spatziere		maure/taure	
pindarisiere	feyre/leyre	laure	
odarisire	verseure	versaure	
quinteliere	gemeure	vermaure	10
solmesiere	ich scheure	traure	
vexiere	ich seure		
zu biere		der rase CESPES	
gebiere	Cohre/bohre	dem Aase	
Dupliere	der thore	nase/mase	15
thiere/Stiere	im thore	lase/grase	
restiere	der More	blase VESICA	
studiere	Debore	ich rase/hase	
hofiere	Leonore	glase/Base	
stoltziere	erfrore	die fase	20
jubaliere	dem flore	verblase	
beschmiere	im Rohre	ich blase	
verführe			
spüre/thüre	knorre	straße/laße	
berühre	verdorre	anmaße	25
		die maße	
		vergaße	
irre/girre	schnure	Jacobs straße	
verirre	hure		
verwirre	die fuhre	fasse	30
kirre/dürre	glasure	hasse	

33*

⟨H 4ᵛ⟩ **ase**

gasse/verprasse
ich nasse
verblasse
die plasse EQUUS
5 im vasse
im passe
Manasse N. P.

achse/lachse
10 dachs/Sachse
Stachse
ich wachse
wagenachse
im wachse CERA
15
ich halse/salse
am halse

verbanse
20 granse

lese/kåse
genese

25 lôse/bôse/zôse
erlôse/gekrôse
ungenôse

er eße/entblôße
klôße
30 stôße/flôße

ese

bôße/gefåsse
geseße/seße

die Esse/ich esse
kresse HERBA
messe/nåsse
vergesse
vermesse
Cypresse

Låchse/Dåchse
gewåchse
krôchse

die emse/gemse

sense/gånse

verse/perse
ferse/vehrse

bliese/Liese
Riese/diese
die wiese
erwiese
zugemûse
erkiese/drûse

geniße/grûße
fließe/fûße
ließe/blûße

ise

verdrûße
schließe/sûße
hieße/bûße
ergieße
entsprieße
versûße

beflisse/gewisse
zerrisse/schmisse
bisse/wisse
vermisse
anspisse/mûsse
kûsse/die flûsse
melisse
haselnûsse
die nûsse LENDES

eise/greise
ich reise/die feise
die weise
die weyse
leise (sachte)
die leûse
meûse/preise
speise/ich weise
reûse NASSA
glockenspeise

weisse/reisse
schmeisse
die Pleisse

⟨H 5ʳ⟩ **ose**　　　　　　　**use**　　　　　　　**ate**

ose	use	ate
schweisse	mit moose	
ausschweisse	Mose N. P.	krause/lause
heisse/schleisse	zeitlose HERBA	sause/brause
befleisse	heillose	mause/grause
mit fleisse	Rose MORBUS	hause/pause 5
wagenleisse	liebkose	zause/schmause
beisse/gleisse		
die geysse	kloße/schloße	vom luchse
Plateisse	boße	vom fuchse
beschmeisse	der große	10
Omeisse	bloße/im schoße	kluckse/muckse
Reůsse	flachsboße	
Preůsse		Oblate/baate
die Neisse	glosse/trosse	taufpaate
zerschmeisse	schlosse/schosse	gerate 15
	vom rosse	der spate
wichse/lůchse	verschlosse	zu spate
fůchse/bůchse	ich bosse	ich wate
	ein posse	schwate
die hilse	die gosse	am blate 20
bilse		
	ochse	rahte/brate
zinse/linse		am drate
klinse/binse	die Muse	die wate RETE
krinse	im muse	muscate 25
		halt zu rathe
hirse	fuße/buße	
	mit guter muße	Sommerlatte
		hatte/glatte
lose/hose	zum verdrusse	abmatte 30
butterhose	kusse/flusse	beschatte
kose/rose		ratte/latte

⟨*H 5ᵛ*⟩ **ate**

ehgatte/bestatte
erstatte

labte/begabte

5
saffte/ich haffte
schaffte
dem haffte

10 sanfte/ranffte

sagte/jagte
behagte
verzagte
15 es tagte
herfůrragte
betagte

sachte/lachte
20 machte/trachte
betrachte
ich achte
verachte
achte OCTO
25 erwachte
schlachte
ůbermachte
gedachte

30 sackte/hackte
das gedackte

ate

alte/schallte
das kalte
veralte
verwalte
es schalte
die falte/behalte
spalte
ich erkalte

verdampte
der beampte

sante/entbrante
bekante
verwante
zertrante
verbannte

karte/arte
schwarte
die scharte
die barte
paarte
dem barte
der garte

harte/Marte
ich warte
erwarte
weberkarte
helleparte

ate

warte SPECULA

verhaste/raste
maste/zu gaste
kaste/taste
ich faste
vom baste
fantaste

satzte
schwatzte/kratzte
schatzte
schmatzte

versaltzte/waltzte

untertrete
bete/knåte/stete SEM-
PER
vertrete
geråhte/brete
Råthe/trete
Städte/gråte
nåte/schuhdråte
Kåthe

Poete/erröthe
flöte/tödte
späte/kröte
die lamprete
dem garten bete
morgenröthe

⟨H 6ʳ⟩ ete

Abendröthe
Stedte/löte

errette/ich wette
kette/zu bette
umb die wette
hätte/ich bette

Silberglätte
glätte/klette

lebte/schwebte

böbte/stöbte

heffte/geschäfte

kräffte/säffte
stiefelschäffte

helffte/die elffte
die zwölffte

zu rechte
verblechte
geschwächte
geschlechte
schlechte
gerechte
knechte/hechte
gemächte

ete

brächte
verfechte
die pächte
die nächte

ich gelte
schelte/bellte
ermelte/vergelte

gezelte/geselte
die gelte/kälte

erwehlte
erzehlte
geschelte

ente/gerente
sich wendte

nennte/kennte
könte/trennte

entlehnte
versöhnte
beschönte

gelehrte
verehrte
vermehrte
versehrte
verkehrte

ete

wehrte/bescherte
störte

gefärte/bärte
biermährte   5

die härte
verhärte

görte/zerrte   10

allerbeste
feste/peste
gäste/mäste
die köste   15

äste/im reste
vom weste

die röste/tröste   20
erlöste

gespånste
wånste
                          25
erste/die berste

gerste/ich berste

setzte/zu letzte   30

⟨H 6ᵛ⟩ **ite**	**ite**	**ite**
biete/Griete	bereite/begleite	gewichte
geriete/verbiete	arbeite/die beûte	bôsewichte
fliete/niete	heûte HODIE	die fichte PINUS
miete VERMIS	deute CUCULLUS	dichte ADVERB.
5 erbiete	ich deute	
Chrysolite/riete	beerenheûte	leichte/preichte
wiete RUNCO	auff die freyte	scheuchte
brûte/gûte		feûchte
ich mûthe	liebte/ûbte	schmeichte
10 wûthe/blûte	geliebte	die beichte
ich hûte		seichte ADV.
die hûte	giffte/hûffte	erreichte
geblûthe	vergiffte	erweichte
gemûhte	schiffte/stiffte	befeuchte
15	dem stiffte	die leûchte
sitte/quitte		erleûchte
schlitte/schûtte	angesichte	vielleichte
er ritte/splitte	unterrichte	
schritte/bitte	schlichte	dinte
20 zerrûtte	zugesichte	die spinte
schûtte/hûtte	berichte	
schmidte	geschichte	hirte/myrte
	getichte	kirte/es girrte
reite/seite	gerûchte FERCULUM	ich gûrte
25 ich schreite	krichte	
breite/weite	lichte/tichte	regierte
ich leite	pichte/richte	schmierte
die heûte	vernichte	triumphierte
ich leute	verpichte	fûhrte/zierte
30 die leûte	zunichte	verfûhrte
geleite/streite	verpflichte	berûhrte

⟨H 7ʳ⟩ **ite**　　　　　　　**ite**　　　　　　　**ote**

tirelierte v. ire　　　gespinste
　　　　　　　　　　dûnste　　　　　　am orte
niste/wiste　　　　　　　　　　　　　worte/pforte
Calviniste　　　　　　birste/würste　　die horte
Christe/gelûste　　　　　　　　　　　dem Horte　　　　5
Juriste　　　　　　　　schwitzte/hitzte　antworte
Cithariste　　　　　　blitzte　　　　　　kåsehorte
im miste　　　　　　　　　　　　　　verdorte/gorte
mit liste　　　　　　　Bote/schote
Asiniste/die kiste　　　die todte　　　　　koste/roste　　　10
Alchimiste　　　　　　knodte/pfote　　　pfoste/poste
ich rûste　　　　　　　die schrote　　　　es schoste
die brûste　　　　　　die note　　　　　dem moste
prophetiste　　　　　　ich schrote/zote　　verroste
Evangeliste　　　　　　der Rohte　　　　　　　　　　　15
Papiste
Momiste　　　　　　　　　　　　　　dem muthe
sich brûste　　　　　　die rotte　　　　　fluthe/ruthe
entrûste　　　　　　　Schotte/motte　　　mit guthe
　　　　　　　　　　　ausrotte　　　　　die studte
　　　　　　　　　　　ich Zotte　　　　　ich blute　　　　20
bûste/wûste　　　　　　　　　　　　　vom blute
versûste　　　　　　　kochte/pochte　　　im hute/zu gute
　　　　　　　　　　　vermochte　　　　　minute
ich leiste　　　　　　　　　　　　　　　zu muthe
dreiste/feiste　　　　　wolte/solte　　　　　　　　　　　25
die leiste　　　　　　　es golte/rolte　　　butte/mutte
　　　　　　　　　　　　　　　　　　　Mûnchskutte
geringste　　　　　　　konte　　　　　　hambutte

wûlste　　　　　　　　belohnte　　　　　die laute/raute　30
　　　　　　　　　　　wohnte　　　　　　baute
　　　　　　　　　　　　　　　　　　　er schaute

⟨H 7ᵛ⟩ **ute**

vertraute
ich laute
hell und laute
er schlaute

5
hauchte
brauchte
tauchte

10 im bulte

dem punckte
krunckte

15 kunte
lunte/bunte
klunte

er muste/huste
20 er wuste

im wuste
ich buste

25 knauste/bauste

thue/ruhe

baue/traue
30 taue/haue
schaue/saue

ue

braue/zaue
blaue/straue
kraue
klaue/fraue
pfaue/graue
Jungfraue
schlaue/geraue
genaue/maue
zerkaue
beerenklaue

leûe/treûe
streûe/freûe
Seûe
bedreûe/scheûe
gebeûe

benedeye
Casteye
Schalmeye
freye/dreye
befreyhe
Sodomitereye
ein Leye
specereye
im breye
kleye FURFUR
schleye PISCIS

katze/patze
natze/glatze

atze

handtatze
schatze
latze/kratze
ratze/fratze
vom übersatze
kratze/schmatze
matze/schwatze

waltze/saltze
dem maltze
schmaltze
ich pfaltze
die Pfaltze

rantze/lantze
schantze/tantze
schwantze
im krantze
im glantze
vinantze
die frantze
pflantze
quitantze
Pomerantze

wartze/parce
schwartze

etze/setze
hetze/wetze
ergötze/im netze

⟨H 8r⟩ etze	itze	itze	
ich letze	ich beltze	beschmitze	
verletze		pfützе/schütze	
aussetze	bechkräntze	geschütze	
ausfretze	lentze/grentze	glitze CALVITIUM	
verhetze	faullentze		5
ich hetze	rentze/täntze	beitze/reitze	
ausetze	bekräntze	heitze/geitze	
ich netze	ergäntze		
geschwätze	schwäntze	seifftze	
	fuchsschwäntze		10
kornmetze	gläntze/kräntze	die bültze	
die schätze		siltze/miltze	
krätze/lätze	schmertze	ich filtze	
ich schätze	ausschmertze	dem filtze	
schmätze	das hertze		15
bätze	schertze	stintze	
die mätze	ich hertze	müntze MONETA	
Steinmetze		müntze MENTA	
plätze	kertze/störtze		
	im ertze	die stürtze OPER-	20
ächtze/lächtze		CULUM	
		würtze	
kröchtze	hitze/sitze	in der kürtze	
köchtze	schmitze/ritze	die schürtze	
	schnitze/mittze	verkürtze	25
	schlitze	ich stürtze	
weltze	schwitze/spitze	ich schürtze	
die steltze	stigelitze		
schmeltze	spritze/stitze	rotze	
bachsteltze AVIS	lacritze	am klotze	30
den beltze	blitze/im sitze	im blotze	
speltze ZEA	gritze/witze	zu trotze	

oze	ilig	eßig
ich trotze		måßig
ich schmarotze	schuldig	
	geduldig	bößig/gefrößig
boltze/stoltze		
im holtze	leutseelig	essig
zerschmoltze		
	gefållig	gehåssig
butze/lutze	gesellig/völlig	
zu trutze		schließig
aufmutze	willig	müßig
vermutze		zehenfüßig
zu nutze/im schutze	heilig/zertheilig	überdrüßig
tutze/stutze		
beschmutze	grimmig	schamhafftig
	einstimmig	warhafftig
schnautze/kautze		boßhafftig
bauerhautze	könig	
	zu wenig	gutthåttig
schultze	wennig	unflåtig
	pfennig	
untze/gruntze		rettig/Ethick
bruntze	einig/schleinig	
		veråchtig
dem schurtze	seumig	hundertfåchtig
zu kurtze		mitternåchtig
	saltzig	schmåchtig
ledig	schmaltzig	verdåchtig
		vielfåchtig
reidig/mitleidig	mittelmåßig	pråchtig
meineidig	nachlåßig	
getreydig/freüdig	vielfråßig	håfftig

⟨I 1ʳ⟩ **tig**

geschåfftig
kråfftig

fertig/gewertig

barmhertzig

niedrig

gûtig
kleinmûtig
ehrerbitig
pollitick

nichtig/flûchtig
untûchtig
richtig
wassersûchtig
wichtig

gûltig/gedûltig

gûnstig
inbrûnstig

aberwitzig
spitzig/hitzig

geduldig
unschuldig

ing

aussprößling
außschößling

Zwilling
spilling
schilling

neuling

schûrling HERBA
vierling

hering

Zeising

ûbung
beliebung
bctrûbung

verbindung
unterwindung

versuchung

befreyung
gedeyung
entweihung
verzeihung
verleihung
bereûung

ung

benedeyung

bezahlung

einöhlung
zehlung
erwehlung
erzehlung

vermåhlung
verhelung

theilung
ûbereilung

erbarmung

warnung

löhnung
versöhnung
entwehnung
kröhnung
beschönung
verhönung

trennung
nennung

die innung

meinung

⟨I 1ᵛ⟩ **ung**　　　　　　　　**itung**　　　　　　　**elich**
erscheinung　　　　　　　　　　　　　　　　　vergeßlich
　　　　　　　　　　zeitung
belohnung　　　　　　ausbreitung　　　　　　etlich/spôttlich
verschonung　　　　　zubereitung　　　　　　gôttlich
5 wohnung
　　　　　　　　　　satzung　　　　　　　　tôdtlich
verstôrung　　　　　　besatzung　　　　　　　rôtlich
entbôhrung
zehrung　　　　　　　ehlich/frôlich　　　　　letzlich
10 verehrung　　　　　　unzehlich　　　　　　　plôtzlich
bethôrung　　　　　　 schmeelich
versehrung　　　　　　　　　　　　　　　　　willich
　　　　　　　　　　gefållich
verwirrung　　　　　　　　　　　　　　　　　freylich
15　　　　　　　　　　 stråflich　　　　　　　erfreûlich
teurung　　　　　　　　　　　　　　　　　　heilich/treûlich
erneûrung　　　　　　hôflich/zôflich　　　　 abscheulich

erlaßung　　　　　　　beweglich　　　　　　　ûblich
20　　　　　　　　　　 tåglich/klåglich
erlôsung　　　　　　　unertråglich　　　　　　fûglich
　　　　　　　　　　　　　　　　　　　　　　mûglich
entblôßung　　　　　　jåhrlich　　　　　　　　klûglich
　　　　　　　　　　gefåhrlich
25 unterweisung　　　　offenbåhrlich　　　　　verbûndlich
　　　　　　　　　　　　　　　　　　　　　　stûndlich
rettung　　　　　　　 beschwårlich　　　　　　kindlich
　　　　　　　　　　ehrlich/thôrlich　　　　　mûndlich
quittung　　　　　　　　　　　　　　　　　　grûndlich
30 erbittung　　　　　　herrlich
　　　　　　　　　　　　　　　　　　　　　　zimlich
　　　　　　　　　　heßlich/greßlich

⟨I 2ʳ⟩ illich		atich		obel
		erbôtich
heimlich		zôtich		Zimbel

zirlich/figûrlich		zotich/kotich		Sonnenwirbel
gebûhrlich
		bottich		der hobel
gewißlich				zobel ANIMAL
sûßlich		Abel/Fabel		Rosenobel
ersprießlich		nabel/tabel
		schnabel		traubel/straubel
heûßlich		gabel/stabel
weißlich		Constabel		adel/nadel
preißlich				tadel
scheûßlich		kabbel
		gegrabbel		praddel
sittlich		gekrabbel
				das mandel
kahnich		schwebel/sebel		die mandel
tanich		Feldwebel		handel/wandel

honich/onich		nebel/knebel		edel
thonich		der Thôbel		fliegenwedel
		hôbel/gôbel		trôdel SCRUTA
eppich HERBA
teppich		schôrbel		zeddel/prôddel
				aschenbrôddel
attich/lattich		griebel/viebel		gemôddel
glattich		biebel/kûhbel
schattich		giebel/stiebel		wendel
		ûbel/zwiebel		Ståndel URBS
rettich				lavendel HERBA
ruhmrettich				quendel

⟨*I 2v*⟩ **idel**	**fel**	**gel**
		tachziegel
siedel/fiedel	Wirffel	spriegel/flûgel
		zûgel
reidel	Pantoffel	
5		ringel/wingel
schindel/windel	zagel/hagel	klingel/schlingel
bindel SARCINA	nagel	schwingel
zindel/spindel		
schwindel	fischangel	vogel
10	thûrangel	
model	mangel	orgel
	Triangel	
rudel/hudel		kugel
sudel	schlâgel/lâgel	
15	nâgel/Zâgel	achel/hachel
tafel		stachel/kachel
	egel/flegel	Rachel N. P.
staffel	regel/kegel	
	Segel	hechel
20 apfel		
	engel	knôchel
schwefel/frevel	schwângel	gerôchel
	brunnenschwengel	
scheffel/leffel	pengel/stengel	fenchel
25 die flachsreffel	gedrângel	
		sichel
stiefel	iegel/riegel	Michel N. P.
	spiegel/tiegel	
griffel/miffel	Siegel/bûgel	speichel/eichel
30 Pûffel BUBALUS	stiegel/steigbûgel	schmeichel
	striegel/prûgel	heichel
zweifel/Teuffel	schniegel/hûgel	

⟨I 3r⟩ **chel**	**mel**	**sel**
getzschischel	funckel	wippel/knippel
bûschel		
	hammel/stammel	ein wispel
muschel	Neidhammel	die mispel/lispel
spectakel	Carmel	klôppel
makel/pakel		
tabernakel	schemmel/semmel	Basel/fasel
gekakel		
Tenackel	ermel	Cassel URBS
fackel/gewackel	himmel/getûmmel	achsel
	limmel	
eckel/gekekel	schimmel MUCOR	tempel/stempel
	gewimmel	
seckel/liebstôckel	gestimmel	esel
	der fimmel	
senckel/schenkel	kûmmel CUMINUM	stôssel PISTILLUM
einenkel/henckel	der schimmel EQUUS	nôssel
gewickel		fessel/kessel
zwickel/bickel	drommel	
	Rhordrommel	wechsel
dinckel (korn)		
lasdûnckel	tummel/hummel	wiesel/riesel
	Rhordummel	
Sonnencirckel		dreisel/kreissel
	pappel HERBA	gekreisel
bûckel UMBILICUS	geschwappel	
		meissel
kunckel/dunckel		
Carfunckel	zippel/gippel	

Zesen, Helicon

⟨*I 3v*⟩ **tel**	**stel**	**aben**
	wirtel VERTICULUS	
schissel/schlüssel	gürtel/virtel	Wurtzel
himmelschlüssel		knurtzel
die insel	distel/fistel	der graben
der pinsel		vergraben
gewinsel	fuchtel	die raben
		buchstaben
Mosel FLUVIUS	grauel	die schaben
	waschblauel	laben/haben
bossel/drossel	knauel GLOMUS	gaben/sie gaben
		begraben
Natel	greûel/kreûel	traben/schwaben
dattel/Sattel	atzel/spatzel	schwalben
		meinet halben
wachtel/dachtel	Cantzel	unsert halben
schachtel		kalben/salben
	ein setzel/fezel	
bettel		farben/garben
	râtzel/brezel	narben/darben
vettel		schafgarben
	rentzel/wenzel	larben/starben
rôtel		scharben
geschnôtel		
	geschnitzel	eben/das leben
tittel/drittel	schûtzel/kûtzel	reben/streben
mittel/gerittel	scharmûtzel	schweben
kittel/knittel	gekritzel	weben
spittel/bûttel		ûmbgeben/geben
Fuhrmannskittel	runtzel	begeben
	schruntzel	übergeben

⟨I 4ʳ⟩ **eben**
den ståben
kleben/darneben
sich ergeben
fersengeld geben
ann tag geben

pfeben PEPONES
pfôben/stôben
Theben URBS
bôben/erheben
tachschôben
Cubeben
erdbôben

die Elben
wôlben

denselben

erwerben
werben
kerben/sterben
verderben PASS.

verderben ACTIVE
schôrben/ererben
die erben

maßlieben
sieben/schieben
lieben/schnieben

iben
den dieben
Thûben URBS
die grieben
gerieben
getrieben
verschieben
belieben/stieben
verblieben
beklieben/ûben
rûben/betrûben
geschrieben

treiben/reiben
einschreiben
einverleiben
ableiben
verbleiben
beweiben/scheiben
vertreiben
entleiben
schertz treiben
sylben

die milben ACARI

gestoben/verloben
von oben/loben
toben/kloben
überhoben
verschoben
Saukoben
geschnoben

uben
erhoben/droben

Orben
verdorben
erworben
gestorben

den stuben
buben/gruben

glauben/rauben
einschnauben
weintrauben
schrauben
schauben
erlauben/tauben
strauben
Sommerlauben
klauben/hauben
beuhrlauben
behauben

laden/baden
faden/waden
schwaden
Staden
schaden/beladen
maden/gnaden
der Raden
Osterfladen
buchladen
bûchsenladen

⟨I 4ᵛ⟩ **aden**   **eden**   **iden**

	verschwenden	
in landen	an den wenden	das leiden
gestanden	ûmbwenden	der heyden
zu schanden	die Wenden VANDA-	kleiden/freûden
5 in banden	LI ⟨!⟩	schneiden
ob handen	ausspenden	von seiden
	anlånden	beyden/meiden
Leoparden	hånden	die weiden
narden	blånden	viehweiden
10 guarden	schånden	neiden/kreiden
Corigarden	auspfånden	abscheiden
Petarden	Renden	mitleiden
	die lenden	fein bescheiden
Eden/reden	bratenwenden	hasen ausweiden
15 die schweden		
das Schweden		abbilden
scheden/verôden	erden/werden	das gûlden
blôden	gebehrden	wilden/milden
auf den bôden	pferden/herden	den schilden
20	gefåhrden	ûbergûlden
mågden		
legden/egden	beschwerden	das binden
		den binden
Helden/melden	schmieden	pfrinden/finden
25	ieden/sieden	rinden/schinden
	frieden	verschwinden
hemden	die mûden	den linden
fremden	Jûden/ermûden	einspinden
befremden	abgeschieden	den winden
30 Semden (binsen)	vermieden	das winden
	hienieden	überwinden
enden/senden	zufrieden	unterwinden

⟨I 5ʳ⟩ oden	uden	afen	
empfinden		zu schaffen	
den hinden	stauden/rauden	gaffen/schaffen	
entzůnden		Maulaffen	
entstůnden	verschulden	laffen/pfaffen	
blinden/hinden	mulden/dulden	klaffen/raffen	5
die schwinden		kundschaffen	
in den grůnden	runden/hunden	zuschaffen	
	erkunden		
anfeinden	gesunden	schlaffen	
den feinden	schrunden	straffen/sclaven	10
freunden	die stunden	traffen/schaffen	
befreunden	entbunden		
	bestunden	hafen/grafen	
	wunden		
Ehrwůrden	empfunden	halffen	15
bůrden	geschunden		
hůrden CRATES	gefunden	harfen	
	bewunden	entwarfen	
boden/oden	unterwunden	larven/scharfen	
roden/boden	ůmbunden		20
zu boden	widerstunden	der steffen	
	ůberwunden	treffen/åffen	
besolden	entstunden		
die unholden		Weinhefen	
	wurden		25
orden/norden		behelffen	
morden/worden	Galateen		
	Leucotheen		
aus Suden	Dorotheen	schrepfen	
die buden/luden	Galeen/Seen v. ehe	kôpffen/zôpfen	30
aufbuden		tôpfen/knôpfen	
	waffen	schôpfen	

⟨I 5ᵛ⟩ **ifen**   **offen**   **offen**

krôpfen/schlôpfen	den Schweiffen	die zoffen
	ûmbschweiffen	
dâmpfen	Seiffen	helffen
kâmpfen	erseûffen	
5	herumbschleiffen	tropfen/hopfen
entwerfen	aufsteiffen	klopfen/stopfen
werfen	abstreiffen	kropffen/ropfen
	keuffen/kneûffen	pfropffen
schârfen	heuffen	
10 bedôrfen	ausstreiffen	verworfen
	die stad schleiffen	
schiffen		hufen/stufen
gepfiffen	gehûlfen	kufen/beruffen
ergriffen		
15 ungeschliffen	impfen	kuffen/muffen
	schimpfen	keuffen
brûffen/lieffen	strûmpfen	
von den briefen	rimpfen	hauffen/kauffen
trieffen/rieffen	krûmpfen	sauffen/tauffen
20 schlieffen/oliven	sûmpfen	schlauffen
	glimpfen	lauffen
der reiffen	stimpfen	trauffen
schleiffen		ersauffen
weiffen	hipfen/tripfen	rauffen
25 ergreiffen	knûpfen/stipfen	
dem greiffen		zupfen
pfeiffen	offen/soffen	Schupfen
die pfeiffen	hoffen/troffen	
das reiffen	angetroffen	verstumpfen
30 teûffen		
treûffen	Hofen	verwurffen

⟨I 6ʳ⟩ **agen**   **agen**   **egen**

                       gehangen   erwågen
der magen   gegangen   unterwågen
wagen URSA MAJOR   vergangen   wågen/gelegen
der wagen   wangen/stangen   platzregen
kragen/lagen   fangen/zangen   deinet wegen   5
vorragen   unterfangen   verwegen
den anlagen   empfangen
tagen/behagen   sprangen   felgen
zagen/tragen   belangen   schwelgen
klagen/sagen   schlangen   10
es wagen   zwangen   blasebålgen
betagen   angefangen
pantzer kragen   vogelstangen   sengen/lengen
plagen/nagen   hången
vertragen   erkargen   trången   15
jagen/erjagen   spargen HERBA   mången
fragen/schlagen   sprången
auf der wagen   zugegen   vermengen
ertragen   egen/hegen   gesången
trockschragen   erlegen   den strången   20
der schragen   erregen   geströngen
lautenkragen   im trögen   einzwången
geldschlagen   dagegen   in den gången
nachschlagen   anstrången
nachsagen   verhången   25

                       degen/pflegen
talgen/balgen   der Segen
                       schlågen/fegen   bergen/zwergen
erlangen   todtschlågen   verbergen
verlangen   von wegen   30
rangen/sangen   bewegen   zörgen
stangen/prangen   das segen   wörgen

⟨*I 6ᵛ*⟩ **igen**
bôrgen/stôrgen
den krûgen
kriegen ADIPISCI
5 versiegen
Siegen
kriegen BELLARE
vermûgen
zufûgen
10 verfûgen
schmiegen
fliegen
verschwiegen
verstiegen
15 liegen/belûgen
wiegen
bûgen
die stiegen
gestiegen
20 obliegen/ziegen
pflûgen
feldzûgen
betrûgen
tûgen/genûgen
25 in den letzten zûgen
vergnûgen

30 schweigen
feigen/steigen
erzeigen/zeûgen

igen
bezeigen
Ohrfeigen
beugen/neigen
treûgen
seûgen
zweigen/geigen
leibeigen

tillgen/willgen
billgen

wingen/singen
dringen
bringen/ringen
klingen/schlingen
hingen
ûmbringen
von den dingen
abdingen
gelingen
springen
zwingen
umbbringen (tôdten)
verbringen
schwingen
dûngen STERCORARE
durchbringen EFFI-
   CERE

ogen
durchbringen GRÆ-
   CARI

kirgen/schirgen
bûrgen
wûrgen
gebûrgen

zogen/flogen
bogen/gelogen
regenbogen
fischrogen
betrogen
fidelbogen
ellenbogen
flitzbogen
gepflogen
erzogen
wasserwogen
wohlgewogen
gesogen
bewogen
schwibbogen
entzogen
erlogen

folgen

borgen/storgen
sorgen/morgen
verborgen

⟨I 7ʳ⟩ ugen   ahen   ehen

	lachen/drachen	
die fugen	den schwachen	schmaaschen
trugen/klugen	den sachen	draaschen
wugen	rachen/wachen	
schlugen	bauerhachen	manschen
überschlugen	krachen	banschen
	machen	
augen/laugen	wallachen	karschen
saugen/taugen	muth machen	marschen
	friede machen	
zungen/jungen		klatschen
gezwungen	manchen	patschen
gewungen	kranchen	platschen
gerungen		
gesungen	archen	ratschen
der lungen	schnarchen	tzschatzschen
geschwungen	Monarchen	
gelungen	Patriarchen	sehen/geschehen
errungen	Plutarchen	
gedrungen	Scholarchen	begehen/flôhen
geklungen	der Parchen	flehen/stehen
mißlungen		drehen/nehen
bachbungen	aschen/naschen	aufgehen
verschlungen	taschen/haschen	gehen/wehen
	überraschen	hintergehen
sahen/bejahen	waschen	entstehen
geschahen	die laschen	schmehen
fahen/anfahen	paschen	erhôhen
	flaschen	aufblôhen
brachen SULCARE	schoten=taschen	gestehen/zeen
stachen		Galateen

538 Philipp von Zesen

⟨I 7v⟩ ehen	ehen	ihen
Galeen/Seen	den nåschen	Schleihen
Dorotheen		scheûen
die schleen	dröschen	treuen/freyhen
	kröschen	freuen/schreyen
5 zechen/rechen		verzeihen
stechen/frechen	welschen	
trost zusprechen	delschen	pichen/wichen
sprechen/pechen		verblichen
zubråchen	menschen	strichen
10 schwåchen	bånschen	geschlichen
es wil gebråchen		verglichen
in den båchen	herrschen	eingeschlichen
der Rechen RASTRUM		
der gebrechen MORBUS	perschen/ferschen	Griechen/siechen
15 den muth brechen	verschen	riechen/bûchen
		brûchen/flûchen
	quetschen	verkriechen
	metschen	
kelchen/helchen		reichen/keichen
20 welchen	hut abziehen	wimmerleichen
	wegziehen	die reichen
lerchen/hôrchen	den kûhen	erreichen
störchen	bemûhen	preichen
pförchen	brûhen/sprûhen	erweichen
25	verziehen	schleichen
eschen ARBORES	in den kniehen	streichen
leschen/geschen	vollenziehen	weichen
deschen	von leder ziehen	leichen
laubfröschen		vergleichen
30	einweihen	seuchen
dråschen	befreihen	verbleichen

⟨I 8ʳ⟩ **ichen**   **ohen**   **uhen**

überreichen	mirschen	verloschen
schmeichen	Jûdenkirschen	froschen/roschen
teichen/speichen		gedroschen
blindschleichen	pritzschen	broschen
gebreûchen	titzschen	5
scheuchen	hitzschen	beruhen/ruhen
	gebitzschen	schuhen/truhen
tinchen		
den Mûnchen	beitzschen	schlauhen
	deutschen	zauhen v. auen 10
kirchen/zirchen	verdeutzschen	
		kuchen
fischen/tischen	hohen/lohen	fluchen
gischen/zischen		suchen
erfrischen	wochen/pochen	buchen 15
erwischen	gekrochen	versuchen
abwischen	gestochen	ersuchen
mischen	knochen	
	zerbrochen	hauchen
heischen		brauchen 20
zerfleischen	solchen/tolchen	rauchen
teûschen	molchen	tauchen
keûschen		schmauchen
	horchen	
wûndschen	die morchen TUBERA	haarhuschen 25
verwûndschen	storchen	vertuschen
blintschen	forchen	
	gehorchen	rauschen
kirschen		lauschen
knirschen		brauschen 30
hirschen		tauschen

⟨*I 8ᵛ*⟩ **uhen**

burschen
murschen
hutschen
kutschen

tischlaken
der haken
zaunstaken
schnaken
erschraken
doppelhaken

sacken/hacken
knacken/zacken
die backen
der nacken
blacken
brodtbacken
packen/jacken
schlacken RECRE-
    MENTA
kinnbacken

balcken
Menalcken
walcken
falcken
malcken

schrancken

aken
bedancken
krancken
wancken
schwancken
zancken
bramrancken
sie trancken
Francken
plancken
gedancken
sancken

harcken
starcken
marken
quarcken
schnarcken

kecken/tecken

ble⟨e⟩cken/keken

das becken
ecken
butterwecken
die hecken
den stöcken
aushecken
decken/drecken
erwecken
stecken/recken

eken
erschrecken
strecken/trecken
röcken/pflöcken
böcken

lecken/drecken
schmåcken
schnecken
zwecken/schecken
sich zecken
ein stecken SCIPIO

melcken
verwelcken
die nelcken
schålcken

bölcken/kölcken

schencken
gelencken
gedencken
verrencken
versencken
lencken
gelencken
hencken
schråncken
schwåncken
tråncken
låncken

⟨K 1ʳ⟩ **icken**
bâncken
krâncken
weinschencken
beschencken
kohlstrâncken

mercken
wercken

Stârcken

Wieken
quieken
krieken
spieken

wicken/vicken
schicken/spicken
kricken
erquicken
ersticken
erblicken
rûcken/licken
der rûcken
dicken/klicken
flicken/pflicken
micken/zicken
trûcken/nicken
den strûcken
bestrûcken

icken
die stûcken
drûcken
knicken/zwicken
glûcken
entzûcken
bûcken/jûcken
zuricken
stûcken/brûcken
grasemûcken
zerstûcken

trincken
bincken
sincken/stincken
klincken
wincken
lincken/zincken
hincken
blincken
schmincken
strûncken
rincken

bircken
wûrcken
Tûrcken

glocken/flocken
haarlocken
bocken MORBUS
brocken

ocken
verstocken
schocken
trocken
wocken/socken
erschrocken 5
artischocken
unerschrocken

wolcken
gemolcken 10

borcken

kucken/glucken
schlucken
jucken 15
mucken/hucken
entzucken
trucken SICCUS
drucken PREMERE
 20
maucken
paucken

eintuncken
uncken 25
truncken
kruncken
versuncken
gestuncken
aufbruncken 30

⟨K 1ᵛ⟩ **alen**
funcken
runcken
ertruncken

5 gurcken

zahlen
mahlen
Reinfahlen
10 den fahlen
Nachtigalen
Nußschalen
Confectschalen
pralen
15 åpfelschalen
krahlen
bezahlen
Thalen
sie stahlen
20 Westphalen

Corallen
vor allen
fallen
25 prallen
knallen
schallen
schnallen
ballen
30 wallen
schneeballen

alen
gallen
bittergallen
gefallen
runterfallen
mißfallen
krallen
lallen
leichhallen
stallen
vasallen
niderfallen

grablen
strablen
kablen
zablen
stablen

samlen
stamlen
ramlen

handquelen
fehlen
schmehlen
vermåhlen
kehlen
den åhlen
stehlen
stråhlen
pfålen

elen
verpfålen
verfehlen
befehlen

Seelen
schwelen
wehlen
abschelen
erzehlen
erwehlen
quelen
Scheindelen
ôhlen/zåhlen
hôlen
aushôlen

ellen
kellen
schellen
schnellen
hôllen
thierschwellen
pröllen
stellen
gesellen
niderfållen
einstellen

hellen
bellen
marschellen

⟨K 2ʳ⟩ elen	ilen	ilen	
stållen	bielen	erhůllen	
vergållen	wůlen	erfůllen	
auffschwellen	stielen		
brunellen	fielen	eilen	
schellen	gefielen	die eulen	5
maulschellen	pfilen	seilen	
wasserquellen	zielen	meilen	
schnellen	spielen	pfeilen	
wållen	dielen	mit der feilen	
gellen	schmielen	abfeilen	10
krellen	schielen	geilen	
die wellen	můhlen	beilen	
Morellen	fůhlen	theilen	
	auskůhlen	keilen	
rôchlen	ausspůlen ELUERE	heilen SANARE	15
	den stůlen	heůlen	
wedlen		mittheilen	
edlen	willen	ůbereilen	
	Thyllen	verweilen	
tåflen	spillen		20
	grillen	grůblen	
erlen	Telesillen	kriblen	
querlen	Margarillen		
stôrlen	Marillen	stiehlen	
	Sionillen		25
perlen	Parnaßillen	heichlen	
schmerlen	Charitillen	schmeichlen	
	Camillen		
betlen	stillen/brüllen	himlen	
	unwillen	zerstimlen	30
federkielen	nim vorwillen		

olen	amen	emen
holen/solen		zåhmen
dohlen/Pohlen	Damen	bråmen ASTRUM
kohlen/violen	verlahmen	verlåhmen
fußsolen	Saamen	beschåmen
5 gestolen	kamen/hamen	verbråmen
unverholen	kraamen	maulbråmen
	nahmen	der Rehmen
wollen/sollen	nachahmen	Råmen
bettstollen		benehmen
10 stollen/zollen	ammen	sich gråmen
eißschollen	lammen	vernehmen
geschwollen	flammen	hut abnehmen
schmollen	wammen	
grollen/rollen	tammen	kemen/strömen
15 tollen/drollen	zusammen	zöhmen/besömen
kollen		
erschollen	palmen	hemmen
gequollen	Psalmen	ståmmen
gebollen	zumalmen	schwåmmen
20		kåmmen
buhlen/schulen	dem armen	
federspulen	alarmen	klemmen
	erbarmen	verschwemmen
kaulen/faulen	erwarmen	sich kemmen
25 gaulen/maulen	der barmen	
	Carmen	schelmen
bullen/schullen	in den armen	
	verarmen	hermen/lermen
hudlen		
30 besudlen	sich bequemen	
rudlen	nehmen	schwårmen
	schåmen	thörmen

⟨K 3r⟩ imen	omen	umen	
erwårmen	ilmen	schaumen	
striemen	beschirmen	bummen	
riemen/rûhmen	wûrmen	geschwummen	
auskûhmen	thûrmen	erstummen	
korndiemen	stûrmen	erklummen	5
verblûhmen		brummen	
geziemen	ohmen	summen	
krûmen		den Stummen	
pfriemen	kommen/frommen		
	vernommen	ahnen	10
immen/stimmen	entkommen	Schwanen	
Simmen	entnommen	vermahnen	
glimmen	geschwommen	einmahnen	
krûmmen	genommen	anmahmen	
schwimmen	bekommen	bahnen	15
ergrimmen	ûberkommen	planen	
bauchgrimmen	vorgenommen	partisanen	
	zu frommen	Rufftanen	
den reimen	ankommen	fahnen/hanen	
schleimen		Salanen	20
leimen/seûmen	formen	unterthanen	
scheûmen	verformen	Phasanen	
zeûmen			
leimen/reumen	blumen	Annen/kannen	
auskeimen	krumen	von dannen	25
heimen	Mumen	dannen/wannen	
schleumen		spannen	
treûmen	pflaumen	bannen	
beûmen	daumen	ûbermannen	
	gaumen	pfannen	30

⟨K 3v⟩ **enen**

harnen/warnen
ausdônen
5 entlehnen
beschônen
Seenen
gewôhnen
Alcumenen
10 Magdalenen
Saracenen
jenen/krônen
sich sehnen
entwôhnen ABLACTO
15 verwôhnen
frôhnen
Sôhnen
verhônen
versôhnen
20 Cyrenen

thrånen
erwåhnen
25 jånen
hånen/stånen

auspfånnen

30 nennen
gônnen

enen

kennen
kônnen POSSE
rennen
brennen
trennen
tachrennen
fortrennen
schennen

segnen
begegnen
regnen
verwegnen

kernen
sternen
entfernen
lernen
laternen
Cisternen
~~Schernen~~

zôrnen
dôrnen
ankôrnen
anspôrnen

bienen
dienen
ihnen/grûnen
erschienen

inen

erkûhnen
versûhnen
Dienen N. PROP.
der Thûnen
erkûhnen
Catharinen
Cherubinen
Seraphinen
Rubinen
rosinen
verdienen

innen/zinnen
von hinnen
von der zinnen
binnen
Kôniginnen
Heroinnen
entrinnen
sinnen/besinnen
~~beginnen~~
pfinnen
gewinnen
drinnen
spinnen
gôttinnen
zerrinnen
Pierinnen
Charitinnen
Heliconinnen
Parnaßinnen

⟨K 4ʳ⟩ inen	onen	unen
finnen GRANDINES	Bellonen	
Finnen POPULI	ballonen	launen
	melonen	gallaunen
	anemonen	Schallaunen
einen	schonen/kronen	verbraunen 5
meinen	thronen/Donen	raunen
seinen	Coridonen	erstaunen
zeûnen		Cappaunen
den meinen		Posaunen
helle scheinen	donnen	die Faunen 10
den scheinen	Sonnen	
kleinen	gewonnen	Heroen
keinen	gesponnen	
gemeinen	geronnen	schrapen/wapen
reinen	entbronnen	15
steinen	besonnen	schlappen
hainen	entronnen	knappen
schweinen		rappen/lappen
schreinen	gebohrnen	schnappen
vermeinen	erkohrnen	narrenkappen 20
den peinen	verschwornen	klappen
erscheinen	beschornen	zappen
greinen/weinen	verlohrnen	bienkappen
		trappen
leûgnen	fornen	hahnkappen 25
	dornen	mappen
stirnen/dirnen		benappen
birnen/zwirnen	buhnen	pappen
		schwappen
belohnen	brunnen	30
wohnen/bonen	entrunnen	
Wallonen		lampen

⟨K 4ᵛ⟩ **epen**	**open**	**aren**
stampen	klimpen	gahren/sparen
plampen		der Saaren
krampen	schoppen	paaren
pampen	kloppen	zu paaren
5		haaren/fahren
schnarpen	knospen	vorfahren
Karpen		Marcn
Scharpen	schupen	der klaren
		bewaren
10 haspen/raspen	puppen/suppen	Staaren
Jaspen	liechtschnuppen	Pflugschaaren
	verschnuppen	widerfahren
schleppen	zuppen	
treppen		narren/knarren
15 die Schöppen	raupen/staupen	maltz darren
	graupen	harren
espen ARBOR		scharren
göspen	grumpen	schmarren
wespen INSECT.	humpen	schnarren
20	klumpen	pfarren/plarren
	blumpen	karren CURRUS
krippen		zarren/darren
schippen	purpen/schurpen	farren (ochsen)
schlippen		erstarren
25 schrippen		quarren
stippen/lippen		
schielewippen	ahren/bahren	hadern
geknippen	die wahren	schnadern
schnippen	sie waren	
30 kippen	offenbahren	
	leichenbahren	andern
krimpen	von jahren zu jahren	wandern

⟨K 5ʳ⟩ **eren**   **eren**   **riren**

glandern	gebåhren ENITI	tôlpelieren
	Måhren	flegeliren
lagern	håren	pengeliren
	dem beeren	schwengeliren
ehren/weren	åhren	verliehren
verwehren	begehren	schmieren
verehren	wåhren	zuschnieren
schweren	gewåhren	lustieren
umbkehren	erklåhren	spatzieren
abkehren	entbåhren	odarisieren
vermehren	gåhren	pindarisieren
verseeren	scheren	quintelieren
lehren	die zåhren	solmesieren
flôren	in die acht erklåren	vexieren
bescheren DONARE		sich gebieren
ernehren	nårren	duplieren
verzehren	schnårren	Stieren
beeren	holtzschårren	restieren
empôren	fleischschårren	thieren
den bôren	plårren	studieren
hôren/stôren	Herren	hoffieren
beschweren	von ferren	planieren
der fåhren		pancketieren
rôhren	einsperren	stoltzieren
bethôren	zerren	jubalieren
Môren		verfûhren
knôren		
Cytheren	zieren/berûhren	spûren/thûren
Heidelbeeren	moduliren	die nieren
	tireliren	heimfûhren
	grobianisieren	
sich gebåhren	rôltzeliren	irren

⟨K 5ᵛ⟩ **iren**	**uren**	**asen**
verirren	Auroren	bauren
verwirren	erfroren	tauren
kirren	die thoren	
girren	in den Thoren	der nasen
5 geschirren	sporen	sie lasen
anschirren	Rittersporen HERBA	das rasen
myrrhen		der rasen
důrren		blasen
	zorren	hasen
10 feyren	knorren	fasen
leyren	verdorren	grasen
verseůren		glasen
gemeůren	schnuren	verblasen
scheůren	huren	aufgeblasen
15 beteuren	saltzfuhren	
teig seůren	ackerfuhren	aßen/straßen
	glasuren	laßen
	der spuren	fraßen
ohren	figuren	saßen
20 bohren	widerfuhren	in maßen
verlohren	Clausuren	anmaßen
erkohren		vergaßen
gebohren	murren	verlaßen
geschoren	knurren	ohne maßen
25 geschworen	schnurren	
rohren		fassen/gassen
Cohren	mauren	verprassen
Mohren	tauren	hassen
Fohren	versauren	nassen
30 Deboren	lauren	verblassen
Leonoren	vermauren	vassen

⟨K 6ʳ⟩ asen · esen · isen

passen · gefåßen · fersen
Brassen PISCES · einflößen
Sassen · · Liesen
· essen · bliesen
achsen · kressen · Riesen
Sachsen · vermessen · diesen
wachsen · gemessen · die wiesen
· zumessen · gewiesen
halsen · entsessen · erwiesen
salsen · fressen · erkiesen
· nåssen · drůsen
grausen · vergessen · gepriesen
verbrausen · gegessen
hausen · Cypressen
· · genießen
lesen · Hessen · verdrießen
genesen · · versůßen
das wesen · låchsen · bůßen
gewesen · gewåchsen · grůßen
der besen · dåchsen · fließen
den kåsen · · fůßen
· kröchsen · ließen
lôsen · · schließen
bôsen · emsen · die blůßen
zôsen · gemsen · vergießen
erlôsen · · hießen
· sensen/gånsen · sprießen
entblôßen · · verließen
eßen/seßen · vehrsen
flößen/stößen · · das gewissen
klößen/bößen · persen/versen · wissen/der bissen

Richtiger Anzeiger 1640 — 551

isen	isen	osen
⟨*K 6ᵛ*⟩ **isen**	**isen**	**osen**
gebissen	abreissen	binsen
rissen	schmeissen	
geschmissen	außschweissen	hirsen
vermissen	heissen	
5 mûssen	schleissen	losen/hosen
spissen	befleissen	bosen/rosen
den flûssen	beissen	Dosen
kûssen OSCULARI	wagenleissen	butterhosen
melissen	geyssen	kosen LOQUI
10 beflissen	Plateissen	bemoosen
das kûssen	beschmeissen	Mosen
	Omeissen	zeitlosen HERBA
eisen/greisen	gleissen	liebkosen
den leûsen	Reussen	
15 reisen/feisen	Preûssen	einander possen
den weisen	Meissen	geschossen
die waisen	bossenreisen	glossen/Rossen
weysen		trossen/possen
erweisen		genossen
20 der meusen		verschlossen
preisen	wichsen	Narrenpossen
speisen	fûchsen	liebes possen
fischreisen	bûchsen	
felleisen	lûchsen	kloßen/schloßen
25 dreheisen		großen
Reibeisen	hûlsen	die boßen
	bilsen HERBA	bloßen
weissen		ûmbstoßen
schweissen	linsen/zinsen	von sich stoßen
30 Pleissen FLUV.	klinsen/krinsen	
reissen	grinsen	Ochsen

⟨K 7ʳ⟩ **usen**   **aten**   **aten**

	Sommerlatten	verachten
die busen	ratten/glatten	erwachten
Musen	abmatten	trachten FERCULA
der busen	schatten	gedachten
	überschatten	fastnachten 5
fußen	ehegatten	nachtrachten
Sommersprußen	gestatten	
	erstatten	sackten/hackten
krausen/sausen	nachtschatten	
hausen/mausen	zur erden bestatten	veralten/kalten 10
lausen/grausen		schalten/falten
bausen/brausen		verwalten
schmausen	labten/begabten	erschalten
	trabten	spalten
klucksen		messe halten 15
mucksen	schafften	
	hafften	Beampten
baten/Saaten	eigenschafften	verdampten
taufbaten	tugendhafften	
gerahten		bekanten 20
spaten/waten	sagten	santen
abblaten/braten	behagten	entwanten
schwaten	betagten/ragten	anverwanten
rahten	wagten/jagten	
helden thaten	verzagten	erstarten 25
granaten		garten
muscaten	lachten	karten
Oblaten	dachten	warten
	machten	erwarten
hatten/latten	betrachten	eingepfarten 30

⟨K 7ᵛ⟩ aten	asten	eten
parten	nåten	såfften
Marten	schuhdråten	
	jåten SARCIRE	helften
arten		in den zwölfften
5 schwarten	Poeten	elfften
paarten	erröthen	
scharten	tödten	hechten
weberkarten	flöten	geschlechten
mit der barten	kröten	Rechten
10	in nöthen	fechten
rasten	löten PLUMBARE	verfechten
tasten	gartenbethen	geschwechten
kasten		gerechten
fasten	erretten	knechten
15 fantasten	ketten	nåchten
	håtten	bråchten
schwatzten	betten	verblåchten
satzten	wetten	die flechten CORBES
platzten	ketten	flechten IMPETIGO
20 versatzten	Silberglåtten	gelten/selten
waltzten	glåtten LEVIGARE	potzvelten
		entgelten
beten	lebten	ermelten
untertreten	schwebten	schelten/bellten
25 vertreten		vergelten
Ståden	von den hefften	
Råthen	geschåfften	gezelten/geselten
knåten DEPSERE	hefften v. erd	schelten/gölten
breten		
30 gråten	kråfften	erwehlten

⟨K 8r⟩ eten	eten	iten	
erzehlten	gefåhrten		
	bårten	bieten	
enten		gerieten	
gerenten	gårten	verbieten	
sendten	hårten	flieten	5
schåndten	Mårten	Nieten	
verblåndten		mieten	
Posamenten	zum besten	kåsemůthen	
Elementen	festen	erbieten	
talenten	gåsten	Chrysoliten	10
	mősten	rieten	
nennten/kőnten	kősten	griten	
kennten	Pesten	Israeliten	
rennten		brůten	
	åsten	wůten	15
entlehnten		wieten RUNCARE	
versőhnten	rősten	hůten	
beschőhnten	trősten	den hůten	
gekrőhnten	erlősten	blůthen	
		vermieten	20
einernten	gespånsten	Mosoriten	
	wånsten		
gelehrten		sitten/quitten	
bekehrten	ersten	schlitten	
geehrten	der bersten	schitten/ritten	25
vermehrten		geschritten	
bescherten		bitten/hůtten	
ehrten	gersten	mitten/schnitten	
versehrten	bersten	schůtten	
wehrten		gunst verschůtten	30
	setzten/wetzten	splitten	
	verletzten		

⟨K 8ᵛ⟩ **iten**   **iten**   **iten**

	pichten/tichten	
reiten/die seiten	vernichten	regierten
vom weiten	verpflichten	schmierten
auff der seiten	gewichten	triumphirten
5 breiten/schreiten		führten
leiten DUCERE	leichten	berühren
den heûten	erreichten	verführten
von den leûten	scheuchten	zierten
geleiten/streiten	befeuchten	
10 bereiten	schmeichten	nisten/Christen
begleiten	beichten	Calvinisten
arbeiten/beuten	erreichten	Juristen/misten
glocken leuten	erweichten	Citharisten
zu zeiten	erleuchten	mit listen/kisten
15 deuten CUCULLI	leûchten	Asinisten
ûbeldeuten VERB.	preichten	Alchimisten
		rûsten/brûsten
ûbten/geliebten	schickten	Prophetisten
vergifften/hûfften	Cardobenedicten	Evangelisten
20 schifften/stifften		Papisten
die trifften		gelûsten
schrifften		entrûsten
grabeschrifften	dinten/spinten	Momisten
den klûfften	Colochinten	wisten
25	2. REG. 4.	
unterrichten		die wûsten
schlichten	Egypten	versûsten
berichten		bûsten
geschichten	hirten/kirrten	
30 getichten	girten/myrten	am meisten
fichten	angûrten	die leisten
richten/lichten		feisten

⟨L 1ʳ⟩ iten	oten	uten	
hûlffe leisten	konten/begonten	rauten/bauten	
		schauten	
geringsten	belohnten	vertrauten	
pfingsten	wohnten	wohllauten	
	schohnten		5
wûlsten		hauchten	
	orten/worten	brauchten	
gespinsten	verantworten	tauchten	
	pforten/gorten		
birsten/wûrsten	porten/der horten	puncten	10
dûrsten	sich verworten	krunckten	
		funckten	
schwitzten/hitzten	kosten/schosten		
ritzten/blitzten	rosten/pfosten	kunten/lunten	
	posten/bosten	klunten/bunten	15
boten/schoten	nach Osten	drunten	
todten/knodten	unkosten	hierunten	
zuschroten	Dosten HERBA	begunten	
pfoten/zoten			
	vermuthen		
	anmuthen	sie musten	20
Schotten/rotten	fluthen/bluthen	husten/rusten	
motten/zotten	ruthen/studten	sie wusten	
ausrotten	minuten		
gesotten/erbotten	vogelruthen	busten	
			25
kochten/pochten		knausten	
vermochten	butten/mutten	brausten	
	Mûnchskutten		
wolten/solten	hambutten	ruhen/schuhen	
gescholten			30
	die lauten	bauen	

⟨L 1v⟩ uen

trauen/tauen
schauen/brauen
blauen/sauen
strauen/krauen
5 zauen/klauen
hauen/pfauen
Jungfrauen
frauen/grauen
schlauen
10 gerauen/mauen
zerkauen
einblauen
beerklauen

leûen/streûen
15 Seûen/freûen
bedreûen/treûen
scheûen/gebeûen

20 benedeyen
kasteyen/freyen
Schalmeyen
befreyen/breyen
Sodomitereyen
25 den leyen
Specereyen
sich zweyen
schmeicheleyen
gedeyen
30 verleihen

atzen

kleyen FURFUR

katzen/natzen
glatzen/patzen
handtatzen
ratzen/kratzen
schmatzen/fratzen
schwatzen
brandschatzen

waltzen/saltzen
maltzen/Pfaltzen
spaltzen

rantzen/tantzen
schantzen/lantzen
vom gantzen
frantzen
vinantzen
pflantzen
quittantzen
Pomerantzen
die wantzen
geschûtze pflantzen

wartzen/tartzen
schwartzen
die Parcen

etzen/setzen
letzen/verletzen

etzen

ersetzen/ergôtzen
hetzen/in netzen
benetzen/wetzen
ausfretzen
verhetzen

kornmetzen
den schâtzen
krâtzen/schâtzen
betzen

widerbefftzen
die lefftzen

âchtzen/lâchtzen

weltzen/beltzen
schmâltzen
steltzen
bachsteltzen

lentzen/grentzen
faullentzen
rentzen/ergântzen
bekrântzen
schwântzen
fuchsschwântzen
tântzen/glântzen
krântzen
referentzen

⟨L 2ʳ⟩ **itzen**

schmertzen
ausmertzen
im Mertzen
von hertzen
schertzen/hertzen

ertzen/kertzen

sitzen/hitzen
schmitzen
schnitzen
schlitzen/schwitzen
stiegelitzen
ritzen/spritzen
stitzen/mitzen
lacritzen/blitzen
spitzen/witzen
gritzen/pfůtzen
verschmitzen
geschůtzen/zitzen
bogenschůtzen

beitzen/reitzen
heitzen/weitzen

seiftzen

biltzen/siltzen
miltzen/filtzen

stintzen/blintzen

otzen utzen
geldmůntzen

stirtzen/stůrtzen
wůrtzen/irtzen
abkůrtzen
schůrtzen

rotzen/trotzen
schmarotzen

boltzen/stoltzen
holtzen/scholtzen
zerschmoltzen

butzen/lutzen
vermutzen
aufmutzen
der mutzen
trutzen/tutzen
stutzen
beschmutzen

schnautzen
kautzen
bauerhautzen

schultzen
zerschmultzen

untzen/gruntzen
bruntzen

aber/eber

Wurtzen URBS
in kurtzen

wandeln
mandeln
handeln

aber/haber
Siegelgraber

alber/ein halber
quacksalber

eber/leber
keber
todtengråber
Rathgeber
angeber
Leineweber
schantzengråber

ståber/getåber
uhrheber
nasenståber

gebelber
selber
noch gelber
kålber

gerber/fårber

⟨*L 2ᵛ*⟩ **eber**   **ober**   **eder**

eber	ober	eder
sperber	ober/kober	entweder
schwartzfårber	tober/zober	
freywerber	Zinober	geråder
		Leder/feder
5 fein erber	zuber	weder/geåder
verderber		
kôrber	rauber/tauber	Saltzlåder
viel môrber	schnauber	råder/båder
		heû=meder
10 jelånger jelieber	Ader/Bader	
schieber/nasenstieber	hochzeitlader	Felder/wålder
viel lieber	gerader	gemålder
die Tieber	geschnader	gelder/helder
Fieber/Bieber	hader RIXÆ	
15 fûrûber	wischhader	fremder
viel trûber		hemder
darûber	eins ûmbs ander	
hinnûber	glander	elender
	Alexander	bratenwender
20 treiber/leiber	Periander	verschwender
schreiber/reûber	gegen einander	lånder/rånder
zeitvertreiber	Coriander	behånder
ohrenreiber		bånder
Calenderschreiber	marder/parder	Jungferschånder
25	Sarder	Stånder
silber/schilber		Calender
	Meder/Ceder	Ehrenschånder
zitber/witber	vorreder/blôder	
	afterreder	
30	schnôder	Werder

Richtiger Anzeiger 1640

⟨L 3r⟩ eder	ider/oder	uder/eer	
mörder	blinder	herunder	
	kinder/schinder	plunder/zunder	
ein jeder	dahinder	zielunder	
Seiffensieder	bratenwinder		
zu wieder	buchbinder	eher/Hebreer	5
mieder/nieder	minder/sûnder	Saduceer	
lieder/glieder	erfinder	Galileer	
augenlieder	garbenbinder	Ripheer	
viel mûder			
hin und wieder	oder/moder	hafer/schlaffer	10
brûder	die Oder/loder		
	ein toder	schaffer/gaffer	
ach leider		klaffer	
kleider/scheider	Wachholder		
schneider	holder	tapffer	15
gescheider			
beyder/neider	sonder	kamfer	
schleider			
bekleider	order	scharfer	
hungerleider			20
beutelschneider	fuder/ruder	kåffer/schlåffer	
	bruder	Schåffer	
bilder/milder			
wilder/gefilder	schlauder	pfeffer	
	schulder	helffer	25
gesûnder			
ein sûnder	gesunder	tôpffer/schôpfer	
faßbinder	wunder		
gelinder/rinder	ietzunder	kåmpfer	
geschwinder	Holunder	dåmpfer	30

Zesen, Helicon

⟨L 3ᵛ⟩ **efer/ifer**   **ager**   **iger**

	efer/ifer	ager	iger
			årger
	schårfer	Jungfer	
	verwerfer		Sieger/pflůger
		hager/lager	kr⟨ie⟩ger/betrůger
5	dörfer	zager/mager	krůger CAUPO
	porstörfer	wahrsager	Schwieger
		Schwager	klůger
	Schiefer/tieffer		Thiger FLUV.
	kieffer	anger	
10	ungeziefer	schwanger	zeiger/geiger
		gedranger	felsensteiger
	Schiffer/ziffer	zanger	bezeiger
		der pranger	
	eyffer/reiffer		dinger/Singer
15	schleiffer	Eger	geringer
	umbschweiffer		der Ringer
	pfeiffer/steiffer	pfleger/feger	ohrenklinger
	Weinseůffer	zeger/jåger	widerbringer
	leůffer/keůffer	todschlåger	Springer
20	botenleůffer	klåger	bezwinger
	geifer/teufer	schorsteinfeger	
		Feldlåger	bůrger/wůrger
	opfer		
	maulstopfer	gestrenger	Sorger/borger
25		ånger/långer	
	ufer	Sånger/bånger	kluger
		trånger/hånger	
	puffer/kuffer	gånger	
		fußgånger	Unger/hunger
30	kupffer	vogelfånger	junger
	stumpfer	Wittemberger	schwacher

⟨L 4ʳ⟩ aher   eher   uher
lacher/pracher   nasenlôcher   pocher
widersacher
Rademacher   welcher   solcher
                     Melcher N. P.
mancher   flucher/wucher   5
                     zungendrescher   versucher
schnarcher   wåscher/håscher
                                             taucher/raucher
erhascher   Welscher
wascher/nascher   lauscher/tauscher   10
                     herrscher
Sternenseher   Kutscher
Schweher   kicher/sicher
                                             erziher/bemûher
schmåher/eher   tûcher/bûcher   15
                                             reyer/schleiher
                     teicher/reicher   freyer/dreyer
mauerbrecher   vergleicher   Meyer/Reiher
grossprecher   gleicher   holtzschreyer
zecher/fåcher   schleicher   leyer/teuer   20
Ehebrecher   weicher   zweyer/Weiher
becher POCULUM   Landstreicher   bleyer PISCIS
Rechtsprecher   birckenmeyer
zahnbrecher   fischer/tischer   breyer/geyer v. eyer
frecher   erfrischer   25
schwåcher   die bûscher   acker/wacker
Schåcher   nusknacker
Sonnenfåcher   fleischer/keuscher   blacker/hacker
Friedenbråcher   Roßtåuscher   geknacker
dåcher   heûscher   30

kôcher/lôcher   zahnstocher   krancker/ancker

⟨*L 4ᵛ*⟩ **aker**	**iker**	**eler**
schwancker	knicker/zwicker	geschaller
ein kancker	unterdrŭcker	geballer
schlancker	stŭcker	
blancker		adler/tadler
5	trincker	nadler
Starcker	wincker	
schnarcker	geklincker	
	flincker/lincker	satler
tellerlecker	geblincker	
10 ecker/båcker		Cantzler
schmecker	Saltzwŭrcker	
lecker/zecker		schmåler/fehler
	frolocker	
stundenwecker	hocker	Seeler
15 gehŏcker		tagewehler
entdecker	kucker	queler/kŏhler
kecker/stŏcker	schmucker	
hŏcker	zucker/schlucker	teller/keller
	lucker POROSUS	muscateller
20 versencker		der heller
hencker/ståncker		schneller
schlåncker	juncker/kruncker	viel heller
tråncker/kråncker		fischheller
	zahler/mahler	vogelsteller
25 stårcker/kårcker	prahler/kahler	Sŏller
auffmercker	Reichsthaler	
	fahler	
erquicker	schaler	edler
klicker/flicker	viel schmaler	Schwedler PERA
30 gemicker		fligenwedler
buchdrŭcker	aller/maller	

⟨L 5r⟩ **iler**	**amer**	**imer**
keckler	fauler	frauenzimmer
		viel krůmmer
betler	sudler/hudler	geglimmer
		geschimmer
viel kůhler	lamer/kramer	schwimmer
schůler	ein zahmer	
schieler STRABO		treůmer/eimer
spieler	ammer AMARYLLA	Weimer URBS
	goldammer	
stiller/brůller	kammer/hammer	beschirmer
erfůller/můller	gestammer/jammer	wůrmer
	klammer	thůrmer
pfeiler/Seiler		felsenstůrmer
Keiler/eiler	armer	
meiler/Meuler	ein warmer	Sommer/frommer
verweiler	erbarmer	
feůler/geiler		kummer/krummer
	guter nehmer	brummer
fidler	bequemer	stummer
	låhmer/zåhmer	
	die kråmer	ein mahner
heuchler		vermahner
schmeichler	Rômer	unterthaner
spitler/mitler		Asianer/Africaner
	låmmer/håmmer	Lutheraner
hemdenholer		Americaner
	goldstriemer SALPA	Spartaner
koller/holler	ziemer/Riemer	Photinianer
toller		
	trůmmer LICIUM	teuffelsbanner
buhler	immer/nimmer	spanner
	gewimmer	

⟨*L 5v!*⟩ **ener**	**iner/oner**	**aper**
		kornschripper
wagner	gewinner	geknipper
	entrinner	stipper/schnipper
jener/fröhner	dinner/spinner	
5 tagelöhner		geschnupper
versöhner	einer/meiner	
Saracener	seiner/kleiner	blumper
	gemeiner	
renner	reiner/schreiner	offenbahrer
10 kohlenbrenner	greiner	wahrer/klahrer
frieden=trenner		verwahrer
	einwohner	
der spånner	belohner	pfarrer
månner	verschoner	
15		lehrer
verwegner	donner	verwehrer
		vermehrer
kerner/ferner	rogner	viel schwerer
fleischscherner		beschwerer
20	gebohrner	verseerer
hörner/körner	geschworner	empörer
dörner	beschorner	zuhörer
	verlohrner	Friedenstöhrer
Centner		
25	brauner	erklährer
diener/kühner	bosauner	friedengebåhrer
versühner		
grüner	klapper/papper	Sirer
Seraphiner	fliegenschnapper	verführer
30 Cherubiner	schwapper	modulirer
Calviner		Balbierer
Traminer AMINEA		
Karbiner	wipper/kipper	

⟨L 6ʳ!⟩ **irer**

důrrer

leyrer/meůrer
viel seůrer
noch teůrer

hurer

blaser/glaser
topaser

kupferwasser
wasser/blasser
hasser
verprasser

leser/glåser
ohrenblåser

weser/bôser
erlôser/zôser
Portugleser

das messer
erdmesser
fresser/nåsser

schlôsser/besser
schôsser

bôßer/Stôsser

oser

klôßer

fechser

ein perser

dieser/Lieser
gemůser

versůßer
sůndenbůßer
vielsůßer
Himmelsschlißer
blutvergießer
Kannengießer

gewisser
wangenkůsser

Keyser/greůser
Sonnenweiser
viel weiser ADJ.
speiser
die Reiser

klippen=reisser
Preusser/beisser
zerschmeisser
viel heisser
possenreisser

osor

loser

großer/bloßer

trosser

lauser/krauser
mauser/brauser
schmauser

Vater/Thater
errather

blatter/gatter
natter/matter
geschnatter
gevatter

beklagter
verjagter
verzagter
betagter

ein achter
verachter

alter/kalter
verwalter
malter/erhalter

verdampter
beampter

⟨L 6ᵛ⟩ ater/eter

gesanter
anverwanter
bekanter
5 ungenanter

harter/marter

Alabaster/laster
10 verhaster
gefaster/plaster
geknaster

beschwatzter
15
hamster

der thâter
wolthâter
20 vâter/breter
untertreter
verâhter
beter/vertreter
schuhdrâter
25
bierschrôter
rôter/Peter
keter/Salpeter
baumschrôter
30
ertretter/spôtter
blâtter

eter

eyerdôtter
better/gôtter
Senetbletter
vetter/ôtter

glâtter/mâtter

fechter/rechter
verâchter
gelâchter
schlâchter ADJ.
schlâchter SUBST.
wâchter
geschlechter
geschwâchter

ermelter
kâlter/âlter
weinkâlter

bestelter

erwehlter
gezehlter
geschôlter ADJ.

versôhnter
gewôhnter
entlehnter

ôrter/wôrter

eter

gelehrter
geehrter
bekehrter

schwerter
hârter

Ester/Agelester
schwester

bester/fester
gemôhster

trôster
erlôster

kenster
fenster

cister

Jesuiter
gebieter
gemûther
verbieter
gûter
wûter
der hûter
der Kirchhûter
Israeliter
Jebusiter

⟨L 7r⟩ **iter**	**iter**	**iter/oter**
Moscowiter	vergiffter	
Scyther		meister/geister
Sodomiter	Richter/liechter	dreister/feister
	angesichter	kleister
Ritter/zwitter	unterrichter	Speisemeister 5
sehr bitter	verpflichter	Burgemeister
hochzeitbitter	schlichter	
die zitter	tichter/trichter	todter/rother
gekitter	vernichter	
litter/flitter	erpichter	otter/blotter 10
ungewitter		Eyerdotter
Kornschnitter	leuchter/seichter	ausrotter
gitter/splitter	feuchter	
	erleuchter	tochter
der eyter		15
das eiter	Winter	folter
reiter/heuter	Corinther	
die leiter		gebolter
Streiter/breiter	verführter	
arbeiter	geschmierter	belohnter 20
begleiter		bewohnter
die scheiter	rûster ARBOR	
weiter	versûster	kloster
gefreyter	diester	
Wagenleiter		kuter/guter 25
	Ister/Kûster	
	Philister	butter/futter
	geknister	mutter
	geflister	
geûbter	geschwister	lauter (rein) 30
geliebter	zeitregister	vertrauter
		gepauter
stiffter		

⟨*L 7ᵛ*⟩ **auer**	**atzer**	**utzer et**
	teûer/steûer	bildschnitzer
hulffter	palmenstreûer	schûtzer/nûtzer
	feûer/treûer	
schulter	scheûer/eyer	anreitzer
5 gepulter	ungeheûer	
	freyer/meyer	seifftzer
munter/bunter	zustcûcr v. eier	
drunter		
herunter	schwatzer/kratzer	kûrtzer
10 muster/schuster	Baltzer	trotzer
huster		schmarotzer
	schantzer	
bulster	pantzer	stoltzer
	pflantzer	
15 rauer/sauer		stutzer
holtzhauer	schwartzer	damenbutzer
mauer/tauer		ein butzer
kauer/trauer	ketzer/der Setzer	
schauer	verhetzer	Zimmet
20 ein Sternenschauer		er nimmet v. en
Bierbrauer	krâtzer/schwâtzer	
blauer/grauer		das grummet
der hauer		das kummet
schlauer/rauer	tântzer	er brumet v. en
25 viel genauer	faullentzer	
lauer	fuchsschwentzer	Senet SENA
vogelbauer		
	verschmertzer	die Demuth
		wehmuth.
30 eûer/heûer	beysitzer	

Die Vorlage schließt an dieser Stelle mit einem zweiseitigen Nachwort. Dieses erscheint in der Ausgabe B leicht überarbeitet am Schluß des ersten Teils (S. 241 f.). Die Lesarten zu A sind im kritischen Apparat berücksichtigt worden.

Variantenverzeichnis zur Erstausgabe (1640).

2,1—4,24 SERENISSIMI — giebt.] *noch nicht A; dem Titelblatt mit unbedruckter Kehrseite folgt in A die im Neudruck S. 12,1—13,13 erscheinende Widmung*: VIRIS—SUBJICIT.
4,25—6,18 IN — SENIOR.] *Diesen Widmungsgedichten ist in A das* Dactylisch Sonnet *(Neudruck 13,14—14,9) vorangestellt.*
6,17 DIŒCESEOSQUE] DIŒCEOSQUE ⟨!⟩ *A*.
6,19—7,21 IV.—VI.] *noch nicht A*.
8,10—11,4 QUOD — MALO?] *noch nicht A*.
14,8 muß anders die Seiten] die Seiten muß anders *A*.
14,10—18,31 PAX — STUD.] *noch nicht A*.
20,1 Oder—deutschen] Oder im deŭtschen welches *A*.
20,8 anjtzt] anjetzt *A*.
20,10—11 das — angehångt)] *noch nicht A*.
21,2 thun] thun thun ⟨!⟩ *A*.
21,10 Wenigkeit/wo] Wenigkeit/diß schlechte und kurtz= verfaste Bŭchlein/wo *A*.
21,11 fristet—ŭbergeben] fristet/vȯlliger ŭbergeben *A*.
22,3 genennet] genennt *A*.
22,31 der] der der ⟨!⟩ *A*.
23,11 lautes] lauts *A*.
23,19—24,2 Wie—kan)] *noch nicht A*.
24,2—3 genau—auch] Hier muß mann genau acht auf den klang haben; denn ich bald hȯren kan daß es *A*.
24,4 wenn] wann *A*.
24,10 stracks] bald *A*.
25,12 Hie] Hier *A*.
25,18 Seyfartin] Seyfarten ⟨!⟩*A*.
25,25 Opitz] H. Opitz *A*.
25,27 die] dle ⟨!⟩*A*.
26,10 anjetzt] anitzt *A*.
26,19—27,7 Hierinnen—sollen.] *noch nicht A*.
29,19 Abschnitt] CÆSUR, *A*.
29,25—26 oder—nȯth. |] *noch nicht A*.
30,4 Abschnitt] CÆSUR *A*.
31,14 (die—eingeschlossen)] die... eingeschlossen/ *A*.
31,21—32,6 andre—auch] *noch nicht A*.
32,7 haben] *fehlt A*.

32,7 funftzehen] 15. *A*.
32,9 welche—fast] welche fast den Alexandrinischen *A*.
32,10—11 den Abschnitt] eine CÆSUR und abschnitt *A*.
32,15 wieder] wider *A*.
32,23 der Abschnitt] die CÆSUR *A*.
32,26 andere] andre *A*.
32,27 Der Abschnitt] Die CÆSUR *A*.
32,28 des Abschnitts] der CÆSUR *A*.
32,29—30 (die—ausgenommen)] *noch nicht A*.
32,30 toon] ACCENT *A*.
33,6 keinen Abschnitt] keine CÆSUR *A*.
33,22 Verses] *fehlt A*.
33,29—30 der Abschnitt] die CÆSUR *A*.
33,30 seines] ihres *A*.
34,3 Meulern] meilern *A*.
34,6 der] *fehlt A*.
34,6 kömmt] kompt *A*.
34,10 der Abschnitt] die CÆSUR *A*.
34,17 stehets] stehts *A*.
34,18 sonderlich—stehen:] *noch nicht A*.
34,19—20 denn—15=sylbigen] denn Herr Opitz sich mit der 11. und 12. *A*.
34,20 ohn zweiffel] ohnzweiffel *A*.
35,14 vorbilden] vorlegen *A*.
36,4—21 Wolte—hatt] *noch nicht A*.
36,21 Denn es hatt] Es hat aber *A*.
36,23 hierinnen] *fehlt A*.
36,26 etwas] *fehlt A*.
36,28 klinget] klingt *A*.
37,4 den—mache] also lese *A*.
37,6 stehets] steths *A*.
37,9 folget] folgt *A*.
37,15 den güldnen Mund] das Mündelein *A*.
38,9 hånde fein] håndelein *A*.
38,11—18 Die—anzuzihen.] *noch nicht A*.
38,14 *Zesens Korrektur als Eingriff verzeichnet.*
38,21 Martin] Herr *A*.
40,13—41,15 Zum—etc.] *noch nicht A*.
41,22 bey uns Deutschen] *fehlt A*.
41,23—27 Mann—worden.] *noch nicht A*.
42,11 Weibliche; In] Weibliche/denn in *A*.
42,14 Trochåischen] Trochaischen *A*.
43,16 quålen—ist:] quelen: *A*.

43,21—26 Allhier—kann.] *noch nicht A.*
43,32—33 bad—fels/] *noch nicht A.*
44,1—2 und—tz] *noch nicht A.*
44,3—45,7 Gleiche—werden.] *noch nicht A.*
45,23 unser Opitz] Herr Opitz *A.*
45,25 kŏmmt] kŏmpt *A.*
45,26 nimmt] nimpt *A.*
45,32 sonsten] sonst *A.*
46,28 sollen] solche ⟨!⟩ *A.*
47,6 reimen.] reimen/aber freŭd' und zeit nicht. *A.*
47,7—21 Mann—nicht.] *noch nicht A.*
47,25 gleich an] gleichen ⟨!⟩ *A.*
48,15 mitlautende] selblautende ⟨!⟩ *A.*
48,16 allzu | mahl] all | zumahl *A.*
48,19 nicht wohl] sehr ŭbel *A.*
48,23 zween] 2. *A.*
48,24 Wŏrter] Wŏrtern *A.*
48,25 noch] auch *A.*
49,17 wiederwertig] widerwertig *A.*
49,23 nemlich] nemblich *A.*
49,29 Nacht] nǎchte *A.*
50,2 nǎchte] nacht *A.*
50,10 zu] *fehlt A.*
50,29—30 wegkŏmmt] wegkŏmpt *A.*
50,32 Opitz] Herr Opitz *A.*
50,32—33 im Hohen Liede] an einen orte *A.*
51,2 Schlacht. etc.] Schlacht: *A.*
51,5 Aennchen] Annchen *A.*
51,5—6 Ließchen] Lieschen *A.*
51,6 Hǎnßchen] Hǎnschen *A.*
51,7 Aennichen] Annichen *A.*
51,7 Hǎnsichen/etc.] Hǎnsichen: *A.*
51,10 mitlautende] CONSONANTES *A.*
51,21 Selblautenden] VOCALN *A.*
52,2 fangt] fǎngt *A.*
52,2 wieder] wider *A.*
52,7 wird] *fehlt A.*
52,13 zwey mahl] zweemahl *A.*
52,16—17 Wiewohl—nehmen.] *noch nicht A.*
52,19 dergleichen] *fehlt A.*
52,22 Adé/] *fehlt A.*
52,24—25 Also—scheiden.] *noch nicht A.*
52,29 Selblautenden] VOCALEN *A.*

53,14 Du] Die *A*.
53,16 folget.] folgt: *A*.
53,17 bleibets] bleibts *A*.
53,28 nicht] *fehlt A*.
53,30 was hat aber] aber was hat *A*.
54,11 Licht] Liecht *A*.
54,15 hörstu dann nicht?] hörst es ja nicht. *A*.
54,17—18 dieweil es] dieweils *A*.
54,19 stehet] steth *A*.
54,19—20 und—seyn] *noch nicht A*.
54,20—21 gebrauchen.] gebrauchen/doch hierinnen låst man jeden seine weise. *A*.
54,23 bißweilen] *fehlt A*.
54,29—55,2 Wiewohl—kost — — —] *noch nicht A*.
55,3 es/wenn ich setze:] es — *A*.
55,8 Verse] vers *A*.
55,30 zween] 2. *A*.
56,3 geschiht] geschicht *A*.
56,6 manch] mach' ⟨!⟩ *A*.
56,27 Opitz] Op. *A*.
56,28 Also — setzen:] Also auch: *A*.
56,34 Herrn] H. *A*.
57,8 Opitz] Op. *A*.
57,12 in] in den *A*.
57,15 selbiger] solcher *A*.
57,19 dem Abschnitt] der cœsur *A*.
57,22 Hochverståndige] Hochgelåhrte *A*.
57,25 vermehrten] verwehrte *A*.
57,27 Verse] verß *A*.
57,28 verjüngten] verjungten *A*.
57,31 kommt] kompt *A*.
58,3 Ich selbst] selbst/ich *A*.
58,9 drůmb ist es] denn es ist *A*.
58,11 kurtz] kurtze ⟨!⟩ *A*.
58,15 Opitzius] Herr Op. *A*.
58,18—19 dem Abschnitt] der cœsur *A*.
58,26 Opitz] Herr Op. *A*.
58,28—29 in—Christi] *noch nicht A*.
59,19—26 Denn—worden.] *noch nicht A*.
59,28 dieselbe] dieselben ⟨!⟩ *A*.
59,29 andere] andre *A*.
61,17 Pindarischen] Pindarichen *A*.
61,19 (oder—Gegensatz] *noch nicht A*.

61,20 oder Abgesang] *fehlt A.*
61,21 genennet] genennt *A.*
61,23 Philipp Caesij] Philippi Côsii *A.*
61,25—26 *In A stehen Zeile 25 und 26 in umgekehrter Reihenfolge.*
61,30 auff] in *A.*
62,15 ein] eine *A.*
63,18 kommt] kompt *A.*
63,20 verwahret] bereitet *A.*
63,32 from] fromb *A.*
64,1 Eigenthum] Eigenthumb *A.*
64,2 Bey—Geist] Die Seel ist aber nauf zur wahren Ruh gereist *A.*
64,5 Er] Sie *A.*
64,8 schicken will] schicket *A.*
64,8 nur] *fehlt A.*
64,15 einen] ein *A.*
64,18—19 vom—anzudeuten] anzudeuten vom niedergang zum aufgange *A.*
64,20 Ab≠gesang] *fehlt A.*
64,21 Nachspiel/Nachklang] ein klein gesånglein *A.*
64,26 zwey] 2. *A.*
64,29 stehet] steth *A.*
64,30 dem Abschnitt] der cœsur *A.*
65,2 Rosen] Rôslein *A.*
65,7 *gleich wie] wie der *A; siehe Lesart zu S. 242, 5—11.*
65,32—33 zum —Bericht] etliche *A.*
65,33—66,19 Es—nachfolgendem] *noch nicht A.*
66,20 Dactylischen] Dactylisch *A.*
66,25 Låßet] Lesset *A.*
67,9 itzt] iezt *A.*
67,16 E. lůften auch] *fehlt A.*
67,21 Mein—hoffen.] Wenn ich Ihn muß ohn ablaß ruffen. Ech. laß ruffen. *A.*
67,23 welches—so] es ist aber ein solch gedichte / welches *A.*
68,29 an statt] anstatt *A.*
68,30 an statt] anstatt *A.*
68,31 kômt] kômpt *A.*
69,2 gůldne] gůldene *A.*
69,7 ENDE.] *fehlt in der Erstausgabe; dort folgt das auf S. 468—570 dieses Bandes abgedruckte Reimregister.*
241,7 worte] wort *A.*
241,12 wohl] *fehlt A.*

241,14   beliebet] beliebt *A*.
241,18—21   darinnen—zufinden)] die wörter in zwey Alphabet getheilet/ im ersten seyn die männlichen / welcher endung durchs gantze abc geht. Im andern seyn die weiblichen / welches nicht so vollständig / wie das männliche / *A*.
241,22—23   eln—et] und er *A*.
241,24   wollen;] wollen *A*.
241,26   gebest] gebet / gebest / vergebens *A*.
241,29   gebest—lebest] gebet / schwebet / lebens *A*.
241,30   außgelaßen.] außgelaßen; Sie können aber mit der zeit auch wohl dazu kommen / dofern dir zuvor diß gegenwertige belieben wird. *A*.
241,31   und eher] *fehlt A*.
241,32   allhier—letzten] in den männlichen den letzten buchstaben mit dem *A*.
241,33   auf /] auf / in den weiblichen aber den ersten und letzten reim= vocal *A*.
242,1   auffsuchen wollest] in den männlichen aufsuchen wilt / dunst / durst oder lust / so suche ihren Mitlautenden ut auff / weil dieses die vornehmsten buchstaben in diesen wörtern seyn / darunter wirstu die andern alle finden. In den weib- lichen aber so ich aufsuchen wil *A*.
242,2   suche] suche ich *A*.
242,2—3   (so—seyn;)] *fehlt A*.
242,5—11   fort—ungezweiffelten] fort. Die begangene fehler / so vielleicht im setzen versehen / sonderlich im 5. bogen Eij. lin. 5. da das Hemistichion also heissen soll / wie ein Magnet das stahl: und was es mehr ist / wirstu schon selbsten / sintemahl die enge der zeit / solches noch einmahl durch zu lauffen / nicht zulaßen wollen / unbeschweret verbeßern. Bin auch son- sten ungezweiffelter *A*.
242,12   groß= und viel=günstiger—künfftige] groß= günstiger Freund *A*.

Nachwort des Herausgebers

I

Zesens Poetik ist insgesamt in vier Auflagen erschienen. Die grundlegende Umarbeitung und Erweiterung dieses Werkes in der dritten Ausgabe macht die Vereinigung aller vier Ausgaben durch *einen* Text und *einen* kritischen Apparat schlechterdings unmöglich. Doch bietet die weitgehende Übereinstimmung der ersten beiden Ausgaben einerseits und der beiden nachfolgenden andererseits die Möglichkeit, jeweils zwei Ausgaben durch *einen* kritisch edierten Text zugänglich zu machen. Der vorliegende Band vereinigt zunächst die 1640 erschienene Editio princeps (A) und die im folgenden Jahre erschienene zweite Ausgabe (B). Der zum Abdruck gebrachte Text folgt der Ausgabe B. Zu dieser Entscheidung gaben drei Gründe den Anlaß. Erstens ist B — im Vergleich zu A — die sorgfältiger edierte Ausgabe. Zweitens weist B neben stilistischen Verfeinerungen auch eine Reihe ergänzender Textstellen auf, und schließlich enthält B die in A noch fehlende Mustersammlung von fast hundert Gedichten, darunter Zesens Übertragung des Hohen Liedes sowie zwei kleinere poetologische Aufsätze. Es besteht daher kein Zweifel, daß die nur ein Jahr nach der Editio princeps erschienene Ausgabe B die Kunstauffassung des jungen Zesen reiner widerspiegelt als die Erstausgabe.

Die Widmungen und Lobgedichte, das Nachwort des Dichters sowie der poetologische Text der Ausgabe A sind im kritischen Apparat verarbeitet worden. Dagegen wurden das Titelblatt und das Reimregister der Ausgabe A im Anschluß an das Textkorpus von B (S. 467ff.) vollständig abgedruckt; diese Lösung schien insbesondere deshalb geraten, weil das Verzeichnen aller Ergänzungen, Umstellungen und Streichungen in der zweiten Ausgabe zu allgemeiner Unübersichtlichkeit, ja zu teilweiser Unbrauchbarkeit des kritischen Apparates geführt hätte.

Handschriftliche Fassungen von A und B ließen sich nicht ermitteln. Doppeldrucke der beiden Ausgaben scheint es nicht gegeben zu haben; jedenfalls erbrachte der Vergleich zahlreicher Exemplare keinerlei Anhaltspunkte für das Vorhandensein von Zwitter- und Raubdrucken.

1. **A**-*Druck (1640)*

Philippi Cæsii Deûtscher Helicon / oder Kurtze verfassung aller Arten der Deûtschen jetzt ûblichen Verse / wie dieselben ohne Fehler recht zierlich zu schreiben / Bey welchem zu besserm fortgang unserer Poesie Ein Richtiger Anzeiger der Dcûtschen gleichlautenden und einstimmigen / so wohl Männlichen / als Weiblichen Wôrter (nach dem abc. Reimweise gesetzt/) zu finden. Wittenberg Gedruckt bey Johann Rôhnern / im Jahre 1640.

Format: Oktav ohne Seitenzählung. Satzspiegel etwa 7,5 × 13 cm. Bogenzählung A—L 8.

Gliederung: A 1ʳ Titelblatt; A 1ᵛ leer; A 2ʳ—A 4ʳ Widmung, Widmungs- und Geleitgedichte; A 4ᵛ—E 4ʳ Text der Poetik; E 4ᵛ—L 7ᵛ Reimregister; L 8ʳ—L 8ᵛ Nachwort.

Buchschmuck: Zierleisten von der Höhe einer Druckzeile finden sich auf dem Titelblatt und auf S. A 3ʳ; eine kurze vignettenartige Leiste am Ende der männlichen Reimwörter, S. G 1ʳ.

2. **B**-*Druck (1641)*

Philippi Cæsii Deutsches Helicons Erster und Ander Theil / Oder Unterricht / wie ein Deutscher Vers und Getichte auf mancherley Art ohne fehler recht zierlich zu schreiben. Bey welchem zu bässerm fortgang unserer Poesie Ein Richtiger Anzeiger Der Deutschen gleichlautenden Einstimmigen Weiblichen und Männlichen Wôrter (nach dem a b c. Reim=weise gesetzt) zu finden. Itzo wieder vermehret und zum andern mahl herraus gegeben. Wittenberg / Gedruckt bey Johann Röhnern / Im Jahr MDCXLI.

Format: Oktav. *Zwei Teile mit selbständiger Seiten- und Bogenzählung. Satzspiegel etwa 8 × 13,2 cm. Seitenzählung beschränkt sich im ersten Teil auf den Text der eigentlichen Poetik, im zweiten Teil auf die Musterbeispiele. Alles andere ist unpaginiert. Bogenzählung:* Erster Theil, *A—T 8;* Ander Theil,*):(—):(8, A—O 8.*

Gliederung: Erster Theil: *A 1ʳ Titelblatt, A 1ᵛ leer, A 2ʳ bis B 5ᵛ Widmungen, Widmungs- und Geleitgedichte, Zwischentitel und Motto; 1—78 Text der Poetik; G 5ʳ bis G 7ᵛ Register; G 8ʳ—S 1ᵛ Verzeichnis der weiblichen Reime; S 2ʳ—S 3ᵛ Nachwort; S 4ʳ—T 3ᵛ Abhandlung über das Sonett; T 4ʳ—T 8ʳ angehängte Gedichte; T 8ᵛ Druckfehlerverzeichnis.* Ander Theil: *):(1ʳ Titelblatt,):(1ᵛ leer;):(2ʳ—):(6ʳ Widmungen;):(6ᵛ—):(7ʳ Vorwort an den Leser;):(7ᵛ—):(8ᵛ Inhaltsverzeichnis der Musterbeispiele; A 1ʳ Zwischentitel; 2—170 Musterbeispiele; L 6ʳ Zwischentitel zum Reimregister; L 6ᵛ Vorwort; L 7ʳ—O 4ʳ Verzeichnis der männlichen Reimwörter; O 4ᵛ—O 8ᵛ angehängte Gedichte.*

Buchschmuck: 42 *Zierleisten mit einer Höhe von jeweils ein, zwei oder drei Druckzeilen. Zierleisten in Höhe von einer Druckzeile finden sich auf den folgenden Seiten:* Erster Theil, *A 1ʳ, B 2ᵛ;* Ander Theil, *):(1ʳ, 3, 77, 107 zwei Leisten, 111, 115, 119, 120, 122, 125, 129, 132, 135, 140. Zierleisten in Höhe von etwa zwei Druckzeilen:* Erster Theil, *A 2ʳ, A 3ʳ, A 5ʳ, B 1ʳ, B 2ᵛ, G 8ᵛ, S 2ʳ, T 4ʳ, T 5ᵛ;* Ander Theil, *):(6ᵛ,):(7ᵛ, 2, 43, 99, 106, 145, L 7ʳ. Zierleisten in Höhe von etwa drei Druckzeilen:* Erster Theil, *G 5ʳ, S 5ʳ;* Ander Theil, *):(2ʳ. Die Position sechs weiterer zeilenhoher und nur 2,2 cm langer Zierleisten, die jeweils eine der drei auf jeder Seite des Reimlexi-*

kons befindlichen Reimwörterkolumnen unterbrechen, wird bei Besprechung der Reimregister genau angegeben.

Zierkränze nur in Teil I: Kranz mit Inschrift: PAX CLADEM SEQUITUR., S. B 2ʳ; Kranz mit Bild, das eine über dem Meer schwebende Taube mit Ölzweig, eine Arche im Vordergrund und einen Berg im Hintergrund zeigt, S. S 4ʳ.

Vignetten finden sich auf folgenden Seiten: Erster Theil, *A 4ᵛ, T 8ʳ;* Ander Theil, *40, 74, 83, 139, 170, O 8ᵛ.*

Kustoden fehlen auf folgenden Seiten des ersten Teils: 3, G 4ᵛ, L 5ʳ, R 3ʳ, R 8ᵛ. Kustode und Textanschluß stimmen an folgenden Stellen nicht überein: Erster Theil: A 2ʳ | A 2ᵛ Magna- | MAgnanimi; A 2ᵛ | A 3ʳ Nim | NIm; 2 | 3 ein | Ein; 11 | 12 púrpur. | purpur:; 15 | 16 fordert: | fodert:; 18 | 19 Alles | álles; 23 | 24 knûpf/ | knûpft/; 27 | 28 blumen | 1. blumen; G 6ʳ | G 6ᵛ Jambi= | I. JAmbischer; G 8ᵛ | H 1ʳ Scherbe | der Scherbe; I 6ᵛ | I 7ʳ entblôs= | entblôße; K 1ᵛ | K 2ʳ geselte | gesellte; K 6ᵛ | K 7ʳ reitzte | reitze; L 2ᵛ | L 3ʳ ᴘɪsᴛɪʟʟᴜᴍ | ᴘɪsᴛɪʟɪᴜᴍ; L 8ʳ | L 8ᵛ taatschen | raatschen; M 2ʳ | M 2ᵛ *fehlt oder* bleken | bleeken; M 4ᵛ | M 5ʳ hamen | der hamen; M 7ᵛ | M 8ʳ empôren | sich empôren; N 3ʳ | N 3ᵛ errôthen | errôten; O 4ᵛ | O 5ʳ den ker= | den kârnern; O 7ᵛ | O 8ʳ schôpffer | schôpfer; O 8ʳ | O 8ᵛ krûger | krieger; P 8ʳ | P 8ᵛ stamwes | stammes; Q 1ʳ | Q 1ᵛ des Per= | des Pehrses; S 7ʳ | S 7ᵛ Wie | WIe; Ander Theil: 5 | 6 Ach= | ACh; 29 | 30 Soll | soll; 35 | 36 Ihr | 3. Ihr; 45 | 46 Liebster | LIebster; 66 | 67 Ihre | 7. Ihre; 70 | 71 ODE. | XVII. ODE.; 73 | 74 die | Die; 76 | 77 Trost= | I. Trost=; 81 | 82 I. Liebste/ | I. LIebste/; 83 | 84

Hertze | VI. Hertze; 91 | 92 Darff | Darf; 92 | 93 I. Wie | I. WIe; 99 | 100 Meine | MEine; 106 | 107 Was | II. Was; 108 | 109 Qualis | IV. QUalis; 119 | 120 Die | III. Die; 144 | 145 Wey= | I. Weyhnacht=ODE; 155 | 156 5 Diß | 4. Dis; 157 | 158 3. Weiß= | 3. WEißheit; N 8ᵛ | O 1ʳ jubalirt | jubaliert.

II

Für den edierten Text der Ausgabe B diente als Vorlage das Exemplar der Stadtbibliothek Ulm (Sign.: v. B.—B. 1048). Für schwer leserliche und unleserliche Stellen wurden die Exemplare folgender Bibliotheken benutzt:

Yale University, New Haven (Conn.): Curt von Faber du Faur Collection Nr. 811.

Herzog August Bibliothek Wolfenbüttel; Sig.: P 1634 8°.

Niedersächsische Staats- und Universitätsbibliothek Göttingen; Sign.: 8° Poet. Germ. I 1273 (Mikrofilm).

Universitäts- und Landesbibliothek Halle; Sign.: D b 2059 (Mikrofilm).

Bayerische Staatsbibliothek München; Sign.: L. germ. 296 x (Mikrofilm).

Die Lesarten der Ausgabe A und der Neudruck des Reimregisters von A wurden an Hand des Exemplars der Niedersächsischen Staats- und Universitätsbibliothek Göttingen erarbeitet (Sign.: 8° Poet. Germ. 1270). In Zweifelsfällen wurden Mikrofilme der Exemplare folgender Bibliotheken zu Rate gezogen: Landesbibliothek Gotha; Sign.: Phil. 8° 1363. Österreichische Nationalbibliothek Wien; Sign.: 1344—A. Universitätsbibliothek Heidelberg; Sign.: von Waldberg 2215.

Bei der Bearbeitung der Musterbeispiele und der Reimregister konnten textkritische Entscheidungen vielfach nur mit Hilfe der dritten und vierten Ausgabe der Poetik (C und D) gefällt werden:

C-*Druck (1649)*

Filip Zesens Durch-aus vermehrter und Zum dritt= und letzten mahl in dreien teilen aus gefartigter Hoch-deutscher Helikon / oder Grund-richtige anleitung zur hoch=deutschen Dicht= und Reim=kunst. Zu Wittenberg getrückt auf kosten Johann Seelfisches, Buchhändlers. Anno 1649.

Benutzt wurde das Exemplar der Wissenschaftlichen Bibliothek Erfurt (Sign.: Lu 908) und ein Mikrofilm des Exemplars der University of California at Berkeley (Sign.: PT 501 Z4 1649).

D-*Druck (1656)*

Filip Zesens Durch=aus vermehrter und zum viert= und letzten mahl in vier teilen ausgefärtigter Hoch=Deutscher Helikon / oder Grund=richtige Anleitung zur Hoch=Deutschen Dicht= und Reim=kunst. Jena / In Verlegung Daniel Rei⟨c⟩hels / Buchhändl. in Perlin / gedrukkt bey Georg Sengenwalden / 1656.

Benutzt wurde das Exemplar der Yale University Library, New Haven (Faber du Faur Collection Nr. 821) sowie ein Mikrofilm des Exemplars der Herzog August Bibliothek Wolfenbüttel (Sign.: Um 211).

In einer kleineren Anzahl von Fällen wurden für die Erarbeitung des kritischen Textes noch folgende Überlieferungszeugen herangezogen:

FL Philipp Caes: von Fürstenau FrühlingsLust oder Lob= und Liebeslieder [Hamburg 1642].
Standort: Stadtbibliothek Braunschweig Sign.: 8° C 1927².

HL Salomons / des Ebreischen Königes / Geistliche Wohllust oder Hohes Lied; In Palmen= oder dattel-reimen / mit bei-gefügten neuen / vom fürtreflichen J. Schopen gesetzten sang-weisen / auch kurtzen erklährungen des geistlichen verstandes; beides nach art der gesprächspiele / auf öffentlicher schau-burg fürgestellet durch Filip von Zesen. Zu Amsterdam / Drukts und verlegts

Kristof Kunraht / Buchdrukker / im 1657 Heil=jahre.
Standort: Niedersächsische Staats= und Universitätsbibliothek Göttingen Sign.: 1302. 25. Th.

RL Filips von Zesen Dichterisches Rosen= und Liljentahl / mit mancherlei Lob=lust=schertz=schmertz=leid= und freuden-liedern gezieret. zu Hamburg bei Georg Rebenlein / im 1670 jahre.
Standort: Herzog August Bibliothek Wolfenbüttel Sign.: Lo 8310.

Besitznachweise. Abgesehen von den oben aufgeführten Exemplaren, die für die Edition als Vorlage dienten, werden in der Bibliographie von Karl Otto fünfzehn weitere Standorte für B genannt.

PHILIPP VON ZESEN: A BIBLIOGRAPHICAL CATALOGUE. Bern and Munich: Francke, 1971 = Internationale Bibliographie der deutschen Barockliteratur, Reihe B: Bibliographien deutscher Barockdichter, Bd. 1.

Darüber hinaus sei hier der Besitz zweier weiterer Exemplare vermerkt:

Ausgabe A: Biblioteka Universytecka Wrocław (Breslau) Sign.: 8 E 4087, 3.
Ausgabe B: Universitätsbibliothek Erlangen Sign.: Nspr. 3221ᵃ.

III

1. An den folgenden Stellen sah sich der Herausgeber veranlaßt, in den Text von B und das Reimregister von A einzugreifen. Die auf Grund von Zesens Druckfehlerverzeichnis vorgenommenen Berichtigungen sind durch Sternchen gekennzeichnet.

4,22   Op⟨*itz*⟩] Op. *B*.
7,24   נפשי] נַפְשִׁי *A*;   כפשי *B*;   כפשי *CD*.
       אשר] אֲשֶׁר *A*;   אשר *B*;   אשר *C*;   אשר *D*.
7,25   אמך] אִמָּךְ *A*;   אמך *B*;   אמך *C*;   אטך *D*.

7,26	פָּרַשׁ [פרש *A;* פרשׁ *B;* פרש *C;* פרש *D.*
8,1	תִּשְׁפּוֹךְ [תשפוך *A;* תשפוך *B;* תשפוך *C;* תשפוך *D.*
8,3	כַּשֶּׁנֶּאֱמַר [כשנאמר *A;* כשנאמר *B;* כשנאמר *C;*
	כשנאמר] *D.*
	במשׁ [במש׳ *A;* במש *B;* במש *CD.*
	שלמה [שלמה *B;* שלמה *ACD.*
8,4	משׂכיל [משכיל *AD;* משׂכיל *BC.*

8,15 Wie] wie *BCD.*
8,22 sticht] sticht? *B;* sticht *CD.*
13,24 ûbet] Vbet *A;* ubet *B;* ûbet *CD.*
18,10 Mirantur, ut] Miranturut, *B;* Mirantur, ut *CD.*
19,22 Reim/] Reim: *AB.*
20,14 geschiht.] geschiht/ *AB.*
21,33 H⟨err⟩] H. *AB.*
22,4—5 Deutschen Muse] deûtschen Muse *A;* Deutsche Musen *B.*
23,15 Solche] Solche *A;* Sŏlche *B.*
23,17 *pronomen] pronomen *A;* prononomen ⟨!⟩ *B.*
24,2 nehmen;] haben; *A;* nehmen, *B.*
24,10 sage:] sage; *AB.*
24,28 Sternen licht] Sternenlicht *AB.*
25,9 Dactylischen] Dactylischen *A;* Dactylichen *B.*
26,3—4 *andre—jambus] andere pes jambi, der dritte ein Trochæus *B;*
 in A fehlt Komma hinter jambi.
26,25 unrecht/] unrecht(*B.*
27,24 Trochåischen] Trochaischen *AB.*
28,11 Monometer] Monometer *A;* Mometer ⟨!⟩ *B.*
31,21 Trochåische] Trochaische *B.*
33,12 *gallaunen] gallaunen *A;* gaullaunen *B.*
35,25 vŏllig] vŏllig *A;* vollig *B.*
38,14 *wie ich denn das Hohe Lied] wie wie ich dann das Hohe=lied *B.*
39,1 *Akzentsetzung nach A; in B nur* Lóbe *akzentuiert.*
39,18 M⟨agister⟩ Joh⟨ann⟩] M. Joh. *AB.*
40,7 M⟨agister⟩] M. *AB.*
40,8 D⟨octor⟩] D. *AB.*
40,11 den] dem *AB.*
40,14—15 *Trochåische] Trochåsche *B.*
41,7 artlich/] artlich; *B.*
42,4 H⟨err⟩] H. *AB.*
42,15 acatalectisch] catalectisch ⟨!⟩ *AB.*
42,15 catalectisch] acatalectisch ⟨!⟩ *AB.*
42,22 gerade:] gerade; *AB.*

44,5   *den Selb= und doppellautenden] den selb= und mitlautenden *B*;
        Zesen im *Druckfehlerverzeichnis:* In dem Selb= und doppel=
        lautenden *B*.
44,16   im] in *B*.
44,28   leute/] leute *B*.
44,33   im] m *B*.
45,6   allgemeinen] allgemeinem *B*.
45,8   H⟨err⟩] H. *AB*.
46,28   Mundart] Mundart *A*; Mund art *B*.
48,16   abend | mahl] abend=mahl *AB*.
48,30   schafft.] schafft. *A*; schafft *B*.
50,6   in] in *A*; im ⟨!⟩ *B*.
50,8   nicht;] nicht/ *AB*.
51,24   lebt] Lebt *AB*.
51,25   ⟨gehen|⟩] *fehlt AB*.
53,13   ⟨bey⟩] bey *A*; *fehlt B*.
56,26—27   widerschallen] wider schallen *AB*.
57,15   dergleichen] dergleichen *A*; dergleicher *B*.
57,24   H⟨err⟩] H. *AB*.
58,2   meine Schåferin] meine=Schåferin *AB*.
58,10   lébendíger] lébendíger *A*; lébendiger *B*.
58,26   219] 219 *A*; 210 ⟨!⟩ *B. Zesen zitiert nach der ohne Verlagsangabe 1640
        in Danzig erschienenen Ausgabe der Werke*: Martini Opitii
        Deutsche Poemata Auffs Newe übersehen / vermehret
        und herauß gegeben.
60,7   ⟨vor⟩] vor *A*; *fehlt B*.
62,7   'Αντίστρ⟨οφος⟩] ἀντίστοφος *A*; 'Αντιστρ. *B*.
63,30   'Επῳδ⟨ὸς⟩] ἐπῳδὸς *A*; 'Επῳδ. *B*.
65,3   ⟨3.⟩] 3. *A*; *fehlt B*.
65,10   ⟨Pia⟩ DESIDER⟨ia⟩] DESIDER. *AB*.
67,8   E⟨cho:⟩] E. *AB*.
67,9   sitzt] sitzt *A*; sitz *B*.
67,27   Ech⟨o:⟩] Ech. *AB*.
74,15   D⟨octor Christoph⟩] D. *B*.
78,7   ⟨modiolus⟩] MEDIOLUM ⟨!⟩ *ABCD*.
81,10   VAGINA] FAGINA *ABCD*.
93,5   pflöcke] pstöcke *B*; pflökke *CD*.
103,1   peppe] *in B wohl aus Raummangel kein Abstand; hier Beginn neuer
        Reimgruppe in ACD*.
104,7   Jahre zu] Jahre zu *A*; Jahre=zu *B. Der Bindestrich in B deutet wohl
        nur die Zusammengehörigkeit zweier Zeilen als Reimeinheit an*.
108,5   bůchse] bůchfe *B*; bůchse *ACD*.
117,3   girte] gitte *B*; girrte *ACD*.

130,16 kôppel] koppel *B*.
131,1 PISTILLUM] PISTILIUM *B*; PISTILLUM *ACD*.
136,9 zu schaffen] zuschaffen *AB*; zu schaffen *CD*; *in Zeile 18 nur scheinbare Wiederholung.*
144,16 truhen] trhuen *AB*; truhen *CD*.
156,30 zu jahren] zu jahren *A*; zu=jahren *BCD*; *vgl. Eingriff 104,7.*
165,17 gezelten] geztlten *B;* gezelten *ACD*.
179,25 åndern] *nochmals aufgeführt nach* låndern *B*; *Wiederholung fehlt CD.*
185 *Kolumnentitel* etzern] etzen *B*.
199,22 versûster] versûßer *B*; versûster *ACD*.
200,14 beysitzer] beysitzer *A*; heysitzer *B*; beisitzer *CD*.
210,22 geån⟨g⟩stes] *fehlt A*; geånstes *B*; geångstes *CD*.
218,12 zeit vertreibet] zeitvertreibet *B*; zeit vertreibet *CD*.
231,4 erwchrct] er wchret *BC*; sich erwehret *D*.
238,10 klopftet] kloftet *BCD*.
238,13 verdortet] verdorret *BC*; verdortet *D*.
242,2 ete] ete *A*; etc ⟨!⟩ *B*; cte *C*; etc. *D*.
245,25 Abtheilung] l *herausgefallen B.*
245,29 schre⟨n⟩ckungen] schreckungen *B*; schrånkungen *CD*.
247,10 liegt/] liegt *BC*; liegt / *D*.
247,29 Petrarcha/] Petrarcha *B*; Petrarcha/ *C*; Petrarche *D*.
248,9 N⟨ota⟩ B⟨ene⟩] NB *BCD*.
248,12 ET 10] E10 *BCD*.
248,13 SPEME] *wohl versehentlich für* PENE.
255 AUFF KATHARINEN BILDNÛSS, 6 einverleibet.] einverleibet *B*.
256 TAUFF= UND NAHMENS=GEDICHTE, 6 frid=und freuden=voll] frid=und freuden voll *B*; fried=und freuden=foll *CD*; 12 wohlgerathen] mohlgerathen *B*; wohlgeraten *C*; wohl geraten *D*.
257 AUFF DAS AUGSPURGISCHE GEBETHBUCH, 9 Herr] HErr *BC*; Herr *D*.
  Wegelein] wegelein *B*; WEGELEIN *CD*.
263,12 also] Also *B*.
264,7f. *Dreimalige Wiederholung jedes Wortes der Anrede als gesteigerte Höflichkeitsfloskel für „Ihro HochEdlen Gestrengen⟨Herren⟩".*
264,22 verharre] verharre. *B*.
264,23—24 *Ähnlich wie S. 264, 7f. für „Ihro HochEdlen Herren Getreuer".*
268,10 Huictain] Huctain *B*.
268,25 79.] *fehlt B*.
268,30 160.] *fehlt B*.
270 I.,7 ⟨und⟩] ein *B*; und *CD*.
271,33 Drûmb] Drûmd ⟨!⟩ *B*; Drûm *CD*.
272,2 Alexandrinischen oder] Alexandrinischen= oder *B*.

272 III.,15   reiner] reinen *B*; reiner *CD*.
273,3   månnlichen] mannlichen *B*; månlichen *CD*.
273,14   Es] es *B*; Es *CD*.
273,16   entsteht.] entsteht/ *BC*; entsteht *D*.
273,22   sehn] sehr *B*; sehn *CD*.
274,47   Wanderschafft;] Wanderschafft/ *B*; wanderschaft/ *C*; wanderschafft; *D*.
277 VIII.,10   dich] dicht *B*; dich *CD*.
278,17   Mann/] Mann *CB*; Man/ *D*.
ehre/] ehre *CB*; ehre/ *D*.
280 XII.,4   nicht:] nicht/ *B*.
280 XIII.,7   bild/] bild *BC*; *syntaktische Umstellung mit Virgel D*.
282,18   ligt/dein rosen=Mund/] *Virgeln fehlen BC*; ligt/dein rosen=mund / *D*.
282,43   thåler/] thåler *B*; thåler/ *C*; tåhler! *D*.
283 XVI.,9   Liebe feuer] Liebe=feuer *B*; Liebe=feuer *C*; liebe feuer *D*.
283,19   zeit;] zeit, *B*; zeit; *CD*.
ein/] ein. *B*; ein/ *CD*.
283,23   Pred⟨iger⟩ Sal⟨omons⟩] Pred. Sal. 3. *BCD*.
284,6—7   begieng.] begieng *B*; begieng. *CD*.
284,21   solchem] solchen *B*; solchem *CD*.
285,13   tieffem] tieffen *B*; tieffem *CD*.
286,11   heffte] helffte ⟨!⟩ *B*; hålfte ⟨!⟩ *CD*.
293,35   schnellem] schnellen *B*; schnellem *CD*.
294,14   Lieb/] Lieb *B*; Lieb/ *CD*.
294,27   Sinnen rest] Sinnen=rest *B*; Sinnen pflicht *CD*; Sinnen Rest *FL A*.
296,11   Liebsten Tugend] Liebsten=Tugend *B*; Liebten Tugend *C*; Liebsten tugend *D*.
296,21   Mondes blat] Mondes=blat *CB*; mondes blat *D*.
297,49   Liebe Ruhm] Liebe=Ruhm *B*; Liebe ruhm *C*; liebe ruhm *D*.
297,54   des] das *B*; deß *C*; des *D*.
299,20   Leid/] Leid. *B*; Leid/ *C*; leid *D*.
299,28   klůfft] klufft *B*; klůft' *CD*.
302,8   thorheit] thorhtit ⟨!⟩ *B*; tohrheit *CD*.
303,16   muß:] muß; *CB*; mus: *D*.
307,25—26   trauer=kleid] trauer kleid *B*; trauer=kleid *CD*.
307,28   freundlich=seyn] freundlich=sehn *B*; freundlich sein *CD*.
308,4—5   12=sylbigen] 12=sybigen⟨!⟩ *B*; 12-gliedrigen *CD*.
310,13   diese] diesen *B*; diese *CD*.
310,18   trauren=volle nacht] trauren=volle=nacht *BCD*.
314,46   seyn;] seyn *B*; sein; *CD*.
316,66   in vollem] in vollen *B*; in vollem *C*; im vollen *D*.
318,5   E⟨cho:⟩] E. *B*; N⟨ach-hal⟩ *CD*.
321,5   Ech⟨o:⟩] Ech. *B*; Nach-hal *CD*.

321,26 ⟨ist⟩] fehlt B; sei CD.
321,32 ⟨hat⟩] fehlt CB; habe D.
326,46 Unser] unser BCD.
328,51 pracht] prach B; pracht CD.
333,32 Ja] ja B; Ja CD.
339,35 klingt.] klingt B; klingt; C; klingt. D.
346,15 schildert] *Druckfehler für* schillert?; schildert BCD.
357,26 unzeitigem] unzeitigen B.
359,30 EXIMIO.] EXIMIO, B; EXIMIO. HL
370,250 über] ober B; über HL.
372,306 erfüllt.] erfüllt B; erfüllt. HL.
374,354 mit einander] miteinander B; mit einander HL.
377,463 erden] erdtn B; erden HL.
377,468 weißlecht] weislicht HL.
391,15 Wolcken zelt] Wolcken=zelt B; Wolkenzelt C; wolken zelt D.
391,21 Und] und BCD.
395,25 Hertzens schrancken] Hertzens=schrancken B; Hertzens=schranken C; hertzens schranken D.
395,27 Hertzens höl] Hertzens=höl B; Hertzens höl' C; hertzens höl' D.
396,13 fast erhitzten] fasterhitzten BC; fast erhitzten D.
396,28 wil ich] wilich B; wil ich CD.
397,57 Musen schaar] Musen=schaar B; bürger schaar CD.
400,3 Ihre] Ihr B; Ihre CD.
400,17 Rauten=Zweig] Rauten Zweig BC; Rauten=Zweig D.
401,22 freuden=weise] freuden weise B; freuden=weise CD.
402,12 dier.] dier/ BCD.
403,38 gegangen/] gegangen BC; gegangen/ D.
404,6 Ech⟨o:⟩] Ech. B; Nach=hal. CD.
406,52 Zu erwarmen] Zuerwarmen BC; Zu erwarmen D.
409,21 Todes krafft] Todes=krafft B; Todes kraft C; todes kraft D.
411,46 Liebes=Band] Liebes Band B; Liebes=band C; liebes=band D.
412,32 Nichtig] Nichtg B; nichtig CD.
413,14 Scepters macht] Scepters=macht B; strahlen macht CD.
419,15 er ward] erward B; er ward CD.
420,24 en⟨t⟩bährt] enbährt B; entbährt CD.
425,8 zurück] zu rück B; zurück ACD.
425,16 Reise=zeug] Reise zeug AB; Reise=zeug C; reise=zeug D.
426,18 lächer⟨l⟩ich] lächerich B; lächerlich ACD.
427,22 lichterloh] lichterloch B; lichterloh ACD.
431,5 güldne zahl] guldnezahl A; güldnezahl B; güldne zahl CD.
431,30 spiel] *als reimend mit nachfolgender Gruppe in* A; *als nicht reimend mit folgender Gruppe in* BCD.

433,14 silbern worm] silbern vorm *B*; silbernworm *AC*; silbern worm *D*.
450,13 ⟨be⟩siegt] versiegt *B*; ist besiegt *CD*.
456,28 er saufft] ersaufft *B*; er saufft *CD*.
460,4 geschlecht!] geschlecht? *B*; geschlecht! *CD*.
461,48 so/] so *BC*; so/*D*.
462,81 ihn⟨*en*⟩] ihn *B*; ihnen *CD*.
463,101 derselben] demselben *BCD*.
463,103 haben?] haben *B*; haben; *C;* haben? *D*.
463,110 Hellen] *BCD haben diese nicht reimende aber geläufige Form.*
463,118 solches] solcher *BCD*.
464,132 Jungfer] Junfer *B*; Jungfer *C*; jungfer *D*.
465,33 Nacht/] Nacht *B*; nacht/ *CD*.
466,32 löchricht] löhricht *B*; löchricht *FL*.

Reimregister A

469,5 mier leid] mierleid *A*; mir leid *BCD*.
469,8 widerstand] widerstad *A*; widerstand *BCD*.
469,26 eint] eine *A*.
472,8 ⟨*ru*⟩ng] krng *A*; rung *BCD*.
472,9 kl⟨*u*⟩ng] klng *A*; klung *BCD*.
472,11 pfifferling] psifferling *A*; pfifferling *BCD*.
472,30 Reise=zeug] Reise zeug *AB*; Reise=zeug *C*; reise=zeug *D*.
473,13 rach] *nochmals aufgeführt hinter* zach *A*; *Wiederholung fehlt BCD*.
473,30 VID. e] VIDE *A*; VID. e *BCD*.
475,10 si⟨*h*⟩] sitz *A*; sih *BCD*.
475,25 Quarck] Qarck *A*; quarck *B*; kwarg *C*; kwark *D*.
476,4 guldne zahl] guldnezahl *A*; güldnezahl *B*; güldne zahl *CD*.
481,21 wandelbahr] wandelhahr *A*; wandelbar *BCD*.
482,10 Jubilier] Jubilirer *A*; Jubilier *BCD*.
484,3 naht] nacht *A*; naht *BCD*.
490,18 wasserdost] wasserdorst *A*; wasserdost *BCD*.
491,20 raucht] rauch *A*; raucht *BC*; rauscht ⟨!⟩ *D*.
494,6 nabe ⟨*modiolus*⟩] habe MEDIOLUM ⟨!⟩ *A*; MEDIOLUM ⟨!⟩ die nabe *BC*; MEDIOLUM ⟨!⟩ nabe *D*.
494,17 bekliebe] bekleibe *A*; bekliebe *BCD*.
495,31 COLUMBA] COLUMBÆ *A*; COLUMBA *BCD*.
496,28 VAGINA] FAGINA *ABCD*.

498,27	schlöpfe] schlöffe *A*; schlöpfe *BCD*.
500,13	biege] beige *A*; bûge *BCD*.
502,12	Scholarche] Scholarcha *A*; Scholarche *B*.
502,27	die] ie *A*; die *BCD*.
504,12	hauche] *nochmals aufgeführt hinter* tauche *A; Wiederholung fehlt BCD*.
504,15	brauche] *nochmals aufgeführt hinter* glauche *A; Wiederholung fehlt BCD*.
505,1	stecke] *nochmals aufgeführt hinter* strecke *A; Wiederholung fehlt BCD*.
507,9	kable] kalbe *A*; kable *BCD*.
507,18	schalle] schllae ⟨*!*⟩ *A*; schalle *BCD*.
509,1	übereile] überelle *A*; übereile *BCD*.
516,25	erwiese] erweise *A*; erwiese *BCD*.
516,29	fließe] filieße *A*; fließe *BCD*.
517,20	am blate] amblate *A*.
517,25	im muse] immuse *A*; im muse *BCD*.
519,31	verkehrte] verkerhte *A*; verkehrte *BCD*.
520,31	berührte] berürhte *A*; berührte *BCD*.
526,23	jåhrlich] jhårlich *A*; jåhrlich *BCD*.
530,12	kreûel] krûel *A*; kreuel *BCD*.
530,28	bûttel] bûtte *A*; bûttel *BCD*.
532,23	schmieden] fchmieden *A*; schmieden *BCD*.
532,30	Semden] Semdem *A*; semden *B*; senden *CD*.
533,1	zu schaffen] zuschaffen *AB*; zu schaffen *CD*; *in A und B scheinbare Wiederholung in Zeile 7.*
534,1	kröpfen] kröpfenl *A*; kröpfen *BCD*.
534,8	pfropffen] pfopffen *A*; pfropffen *B*; pfropfen *CD*.
536,25	den] dem *A*; den *BCD*.
538,5	rechen] rechnen *A*; rechen *B*; sich råchen *CD*.
538,6	welschen] welchsen *A*; welschen *B*; Welschen *CD*.
538,11	verglichen] vergliechen *A*; verglichen *BCD*.
539,2	Jûdenkirschen] Jûdenktrschen *A*; Jûdenkirschen *BCD*.
539,7	truhen] trhuen *AB*; truhen *CD*.
539,15	erfrischen] erfrichen *A*; erfrischen *BCD*.
539,24	horchen] *nochmals aufgeführt unter* die morchen TUBERA *A; Wiederholung fehlt BCD*.
540,21	ble⟨e⟩cken] blecken *A*; bleken *und* bleeken *B*; blôken *und* bleeken *CD*.
540,24	verrencken] *noch einmal aufgeführt unter* kråncken *A; Wiederholung fehlt BCD*.
541,5	kohlstråncken] kohlstråcken *A*; kohlstråncken *B*; kohlstrånken *C*; kohlstrûnken *D*.
543,3	auffschwellen] auff schwellen *A*; auffschwellen *B*; aufschwellen *CD*.
543,30	zerstimlen] zerstimen *A*; zerstimlen *B*; zerstûmlen *CD*.

544,4 fußsolen] fußfolen *A*; fußsolen *BCD*.
544,12 hut abnehmen] hutabnehmen *A*; hut abnehmen *BCD*.
547,9 Posaunen] Posauneu *A*; Posaunen *BC*; posaunen *D*.
548,6 vorfahren] vorsahren *A*; vorfahren *BCD*.
549,25 jubalieren] jabalieren *A*; jubalieren *BCD*.
551,21 den] der *A*; den *BCD*.
551,25 gemsen] gemsem *A*; gemsen *BCD*.
551,27 gånsen] grånsen *A*; gånsen *BCD*.
551,29 vehrsen] vhersen *A*; vehrsen *BCD*.
552,5 schleissen] *darunter* heissen *und* schleissen *wiederholt A*; *Wiederholungen fehlen BCD*.
553,12 brausen] *darunter* hausen *wiederholt A*; *Wiederholung fehlt BCD*.
553,15 messe halten] messehalten *A*; messe halten *BCD*.
554,11 lôten] lten *A*; lôten *BCD*.
554,26 von] ven *A*; von *BCD*.
554,30 gråten] gården *A*; gråten *BCD*.
557,1 begonten] begonte *A*; begonten *BCD*.
558,12 Pfaltzen] lpfaltzen *A*; in der Pfaltzen *BCD*.
558,23 geschůtze pflantzen] geschůtzen/pflantzen *A*; geschůtze pflantzen *BCD*.
561,8 garbenbinder] grabenbinder *A*; garbenbinder *BCD*.
561,13 ach] ah *A*; ach *BCD*.
561,29 gelinder] *wiederholt nach* geschwinder *A*; *Wiederholung fehlt BCD*.
562,4 kr⟨ie⟩ger] krůger *A*; krieger *B*; BELLATOR krieger *CD*.
562,19 keůffer] keůffe *A*; keuffer *B*; kåuffer *CD*.
563,16 schleiher] schleicher *A*; schleyher *B*; schleiher *CD*.
563,29 Friedenbråcher] Friedenbåcher *A*; Friedenbrecher *BC*; friedenbrecher *D*.
564,17 schmucker] *nochmals aufgeführt hinter* schlucker *A*; *Wiederholung fehlt BCD*.
564,26 Reichsthaler] Relchsthaler *A*; Reichsthaler *B*; Reichstahler *C*; reichsthaler *D*.
565,31 spanner] *Durch falsche Anordnung der Druckplatten erscheinen die beiden folgenden Seiten in der Vorlage in umgekehrter Reihenfolge.*
566,4 jener] einer *A*; jener *BCD*.
568,4 bekehrter] bekhrrer *A*; bekehrter *BCD*.
569,28 geknister] gekinster *A*; geknister *BCD*.

2. Eingriffe in die Interpunktion und Orthographie der Vorlage wurden nach Möglichkeit vermieden. Nur dort, wo die bestehende Zeichensetzung oder deren Fehlen dem Verständnis des Textes im Wege standen, wurde gebessert; keineswegs wurde versucht, bestehende

Interpunktionsgepflogenheiten der Vorlage zu systematisieren. Lediglich in Gedicht- und Kapitelüberschriften, in denen ein eindeutiges Interpunktionsschema zutage trat, wurden einige fehlende Virgeln und Punkte stillschweigend eingefügt; ebenso wurden Punkte, die hier und da in der Numerierung von Seiten, Gedichten und Strophen fehlten, ohne besonderen Vermerk hinzugefügt. Demgegenüber wurden die Eingriffe in die Interpunktion des eigentlichen Textes ausnahmslos im kritischen Apparat verzeichnet.

3. Eingriffe in den fremdsprachlichen Text wurden gleichfalls nach Möglichkeit vermieden. Die Edition der hebräischen Textstellen besorgte freundlicherweise Herr Dr. Hermann Greive, Martin-Buber-Institut für Judaik der Universität Köln. — Im lateinischen Text wurde auf die diakritischen Zeichen der Vorlage verzichtet.

Folgende Kürzel wurden aufgelöst:

    & > ET
    &c. > ETC.
    ꝛc. > ETC.
    9 > US
    q̇; > QUE
    ß > SS

Im deutschen Text wurden aufgelöst:

    ã > an
    d' > der
    ẽ > en
    ẽ > em
    m̃ > mm
    m̃ > mb
    ñ > nd
    õ > on

Konjekturen des Herausgebers stehen in Winkelklammern ⟨....⟩; alle erläuternden Zusätze erscheinen kursiv.

4. Akzente und Bindestriche. Bei der Skandierung von Musterbeispielen (S. 24—32) fehlt in der Vorlage bei Akzentzeichen tragenden Umlauten das Umlautzeichen; in solchen Fällen wurde stillschweigend gebessert: stúcke > stǘcke; lúgen > lǘgen *etc.*

In skandierten Zeilen wurde als Akzentzeichen ausschließlich der Akut verwendet. Damit wurde die auf Typenmangel (nicht auf Differenzierung von Haupt- und Nebenton!) zurückzuführende gelegentliche Verwendung von Zirkumflex und Gravis ausgeglichen. Diphthonge tragen in der Vorlage das Akzentzeichen beliebig auf dem ersten oder zweiten Vokal; im Neudruck erscheint es stets auf dem ersten.

Doppelte Bindestriche zwischen Kompositionsgliedern deutscher Wörter erscheinen auch im Neudruck als doppelte Bindestriche. Ferner wurden überall dort, wo der Zeilenfall der Vorlage beibehalten wurde, auch im Neudruck des deutschen Textes doppelte Bindestriche verwendet. Einfache Bindestriche blieben dem lateinischen Text und den im deutschen Text durch Zeilen- oder Seitenumbruch verursachten Trennungen vorbehalten. Mit Ausnahme der Komposita-Trennungen wurden alle Trennungen beim Seitenumbruch der Vorlage im Neudruck durch einfachen Bindestrich wiedergegeben. Einige Unregelmäßigkeiten in der Verwendung von Bindestrichen, die man auf Druckversehen oder Druckergewohnheit zurückführen mag, wurden unter Berücksichtigung der Überlieferungszeugen ausgeglichen und im kritischen Apparat vermerkt. Versehentlich am Zeilenende fehlende Trennungsstriche wurden ohne besonderen Vermerk eingefügt.

5. Typen und Schriftgrade. Der in der Vorlage in Antiqua stehende lateinische Text erscheint (abgesehen von den erwähnten Ausnahmen im Reimregister) in Kapitälchen; kursive Antiqua wird in gesperrten Kapitälchen wiedergegeben. Der in Fraktur gesetzte deutsche Text der Vorlage erscheint im Neudruck als Antiqua recte. Fettdruck bzw. größere Schriftgrade im laufenden Text werden durch Sperrdruck hervorgehoben. Nicht berücksichtigt werden konnte der größere Schriftgrad einiger Gedichte im Vorspann, der durchgehend größere Schriftgrad der Vorrede *und die durch kleineren Druck hervorgehobenen Gedichte im Text der eigentlichen Poetik. Die Seiten- oder Bogenzählung der Vorlage wurde in den Text des Neudrucks in Winkelklammern eingefügt. Das allgemeine Inhaltsverzeichnis am Ende dieses Bandes und das* Register *(Neudruck, S. 71—75) geben die Seitenzahlen des Neudrucks, nicht die der Vorlage an.*

6. Reimregister. Das Druckbild der Reimregister von A und B ist im Neudruck fast völlig erhalten geblieben. Lediglich zwei geringfügige Änderungen wurden vorgenommen: erstens wurden die lateinischen und deutschen Äquivalente oder Erklärungen für gewisse Reimwörter, soweit das technisch durchführbar war, neben das jeweilige Reimwort gerückt, so daß die Zugehörigkeit solcher Erläuterungen zu den jeweiligen Reimwörtern allem Zweifel enthoben wurde. Zweitens wurden gelegentliche Wiederholungen von Reimwörtern innerhalb derselben Reimgruppe getilgt, sofern es sich nicht um Homonyme oder Homöonyme handelte. Streichungen dieser Art sind im kritischen Apparat vermerkt worden.

Stillschweigend eingefügt wurden die an einigen Stellen fehlenden Klammern, durch welche in der Vorlage gewöhnlich erläuternde deutsche Ausdrücke von den Reimwörtern abgesetzt werden. Auf gleiche Weise wurden bisweilen fehlende Virgeln zwischen nebeneinanderstehenden Reimwörtern eingesetzt und die hinter lateinischen Abkürzungen vereinzelt fehlenden Punkte eingefügt oder fälschlich gesetzte Doppelpunkte durch Punkte ersetzt. Versehentlich gesetzte Klammern um lateinische Ausdrücke sowie Virgeln oder Kommata zwischen Reimwörtern und ihren lateinischen Erläuterungen wie auch Virgeln und Punkte am Zeilenende wurden in den Reimregistern ohne besondere Vermerke fortgelassen.

Die lateinischen Erläuterungen der deutschen Reimwörter stehen in A sowie im ersten Teil von B in kursiver Antiqua, im zweiten Teil von B in Antiqua recte. Im Neudruck erscheinen beide Schriftarten als Kapitälchen. Einige in der Vorlage versehentlich in Fraktur gesetzte lateinische Erklärungen gibt der Neudruck durch Kapitälchen wieder, ohne diese Normierungen im kritischen Apparat zu vermerken. Lateinische Wörter, deren grammatische Formen nicht genau der

*Form der deutschen Reimwörter entsprachen (*TONDEO *bescheret;* BASS *gut etc.) wurden in der Regel nicht geändert. Die Groß- und Kleinschreibung in den Reimregistern wurde bis auf folgende Ausnahmen beibehalten: klein geschriebene deutsche und lateinische Eigennamen wurden groß geschrieben; alle lateinischen Wörter mit Ausnahme von Eigennamen wurden klein geschrieben. Diese Normierung blieb auf die Reimregister beschränkt. Für die lateinischen Widmungen, Widmungsgedichte und Mottos, wo wechselnde Groß- und Kleinschreibung zu einem bewußten Stilmittel ausgeprägt sind, blieb die Vorlage durchgehend verbindlich. Alle weiteren Eingriffe wurden im kritischen Apparat verzeichnet.*

Jede Reimwörtergruppe ist als Einheit durch deutlich erkennbaren Abstand von der folgenden geschieden. Größere Abstände zwischen den Reimwörtergruppen sind meist eine Folge der oben erwähnten Streichungen und der übersichtlicheren Anordnung. In B finden sich an sechs Stellen schmale Zierleisten, die jeweils nur eine der drei Reimwörter-Kolumnen unterbrechen; sie dienen einer besseren Übersichtlichkeit der weiblichen Reimwörter. Dieser nur eine Druckzeile hohe Buchschmuck findet sich dort, wo die letzten Konsonanten der Reimwörter wechseln und wo gleichzeitig der vorletzte Vokal wieder auf den ersten Selbstlaut des Alphabets zurückspringt. Allerdings ist diese Gliederung in der Vorlage nicht systematisch durchgeführt. Da die Zierleisten im Neudruck nicht berücksichtigt werden konnten, sei ihr genauer Standort hier mit der Seiten- und Zeilenangabe des Neudrucks verzeichnet: S. 132, 13 unter knurtzel; *S. 186, 6 unter* den Schmarutzern; *S. 201, 8 unter* (filtz) ein butzer; *S. 212, 3 unter* ein kurtzes; *jeweils eine Leiste unter dem letzten Wort auf S. 217 und über dem ersten auf S. 218.*

Die Integrität der einzelnen Reimwörtergruppen wurde nur dort angetastet, wo es sich um offensichtliche Versehen der Vorlage handelte. Derartige Fehler wie geld *als Reim auf* herd *und* roch *als Reim auf* dolch *(S. 469; 474) wurden stillschweigend durch Einfügen von doppeltem Zeilenabstand verbessert. Für Reimwörtergruppen, die nach dem heutigen Lautstand reimen, im 17. Jahrhundert jedoch nachweislich als unrein empfunden wurden oder auch nur mut-*

maßlich als unrein gegolten haben mochten, blieb die Vorlage ausnahmslos verbindlich. Das gilt auch für Fälle, wo Druckversehen als wahrscheinlich angenommen werden könnten oder lautliche Unsicherheit von seiten des Autors vorgelegen haben mag.

Die Lesarten der im Helicon *enthaltenen Musterbeispiele sind im kritischen Apparat der lyrischen Werke aufgeführt.*

Die in den Reimregistern in abbreviierter Form erscheinenden lateinischen Erläuterungen oder Äquivalente deutscher Reimwörter seien hier in alphabetischer Reihenfolge aufgeführt. Um das Druckbild der Vorlage zu wahren, wurde von ihrer Auflösung in den Reimregistern abgesehen:

ADJ⟨*ectivum*⟩ MATUR⟨*escere*⟩
ADV⟨*erbium*⟩ MORB⟨*us*⟩
ADVERB⟨*ium*⟩ Moscov⟨*iticus*⟩ Imp⟨*erator*⟩
ARB⟨*or*⟩ N⟨*omen*⟩ P⟨*roprium*⟩
ARB⟨*ores*⟩ N⟨*omen*⟩ PROP⟨*rium*⟩
EJUL⟨*o*⟩ PASS⟨*ive*⟩
EJUL⟨*at*⟩ Ps⟨*almus*⟩
FLUV⟨*ius*⟩ REG⟨*um*⟩
FIGMENT⟨*um*⟩ ROR⟨*are*⟩
ID⟨*em*⟩ VERSICOLOR⟨*ius*⟩
IMPETIG⟨*ines*⟩ V⟨*ide*⟩
INSECT⟨*um*⟩ VID⟨*e*⟩

7. Orthographische Eigentümlichkeiten der Ausgaben A und B und die Textbearbeitung: Da der kritische Apparat nicht mit orthographischen Varianten belastet werden sollte, sei hier auf einige hervorstechende Unterschiede in der Orthographie hingewiesen. Gegenüber der Ausgabe A weist B eine Anzahl von Änderungen auf, welche die Überwindung älterer Schreib- und Setzergewohnheiten ankünden. Am auffälligsten ist in B die beinahe konsequent durchgeführte Differenzierung von v, u *und* û *am Wortanfang; in A steht für* u *und seinen Umlaut in Anfangsposition fast ausnahmslos noch* v. *Demgegenüber blieb* j, *das in der Druckersprache des 17. Jahrhunderts ganz allgemein das „lange i" hieß, in* jhm, jhr, jmmer *etc. auch in der Ausgabe B größtenteils noch erhalten. Der Neudruck normalisiert diese Schreibung sowie* v/u *und* v/ů *in der im Rahmen der Reihe üblichen Weise. Da die Vorlage auch in Fällen einer nachweislich vokalen Aussprache des* j *in der Schreibung bald* i *bald* j *setzt (*jeder *als Reim auf* nieder, Lieder *usw.) wurde auch hier im Sinne der Reihe normalisiert. Im Inlaut blieben* i *und* j *unverändert erhalten.*

In der Erstausgabe erfolgt die Wiedergabe von Diphthongen oft durch Vokal- und Umlautkombinationen wie aů, eů, aw *oder* åw. *In der zweiten Auflage wird die Schreibung dieser Zwielaute — offensichtlich auf Zesens Anregung hin — vereinfacht:* glåůben > gleuben; leůte > leute; frawe > fraue *(vgl. Neudruck S. 44). Die Restbestände der älteren Schreibweise, die sich noch in B finden, wurden bei der Textbearbeitung nicht angetastet. Ferner zeichnet sich in B bereits Zesens Bemühen ab, die Orthographie unter dem Einfluß etymologischer Gesichtspunkte zu verändern: so erfährt der Stammvokal in Wörtern wie* besser, gesetze, lesst *in der zweiten Auflage vielfach Umlaut:* besser > båsser; gesetze > geså̊tze; lesst > låsst *usf.*

Eine weitere in B deutlich hervortretende Tendenz ist die Großschreibung von Hauptwörtern. Nicht weniger als 186 Substantive, die in A klein geschrieben wurden, weisen in B Großschreibung auf. Demgegenüber konnten nur zwei Hauptwörter festgestellt werden, die bei Großschreibung in A — vermutlich durch Versehen des Setzers — in B klein erscheinen. Ein weiteres deutlich ablesbares Bestreben ist die in B weit häufigere Verdoppelung von f und n, insbesondere in den Wörtern oft, auf, kan, man. *Allerdings hat Zesen keine der hier erwähnten Bestrebungen konsequent durchgeführt.*

Die Interpunktion in B zeichnet sich im Gegensatz zu A durch größere Sorgfalt aus. Interpunktionsvarianten von A wurden im kritischen Apparat nur verzeichnet, wenn sie in Verbindung mit Textvarianten auftraten.

IV

Den obengenannten Bibliotheken möchte ich für die Benutzung der Originale sowie für die Anfertigung von Mikrofilmen meinen aufrichtigen Dank aussprechen. Daß ich ohne die großzügige finanzielle Unterstützung, die mir durch The State University of New York at Albany, The Research Foundation of the State University of New York *und* The American Council of Learned Societies *zuteil geworden ist, diese Arbeit nicht zu diesem Zeitpunkt hätte abschließen können, möchte ich hier aufs dankbarste erwähnen. Auch möchte ich allen Freunden und Kollegen, die mich fachkundig beraten haben, an dieser Stelle nochmals herzlich danken. Insbesondere aber bin ich Miss Kathy Kerber, Frau Lore Korpiun und Miss Joanie Sheeran verpflichtet, auf deren Zuverlässigkeit beim Kollationieren und Korrekturlesen ich nicht hätte verzichten mögen.*

Ulrich Maché

Inhalt des IX. Bandes

Titelblatt: Deutsches Helicons Erster und Ander Theil
    (1641) 1
Widmungen und Glückwunschgedichte 2
Zwischentitel: Deutsches Helicons Erster Theil 9
Motto 11
Widmungen und Glückwunschgedichte 12
Vorrede 19
Die Erste Abtheilung. Von art / maß und zugehôr der
    Deutschen Verse 23
Die Andere Abtheilung. Von den Dactylischen / Ana-
    påstischen und Sapphischen arten 34
Die Dritte Abtheilung. Von der End= und Reimung der
    Verse 41
Die Vierde Abtheilung. Von zierde und reinligkeit der
    Verse 49
Die fûnffte Abtheilung. Von der Zusammen=ordnung der
    Verse 59
Register 71
Richtiger Anzeiger I: *Verzeichnis der weiblichen Reime* . . 77
Dem Leser. *Nachwort zum Reimwörterverzeichnis* 241
Über das Enjambement im Sonett 243
Über die mögliche Verdeutschung griechischer und römischer
    Götternamen 250
Angehängte Gedichte 253

Titelblatt: Deutsches Helicons Ander Theil 259
Widmung 261
Wohlmeinender Leser. *Vorwort zu den Musterbeispielen* . . 265
Inhaltsübersicht über die Musterbeispiele 267

Erstes Buch / Von den Mustern der Jambischen Arten . . *269*
Ander Buch / Von den Mustern der Trochäischen Arten *305*
Drittes Buch / Von den Mustern der Dactylischen / Anapästischen und Sapphischen Arten *335*
Zwischentitel: Salomons Des Hebräischen Königs Geistliche Wollust / oder Hohes Lied *355*
Widmung und Glückwunschgedichte *356*
Das Hohe Lied *363*
Zu Erinnern. Nachwort zum Hohen Lied *387*
Vierdes Buch / Von den Mustern allerley vermischter Oden und Getichte *389*
Richtiger Anzeiger *II: Verzeichnis der männlichen Reime* . . *415*
Dem Leser. *Vorwort zum Reimwörterverzeichnis* *416*
Angehängte Gedichte *460*

Titelblatt: Deûtscher Helicon *(1640)* *467*
Richtiger Anzeiger *(1640): Verzeichnis der männlichen Reime 468*
Richtiger Anzeiger *(1640): Verzeichnis der weiblichen Reime 494*
Variantenverzeichnis zur Erstausgabe (1640) *572*
Nachwort des Herausgebers *578*

Ausgaben Deutscher Literatur
des XV. bis XVIII. Jahrhunderts
unter Mitwirkung von KÄTHE KAHLENBERG
herausgegeben von HANS-GERT ROLOFF

Philip von Zesen
Sämtliche Werke

Unter Mitwirkung von ULRICH MACHÉ und VOLKER MEID
herausgegeben von FERDINAND VON INGEN. 18 Bände.

Band VIII: Simson. Herausgegeben von VOLKER MEID.
Oktav. VI, 677 Seiten. 1970. Ganzleinen. DM 156,—

Zesen war einer der berühmtesten Dichter des 17. Jahrhunderts. Als religiöser Lyriker hat er Bedeutendes geleistet, seine Liebeslieder waren weit verbreitet. Er gründete 1643 in Hamburg die „Deutschgesinnte Genossenschaft" und machte sich mit dichtungs- und sprachtheoretischen Werken bald einen Namen.

Aufbau der Ausgabe: I—III Lyrik. IV—VIII Romane. IX—XII Literatur- und Sprachwissenschaftliche Schriften. XIII und XIV Erbauungsschriften. XV—XVII Historische Schriften. XVIII Realienband

Spieltexte der Wanderbühne

herausgegeben von MANFRED BRAUNECK. 6 Bände.

Band I: Engelische Comedien und Tragedien (1620)
Oktav. VIII, 692 Seiten. 1970. Ganzleinen DM 140,—

Band III: Schau-Bühne Englischer und Frantzösischer Comödianten (1670)
Oktav. VI, 605 Seiten. 1970. Ganzleinen DM 140,—

Die Edition der drei zeitgenössischen Sammlungen der Repertoirestücke der Wanderbühne (1620, 1630 und 1670), sowie einer Anzahl vereinzelt erschienener, z.T. nur handschriftlich vorliegender Spieltexte soll diesen Literaturbereich des 17. Jahrhunderts für die literarhistorische Forschung neu erschließen.

In Vorbereitung: II. Band: Liebeskampff Oder Ander Theil Der Engelischen Comödien und Tragödien (1630) — IV. und V. Band: Gesammelte Spieltexte der Wanderbühne — VI. Band: Realienband

Walter de Gruyter · Berlin · New York

Ausgaben Deutscher Literatur
des XV. bis XVIII. Jahrhunderts
unter Mitwirkung von KÄTHE KAHLENBERG
herausgegeben von HANS-GERT ROLOFF

Teufelbücher
in Auswahl

herausgegeben von RIA STAMBAUGH
4 Bände Text und ein Realienband
Bisher erschien Band 1

Johann Christoph Gottsched
Ausgewählte Werke

herausgegeben von JOACHIM BIRKE. Etwa 14 Bände
Bisher erschienen die Bände 1 bis 4

Sixt Birck
Sämtliche Dramen

herausgegeben von MANFRED BRAUNECK. 4 Bände
Bisher erschien Band 1

Alexander Seitz
Sämtliche Schriften

herausgegeben von PETER UKENA. 5 Bände
Bisher erschienen die Bände 1 und 3

Der Patriot

Nach der Originalausgabe Hamburg 1724—26
in drei Textbänden und einem Kommentarband
kritisch herausgegeben von WOLFGANG MARTENS
Bisher erschienen die Bände 1 bis 3

Walter de Gruyter · Berlin · New York

Ausgaben Deutscher Literatur
des XV. bis XVIII. Jahrhunderts
unter Mitwirkung von Käthe Kahlenberg
herausgegeben von Hans-Gert Roloff

Teufelbücher
in Auswahl

herausgegeben von Ria Stambaugh
4 Bände Text und ein Realienband
Bisher erschien Band 1

Johann Christoph Gottsched
Ausgewählte Werke

herausgegeben von Joachim Birke. Etwa 14 Bände
Bisher erschienen die Bände 1 bis 4

Sixt Birck
Sämtliche Dramen

herausgegeben von Manfred Brauneck. 4 Bände
Bisher erschien Band 1

Alexander Seitz
Sämtliche Schriften

herausgegeben von Peter Ukena. 5 Bände
Bisher erschienen die Bände 1 und 3

Der Patriot

Nach der Originalausgabe Hamburg 1724—26
in drei Textbänden und einem Kommentarband
kritisch herausgegeben von Wolfgang Martens
Bisher erschienen die Bände 1 bis 3

Walter de Gruyter · Berlin · New York

Ausgaben Deutscher Literatur
des XV. bis XVIII. Jahrhunderts
unter Mitwirkung von KÄTHE KAHLENBERG
herausgegeben von HANS-GERT ROLOFF

Georg Wickram
Sämtliche Werke

herausgegeben von HANS-GERT ROLOFF
Etwa 14 Bände
Bisher erschienen Band I—V und Band XII

Sebastian Brant
Tugent Spyl

Nach der Ausgabe des Magister JOHANN WINCKEL von Straßburg
(1554)
herausgegeben von HANS-GERT ROLOFF (Berlin)
Oktav. IV, 165 Seiten. Mit 1 Bildnis. 1968. Ganzleinen DM 36,—
(Reihe Drama I)

Das Künzelsauer Fronleichnamspiel

herausgegeben von PETER K. LIEBENOW (Berlin)
Groß-Oktav. Mit 7 Kunstdrucktafeln. VI, 296 Seiten. 1969.
Ganzleinen DM 86,—
(Reihe Drama II)

Johannes Kerckmeister
Codrus

Ein neulateinisches Drama aus dem Jahre 1485
herausgegeben von LOTHAR MUNDT
Oktav. IV, 185 Seiten. Mit 2 Faksimiletafeln. 1969.
Ganzleinen DM 32,—
(Reihe Drama III)

Walter de Gruyter · Berlin · New York

OHIO UNIVERSITY LIBRARY

Please return this book as soon as you have finished with it. In order to avoid a fine it must be returned by the latest date stamped below.

CF